화엄경소론찬요
華嚴經疏論纂要

화엄경소론찬요 ⑰
華嚴經疏論纂要

● **일러두기** ●

1. 이 책의 원서는 명말청초 때의 승려인 도패 스님※이 약술 편저한 《화엄경소론찬요》이다. 《대방광불화엄경》 80권본을 기초로 하여, 경문에 청량 스님의 소초(疏鈔)와 이통현 장자의 논(論)을 붙여 상세하게 풀이하였다.

2. 경(經), 소(疏), 논(論)은 원문에 토를 붙여서 그 뜻을 이해하기 편하도록 했으며, 원문 바로 아래 번역문을 넣었다.

3. 원문을 살려 그대로 옮겨 놓음을 원칙으로 하다 보니 본문의 제목 번호에 있어서 다소 혼동이 올 수 있다. 그럴 경우 목차를 참고하기 바란다.

4. 산스크리트어 표기는 〈표준국어대사전〉과 〈불광 사전〉 등에 등재된 음역어를 사용하였으며, 불교 용어에 대한 설명은 주로 〈불광 사전〉을 참고하였다.

5. 내용을 좀 더 쉽게 풀기 위하여 중간에 체계가 약간 바뀌었음을 밝힌다.

※ 위림도패(爲霖道霈, 1615~1702) 스님은 명말청초 때의 조동종 승려이다. 14세 때 백운사(白雲寺)에서 출가하여 경교(經敎)를 공부했다. 영각원현을 모시며 법을 이었고, 천동산(天童山) 밀운원오(密雲圓悟)에게 배워 크게 깨달았다. 그 후 백장산(百丈山)에 암자를 짓고 5년 동안 정업(淨業)을 닦았다. 나중에 고산(鼓山)으로 옮겨 20여 년 동안 살았는데 귀의하는 사람이 매우 많았다.
저술로는 《인왕반야경합소(仁王般若經合疏)》 3권을 비롯하여 《화엄경소론찬요(華嚴經疏論纂要)》 120권, 《법화경문구찬요(法華經文句纂要)》 7권, 《불조삼경지남(佛祖三經指南)》 3권, 《위림도패선사병불어록(爲霖道霈禪師秉拂語錄)》 2권, 《여박암고(旅泊庵稿)》 4권, 《선해십진(禪海十珍)》 1권, 《사십이장경지남(四十二章經指南)》, 《불유교경지남(佛遺敎經指南)》, 《고산록(鼓山錄)》 6권, 《반야심경청익설(般若心經請益說)》, 《팔십팔불참(八十八佛懺)》, 《준제참(準提懺)》, 《발원문주(發願文註)》 등이 있다.

● 간 행 사 ●

《화엄경소론찬요》 번역서를 간행하면서

《화엄경》은 비로자나 세존께서 보리도량에서 처음 정각을 성취하신 후, 일곱 도량 아홉 차례의 법문에서 일진(一眞)의 법계(法界)와 제불의 과원(果願)을 보여주시어 미묘한 현지(玄旨)와 그지없는 종취(宗趣)를 밝혀주신 최상의 경전이다. 이처럼 《화엄경》은 법계와 우주가 둘이 아닌 하나로 그 광대함을 말하면 포괄하지 않음이 없고, 그 심오함을 말하면 갖춰져 있지 않음이 없어 공간으로는 법계에 다하고 시간으로는 삼세에 통하고 있다.

이러한 이유에서 《화엄경》은 근본 법륜으로 중국은 물론 동양 각국에서 높이 받들며 수많은 주석서가 간행되어 왔다. 그러나 세상에 널리 알려진 것은 청량 국사의 《대방광불화엄경소초(大方廣佛華嚴經疏鈔)》와 통현 장자의 《대방광불화엄경론(大方廣佛華嚴經論)》이다. 소초(疏鈔)는 철저한 장구(章句)의 분석으로 본말을 지극히 밝혀주었고, 논(論)은 부처님의 논지를 널리 논변하여 자심(自心)으로 회귀하고 있는 것이 특징이다. 이처럼 청량소초와 통현론은 양대 명저(名著)로 모두 수증(修證)하는 데에 지극한 궤범(軌範)이었다.

탄허 대종사께서는 이러한 점을 토대로 통현론을 주(主)로 하고 청량소초를 보(補)로 하여 번역하심으로써 《화엄경》이 동양에 전해진 이후 동양 최초의 《화엄경》 번역이라는 쾌거를 이룩하셨다. 일찍이 한국불교에 침체된 화엄사상은 대종사의 번역에 힘입어 다시 온 누리에 화엄의 꽃비가 내려 화엄의 향기로 불국정토를 성취하여 더할 수 없는, 지극한 법륜을 설하셨다.

그러나 대종사께서 열반하신 이후, 불법은 날로 쇠퇴하고 중생의 근기는 날로 용렬하여 방대한 소초와 논을 열람하기에는 역부족이었다. 이에 대종사의 《화엄경》을 다시 한 번 밝히기 위해서는 또 다른 모색을 필요로 할 시점에 이르렀다. 보다 쉽게 볼 수 있고 간명한 데에서 심오한 데로, 물줄기에서 본원을 찾아갈 수 있는 진량(津梁)을 찾지 않는다면 대종사의 평생 정력을 저버리게 된다는 절박한 마음이 없지 않았다.

청대(淸代) 도패(道霈) 대사는 청량의 소초와 통현의 논 가운데 그 정요(精要)만을 뽑아 《화엄경소론찬요(華嚴經疏論纂要)》를 편집하였다. 이는 매우 방대한 소초와 논을 축약하여, 가까이는 청량 국사와 통현 장자의 심법을 전수하였고 멀리는 비로자나불의 묘체(妙諦)를 밝혀주는 오늘날 최고의 《화엄경》 주석서이다.

이에 《화엄경소론찬요》를 대본으로 하여, 다시 대종사의 번역서를 참고하면서 현대인이 보다 쉽게 이해할 수 있는 번역서를 간행하기에 이르렀다.

이제 돌이켜 생각하면 무상한 세월 속에 감회가 적지 않다. 내지난날 출가 입산하여 겨우 이레가 되던 날, 처음 접한 경전이《화엄경》이었다. 행자 생활을 시작한 영은사는 대종사께서 오대산 수도원이 해산된 후, 이의 연장선상에서 3년 결사(結社)를 선포하시고《화엄경》번역이라는 대작불사를 시작하여 강의하셨던, 한국불교사에 한 획을 그려준 역사의 도량이었다.

그 당시 대종사께서는 행자인 나에게《화엄경》을 청강하라 하시면서 "설령 알아듣지 못할지라도 들어두면 글눈이 생겨 안 들은 것보다 낫다."고 권면하셨다. 이제 생각해보면 행자 출가 즉시《화엄경》공부 자리에 참여했다는 것은 전생의 숙연(宿緣)이 아니었으면 어떻게 그 당시 그 법회에 참석이나 할 수 있었겠는가. 이는 행운 중 행운으로 다겁의 선근공덕이 아닐까 생각되며, 아울러 늦게나마 대종사의 영전에 하나의 향을 올리는 바이다.

처음《화엄경》설법을 듣는 순간, 끝없는 우주법계의 장엄세계가 황홀하고 법계를 맑혀주고 무진 보배를 담고 있는 바다의 불가사의한 공덕이라는 대종사의 사자후가 머릿속에 쟁쟁하게 울려왔을 뿐, 그 도리를 이해한다는 것은 나의 근기로써는 도저히 불가능한 일이었다. "쭉정이만도 못하다."고 꾸지람을 하시던 대종사의 방할(棒喝)을 맞으며 영은사에서의 결사가 끝난 후, 나는 단 한 번도《화엄경》을 펼쳐 볼 엄두를 내지 못했다.

그러던 몇 해 전, 무비 스님께서 범어사에서《화엄경》을 강좌하시면서 서울에서도《화엄경》강좌를 열어보라고 권할 적만 하더라도 언감생심《화엄경》을 강의하겠다는 생각을 하지 못하였다. 그러나 씨앗을 뿌려놓으면 새싹이 돋아나듯, 반드시 인연법은 사라지지 않는 모양이다. 영은사에서의 《화엄경》 인연이 자곡동 탄허기념박물관에 화엄각건립불사를 발원하게 되었고, 화엄각건립불사를 위하여 《화엄경》 강좌를 열기에 이를 줄은 꿈에도 생각지 못하였다.

  미력한 소견으로 강좌를 열면서 정리된 강의 자료를 여러 뜻있는 이들과 다시 한 번 토론하고 강마하면서 우선 〈세주묘엄품〉 출간을 시작으로 계속 연차적으로 간행하고 있다.

  이 책이 간행되어 그동안 추진되어온 화엄각 창건 불사 또한 원만히 성취되길 기원한다. 이 귀한 인연공덕으로 다시 한 번 화엄사상이 꽃피어 온 누리에 탄허 대종사의 공덕이 빛나고, 아울러 화엄정토가 구현되어 남북의 통일과 세계의 평화가 이루어지길 진심으로 축원하는 바이다.

2024년 7월

五臺山 後學 慧炬 合掌 再拜

● 추 천 사 ●

인류사에서 가장 위대한 화엄경의 가르침

평소에 늘 두려워하며 존경하는 도반 혜거 스님이 《화엄경소론찬요》를 번역하고 출판하여 이 분야의 사람들을 온통 놀라게 하였습니다. 본디 화엄경에 이 몸을 바친 사람으로서, 어찌 가슴 떨리는 일이 아니겠습니까.《화엄경소론찬요》번역을 세상에 알리고 추천하는 글을 이 우둔한 글솜씨로라도 백 번이라도 쓰고 싶습니다.

화엄경이란 무엇입니까? 만약 화엄경을 알지 못하면 불법의 이치를 알지 못합니다. 또 화엄경을 알지 못하면 사람이 본래로 청정법신비로자나 부처님이라는 사실을 알지 못합니다. 이 세상이 그대로 화장장엄세계라는 사실도 알지 못합니다. 세간과 출세간의 진리를 전혀 알지 못합니다. 아름다운 세상과 환희로운 인생을 결코 알 길이 없습니다. 그러니 화엄경을 읽지 않고 어찌 불교를 입에 담으며 어찌 부처님을 입에 담겠습니까. 그래서 청량(淸涼) 스님은 화엄경을 두고 "이 몸을 바쳐서 그 죽을 곳을 얻었다[亡軀得其死所]."라고 하였습니다. 이 얼마나 가슴 저미는 말씀입니까. 그러므로 "화엄경이 있고서야 비로소 불교가 있다."라고 하겠습니다.

화엄경이 흥하면 불교가 흥하고, 화엄경이 흥하면 국가가 흥하였습니다. 원효(元曉) 스님과 의상(義湘) 스님이 화엄경을 흥성(興盛)시키던 신라가 그러했으며, 청량 스님과 통현(通玄) 장자가 화엄경을 흥성시키던 당(唐)나라가 그러하였습니다.

거기에 더하여 찬요(纂要)란 무엇입니까? 그것은 청량 스님의 화엄경에 대한 소(疏)와 통현 장자의 논(論)을 잎과 가지는 남겨두고 뿌리와 큰 줄기에 해당하는 요점만을 추려서 모아온 것입니다. 마치 흙과 잡석들을 걷어내고 진금들만을 모아왔으니 이 어찌 빛나지 않겠습니까. 그래서 화엄경을 그토록 빛나게 한 것은 알고 보면 소론찬요(疏論纂要)였던 것입니다.

옛말에 "산고수장(山高水長)이요, 근고지영(根固枝榮)"이라 하였습니다. 근세 한국의 불교를 중흥시킨 경허(鏡虛) 스님은 수월(水月)·혜월(慧月)·만공(滿空)·한암(寒巖) 등 기라성 같은 제자들을 길러내었는데, 한암 스님 밑으로 선교(禪敎)를 겸비하신 희대의 대석학이요 대선사이신 탄허(呑虛) 큰스님이 계셨습니다.

한암 스님 밑에서 오래 사셨던 범용(梵龍) 스님은 평소에 상원사에서 한암 스님이 화엄경을 강의하시던 일을 들려주셨습니다. 당시 교재는 통현 장자의 《화엄경합론(華嚴經合論)》이었으며 중강(仲講)은 언제나 탄허 스님이셨으므로, 대중들이 모두 동원되는 큰 운력까지도 면해주셨다고 하였습니다. 그날의 그 화엄법수(華嚴法水)가 흘러 흘러 영은사의 혜거 행자에게까지 전해지더니 수십 년이 지난 오늘에는 드디어 이와 같은 《화엄경소론찬요》 출판 불사의 큰 바다를 이루게 되었습니다. 이 얼마나 기쁘지 아니합니까. 큰스님께서도 또한 크게 환희용약하시리라 믿습니다.

필자도 또한 작은 인연이 있어서 역경연수원 수학과 큰스님께서 《화엄경합론》을 번역하신 후 교열하고 출판하고 기념 강의를 하시던 일까지 함께하였으니, 가슴이 뜨거운 홍복(洪福)이라는 사실을 알고 있습니다. 그것에 더하여 처음 통도사 강주로 가기 전에 법맥을 전해주시어 큰스님의 뜻을 잇게 하였으니 더없는 영광이지만, 그 보답을 다하지 못하여 아직도 큰 짐을 내려놓지 못하고 있습니다.

앞으로 남은 시간이라도 혜거 화엄도반과 함께 인류사에서 가장 위대한 화엄경의 가르침을 깊이깊이 공부하여 더욱 널리, 더욱 왕성하게 펼쳐서 크나큰 은혜에 보답하려 합니다.

나아가서 이 아름다운 출판 불사에 뜻을 함께한 모든 분께도 큰 감사의 인사를 올리며 이 책이 만천하에 널리 유포되기를 마음 다해 추천하는 바입니다. 이 인연으로 부디 화엄의 큰 물결이 온 세상에 흘러넘쳐서 집집마다 평화와 행복이 가득하기를 기도드립니다.

나무 대방광불화엄경
나무 대방광불화엄경
나무 대방광불화엄경

신라 화엄종찰 금정산 범어사 如天 無比 삼가 씀

● 목 차 ●

간행사 《화엄경소론찬요》 번역서를 간행하면서 5
추천사 인류사에서 가장 위대한 화엄경의 가르침 9

화엄경소론찬요 제74권 ● 십정품 제27-1

1. 유래한 뜻을 밝히다 19
2. 품명의 해석 22
3. 종취 23
4. 경문의 해석 31

제1. 서론 부분 40

제2. 보안보살의 청법 부분 55

제3. 설법할 보살을 보여준 부분 58
   1. 보현보살에게 법을 묻도록 하다 58
   2. 보현보살의 명호만 듣고서도 이익을 얻다 60
   3. 아무리 보현보살을 찾아보아도 친견할 수 없다 61

4. 보현보살을 친견할 수 있는 방법을 가르쳐주다 75
     5. 부처님의 가르침을 따라 보현보살의 친견을 구하다 77
     6. 보살들을 위해서 보현보살의 몸을 나타내다 81

제4. 근본 부분 87

제5. 설법 부분 103
    [1] 부처님 말씀을 받들어 총체로 말하다 103
    [2] 10가지 삼매를 개별로 해석하다 104
    • 제1 보광명 삼매普光明三昧 104
    • 제2 묘광명 대삼매妙光明大三昧 119
    • 제3 여러 부처님 국토를 차례로 두루 찾아가는
          신통 삼매往諸佛國神通三昧 145
    • 제4 청정하고 깊은 마음의 행인 삼매淸淨深心行三昧 152
    • 제5 과거의 장엄장을 아는 삼매知過去莊嚴藏三昧 160
    • 제6 지혜 광명장 삼매智光明藏三昧 170
    • 제7 일체 세계의 부처님 장엄을 아는 삼매知一切世界佛莊嚴三昧 188
       1. 선정의 본체와 작용을 밝히다 188
       2. 선정의 이익을 밝히다 209

화엄경소론찬요 제75권 ◉ 십정품 제27-2

- 제8 일체중생의 각기 다른 몸의 삼매一切衆生差別身三昧 229
  1. 삼매에 들 수 있는 주체의 지혜를 밝히다 229
  2. 삼매에 들어가고 나오는 모습을 밝히다 231
  3. 선정에 든 이익을 밝히다 247
  4. 모든 경계에 자재함을 밝히다 252
  5. 구경의 도리를 총체로 끝맺다 264
- 제9 법계에 자재한 삼매法界自在三昧 267
  1. 선정의 체용을 밝히다 267
  2. 선정의 성취 이익을 밝히다 282
  3. 비유로 밝히다 289
  4. 쌍행을 총체로 끝맺다 308

화엄경소론찬요 제76권 ◉ 십정품 제27-3

- 제10 걸림 없는 법륜 삼매無礙輪三昧 319
  가. 선정에 드는 때의 방편 319
  나. 선정에 든 뒤의 지혜 작용 322
  1. 부처님의 공덕을 받아들이다 323
  2. 모든 법의 작용을 증득하여 들어가다 373
  3. 광덕한 공덕이 그지없다 382
  4. 수행의 권면을 끝맺다 397
  다. 선정이 원만하여 이익을 성취하다 407
  [3] 삼매의 명제를 끝맺다 460

화엄경소론찬요 제77권 ● 십통품 제28

1. 유래한 뜻 467
2. 품명의 해석 467
3. 종취 469
4. 경문의 해석 470

제1. 10가지 신통의 수효를 들어 말하다 471

제2. 10가지 신통의 수효를 물으면서 해석을 나열하다 473
- 제1 남들의 생각을 아는 지혜 신통他心智通 473
- 제2 걸림 없는 하늘눈의 지혜 신통天眼智通 482
- 제3 전생의 일을 아는 지혜 신통宿住通 485
- 제4 미래를 아는 지혜 신통知劫通 491
- 제5 하늘 귀의 지혜 신통天耳通 496
- 제6 자체 성품이 없는 지혜 신통無體性智通 501
- 제7 언어와 음성을 잘 분별하는 지혜 신통善分別言音通 506
- 제8 색신 장엄의 지혜 신통色身莊嚴智通 508
- 제9 일체 법을 아는 지혜 신통一切法智通 523
- 제10 모든 법이 사라진 선정의 지혜 신통滅定智通 534

제3. 훌륭한 점을 총체로 찬탄하다 542

제4. 10가지 수를 끝맺으면서 결과를 말하다 543

화엄경소론찬요 제78권 ◉ 십인품 제29-1

1. 유래한 뜻 549
2. 품명의 해석 549
3. 종취 550
4. 경문의 해석 552

제1. 10가지 수효를 들어 훌륭함을 찬탄하다 552

제2. 10가지 명제를 나열하여 요지를 밝히다 553

제3. 명제에 따라 자세히 해석하다 560
- 제1 음성인音聲忍 560
- 제2 순인順忍 562
- 제3 무생법인無生法忍 566
- 제4 여환인如幻忍 575
- 제5 여염인如燄忍 597

화엄경소론찬요 제79권 ◉ 십인품 제29-2

- 제6 여몽인如夢忍 605
- 제7 여향인如響忍 622
- 제8 여영인如影忍 630
- 제9 여화인如化忍 645
- 제10 여공인如空忍 662

제4. 십인을 총체로 끝맺다 682

◎ 게송 107수 683

화엄경소론찬요 제74권
華嚴經疏論纂要 卷第七十四

●

십정품 제27-1
十定品 第二十七之一

一

四門中에 初는 來意라

4분야(來意·釋名·宗趣·釋文) 가운데, 제1은 유래한 뜻이다.

二

初 明來意

1. 유래한 뜻을 밝히다

◉ 疏 ◉

先辨會來니 會來 有二라
一 約圓融이니 謂前明普門中에 所具差別正位일새 故寄歷人天이어니와 今明位後德用이 不離普門이라 是則會別入普하야 有此會來하야 重會普光하니 意在斯矣니라 等妙二位는 全同如來普光明智 故요.

二 約次第니 前明十地요 今顯等妙二覺故來니라 以極果 由於始信일새 故重會普光이니 謂前依本不動智體하야 起差別之位어니와 今位極成果 不離本智之因이오 後出現因果니 因是果中之因이니 得果不捨因故요 果是果中之果니 大用無涯故니라 二品 來者는 爲答第二會中十定問故일세니라【鈔_ 謂'前'等者는 此中 意有三節이니 初는 第二會로 爲所依普門이오 次四會는 卽普門差別이오 此會는 卽會別歸普니 初卽根本이오 次卽依本起末이오 後卽會末歸本이라 故言重會普光는 意在斯矣니라

'等妙二位'者는 結成入普所以니 以此會說等妙二覺이니 '二覺全同普光明智'는 卽是會歸之義니라

問호되 '等覺이 同妙覺은 於理 可然이어니와 妙覺之外에 何有如來普光明智爲所同耶아' 答이라 說等覺과 說妙覺은 卽是約位니 普光明智는 不屬因果하고 該通因果니라 其由는 自覺聖智하야 超絶因果일세니라 故七卷 楞伽에 妙覺位外에 更立自覺聖智之位하니 亦猶佛性에 有因有果하고 有因因 有果果니라 以因取之면 是因佛性이오 以果取之면 是果佛性이라 然則佛性은 非因非果니라 普光明智도 亦復如是라 體絶因果는 爲因果依오 果方究竟일세 故云如來普光明智라하니라】

먼저 법회의 유래를 말하니, 법회의 유래에는 2가지 의의가 있다.

(1) 원융으로 말한다. 이는 앞서 밝힌 普門 가운데 갖춰져 있는 차별의 正位이기에 사람과 하늘에 걸쳐 말했지만, 여기에서는 지위 이후의 공덕 작용이 보문을 여의지 못함을 밝힌 것이다. 이는 개별로 모여 보문으로 들어가 이 법회에 참석하면서 다시 보광명전에 모인 것이다. 그 뜻은 여기에 있다. 等覺과 妙覺 2지위는 모두 여래의 普光明智와 똑같기 때문이다.

(2) 차례로 말한다. 앞에서는 十地를 밝혔고, 여기에서는 등각과 묘각 2지위를 밝힌 까닭에 이를 뒤이어서 쓴 것이다. 최종의 果位는 첫 신심에서 비롯한 까닭에 다시 보광명전에 모인 것이다. 이는 앞에서는 근본 不動智의 본체에 의하여 차별의 지위를 일

으켰지만, 여기에서는 지위가 다하여 과위를 성취함이 근본 지혜의 因地에서 떠날 수 없고, 뒤에 인과가 나타난 것이니, 因이란 과위 속의 因地이다. 과위를 얻을지라도 인지를 버릴 수 없기 때문이다. 과위는 과위 속의 과위이다. 큰 작용이 끝이 없기 때문이다. 십지·십정 2품의 유래는 제2 법회에서 물었던 十定에 관한 대답을 하기 위함이다.【초_"앞서 밝힌 보문 가운데 갖추어져 있는 차별의 正位" 등이란 여기에 3절의 뜻이 있다.

① 제2 법회로 의지 대상의 보문을 삼는다.

② 다음 4법회는 곧 보문의 차별이며, 이 법회는 개별로 모여 보문으로 들어감이다. 처음은 근본이고 다음은 근본에 의해 지말을 일으킨 것이다.

③ 이는 지말을 모아서 근본으로 귀결 지은 것이다. 따라서 "다시 보광명전에 모였다."는 뜻은 여기에 있다.

'등각과 묘각 2지위'는 보문에 들어가게 된 이유를 끝맺은 것이다. 이 법회에서 등각과 묘각 2지위를 말했기 때문이다. "등각과 묘각 2지위는 모두 여래의 보광명지와 똑같다."는 것은 곧 보문으로 회통하여 귀결 짓는다는 의미이다.

"등각이 묘각과 같다는 것이야 이치에 그럴 수 있는 일이지만 묘각의 밖에 어떻게 여래의 보광명지와 같을 수 있겠는가?"

"등각이라 말하고 묘각이라 말하는 것은 지위로 말한다. 보광명지는 인과에 속하지 않지만 인과를 모두 갖추고 있다. 그 이유는 自覺聖智란 인과를 초탈하였기 때문이다. 이 때문에 7권 능가경에서는 묘각위 밖에 다시 자각성지의 지위를 세워놓고 있다. 이 또한 마치 불성에 因과 果가 있고 다시 因의 因, 果의 果가 있는 것과 같다. 이처럼 因으로 말하면 이는 불성으로 인연한 것이며, 果로 말하면 이는 불성에 의한 결과이다. 그렇다면 불성은 因도 아니고 果도 아니다. 보광명지 또한 이와 같다. 인과의 因은 果의 의지처이고 果는 바야흐로 究竟의 자리이기에 '여래 보광명지'라 말한 것이다.】

第二 釋名
2. 품명의 해석

● 疏 ●

會名有二니
約處인댄 名重會普光明殿會니 由第二會 已曾會此故오 重意는 如前이라
約法인댄 名說普法會니라
二 品名者는 定은 謂心一境性이오 十은 是數之圓極이라 以普賢深定으로 妙用無涯어늘 寄十以顯無盡이라 故云十定品이라하니 卽帶數釋이라

 (1) 법회의 명칭에는 2가지 뜻이 있다.
 ① 공간의 처소로 말하면, 제2차 보광명전 법회이다. 제2 법회

라 말하는 것은 앞서 일찍이 이 도량에서 법회를 가졌기 때문이다. 다시 이곳에서 법회를 여는 이유는 앞서 말한 바와 같다.

② 법으로 말하면, 보문을 설법한 법회이다.

(2) 품명에서 말한 定이란 마음이 전일한 경계의 자성이며, 十이란 수효의 원만한 끝자리이다. 보현보살의 심오한 선정으로 미묘한 작용이 끝이 없지만 '십'이라는 수효에 그지없다는 뜻을 밝히고 있다. 이 때문에 '십정품'이라 하였다. 이는 숫자를 들어 해석[帶數釋]한 품명이다.

三 宗趣
3. 종취

● 疏 ●

宗趣者는 會는 以普賢因果와 德用圓備로 爲宗하고 令物證入으로 爲趣이며 品은 以普賢三昧無礙自在無邊大用而爲宗趣니라

종취란 법회는 보현보살의 인과와 공덕 작용이 원만하게 갖춰진 것으로 종지를 삼고, 중생으로 하여금 증득하여 들어가는 것으로 나아갈 바를 삼으며, 품은 보현보살 삼매의 걸림 없는 자재한 그지없는 큰 작용으로 종취를 삼는다.

◉ 論 ◉

此品은 佛이 自說十定之名하시고 普賢이 說十定之用하사 以明佛根本智는 是體오 普賢差別智是用故니 明一切施爲 不離根本智之大定體故라 以是義故로 還於根本智普光明殿中에 說寂用之門이니라

將釋此品에 約作五門分別호리니 一은 釋會來意오 二는 釋欲說此會에 重敍摩竭提國初成佛之所由오 三은 明何因緣故오 在此普光明殿中하야 說此十一品經이오 四는 明次第釋十一品之大意오

 이 품은 부처님이 스스로 십정으로 명칭을 설하고 보현보살이 십정의 작용을 설법하여, 부처님의 근본지는 본체이고 보현보살의 차별지는 작용임을 밝힌 것이다. 일체 모든 일이 근본지의 대선정 삼매의 본체를 여의지 않음을 밝히기 위함이다. 이런 의미가 있기에 또한 근본지의 보광명전에서 본체의 적멸과 작용의 법문을 말한 것이다.

 이 십정품을 해석함에 있어 5부분으로 구분하여 요약하고자 한다.

 (1) 법회에 찾아온 뜻을 해석하였고,

 (2) 법회에서 설법하려고 할 적에 마갈제국에서 처음 성불한 연유를 거듭 서술하여 해석하였으며,

 (3) 무슨 인연으로 보광명전에서 이 11품[제27 십정품, 제28 십통품, 제29 십인품, 제30 아승지품, 제31 여래수량품, 제32 제보살주처품, 제33 불부사의법품, 제34 여래십신상해품, 제35 여래수호광명공덕품, 제36 보현행품, 제37 여래

출현품] 경을 설했는가를 밝혔고,

　(4) 차례에 따라 11품의 대의를 해석하여 밝혔다.

第一은 釋會來意者는 以從此普光明大智殿中起信하야 以不動智로 爲升進修行하야 至十地十一地에 道滿行周하야 至於佛果히 不離本智일세 是故로 此會須來니 明不移因也라 爲時不移하며 智不移하며 行不移하야 因果一體故니 還敎善財 見慈氏에 慈氏還令却見文殊와 及入普賢身이 是也니라

　'(1) 법회에 찾아온 뜻을 해석하였다.'라는 것은 보광명 대지혜의 궁전에서 신심을 일으켜 '유혹에 흔들리지 않는 분명하고 바른 지혜[不動智]'를 지위 상승의 수행으로 삼아 십지·11지에 이르러, 도가 원만하고 행이 두루 원만하여 佛果에 이르기까지 근본 지혜를 여의지 않기 때문에 이 법회에 반드시 찾아올 수밖에 없었다. 이는 근본지의 因에서 옮겨가지 않음을 밝힌 것이다.

　시간이 옮겨가지 않고 지혜가 옮겨가지 않고 행이 옮겨가지 않아서 인과가 일체가 되기 때문이다. 가령 선재동자가 미륵보살을 친견하자, 미륵보살이 또한 선재로 하여금 도리어 문수보살을 친견하도록 한 것과 아울러 보현보살의 몸에 들어가는 것이 바로 이런 일이다.

第二는 釋欲說此會에 何故重敍摩竭提國初成佛之所由者는 經에 云'爾時世尊이 在摩竭提國阿蘭若法菩提場中하사 始成正覺하사 於普光明殿에 入刹那際三昧'者는 明初成佛과 及四十九年中所轉法輪과 并從天下降이 總不出一刹那時하야 不移不遷故

니라 恐後眾生이 失其本意하야 妄生遷移일세 故須重敘하야 明始末이 無時可遷故니 此는 明三世諸佛과 一切眾生이 總同一箇不遷之體라 從初信進修行으로 經過五位히 總不移初時歲月日時와 及佛根本智法故니라

'(2) 법회에서 설법하려고 할 적에 무슨 까닭으로 마갈제국에서 처음 성불한 연유를 거듭 서술하여 해석하였는가?'는 다음과 같다.

경문에서 "그때, 세존이 마갈제국 아란야법보리도량에 계시면서 처음 바른 깨달음을 성취하여 보광명전에서 '찰나의 시간이라는 그 자체조차 없는 즈음[刹那際]'에 삼매에 들었다."고 말한 것은 최초의 성불, 그리고 49년간 법륜을 굴린 설법과 아울러 하늘로부터 이 땅에 내려오신 일들이 모두 한 찰나의 시간에서 벗어나지 않는다. 어느 곳으로 옮겨간 것도 아니고, 어떤 곳으로 바뀐 것도 아님을 밝힌 것이다.

후세의 중생이 부처님의 그러한 근본 뜻을 잃고서 부질없이 시간과 공간이 바뀌고 옮겨간 것처럼 잘못 생각할까를 걱정한 나머지, 반드시 거듭 서술하여 처음부터 끝까지 시간의 변화가 없음을 밝힌 것이다. 이는 삼세의 모든 부처님과 일체중생이 모두가 똑같이 그 어떤 변화도 없는 본체이다. 처음 신심의 수행으로부터 '資糧, 加行, 通達, 修習, 究竟 5位'를 거쳐 가는 동안, 모두 첫 시간의 세·월·일·시와 부처님 근본 지혜의 법에서 옮겨간 적이 없음을 밝힌 것이다.

第三은 明何因緣故로 在此普光明殿하야 說此十一品經은 釋曰

爲明初會菩提場에 始成正覺은 是佛이 擧自始成之果勸修오 第二會普光明殿은 明是如來大智自果所居之報宅이니 說十箇智佛에 以不動智佛로 爲首하야 以爲信進修行之門하야 令初發菩提心者로 從此普光明大智宅 起信進修行하야 畢竟不離如來本智本行本時코 還成本佛하야 萬事依舊故오 於此十地後에 在於本信心處하야 說此十一品經은 用明因果依本하야 時日歲月이 總依本故니라 故於此處에 說十一品經이니 此十一品經은 總明成佛之際所有境界故며 卽是明能發菩提心者의 自成佛故로 無異初會中毘盧遮那佛故니 依樣倣修一如本故니라

爲約智無時인댄 十方一切古今諸佛이 總與如今始發心者로 一時成佛故니 以智照之면 可見이오 情識聞之면 卽迷라 是故로 表依本如是로 還於本處에 說佛果始終之門故니 以表法界體中에 始末同際說也니 此乃約實論之일세 不順凡情之敎에 說多劫也니라

'(3) 무슨 인연으로 보광명전에서 이 11품 경을 설했는가를 밝혔다.'는 것에 대한 해석은 다음과 같다.

제1 법회의 아란야법보리도량에서 처음 바른 깨달음을 성취한 것은 부처님이 스스로 처음 성취한 佛果를 들어서 일체중생에게 수행할 것을 권면한 설법임을 밝힌 것이며, 제2 법회의 보광명전은 여래의 대지혜인 자신의 佛果가 머물러 있는 報宅임을 밝힌 것이다. 열 가지 지혜의 부처를 말할 때 不動智佛을 첫머리로 삼아 신심으로 닦아나가는 수행의 법문을 삼는다.

이를 토대로 처음 보리심을 일으킨 자로 하여금 보광명 대지혜

의 집으로부터 믿고 정진하는 수행을 시작하게 하여 최종의 궁극으로 여래의 根本智, 根本行, 根本時를 여의지 않고 오히려 根本佛을 성취하여 모든 일이 예전 그대로 변함없이 따르기 때문이다. 십지 후에 근본 신심의 자리에 머물면서 이 11품의 경문을 설법한 것은 인과가 근본에 의하여 時·日·歲·月이 모두 근본에 의거함을 밝힌 것이다. 이 때문에 이 도량에서 11품 경문을 설법한 것이다.

이 11품 경문은 모두 성불할 즈음에 지니고 있었던 경계를 밝혔기 때문이며, 곧 보리심을 일으킨 자가 스스로 성불한 까닭에 첫 법회의 비로자나불과 다름이 없음을 밝혔기 때문이며, 이는 옛 부처님의 수행 양식대로 이를 본받아 닦는 바가 한결같이 근본과 같기 때문이다.

智의 전후 시간 차이가 없는[無時] 것으로 말하면, 시방세계 일체 고금의 모든 부처님이 모두 바로 지금 처음 발심한 자와 함께 일시에 성불하는 것이기 때문이다. 밝은 지혜로 비춰보면 이를 볼 수 있겠지만 혼미한 情識으로 알음알이를 지으면 바로 미혹하게 된다.

따라서 근본을 의지함이 이와 같은 것으로 도리어 근본 자리에 佛果의 시작과 끝에 관한 법문을 말하게 되었음을 나타낸 것이다. 이는 법계의 본체 속에서 시작과 끝이 똑같은 하나의 본체라는 설법을 나타낸 것이다.

이는 곧 근본 실상의 자리에서 이를 논한 것이지, 범부의 가르침을 말할 적에 '오랜 겁이 필요하다.'는 설을 따른 게 아니다.

第四는 明次第釋十一品之大意者는

一 明十定品은 是古今一切諸佛 寂用徧周無時之大體也오

二 明十通品은 是古今諸佛普光明智의 利生自在와 及報業之神通徧周오

三 十忍品은 是十方古今諸佛 自體無作法身과 一切法無生隨行之忍門이오

四 阿僧祇品과 五 隨好光明功德品은 是明佛果所迷二愚之法이니 以此二品經은 是如來自說이오

六 如來壽量品은 是一切諸佛이 隨衆生根性長短하야 所現不同之壽나 而自報命은 與虛空之齊年이오

七 菩薩住處品은 是佛果攝衆生之分界니 明菩薩行門이 常不斷故오

八 不思議法品은 明一切十方古今諸佛이 智德難思하야 非情識之測度이오

九 如來十身相海品은 明佛報身의 依正二果難量이오

十 普賢行品은 明十方一切古今諸佛의 共所行自利利他之行周故오

十一 如來出現品은 明五位修行者의 升進位滿에 自佛出興하야 出世入纏하는 二行圓滿이니 文殊는 是主出纏智慧오 普賢은 是主入俗行周니 於此品中에 二行圓滿일세 故令二人으로 自相問答하야 說此出現之門이라

已上十一品經은 大意如是오 一一隨文別釋은 更當重明호리라

　　'(4) 차례에 따라 11품의 대의를 해석하여 밝혔다.'는 아래와 같다.

① 제27 십정품은 고금 일체 모든 부처님의 적멸과 묘용이 두루 원만한 無時의 大體를 밝혔고,

② 제28 십통품은 고금 일체 모든 부처님의 普光明智에 의한 중생 교화의 자재함 및 報業의 신통이 두루 가득함을 밝혔으며,

③ 제29 십인품은 시방세계 모든 부처님의 작위가 없는 법신의 자체와 일체 모든 법이 無生을 따르는 忍門임을 말하였고,

④ 제30 아승지품과 ⑤ 제35 수호광명공덕품은 佛果를 알지 못하는 2가지 어리석은 부류의 법을 밝혔다. 이 2품의 경은 여래 스스로 설법하였다.

⑥ 제31 여래수량품은 일체 모든 부처님이 중생 根性의 우열을 따라서 각기 달리 나타나는 수명과는 달리, 그 자신의 과보에 의한 수명은 허공처럼 한량이 없음을 밝혔고.

⑦ 제32 보살주처품은 중생을 받아들이는 佛果의 구분과 한계이다. 보살행의 법문이 언제나 끊임이 없음을 밝힌 것이며,

⑧ 제33 불부사의법품은 일체 시방세계 고금 모든 부처님의 지혜와 복덕이란 생각으로나 언어로 표현하기 어려워 情識으로 헤아릴 수 있는 게 아님을 밝혔고,

⑨ 제34 여래십신상해품은 부처님의 報身에 나타난 依報와 正報의 결과란 헤아리기 어려움을 밝혔으며,

⑩ 제36 보현행품은 일체 시방세계 고금 모든 부처님이 똑같이 행하였던, 자리·이타 2가지 행이 두루 원만함을 밝혔고,

⑪ 제37 여래출현품은 '資糧, 加行, 通達, 修習, 究竟 5위'를

수행하는 자가 한 단계 한 단계 올라가는 지위가 원만함에 그 자신이 부처로 태어나 출세간과 다시 세속으로 들어가는[入纏] 2가지의 行이 원만함을 밝힌 것이다. 문수보살은 세속을 벗어난[出纏] 지혜로 주를 하고, 보현보살은 세속으로 들어가는[入俗] 행이 두루 원만한 것으로 주를 한다. 이 품에서는 2가지 行이 원만하기에 문수와 보현 두 보살로 하여금 서로 문답하여 여래 출현의 법문을 말하도록 하였다.

위의 11품 경의 대의는 이와 같으며, 한 부분 한 부분 경문에 따른 개별의 해석은 해당 경문에서 다시 밝힐 것이다.

四 正釋文
4. 경문의 해석

此會에 有十一品經하니 分二라 前六은 明因圓이오 後五는 明果滿이라 若依古德인댄 前九는 明生解因果오 後二는 明平等因果니라 前中에 亦二니 前六品은 明位後因相이오 後三品은 明差別果相이라 然六品之因은 若約次第인댄 與前五會로 俱是差別之因이오 若約圓融인댄 等同果相이라 故與果同會니 果是對因之果니 與因同會오 平等因果는 由差別成이니 亦與此同會니라【鈔_ '然六品'下는 解妨難이니 此有二難이라 今初는 正通重會之難이니 謂有難云 '若約差別因果者는 因因不同하야 因與果異어늘 如何等覺之因이 與

31

妙覺果로 同會而說가 故今答云'若約差別인댄 不合同會어니와 有
圓融義라 所以得同이라 故云若約圓融 等同果相故니라'
'果是對因'下는 二有難云若爾인댄 因是圓融이라 可同果會라 果
是差別之果니 何得同因會耶아 故今答云只緣是差別果니 對因
說果니 是相待之果 劣일세 故同因會니라 又復難云 對因之果 劣일
세 故同因之會라하니 平等因果는 因果俱勝이니 何同此會리오 故今
通云 平等因果는 由差別成이니 若無差別이면 平等無依라 故須同
會니라】

이번 법회에는 11품의 경문이 있다. 이는 2단락으로 나뉜다.

앞의 6품(제27 십정품, 제28 십통품, 제29 십인품, 제30 아승지품, 제31 여래수량품, 제32 제보살주처품)은 因의 원만함을, 뒤의 5품(제33 불부사의법품, 제34 여래십신상해품, 제35 여래수호광명공덕품, 제36 보현행품, 제37 여래출현품)은 果의 원만함을 밝혔다.

옛 스님의 또 다른 말을 따르면, 앞의 9품(제27~35품)은 이해를 내어주는 인과를, 뒤의 2품(제36~37품)은 평등의 인과를 밝혀주었다고 한다. 앞의 9품은 또다시 2단락으로 나뉘는데, 앞의 6품(제27~32품)은 位後의 因相을, 뒤의 3품(제33~35품)은 차별의 果相을 밝혀주었다고 한다.

그러나 앞 6품의 因相을 차례로 말하면 앞의 5법회(제2 보광명전, 제3 도리천, 제4 야마천, 제5 도솔천, 제6 타화천)와 모두 차별의 因이며, 원융으로 말하면 果相과 평등하여 똑같다. 이 때문에 果相이 똑같은 법회이다. 果는 因을 상대로 말한 果이기에 因과 같은 법회이

고, 평등인과는 차별에 의해 이뤄진 것이기에 또한 이와 똑같은 법회이다.【초_ '然六品之因' 이하는 논란에 대한 해석이다. 여기에는 2가지의 논란이 있다.

이의 첫째는 바로 '어찌하여 보광명전에서 다시 법회를 열었는가?'에 대한 논란을 밝힌 것이다.

논란은 다음과 같다.

"만약 차별의 인과로 말한다면…'이란 원인의 원인이 똑같지 않기에 원인은 결과와 다른 법인데, 어찌하여 등각의 원인이 묘각의 결과와 같은 법회에서 말할 수 있는 것일까?"

따라서 이에 대한 답은 다음과 같다.

"만약 차별의 인과로 말하면 당연히 같은 법회에서 말할 수 없는 부분이지만, 여기에는 원융이라는 의의가 있다. 이 때문에 같은 법회에서 말할 수 있는 것이다. 이 때문에 '원융으로 말하면 果相과 평등하여 똑같기 때문'이라고 말한다."

'果是對因' 이하는 둘째 논란으로 다음과 같다.

"만약 그 말처럼 본다면 因이란 원융이기에 果와 똑같은 법회라는 말이다. 果란 차별의 果인데 어떻게 因과 똑같은 법회에서 말할 수 있겠는가?"

따라서 이에 대한 답은 다음과 같다.

"단 차별의 果 때문이다. 因을 상대로 말한 果이니, 이처럼 인을 상대로 말한 果란 보다 더 못한 까닭에 因을 설법하는 법회에 함께하는 것이다."

또다시 논란하였다.

"인을 상대로 말한 과란 보다 더 못한 까닭에 인을 설법하는 법회에 함께한다.'고 말할 경우, 평등한 인과는 인과 2가지가 모두 훌륭한 것이니, 어떻게 이 법회에 함께할 수 있겠는가?"

이 때문에 여기에서 다음과 같이 답하였다.

"평등한 인과는 차별에 의해 이뤄진 것이다. 만약 차별이 없다면 평등한 인과는 의지처가 없는 것이기에 반드시 이 법회에 함께한 것이다."】

今初에 此因은 卽是等覺이라 然文有等覺之義로되 而無等覺之名者는 以此等覺은 亦卽十地之勝進故일세니라 是以로 諸教 開合不同하니 仁王等은 合此勝進하야 入於十地라 是以로 不立等覺이니라 故敎化品中에 約五忍分位하야 於寂滅忍에 唯有上下하니 下忍中行을 名爲菩薩이니 卽第十地오 上忍中行을 爲薩婆若라하니 此謂如來 若依瓔珞 開此勝進하야 爲無垢地니 卽是等覺이라 然等覺은 照寂이오 妙覺은 寂照니라

又賢聖覺觀品中에 (覺觀은 準瓔珞經이어늘 應從嘉興藏南藏疏本과 及續藏會本하야 作學觀이오 下鈔各本 皆誤作覺觀이라) 說六種性과 及六堅·六忍等이오 瑜伽에 具有二義하니 七十八에 引深密經하야 說十一地하니 第十은 法雲이오 十一은 說名佛地니라 唯有二十二愚 得佛地時는 由斷二愚니 一은 於一切所知境 極微細著愚니 卽俱生極微細所知障種이오 二는 極微細礙愚니 卽是任運煩惱障種이라 斷此라야 便能證大菩提이오 更不別說等覺斷證이라

論復有文하니 亦立等覺이오 又菩薩地云 '此菩薩이 雖已修行하야 功德海滿이나 由未能捨三種法故로 不名妙覺이니 一은 由未捨劣無漏法이오 二는 由未捨白淨無記法이오 三은 由未捨有漏善法이니 至妙覺位라야 方捨此三이니라【鈔_ '說六種性'者는 卽彼經第一品이니 當第三賢聖覺觀品經에 云 '佛子여 六種性者는 是一切菩薩 功德瓔珞과 莊嚴菩薩 二種法身과 菩薩所有百萬阿僧祇功德行瓔珞이오 若一切菩薩이 不入瓔珞功德門이오 得入正位者는 無有是處니라 佛子여 性者는 所謂習種性, 性種性, 道種性, 聖種性, 等覺性, 妙覺性이니라'

釋曰 一習種性은 卽十住오 二性種性은 卽十行이오 三道種性은 卽十廻向이오 四聖種性은 卽十地오 五六은 可知니라

復名六堅者는 謂信堅, 法堅, 修堅, 德堅, 頂堅, 覺堅이니 頂堅은 卽等覺이며 覺堅은 卽妙覺이라

六忍者는 經云 復名六忍이니 信忍, 法忍, 修忍, 正忍, 無垢忍, 一切智忍이어늘 而言等者는 等取六慧 · 六觀이니라

經云 復名六慧니 聞慧, 思慧, 修慧, 無相慧, 照寂慧, 寂照慧오

經云 復次六觀이니 住觀, 行觀, 向觀, 地觀, 無相觀, 一切種智觀이라】

앞의 6품 가운데 첫 십정품에서 말한 因은 바로 等覺이다. 그러나 경문에 등각의 의의가 있으면서도 등각이라는 명제가 없는 것은, 이 등각 또한 십지를 훌륭하게 닦아나가는 지위이기 때문이다. 이런 연유로 여러 교파에서 등각을 나누고 종합하는 부분이 똑

같지 않다. 인왕경 등에서는 이처럼 훌륭하게 닦아나가는 지위를 종합하여 십지에 넣고 있다. 이런 연유로 등각이라는 명제를 내세우지 않았다. 이 때문에 교화품에서는 5인[伏忍, 信忍, 順忍, 無生忍, 寂滅忍]의 수행 단계를 가지고서 寂滅忍에서만 유독 상하 2단계로 구분하여, 하적멸인의 행을 보살이라고 명명하니, 이것이 바로 제십지이다. 그리고 상적멸인의 행을 살바야[一切智]라 한다. 이는 여래가 보살영락본업경에 의하여 훌륭하게 닦아나가는 지위를 열어가면서 무구지를 삼으니, 이것이 바로 등각이다. 그러나 등각은 '묘용의 당상으로 적체를 삼는 조적[妙用之當相爲寂體曰照寂]'이고, 묘각은 적체의 당처로 묘용을 삼는 적조[寂體之當處爲妙用曰寂照]이다.

또한 보살영락본업경의 賢聖 '覺觀'品 ('覺觀'이란 영락경을 준한 것으로 당연히 嘉興藏南藏疏本 및 續藏會本을 따라 '學觀'으로 써야 한다. 이하의 여러 鈔에서는 모두 '覺觀'으로 잘못 쓰고 있다.)에서 6가지 성품 및 六堅·六忍 등을 말하였고, 유가론에서는 2가지의 뜻을 갖추고 있다.

78경에서 해심밀경을 인용하여 十一地라 말하였다. 제10은 法雲地이고, 제11은 佛地라고 말한다. 오직 22가지 어리석음[1]을 지닌 자가 佛地를 얻었을 때는 2가지 어리석음을 단절한 데서 연유한 것이다.

(1) 일체 알고 있는 대상의 경계에 대해 '지극히 미세한 집착의

---

1   22가지 어리석음: 十重障에 각각 二愚를 갖추고 이에 佛果를 장애하는 二愚를 더하면 十障 二十二愚가 된다.

어리석음[所知境極微細著愚]'이다. 이는 모두 지극히 미세한 所知障의 종자를 내는 것이다.

(2) '지극히 미세한 장애의 어리석음[極微細礙愚]'이다. 이는 번뇌장애를 마음대로 일으키는 종자이다. 이를 끊어야만 큰 보리지혜를 증득할 수 있기에, 다시는 별도로 등각의 '미혹을 끊고 이치를 증득[斷惑證理]'함에 대해서 말하지 않는다.

논에 또한 이런 문장이 있다. 그 또한 등각을 세워 말하였고, 또 菩薩地에서 말하였다.

"이 보살이 아무리 진즉 수행하여 수많은 공덕이 원만하다 할지라도 3가지 법을 버리지 못했기에 妙覺이라 말하지 않는다.

첫째는 용렬한 無漏를 버리지 못한 법,

둘째는 白淨의 無記를 버리지 못한 법,

셋째는 有漏善을 버리지 못한 법 때문이다.

묘각의 지위에 이르러야 비로소 이런 3가지 법을 버릴 수 있다."【초_ "6가지 성품을 말하였다."는 것은 보살영락본업경 제1품이다. 제3 현성각관품의 경문에서 말하였다.

"불자여, 6가지 성품이란 일체 보살의 공덕영락, 장엄보살 2가지 법신과 보살이 소유한 백만 아승기 공덕행 영락이다. 만약 일체 보살이 영락공덕의 문에 들어가지 않고서 正位에 들어갈 수 있는 경우는 전혀 없다.

불자여, 성품이란 이른바 習種의 성품, 性種의 성품, 道種의 성품, 聖種의 성품, 等覺의 성품, 妙覺의 성품이다."

이에 대해 다음과 같이 해석하였다.

① 習種의 성품은 십주이고,

② 性種의 성품은 십행이며,

③ 道種의 성품은 십회향이고,

④ 聖種의 성품은 십지이며,

⑤ 等覺의 성품과 ⑥ 妙覺의 성품은 말하지 않아도 알 수 있다.

또한 六堅이라 말한 것은 신심의 견고, 법의 견고, 수행의 견고, 공덕의 견고, 정수리의 견고, 깨달음의 견고를 말한다. 정수리의 견고는 등각이며, 깨달음의 견고는 곧 묘각이다.

六忍이란 경에서 말하였다.

"또한 六忍이라 말하니 믿음의 忍, 법의 忍, 수행의 忍, 올바름의 忍, 때가 없는 忍, 一切智의 忍을 말한다."

그럼에도 '等'이라 말한 것은 六慧·六觀을 똑같이 취하였기 때문이다.

경에서 말하였다.

"또한 六慧라 이름하니 들어서 얻은 지혜, 사유로 얻은 지혜, 수행으로 얻은 지혜, 모양이 없는 지혜, 中道의 觀慧로 중도 이치의 본체를 관조[照寂]하는 지혜[等覺位의 지혜], 중도 이치의 본체로 중도의 작용을 일으키는[寂照] 지혜[妙覺位의 지혜]이다."

경에서 말하였다.

"또한 六觀이라 말하니 住觀, 行觀, 向觀, 地觀, 無相觀, 一切種智觀이다."]

今經은 欲顯開合無礙라 故存其義오 不彰其名이라 下離世間品
智慧助道具中에 旣云隨順六堅固法에 有等覺 明矣니라
文中分二니 前三品은 正答前問이오 後三品은 總顯深廣이라
今初 分二니 前二品은 明業用廣大오 後一品은 明智慧深玄이라
前中 亦二니 初品은 就定明用이오 後品은 就通明用이라
前中 分五니 一 序分이오 二 請分이오 三 示說者分이오 四 本分이오
五 說分이라
初中三이니 初는 總顯三成就오 二는 別顯三成就오 三은 別顯衆成
就니라
今은 初라

　　이 화엄경은 분리하고 종합하는 데에 걸림이 없음을 밝히고자
한 까닭에 그 의의만을 보존할 뿐, 그 명제를 밝히지 않았다. 아래
제38 이세간품의 '지혜는 도의 보조가 되는 도구'라는 부분에서 이
미 "6가지 견고한 법을 따르는 데에 등각이 있다."는 문장이 분명
하다.

　　이의 경문은 크게 2단락으로 나뉜다.

　　앞의 3품(제27~29품)은 바로 앞의 물음에 답하였고, 뒤의 3품(제
30~32품)은 심오하고 광대함을 총체로 밝혔다.

　　앞의 3품은 다시 2단락으로 나뉜다.

　　앞의 2품(제27~28품)은 業用의 광대함을 밝혔고, 뒤의 1품(제29
품)은 지혜가 심오하고 현묘함을 밝혔다.

　　앞의 2품은 또다시 2부분으로 나뉜다.

첫 품(제27품)은 선정에서 작용을 밝혔고, 뒤의 품(제28품)은 신통으로 작용을 밝혔다.

제27 십정품은 5부분으로 나뉜다.

제1 서론 부분, 제2 청법 부분, 제3 설법한 자를 보여준 부분, 제4 근본 부분, 제5 설법 부분이다.

대문 제1. 서론 부분

이는 다시 3부분으로 나뉜다.

1. 3가지 성취[시간, 장소, 공덕 성취]를 총체로 밝혔고,
2. 3가지 성취를 개별로 밝혔고,
3. 수많은 보살의 성취를 개별로 밝혔다.

이는 '1. 3가지 성취를 총체로 밝힌 부분'이다.

經

爾時에 世尊이 在摩竭提國 阿蘭若法 菩提場中하사

그때, 세존이 마갈제국 아란야법보리도량에 계시면서

二 別顯三成就

2. 3가지 성취를 개별로 밝히다

經

始成正覺하사 於普光明殿에 入刹那際諸佛三昧하사 以

一切智自神通力으로 **現如來身**하시니 **淸淨無礙**하며 **無所依止**하며 **無有攀緣**하며 **住奢摩他**하야 **最極寂靜**하며 **具大威德**하며 **無所染着**하며 **能令見者**로 **悉得開悟**하며 **隨宜出興**하야 **不失於時**하며 **恒住一相**하니 **所謂無相**이러라

 처음 바른 깨달음을 성취하시고, 보광명전에서

 '찰나의 시간이라는 그 자체조차 없는 즈음[刹那際]'에 여러 부처님의 삼매에 드시어,

 일체 지혜의 스스로 신통한 힘으로 여래의 몸을 나타내시니,

 청정하여 걸림이 없고,

 의지할 바가 없고 반연함이 없으며,

 사마타에 머물러 가장 지극히 고요하고,

 큰 위엄과 덕을 갖췄으며,

 물든 바가 없고,

 보는 이로 하여금 모두 깨달음을 얻게 하며,

 중생의 기연(機緣) 편의에 따라 몸을 나타내어 시기를 놓치지 않고,

 항상 한 모양에 머무시니 이른바 모양이 없는 실상의 자리이다.

◉ **疏** ◉

二分三이니 **初**는 **約主顯時**오 **二於普光明下**는 **約主彰處**오 **三入刹那下**는 **就德顯主**라 **於中 十句**니 **卽攝二十一種功德中二十別句**니 **總句**는 **卽前始成正覺故**니라【鈔_ '**二十一種功德**'은 **要尋**

升兜率品이면 自當曉之니라 然此段文은 亦是古德所不能知라 今以攝佛功德釋之에 有如符契하니 智者當曉니라】

'2. 3가지 성취를 개별로 밝힌' 부분은 3가지로 나뉜다.

첫째, 법주[세존]를 들어 어느 때[始成]인지를 밝혔고,

둘째, '於普光明' 이하는 법주를 들어 도량의 장소[普光明殿]를 밝혔으며,

셋째, '入刹那' 이하는 공덕[諸佛三昧]을 들어 법주를 밝혔다.

이의 10구는 곧 21가지의 공덕을 포괄한 부분 가운데 개별로 밝힌 20구이다. 총체로 말한 1구는 곧 앞서 말한 始成正覺이기 때문이다. 【초_ '21가지의 공덕'은 제23 승도솔천궁품에서 찾아보면 스스로 알 수 있을 것이다. 그러나 이 단락의 문장 또한 옛사람들이 제대로 알지 못하였다. 여기에서는 부처님의 공덕을 받아들이는 것으로 해석하면 부절과 문서를 맞춰보는 것처럼 하나가 될 것이다. 지혜로운 이는 마땅히 이 점을 알아야 한다.】

一 '入刹那際三昧'者는 卽窮法眞源이니 謂時之極促을 名曰刹那라 窮彼刹那의 時相都寂하야 無際之際를 名刹那際라 卽攝二句니 謂二行永絶과 及達無相法이니 若有二行이면 則有刹那어니와 二行旣絶이면 則刹那無際니 由達淸淨眞如 本無相故니라

所以此中特名 '入刹那際'者는 爲顯將說等覺位故니라 菩薩地盡에 唯有果累無常이 生相未寂일세 猶名識藏이어니와 若以無間智로 覺心初起하야 心無初相이면 遠離微細念故로 卽無刹那니라 若入此際면 卽見心性常住일세 名究竟覺이라 故云 '諸佛三昧'라하니라

亦顯差別歷位 不離最初刹那際故니라【鈔_ 所以此中者 有二하니 一은 總徵說意니 前後歎德 皆無故오 '菩薩地盡'下는 二釋刹那際라 然有二釋하니 初는 以本業起信으로 參而釋之니라 '菩薩地盡'은 是起信文이니 義通二處라 言'唯有果累無常'者는 卽本業下卷經 云'菩薩이 爾時에 住大寂門中하사 登大山臺하사 入百千三昧하사 證佛儀用이로되 唯有果累無常하고 生滅二心하야 心心無爲하야 行過十地하고 解與佛同하야 坐佛坐處等이라'하니

釋曰 果累無常生滅者는 未轉依位에 變易生死를 名爲果累오 體是無常이라 有生滅也니라

言'生相未寂'者는 卽起信意니 業相未亡也라

'猶名識藏'者도 亦起信意니 未顯現法身故니라 上辯等覺도 尙有刹那하야 未至其際니라

'若以無間'下는 釋成際義니 刹那盡處를 名之爲際라 故云'卽無刹那'라하니 亦起信文이니 前已曾引이라

'若入此'下는 釋諸佛三昧니 亦起信文이라 應有問言호되 上云菩薩地盡是等覺者를 何名諸佛三昧오 故引此文하야 成諸佛義니라

'亦顯前來差別'下는 是第二義라 上約合前後無際하고 今明後際不離初際니 是窮生死之本際니라】

(1) "찰나의 시간이라는 그 자체조차 없는 즈음[刹那際]에 여러 부처님의 삼매에 들었다."는 구절은 곧 '법의 진실한 본원을 다했다.'는 뜻이다. 지극히 짧은 시간 단위를 '찰나'라 말하고, 그 '찰나'라는 시간과 모양이 모두 고요함을 다하여 시간의 즈음조차 없는

시간의 즈음을 '刹那際'라고 말한다.

이는 곧 2구를 포괄하고 있다. ① 복덕과 지혜 2가지 행이 영원히 끊어진 자리[二行永絕] 및 ② 모양이 없는 법을 통달함[達無相法]을 말한다. 만일 복덕과 지혜라는 2가지 행이 남아 있으면 곧 '찰나'라는 시간이 존재하지만, 2가지 행이 이미 끊어지면 '찰나'라는 시간 그 자체조차 없다. 이는 청정한 진여가 본래 모양이 없다는 것을 통달한 데서 연유한 것이다.

이 때문에 여기에서 특별히 "찰나의 시간이라는 그 자체조차 없는 즈음, 삼매에 들었다."고 명명한 것은 장차 등각위를 설법하고자 함을 나타내기 위한 까닭이다.

보살지위를 다했을지라도 오직 果累의 無常이 남아 있어 생겨나는 모양[生相]이 고요하여 모조리 사라지지 않은 까닭에 오히려 이를 '識藏'이라고 말한다. 만일 간단이 없는 지혜[無間智]로 마음에 처음 일어나는 것을 깨달아 그 본초에 모양이 없음을 보면 이에 미세한 생각[微細念]마저 멀리 여읠 수 있는 까닭에 찰나 자체 또한 없는 것이다.

만일 이런 삼매에 들게 되면 바로 마음의 자성이 常住함을 볼 수 있기에 그 이름을 '究竟覺'이라 한다. 이 때문에 '제불삼매'라고 말하였다. 또한 각기 다른 차별의 지위들이 최초 '시간이라는 그 자체조차 없는 즈음'을 여의지 않음을 나타내기 위함이다.【초_ 이 때문에 여기에는 2가지의 뜻이 있다.

① 묻고 설명하는 뜻을 총괄한 것이다. 전후의 문장에 공덕을

찬탄한 부분이 없기 때문이다.

'菩薩地盡' 이하는 ② '시간이라는 그 자체조차 없는 즈음'을 해석한 것이다.

그러나 여기에는 2가지의 해석이 있다.

첫째, 본업경과 기신론을 참고하여 해석하였다. '菩薩地盡'은 기신론의 문장이다. 이의 의의는 2곳에 모두 통한다.

"오직 果累의 무상이 남아 있다[唯有果累無常]."는 것은 본업경 하권에 이르기를 "보살이 그때 大寂門에 주석하면서 大山臺에 올라 백천 삼매에 들어 부처님의 위의와 작용을 증득하였지만 오직 果累의 무상이 남아 있고 두 마음이 생겨나고 사라져 마음과 마음에 작위가 없다. 그의 수행은 십지를 벗어나고, 이해는 부처님과 같아서 부처님의 법좌에 앉았다는 등이다."고 하였다.

이에 대한 해석은 다음과 같다.

'果累 무상의 生滅'이란 '아직 전의를 이루지 못한 지위[未轉依位]'에서의 '삼계에 나고 죽고 하는 몸을 벗어난 뒤 성불하기까지의 성자가 받는 삼계 밖의 생사[變易生死]'를 果累라 말하고, 그러한 몸은 無常한 것이기에 생멸이 있다.

'生相未寂'이라 말한 것은 기신론에서 말한 뜻으로, 業相이 모두 사라지지 않은 것이다.

'猶名識藏'이라는 것도 또한 기신론에서 말한 뜻으로, 아직은 법신을 밝혀 나타내지 못하였기 때문이다. 위에서 말한 等覺의 지위에서도 아직은 찰나의 시간이 남아 있기에 그 찰나의 즈음 자체조차 없는 자리에는 이르지 못하였다.

'若以無間智' 이하는 '그 찰나의 즈음 자체조차 없는 자리'의 성취를 해석한 것이다. 찰나의 시간 자체가 모두 다한 자리를 '際'라고 말한다. 이 때문에 '곧 찰나조차 없다[卽無刹那].'고 말하니, 이 역시 기신론에서 말한 뜻이다. 앞에서 진즉 인용한 바 있다.

'若入此際' 이하는 제불삼매를 해석한 것으로 이 또한 기신론의 경문이다. 당연히 이 문장에 앞서 다음과 같은 물음이 있어야 한다. 따라서 그 위의 대목에서 묻기를 "보살의 지위가 다했으면 이는 等覺을 성취한 자인데, 어떻게 제불삼매라고 말할 수 있는가?"라고 하였다. 이 때문에 이 문장을 인용하여 '제불삼매'의 뜻을 끝맺었다.

'亦顯前來差別歷位' 이하는 둘째 의의이다. 위에서는 전후의 즈음이 없음을 종합하여 말하였고, 여기에서는 뒤의 즈음이란 시초의 즈음에서 벗어나지 않음을 밝히고 있다. 이는 생사의 근본 즈음을 다한 것으로 말하였다.】

二'以一切智自神通力 現如來身'者는 依通起用이라 此攝二句니 一切智通은 卽住於佛住니 謂由一切智無有功用을 自神通力하야 常作佛事故오 次'現如來身'은 卽攝得佛平等이니 謂依上一切智現身하야 利樂有情故니라

(2) "일체 지혜의 스스로 신통한 힘으로 여래의 몸을 나타냈다."는 구절은 '신통에 의해서 작용을 일으킨다.'는 뜻이다. 이는 2구의 뜻을 포괄하고 있다.

① '一切智의 신통'이라는 뜻은 바로 부처님이 머무신 자리에

머문 것이다. 이른바 '일체지에 더 이상 다시 공부하는 작용이 없다.'는 것은 스스로의 신통한 힘을 따라 언제나 佛事를 일으키기 때문이다.

② '여래의 몸을 나타냈다.'는 뜻은 부처님의 평등을 얻었다는 뜻을 포괄하고 있다. 이는 위에서 말한 일체지에 의하여 몸을 나타내어 일체중생에게 이익과 즐거움을 주기 때문이다.

三'淸淨無礙'는 攝三句니 謂淸淨 攝二句오 一攝到無障處니 謂慣習覺慧하야 永斷所治라 故云淸淨이오 二攝不可轉法이니 由淸淨故로 他不能轉이라 無礙者는 卽所行無礙니 世間八法이 不能礙故니라

(3) "청정하여 걸림이 없다."는 구절은 3구의 뜻을 포괄하고 있다. '청정'이 2구의 뜻을 포괄하고 있다.

① '걸림이 없는 곳에 이르렀다.'는 뜻을 포괄하고 있다. 깨달음의 지혜를 익히 익혀 다스려야 할 대상들을 영원히 단절한 까닭에 청정이라 말한다.

② '그 누구도 그를 전변시킬 수 없는 법'이라는 뜻을 포괄하고 있다. 청정을 따른 까닭에 남들이 그를 어떻게 전변시키지 못한다.

그리고 제3구의 "걸림이 없다[無礙]."는 것은 곧 '행하는 바에 걸림이 없다.'는 뜻이다. 세간의 8가지 법[四大의 地水火風·四微의 色香味觸]이 그를 가로막지 못하기 때문이다.

四'無所依止 無有攀緣'은 卽立不思議니 謂雖立敎法이나 不依世間故오 非諸世間所能攀緣故니라

(4) "의지할 바가 없고 반연함이 없다."는 구절은 바로 '불가사의

함을 세운다.'는 뜻이다. 이는 비록 가르침의 법을 세웠지만 세간을 따르지 않기 때문이며, 모든 세간 중생이 반연할 수 있는 대상이 아니기 때문임을 말한다.

五'住奢摩他 最極寂靜'은 卽普見三世니 以見三世平等하야 如理無異 爲最寂靜이라

(5) "사마타에 머물러 가장 지극히 고요하다."는 구절은 곧 '삼세를 두루 본다.'는 뜻이다. 삼세의 평등함을 보고서 진리와 똑같아 차이가 없는 것이 가장 지극히 고요함이다.

六'具大威德'은 卽身恒充滿一切世間이니 現受用變化身하야 大利樂故니라

(6) "큰 위엄과 덕을 갖췄다."는 구절은 '부처님의 몸은 언제나 일체 세간에 가득하다.'는 뜻이다. 수용신과 변화신을 나타내어 중생에게 큰 이익과 즐거움을 주기 때문이다.

七'無所染著'은 卽智恒明達一切諸法이니 謂於諸法에 善決定故로 無有染也니라

(7) "물든 바가 없다."는 구절은 곧 '부처님의 지혜는 언제나 일체 모든 법을 밝게 통달하였다.'는 뜻이다. 모든 법에 대해 잘 결정한 까닭에 물듦이 없음을 말한다.

八'能令見者 悉得開悟'는 此攝二句니 一 攝了一切行이니 謂知有情性行差別하야 隨開悟故오 二 攝除一切疑니 謂知彼遠劫微少善根하야 亦令開悟故니라

(8) "보는 이로 하여금 모두 깨달음을 얻게 하였다."는 구절은 2

구절의 뜻을 포괄하고 있다.

　① '일체 행을 잘 알고 있다.'는 뜻을 포괄하고 있다. 이는 일체 중생의 자성과 행위의 차별을 알고서 그들에 따라 그들을 깨우쳐 주기 때문임을 말한다.

　② '일체 의심을 없애준다.'는 뜻을 포괄하고 있다. 이는 아득한 예전에 닦았던 미세하고 적은 선근을 알고서 또한 그들을 깨닫도록 해주기 때문임을 말한다.

九'隨宜出興 不失於時'도 亦攝二句니 一 攝無能測身이니 謂如其勝解而示現身을 如摩尼珠를 名'隨宜出生 不失於時'오 二 攝一切菩薩等所求智니 謂調伏有情호되 攝受付囑等을 皆不失時故니라

　(9) "중생의 기연(機緣) 편의에 따라 몸을 나타내어 시기를 놓치지 않았다."는 구절 또한 2구절의 뜻을 포괄하고 있다.

　① '헤아릴 수 없는 몸'이라는 뜻을 포괄하고 있다. 이는 그의 뛰어난 이해와 함께 몸을 나타냄이 마니주의 변화와 같은 것을 이름 지어 "중생의 기연 편의에 따라 몸을 나타내어 시기를 놓치지 않았다."고 말한다.

　② '일체 보살 등이 추구한 지혜'라는 뜻을 포괄하고 있다. 이는 일체중생을 조복하되 그들을 섭수하고 부촉하는 등등의 일들을 모두 때를 잃지 않기 때문이다.

十'恒住一相所謂無相'는 攝餘五句니 謂到佛究竟無二彼岸等이 隨義雖殊나 皆由一相無相而成이니 可以意得이라 餘는 如升兜

率品辨하다

⑽ "항상 한 모양에 머무시니 이른바 모양이 없는 실상의 자리이다."는 구절은 나머지 5구절의 뜻을 모두 포괄하고 있다. 이는 "부처님의 구경의 자리인 둘이 없는 피안에 이르렀다." 등은 그 이치를 따름이 다르다 하지만 그 모두가 '한 모양의 모양이 없는 실상의 자리'에 의해 이뤄진 것이다. 이는 깊이 생각하면 알 수 있을 것이다. 나머지 공덕 부분은 제23 승도솔천궁품에서 논변한 바와 같다.

第三 別顯衆成就

3. 수많은 보살의 성취를 개별로 밝히다

經

與十佛刹微塵數菩薩摩訶薩로 俱하사 靡不皆入灌頂之位하며 具菩薩行하며 等於法界하며 無量無邊하며 獲諸菩薩의 普見三昧하며 大悲安穩一切衆生하며 神通自在하야 同於如來하며 智慧深入하야 演眞實義하며 具一切智하야 降伏衆魔하며 雖入世間이나 心恒寂靜하며 住於菩薩의 無住解脫하시니라
其名曰金剛慧菩薩과 無等慧菩薩과 義語慧菩薩과 最勝慧菩薩과 常捨慧菩薩과 那伽慧菩薩과 成就慧菩薩

과 調順慧菩薩과 大力慧菩薩과 難思慧菩薩과 無礙慧菩薩과 增上慧菩薩과 普供慧菩薩과 如理慧菩薩과 善巧慧菩薩과 法自在慧菩薩과 法慧菩薩과 寂靜慧菩薩과 虛空慧菩薩과 一相慧菩薩과 善慧菩薩과 如幻慧菩薩과 廣大慧菩薩과 勢力慧菩薩과 世間慧菩薩과 佛地慧菩薩과 眞實慧菩薩과 尊勝慧菩薩과 智光慧菩薩과 無邊慧菩薩과

念莊嚴菩薩과 達空際菩薩과 性莊嚴菩薩과 甚深境菩薩과 善解處非處菩薩과 大光明菩薩과 常光明菩薩과 了佛種菩薩과 心王菩薩과 一行菩薩과 常現神通菩薩과 智慧芽菩薩과 功德處菩薩과 法燈菩薩과 照世菩薩과 持世菩薩과 最安穩菩薩과 最上菩薩과 無上菩薩과 無比菩薩과 超倫菩薩과 無礙行菩薩과 光明焰菩薩과 月光菩薩과 一塵菩薩과 堅固行菩薩과 霪法雨菩薩과 最勝幢菩薩과 普莊嚴菩薩과 智眼菩薩과 法眼菩薩과 慧雲菩薩과 總持王菩薩과 無住願菩薩과 智藏菩薩과 心王菩薩과 內覺慧菩薩과 住佛智菩薩과 陀羅尼勇健力菩薩과 持地力菩薩과 妙月菩薩과 須彌頂菩薩과 寶頂菩薩과 普光照菩薩과 威德王菩薩과 智慧輪菩薩과 大威德菩薩과 大龍相菩薩과 質直行菩薩과 不退轉菩薩과 持法幢菩薩과 無忘失菩薩과 攝諸趣菩薩과 不思議決定慧菩薩과 遊戲無邊智菩薩과 無盡妙法藏菩薩과

智日菩薩과 法日菩薩과 智藏菩薩과 智澤菩薩과 普見
菩薩과 不空見菩薩과 金剛幢菩薩과 金剛智菩薩과 金
剛焰菩薩과 金剛慧菩薩과 普眼菩薩과 佛日菩薩과 持
佛金剛祕密義菩薩과 普眼境界智莊嚴菩薩이라
如是等菩薩摩訶薩이 十佛刹微塵數니 往昔에 皆與毘
盧遮那如來로 同修菩薩諸善根行하시니라

 열 부처 세계의 미세한 티끌 수처럼 수없는 보살마하살과 함께하면서 모두 관정(灌頂)의 지위에 들어가

 보살행을 갖추고, 법계와 평등하며,

 한량없고 그지없고,

 모든 보살이 두루 보았던 삼매를 얻으며,

 크게 가엾이 여기는 마음으로 일체중생을 편안케 하고,

 신통력이 자유자재하여 여래와 같으며,

 지혜가 깊은 데까지 들어가 진실한 이치를 연설하고,

 일체 지혜를 갖추어 수많은 마군을 항복 받으며,

 비록 세간에 들어갔으나 마음은 항상 고요하고,

 보살의 머문 데 없는 해탈에 머물지 않은 이들이 없었다.

 백 분 보살의 명호는 다음과 같다.

 금강혜보살, 무등혜보살, 의어혜보살, 최승혜보살, 상사혜보살, 나가혜보살, 성취혜보살, 조순혜보살, 대력혜보살, 난사혜보살, 무애혜보살, 증상혜보살, 보공혜보살, 여리혜보살, 선교혜보살, 법자재혜보살, 법혜보살, 적정혜보살, 허공혜보살, 일상혜보살, 선혜보

살, 여환혜보살, 광대혜보살, 세력혜보살, 세간혜보살, 불지혜보살, 진실혜보살, 존승혜보살, 지광혜보살, 무변혜보살,

　　그리고 염장엄보살, 달공제보살, 성장엄보살, 심심경보살, 선해처비처보살, 대광명보살, 상광명보살, 요불종보살, 심왕보살, 일행보살, 상현신통보살, 지혜아보살, 공덕처보살, 법등보살, 조세보살, 지세보살, 최안은보살, 최상보살, 무상보살, 무비보살, 초륜보살, 무애행보살, 광명염보살, 월광보살, 일진보살, 견고행보살, 주법우보살, 최승당보살, 보장엄보살, 지안보살, 법안보살, 혜운보살, 총지왕보살, 무주원보살, 지장보살과, 심왕보살, 내각혜보살, 주불지보살, 다라니보살, 용건력보살, 지지력보살, 묘월보살, 수미정보살, 보정보살, 보광조보살, 위덕왕보살, 지혜륜보살, 대위덕보살, 대용상보살, 질직행보살, 불퇴전보살, 지법당보살, 무망실보살, 섭제취보살, 부사의결정혜보살, 유희무변지보살, 무진묘법장보살, 지일보살, 법일보살, 지장보살, 지택보살, 보견보살, 불공견보살, 금강용보살, 금강지보살, 금강염보살, 금강혜보살, 보안보살, 불일보살, 지불금강비밀의보살, 보안경계지장엄보살이다.

　　이와 같은 보살마하살이 열 부처님 세계의 미세한 티끌 수와 같은데, 과거 지난 생에 모두 비로자나부처님과 함께 보살의 여러 가지 선근의 행을 닦았던 분들이다.

● 疏 ●

衆成就中五니 一은 擧數오 二'靡不'下는 歎德이오 三'其名'下는 列

名이오 四 '如是等'下는 結數오 五 '往昔'下는 集意라

歎德中 十一句는 初二句는 總이니 位極行圓故오 餘九는 爲別이니 前四는 自分德이니 初二는 行相이니 一深 二廣이오 後二는 行體니 一定 二悲오 後五는 勝進德이니 前三은 同佛三業大用이니 可知오 後二는 同佛無住涅槃이니 初句는 釋이니 謂不住涅槃故로 入世間이오 不住生死故로 心恒寂靜이오 後句는 結德屬人이라

'三列名'中 一百菩薩은 初有三十同名慧者는 表純德故오 '念莊嚴'下 七十菩薩別名者는 表雜德故니라

四 '如是'下는 結數오 五 '往昔'下는 集意라

'3. 수많은 보살의 성취' 부분은 5단락으로 나뉜다.

(1) 미진수 보살의 수효를 들어 말하였고,

(2) '靡不皆入' 이하는 보살의 공덕을 찬탄하였으며,

(3) '其名曰' 이하는 1백 보살의 명호를 나열하였고,

(4) '如是等' 이하는 미진수 보살의 수효를 끝맺었으며,

(5) '往昔皆與' 이하는 법회에 모이게 된 뜻이다.

'(2) 보살의 공덕을 찬탄한' 부분은 11구이다.

첫 2구[與十佛~俱, 靡不~具菩薩行]는 총체로 말하였다. 지위가 다 하였고 수행이 원만한 까닭이다.

나머지 9구[等於法界~無住解脫]는 개별로 말하였다.

앞의 4구[等於法界~一切衆生]는 보살 자신의 공덕이다.

첫 2구는 수행의 모양이다. 첫째 제3구[等於法界]는 심오함을, 둘째 제4구[無量無邊]는 광대함을 말하였고,

뒤의 2구는 수행의 본체이다. 첫째 제5구[獲諸菩薩普見三昧]는 선정삼매를, 둘째 제6구[大悲安穩一切衆生]는 大悲를 말하였다.

뒤의 5구[神通自在~無住解脫]는 훌륭하게 정진하는 공덕이다.

앞의 3구[神通自在~降伏衆魔]는 부처님과 똑같은 삼업의 큰 작용이다. 이는 설명하지 않아도 알 수 있다.

뒤의 2구[雖入世間~無住解脫]는 부처님의 無住涅槃과 똑같다.

첫째 제10구[雖入世間心恒寂靜]는 해석이다. 열반에 머물지 않기에 세간에 들어가고, 생사에 머물지 않기에 마음이 언제나 고요함을 말한다.

둘째 제11구[住於菩薩無住解脫]는 공덕을 끝맺으면서 보살에 귀속시켰다.

'(3) 보살의 명호 나열' 부분의 1백 보살은 첫 부분의 30명 보살의 명호에 똑같이 '慧'[金剛'慧'菩薩 등]라고 말한 것은 순수한 공덕을 밝힌 것이고, '念莊嚴菩薩' 이하 70명의 보살 명호가 각기 다른 것은 이런저런 잡다한 공덕을 밝힌 것이다.

(4) '如是等' 이하는 미진수 보살의 수효를 끝맺었다.

(5) '往昔皆與' 이하는 법회에 모이게 된 뜻이다.

大文第二 請分

대문 제2. 보안보살의 청법 부분

爾時에 普眼菩薩摩訶薩이 承佛神力하사 從座而起하야 偏袒右肩하며 右膝著地하고 合掌白佛言하사대 世尊이시여 我於如來應正等覺에 欲有所問이로소니 願垂哀許하소서
佛言하사대 普眼아 恣汝所問하라 當爲汝說하야 令汝心喜케호리라
普眼菩薩이 言하사대 世尊이시여 普賢菩薩과 及住普賢所有行願諸菩薩衆이 成就幾何三昧解脫하야 而於菩薩諸大三昧에 或入或出하고 或時安住하며 以於菩薩不可思議廣大三昧에 善入出故로 能於一切三昧에 自在하야 神通變化 無有休息이니잇고
佛言하사대 善哉라 普眼아 汝爲利益去來現在諸菩薩衆하야 而問斯義로다

그때, 보안보살마하살이 부처님의 위신력을 받들어 자리에서 일어나 오른 어깨를 드러내고 오른 무릎을 땅에 대고서 합장하고 아뢰었다.

"세존이시여, 제가 여래, 응공, 정등각께 여쭐 바가 있으니 어여삐 여겨 허락하소서."

부처님이 말씀하셨다.

"보안보살이여, 묻고 싶은 대로 물어라. 내, 그대에게 모두 말하여 그대 마음을 기쁘게 해주리라."

보안보살이 말하였다.

"세존이시여, 보현보살과 보현보살이 지닌 행과 서원에 머무른 모든 보살이 얼마나 많은 삼매와 해탈을 성취하였기에 보살의 여러 가지 큰 삼매에 들기도 하고 나기도 하며, 혹은 때로 안주하며, 보살의 불가사의의 넓고 큰 삼매에 잘 들어가고 나옴으로써 일체 삼매에 자재하여 신통과 변화가 멈추지 않는 것입니까?"

부처님이 말씀하셨다.

"착하다. 보안이여, 그대가 과거와 미래와 현재의 모든 보살을 위해 이익을 주고자 이런 이치를 묻는구나."

◉ 疏 ◉

請分中四니
一은 普眼請問이니 要以普眼이라야 方見普法故오
二 '佛言' 下는 如來許問이오
三 '普眼' 下는 擧法正問이오
四 '佛言善哉' 下는 歎問利益이라

'보안보살의 청법 부분'은 4단락이다.

1. 보안보살이 법을 묻고자 청함이다. 요컨대 보안보살의 명호처럼 널리 보는 눈이 있어야 바야흐로 널리 법을 볼 수 있기 때문이다.

2. '佛言普眼' 이하는 여래께서 보안보살의 물음을 허락하였다.

3. '普眼菩薩言' 이하는 보안보살이 법을 들어 바르게 여쭈었다.

4. '佛言善哉' 이하는 물음의 이익을 찬탄하였다.

大文第三은 示說者分이니 以法屬普賢故로 示其令請이라
於中 有六이니 一은 示人令問이오 二는 聞名獲益이오 三은 推求不見이오 四는 教起見方이오 五는 依教而求오 六은 為現身相이라
今은 初라

대문 제3. 설법할 보살을 보여준 부분

법은 보현보살에 속하는 부분이기에 보현보살을 들어 그에게 법을 묻도록 하였다.

여기에는 6단락이 있다.

1. 보현보살을 들어 말해주면서 그에게 묻도록 하였고,

2. 보현보살의 명호만 듣고서도 이익을 얻었으며,

3. 아무리 보현보살을 찾아보아도 친견할 수 없었고,

4. 보살들에게 보현보살을 친견할 수 있는 방법을 가르쳐주었으며,

5. 부처님의 가르침을 따라 보현보살의 친견을 구하였고,

6. 보살들을 위해서 보현보살의 몸을 나타내었다.

이는 '1. 보현보살에게 법을 묻도록 한' 부분이다.

經
普眼아 普賢菩薩이 今現在此하니

已能成就不可思議自在神通하야 **出過一切諸菩薩上**하야 **難可値遇**며 **從於無量菩薩行生**하야 **菩薩大願**이 **悉已淸淨**하며 **所行之行**이 **皆無退轉**하며 **無量波羅蜜門**과 **無礙陀羅尼門**과 **無盡辯才門**이 **皆悉已得淸淨無礙**하며 **大悲利益一切衆生**호되 **以本願力**으로 **盡未來際**토록 **而無厭倦**하나니
汝應請彼하라 **彼當爲汝**하야 **說其三昧自在解脫**하리라

　　보안이여, 보현보살이 지금 여기 있다.

　　이미 불가사의한 자유자재의 신통을 성취하여, 일체 모든 보살보다 뛰어나 만나기 어려우며, 한량없는 보살의 행을 닦은 데에서 태어나 보살의 큰 서원이 이미 청정하고, 수행하는 행은 모두 뒤로 물러서지 않으며, 한량없는 바라밀다의 법문, 걸림 없는 다라니의 법문, 다하지 않는 변재의 법문을 모두 얻어 청정하여 걸림이 없으며, 대비의 마음으로 일체중생에게 이익을 베풀되 본래의 원력으로 미래 세월이 다하도록 게으름이 없다.

　　그대들은 이를 보현보살에게 묻도록 하라. 보현보살이 그대들을 위해서 삼매와 자재한 해탈을 말해줄 것이다."

● 疏 ●

分三이니 **一**은 **示處**오 **二 已能 下**는 **歎德**이오 **三 汝應請 下**는 **教問**이라

　　이는 3단락으로 나뉜다.

　　(1) 있는 곳을 말해주었고,

(2) '已能' 이하는 보현보살의 공덕을 찬탄하였으며,

(3) '汝應請彼' 이하는 보현보살에게 묻도록 가르쳐주었다.

第二 聞名獲益

2. 보현보살의 명호만 듣고서도 이익을 얻다

經

爾時會中에 **諸菩薩衆**이 **聞普賢名**하고
卽時獲得不可思議無量三昧하며
其心無礙하야 **寂然不動**하며
智慧廣大하야 **難可測量**하며
境界甚深하야 **無能與等**하며
現前悉見無數諸佛하며
得如來力하며 **同如來性**하며
去來現在를 **靡不明照**하며
所有福德이 **不可窮盡**하며
一切神通이 **皆已具足**이라

그때, 법회에 모였던 모든 보살이 보현보살의 명호를 듣자마자,

곧바로 헤아릴 수 없고 한량없는 삼매를 얻고,

마음에 걸림이 없어 고요하여 움직이지 않으며,

지혜가 광대하여 헤아릴 수 없고,

경계가 매우 깊어 그 누구도 똑같을 이가 없으며,

바로 앞에 수없는 부처님을 뵈옵고,

여래의 힘을 얻으며,

여래의 성품과 똑같고,

과거·미래·현재의 일을 밝게 비추지 못한 게 없으며,

지닌 복덕이 끝이 없고,

일체 신통을 모두 이미 구족하였다.

◉ 疏 ◉

獲益中에 獲十種益이니 文竝可知니라

이익을 얻은 가운데 10가지 이익을 얻었다. 이의 경문은 모두 설명하지 않아도 알 수 있다.

▬

第三推求不見中에 有三推求로되 皆悉不見이라 一은 渴仰推求不見이오 二는 重觀察不見이오 三은 以三昧力推求不見이니 文各有釋이라 今은 初라

3. 아무리 보현보살을 찾아보아도 친견할 수 없다

이의 경문에는 아무리 3가지로 찾아보아도 모두 친견할 수 없음을 말한다.

1) 목마르게 사모하여 찾아보았지만 친견할 수 없었다.

2) 거듭 살펴보았지만 친견할 수 없었다.

3) 삼매의 힘으로 찾아보았지만 친견할 수 없었다.

문장에 따라 각기 그 나름의 해석이 있다.

이는 '1) 목마르게 사모하여 찾아보았지만 친견할 수 없는' 부분이다.

經

其諸菩薩이 **於普賢所**에 **心生尊重**하야 **渴仰欲見**하야 **悉於衆會**에 **周徧觀察**호되 **而竟不覩**하고 **亦不見其所坐之座**하니

此由如來威力所持며 **亦是普賢**의 **神通自在**로 **使其然耳**니라

그 모든 보살이 보현보살의 도량에서 존중하는 마음을 내어 몹시 동경하고 사모한 나머지 친견코자 하여 법회에 모인 보살 대중을 두루 살펴보았으나 끝내 찾아뵐 수 없었고, 또한 앉았던 자리조차 찾아볼 수 없었다.

이는 여래의 위신력을 지녔기 때문이며, 이 또한 보현보살의 신통이 자재하여 그처럼 만든 것이다.

● **疏** ●

先求不見이오 後'此由'下는 釋不見所以라 威力持者는 欲令大衆 渴仰하야 得顯深旨故니라

앞에서는 아무리 찾아보아도 친견할 수 없음이며,

뒤의 '此由如來' 이하는 친견할 수 없는 이유를 해석하였다.
"위신력을 지녔기 때문"이란 보살 대중으로 하여금 목마르게 사모하여, 보현보살의 심오한 뜻을 얻어 밝히도록 하고자 한 까닭이다.

二 重觀察不見
  2) 거듭 살펴보았지만 친견할 수 없다

經
爾時에 **普眼菩薩**이 **白佛言**하사대 **世尊**이시여 **普賢菩薩**이 **今何所在**니잇고
佛言하사대 **普眼**아 **普賢菩薩**이 **今現在此道場衆會**하야 **親近我住**하야 **初無動移**니라
是時에 **普眼**과 **及諸菩薩**이 **復更觀察道場衆會**하야 **周徧求覓**하고 **白佛言**하사대 **世尊**이시여 **我等**이 **今者**에 **猶未得見普賢菩薩**의 **其身及座**로소이다
佛言하사대 **如是**하다 **善男子**야 **汝等**이 **何故**로 **而不得見**고
善男子야 **普賢菩薩**의 **住處甚深**하야 **不可說故**니
普賢菩薩이 **獲無邊智慧門**하야 **入師子奮迅定**하며
得無上自在用하야 **入清淨無礙際**하며
生如來十種力하야 **以法界藏爲身**하며

**一切如來의 共所護念으로 於一念頃에 悉能證入三世諸
佛의 無差別智일세
是故로 汝等이 不能見耳니라**

그때, 보안보살이 부처님께 여쭈었다.

"세존이시여, 보현보살이 지금 어디 있습니까?"

부처님이 말씀하셨다.

"보안이여, 보현보살이 지금 이 도량에 모인 대중 가운데, 나의 곁에 가까이 있는데 애당초 조금도 움직인 적이 없다."

이때, 보안보살과 여러 보살이 다시 도량에 모인 보살들을 살펴보면서 두루 찾아보고서 부처님께 여쭈었다.

"세존이시여, 저희들은 지금도 보현보살의 몸이나 앉은 자리를 도저히 찾아볼 수 없습니다."

부처님이 말씀하셨다.

"그러하다. 선남자여, 그대들이 무엇 때문에 보지 못한 것일까?

선남자여, 보현보살의 머문 곳이 매우 심오하여 말할 수 없기 때문이다.

보현보살이 그지없는 지혜 법문을 얻어, 사자의 위엄을 떨치는 선정에 들었으며,

위없이 자재한 묘용(妙用)을 얻어 청정하여 걸림 없는 경계에 들어갔으며,

여래의 열 가지 힘을 내어 법계장성(法界藏性)으로 몸을 삼았으며,

일체 여래가 모두 수호하고 생각한 바로, 한 생각의 찰나에 삼세 모든 부처님의 차별 없는 지혜를 증득하였다.

이 때문에 그대들이 보지 못한 것이다."

◉ 疏 ◉

重求中三이니

一은 審問重示니 法本湛然일세 故初無動移오

二 '是時普眼'下는 推求不見이나 猶謂可見故오

三 '佛言如是'下는 釋不見所由니라

於中 二니 初는 印定徵起오 後 '善男子'下는 正釋所由니 以住處甚深故니라

文有十句하니 初句는 總이오 次八句는 別이오 後一句는 結이라

別中四對니 一은 廣智·勝定 深이니 謂智門無邊이니 有邊之智로 焉覩定用의 起伏無畏와 展促自在아 唯以出世定求일세 故不可見이라 次二는 外用內證深이오 次二는 得力成身深이오 後二는 多護速證深이니 由上八深일세 故不能見이니라

거듭 보현보살을 찾은 부분은 3단락이다.

(1) 보살들이 두루 살펴보고 여쭈자, 부처님이 거듭 말씀해 주셨다. 법이 본래 담담한 까닭에 애당초 조금도 움직인 적이 없다.

(2) '是時普眼' 이하는 다시 찾아보았지만 만나보지 못하였다. 그래도 만나볼 수 있다고 생각한 까닭이다.

(3) '佛言如是' 이하는 찾아볼 수 없는 연유를 해석하였다. 여

기에는 2가지가 있다.

① 찾아볼 수 없는 사실을 인정하고 물음을 일으킨 것이다.

② '善男子' 이하는 찾아볼 수 없는 연유를 바로 해석하였다. 보현보살이 머문 곳이 지극히 심오하기 때문이다.

이 부분의 경문은 10구이다.

첫 구절[善男子~不可說故]은 총체로, 다음 8구[獲無邊智慧門~無差別智]는 개별로 말했고, 맨 끝 구절[是故汝等不能見耳]은 끝맺은 말이다.

개별 부분의 8구는 4가지 對句이다.

제1 대구[獲無邊智慧門, 入師子奮迅定], 광대한 지혜와 뛰어난 선정이 심오함이다. 이는 지혜법문이 끝이 없음을 말한다. 한계가 있는 지혜로 어떻게 선정 작용의 두려움 없이 몸을 나타내거나 숨기기도 하고, 자재하게 몸을 크게 펼치기도 하고 작게 쭈그리기도 하는, 삼매신통을 엿볼 수 있겠는가. 오직 출세간의 선정으로 보현보살을 찾는 까닭에 그를 볼 수 없다.

제2 대구[得無上自在用, 入淸淨無礙際], 밖의 작용과 내면의 증득이 심오함이다.

제3 대구[生如來十種力, 以法界藏爲身], 10가지의 힘을 얻음과 법계의 몸을 성취함이 심오함이다.

제4 대구[一切如來共所護念, 於一念頃~無差別智], 많은 가호와 빠른 증득이 심오함이다.

위 8가지의 심오함 때문에 보현보살을 찾아볼 수 없다.

第三 以三昧力推求不見

   3) 삼매의 힘으로 찾아보았지만 친견할 수 없다

經

爾時에 普眼菩薩이 聞如來 說普賢菩薩의 清淨功德하고 得十千阿僧祇三昧하사 以三昧力으로 復徧觀察하야 渴仰欲見普賢菩薩호되 亦不能覩하며 其餘一切諸菩薩衆도 俱亦不見이러니

時에 普眼菩薩이 從三昧起하사 白佛言하사대 世尊이시여 我已入十千阿僧祇三昧하야 求見普賢호되 而竟不得하야 不見其身及身業과 語及語業과 意及意業하며 座及住處를 悉皆不見이로소이다

佛言하사대 如是如是하다 善男子야 當知하라 皆以普賢菩薩이 住不思議解脫之力이니라 普眼아 於汝意云何오 頗有人이 能說幻術文字中種種幻相의 所住處不아

答言하사대 不也니이다

佛言하사대 普眼아 幻中幻相도 尙不可說이어든 何況普賢菩薩의 秘密身境界와 秘密語境界와 秘密意境界를 而於其中에 能入能見가

何以故오 普賢菩薩의 境界甚深하야 不可思議며 無有量已過量이니 擧要言之컨댄 普賢菩薩이 以金剛慧로 普入

法界하야 於一切世界에 無所行無所住하며 知一切衆生
身이 皆卽非身하며 無去無來하며 得無斷盡하며 無差別
하며 自在神通하며 無依無作하며 無有動轉하며 至於法
界究竟邊際니라
善男子야 若有得見普賢菩薩이어나 若得承事어나 若得
聞名이어나 若有思惟어나 若有憶念이어나 若生信解어나
若勤觀察이어나 若始趣向이어나 若正求覓이어나 若興誓
願하야 相續不絶이면 皆獲利益하야 無空過者니라
爾時에 普眼과 及一切菩薩衆이 於普賢菩薩에 心生渴
仰하야 願得瞻覲하야 作如是言하사대 南無一切諸佛하며
南無普賢菩薩이라하야 如是三稱하고 頭頂禮敬하니라

 그때, 보안보살이 여래께서 말씀하신 보현보살의 청정한 공덕을 듣고 십천 아승기 삼매를 얻어, 다시 삼매의 힘으로 두루 살펴보면서 몹시 동경하고 사모하는 마음으로 보현보살을 친견하려고 했으나 또한 친견하지 못하였고, 그 나머지 일체 보살들도 모두 친견하지 못하였다.

 그때, 보안보살이 삼매에서 일어나 부처님께 여쭈었다.

 "세존이시여, 제가 이미 십천 아승기 삼매에 들어가 보현보살을 친견하려고 했지만 끝내 친견하지 못하여, 보현보살의 몸과 몸으로 짓는 업, 말과 말로 짓는 업, 뜻과 뜻으로 짓는 업을 찾아볼 수 없으며, 자리와 주석한 곳조차 모두 찾아볼 수 없습니다."

 부처님이 말씀하셨다.

"그러하다, 그렇다. 선남자여, 모두 보현보살이 불가사의한 해탈에 머문 힘임을 알아야 한다.

보안이여, 그대는 어떻게 생각하는가? 어떤 사람이 요술로 만든 문자 가운데, 가지가지 요술 모양이 있는 곳을 말할 수 있겠느냐?"

보안보살이 말씀드렸다.

"말할 수 없습니다."

부처님이 말씀하셨다.

"보안이여, 요술 속의 요술의 모양도 말할 수 없는데, 하물며 보현보살의 비밀스러운 몸의 경계, 비밀스러운 말의 경계, 비밀스러운 뜻의 경계, 그런 속을 어떻게 들어갈 수 있으며, 어떻게 볼 수 있겠는가.

무슨 까닭일까? 보현보살의 경계는 매우 심오하여 불가사의하며, 한량이 없고, 이미 한량을 벗어났다.

요점을 들어 말하면, 보현보살은 금강지혜로 법계에 두루 들어가,

일체 세계에 갈 곳도 없고 머물 곳도 없으며,

일체중생의 몸이 모두 몸 아닌 줄을 알며,

갈 것도 없고 올 것도 없으며,

끊어짐도 없고 차별도 없으며,

자유자재한 신통이며,

의지함도 지음도 없으며,

움직이거나 옮겨짐이 없으며,

법계의 끝까지 이르기 때문이다.

선남자여, 만약 보현보살을 친견하거나 받들어 섬기거나 그의 이름을 듣거나 그를 생각하거나 그를 기억하거나 그를 믿고 이해하거나 부지런히 관찰하거나 처음 향하여 나아가거나 바로 그를 찾는다거나 서원을 내어 계속 끊이지 않으면 모두 이익을 얻어 헛되이 지나가는 자가 없을 것이다."

그때, 보안보살과 일체 보살 대중이 보현보살을 동경하고 사모하는 마음으로 뵈옵기를 원하여 이와 같이 염불하였다.

'나무일체제불' '나무보현보살'

세 차례 염불하고 땅에 엎드려 절하였다.

● 疏 ●

於中 分四니 一은 新獲三昧오 二'以三昧'下는 以定推求오 三'時普眼'下는 自陳不見이오 四'佛言'下는 釋不見所由니라

於中 五니

一은 約法總標니 由住難思解脫이니 翻上三昧 可思入故오

二'普眼於汝意'下는 以近況遠이오

三'何以'下는 徵釋所由니 釋中二니 初는 畧標深廣이니 翻上三昧 尚有數故오 後'舉要'下는 舉畧顯廣이니 文有十句라 初句는 總이니 以金剛慧로 達差別法界俱空故오 餘句는 別이니 由了空故니 一은 世界無住處오 二는 衆生無可化오 三은 寂無去來오 四는 豎無斷盡이오 五는 橫泯差別이오 六은 體非體故로 不礙現通이오 七은 用非

用故로 無依無作이오 八은 不離如如라 故無動轉이오 九는 理事圓故로 窮法界邊니라

四善男子若有下는 彰見之益이오

五爾時普眼下는 歸敬彌增이니 文顯可知니라

이는 4단락으로 나뉜다.

⑴ 새로 삼매를 얻었다.

⑵ '以三昧' 이하는 선정으로 보현보살을 찾아보았다.

⑶ '時普眼' 이하는 찾아볼 수 없음을 스스로 말하였다.

⑷ '佛言' 이하는 찾아볼 수 없는 이유를 해석하였는데, 이는 다시 5단락으로 나뉜다.

① 법을 들어 찾아볼 수 없는 이유를 총체로 밝혔다. 이는 불가사의한 해탈에 머물고 있기 때문이다. 위에서 말한 '생각하면 알 수 있는 삼매'를 뒤집은 것이다.

② '普眼於汝意' 이하는 가까운 것으로 멀리 있는 것을 비유하였다.

③ '何以故' 이하는 찾아볼 수 없는 이유를 묻고 해석하였다. 해석 부분은 다시 2단락으로 나뉜다.

앞에서는 보현보살의 경계가 심오하고도 광대함을 간단하게 밝혔다. 이는 위에서 말한 '오히려 일정한 한계의 수효를 벗어나지 못한 삼매'를 뒤집은 것이다.

뒤의 '擧要言之' 이하는 간략함을 들어 광대함을 밝혔다.

이의 경문은 10구이다.

첫 구절[普賢菩薩~無有量已過量]은 총체로 말하였다. 금강지혜로써 차별의 법계가 모두 공허한 것임을 통달하였기 때문이며,

나머지 구절은 개별로 말하였다. 이는 개별로 차별의 법계가 공함을 알았기 때문이다.

㉠ [於一切世界無所行無所住], 세계는 머물 곳이 없고,

㉡ [知一切衆生身皆卽非身], 교화할 중생이 없으며,

㉢ [無去無來], 고요하여 오고 감이 없고,

㉣ [得無斷盡], 시간의 종으로 끊어지거나 다함이 없으며,

㉤ [無差別], 공간의 횡으로 차별이 없고,

㉥ [自在神通], 본체가 본체 그 자체가 아닌 까닭에 신통을 나타내는 데에 걸림이 없으며,

㉦ [無依無作], 작용이 작용 그 자체가 아닌 까닭에 의지함이나 작위도 없고,

㉧ [無有動轉], 如如한 자리를 여의지 않았기에 움직인 적이 없으며,

㉨ [至於法界究竟邊際], 이법계와 사법계가 원만한 까닭에 법계의 끝까지 다하였다.

④ '善男子若有' 이하는 친견의 이익을 밝혔으며,

⑤ '爾時普眼' 이하는 경건한 마음으로 귀의함이 더욱 더한 것이다. 이는 경문의 뜻이 분명하여 설명하지 않아도 알 수 있다.

◉ 論 ◉

云周徧觀察호되 不見普賢과 及所坐之座者는 明從初十信·十住·十行·十廻向·十地는 自已乘普賢行升進에 多求如來解脫悲智하며 出世間心하야 以成佛自在無作道圓滿이니 已自見徧周故어니와 如十地佛果後普賢行과 及所有三昧는 純是善入世間하야 無求出世佛果故로 以兼修悲智와 出世佛果三昧하고 三求不見이니 純是大悲로 無有自利之行일새 即不相見故니라 以十地佛果已前에 行普賢行은 有自利利他之心하야 以求出世解脫故오 十一地에 行普賢之行은 不求自己解脫코 純是利生之行故며 以十一地已前엔 助顯根本智하야 明於自解脫道已滿足에 無所希求故오 於十一地엔 但爲饒益一切衆生하야 無蘊積已自功故니 是故로 將十地已前自利利他普賢行하야 求十一地中普賢行에 未及見故니라 以此是故로 大衆이 周徧觀察호되 竟不得見普賢의 身及座故니 審諦觀察하야 以智思惟하면 可見이라 餘는 如文自具니라

"두루 살펴보았지만 보현보살과 앉아 있는 법좌를 보지 못했다."고 말한 것은 처음부터 십신·십주·십행·십회향·십지는 스스로 이미 보현행을 편승하여 위의 지위로 한 단계씩 올라가면서 대부분의 사람들은 여래의 해탈과 大悲大智를 추구하고 출세간의 마음을 겸하여 닦음으로써 작위 없이 자재한 부처님의 도를 원만하다고 생각하였다. 이처럼 이미 스스로의 견해가 두루 원만하다고 여긴 것이다.

하지만 십지 佛果 이후의 보현행 및 그 지위에서 소유한 보현

의 삼매는 순전히 세간에 잘 들어갈 뿐, 출세간의 불과를 추구함이 없다. 따라서 보현보살은 자비와 지혜를 모두 겸하여 닦았고, 출세간의 불과삼매를 지니고 있기에, 많은 보살이 3가지 마음[渴仰, 重觀察, 以三昧力推求]으로 보현보살을 찾아보았지만 결국은 만나지 못한 것이다. 이는 순전히 큰 자비의 마음으로 자신만을 위한 自利行이 없기에, 이처럼 경지가 다름에 따라 서로 만나지 못함을 밝힌 것이다.

이처럼 십지의 佛果 이전에 보현행을 행할 적에는 자리이타의 마음을 가지고서 출세간의 해탈을 구하기 때문이고, 11지에서 보현행을 행하는 것은 자신의 해탈을 구하지 않고 순전히 중생을 이롭게 하는 행이기 때문이다.

또한 11지 이전에서는 근본지를 助顯하여 자신의 해탈도가 이미 만족하였기에 더 이상 바라는 것이 있거나 구할 바가 없으며, 11지에서는 일체중생의 이익을 위할 뿐, 자기의 공부를 더 이상 쌓아갈 게 없다.

이 때문에 십지 이전에서의 '자리이타의 보현행'으로써 11지에서의 보현행을 추구한 까닭에 보현보살을 만나지 못한 것이다. 이런 이유로 보살 대중이 아무리 법회 자리를 두루 살펴보아도 끝내 보현보살의 몸과 법좌를 전혀 볼 수 없었다. 자세히 관찰하여 지혜로 사유하면 이런 도리를 볼 수 있을 것이다. 나머지는 경문에 잘 갖춰져 있는 바와 같다.

第四 教起見方

4. 보현보살을 친견할 수 있는 방법을 가르쳐주다

經

爾時에 **佛**이 **告普眼菩薩**과 **及諸衆會言**하사대 **諸佛子**여 **汝等**은 **宜更禮敬普賢**하야 **慇懃求請**하며
又應專至觀察十方하야 **想普賢身**이 **現在其前**하며 **如是思惟**호되 **周徧法界**하야 **深心信解**하야 **厭離一切**하며
誓與普賢으로 **同一行願**하야 **入於不二眞實之法**하며 **其身**이 **普現一切世間**하야 **悉知衆生**의 **諸根差別**하며 **徧一切處**하야 **集普賢道**니 **若能發起如是大願**하면 **則當得見普賢菩薩**하리라

그때, 부처님이 보안보살과 여러 대중에게 말씀하셨다.

"불자들이여, 그대들은 마땅히 또 한 번 보현보살에게 절하고 은근한 마음으로 법문을 청하라.

또한 오롯한 마음으로 시방중생을 살펴보면서 보현보살의 몸이 그들 앞에 있는 줄로 생각하며, 이렇게 생각하여 법계에 두루 깊은 마음으로 믿고 이해하여 모든 것을 여의며, 맹세코 보현보살과 똑같은 행과 원으로 둘이 아닌 진실한 법에 들어가며, 그 몸이 일체 세간에 널리 나타나 중생의 각기 다른 근성을 모두 알며, 일체 모든 곳에서 보현보살의 도를 모아서 쌓아가도록 하라.

만일 이처럼 큰 소원을 일으키면 보현보살을 친견하게 될 것이다."

◉ 疏 ◉

教起見方中에 勸令策勤前心이오
次'又應'下는 別示深觀이니 上捨境別求라 故未識其體어니와 今令十方齊觀하야 知其體周이니 下依此觀일새 是以得見이라
後'誓與'下는 起願思齊니 具上三心이면 則能得見하리라

'4. 보현보살을 친견할 수 있는 방법을 가르쳐준' 부분에서는, 첫째 여러 보살을 권면하여, 그들로 하여금 이전의 마음을 경책하고 부지런히 행하도록 함이며,

다음 '又應專至' 이하는 깊이 있게 살펴보아야 함을 개별로 보여준 것이다. 위에서는 그와 같은 보현의 경지를 버려둔 채 별도로 추구한 까닭에 보현의 본체를 알 수 없었지만, 여기에서는 보살들로 하여금 시방세계를 두루 살펴보면서 보현의 본체가 두루 존재함을 알도록 한 것이다. 아래에서는 이러한 관찰을 따랐기에 이 때문에 보현보살을 만나볼 수 있었다.

뒤의 '誓與普賢' 이하는 서원을 일으켜 보현보살과 똑같기를 생각함이다. 위의 3가지 마음[渴仰, 重觀察, 以三昧力推求]을 갖추면 바로 보현보살을 만나볼 수 있다.

第五依敎而求

5. 부처님의 가르침을 따라 보현보살의 친견을 구하다

經

是時에 普眼이 聞佛此語하고 與諸菩薩로 俱時頂禮하야 求請得見普賢大士하니라

그때, 보안보살이 부처님의 이런 말씀을 듣고서 여러 보살과 함께 모두 엎드려 절하고 보현보살 뵈옵기를 청하였다.

● 疏 ●

然普眼位深호되 而猶重習觀修者는 畧有二意하니 一은 位未等故오 二는 示深奬物故니라

그러나 보안보살은 심오한 지위에 이르렀음에도 오히려 거듭 찾아보고 수행을 닦아 익히고자 한 것은, 간추려 보면 2가지 뜻이 있다.

(1) 지위가 똑같지 못하였기 때문이며,

(2) 심오한 지위를 보여주어 중생을 권장하고자 하였기 때문이다.

● 論 ●

已上三十二行中七段經에 不見普賢菩薩者는 蓋意明普眼等

諸菩薩이 以出入三昧로 不得見普賢三業과 及座境界故오 舉幻術文字中種種幻相所住處喩는 明幻術文字之體 了無處所어니 如何可求로 不可將出入三昧處所求之오 去彼沈寂生滅하고 却令生想은 明想念動用이 自體徧周하야 用而常寂일새 非更滅也니라 以是普賢이 以金剛慧로 普入法界하야 於一切世界에 無所行 無所住하며 知一切衆生身이 皆非身하며 無去無來하며 得無斷盡과 無差別과 自在神通이니 此는 明任物自眞을 稱之爲神이오 不爲不思하며 不定不亂하며 不來不去하야 任智徧周에 利生自在하야 知根應現을 名之爲通이니 萬法如是하야 無出入定亂하야사 方稱普賢所行三業作用及座라 如十地菩薩座體는 但言滿三千大千世界之量이어니와 此普賢座는 量等虛空一切法界大蓮華藏故니 明知十地菩薩은 智量猶隔일새 以此로 來升此位에 如許乖宜며 入出如許不可說三昧之門호되 猶有寂用有限障하야 未得十地果位後 普賢菩薩大自在故라

故로 三求普賢하야 三重升進에 却生想念코사 方始現身하며 及說十三昧境界之事하니 意責彼十地엔 猶有求於出世習在하야 於世間生死境界에 未得等於十方하야 任用自在일새 以此如來 敎令却生想念하야 去彼十地中染習인 出世淨心故니 普賢菩薩이 今現在此道場衆會하야 親近我住하야 初無動移者는 明以根本智性自無依 名爲現在此道場故니 爲能治有所得諸見蘊故며 以無礙總別同異普光明智로 與十方一切諸佛大用體同이 名爲衆會故오 無邊差別智海를 一時等用하야 不移根本智體無依

住智 名爲親近我住하야 初無動移故라

　이상 32줄 중 7단락의 경문에서 보현보살을 보지 못한 그 뜻은 보안보살 등 여러 보살이 삼매에 들어가고 나오는 것 때문에 보현보살의 삼업과 법좌의 경계를 보지 못한 이유를 밝혀준 것이며,

　요술로 만든 문자 가운데, 갖가지 요술의 모양이 머무는 곳의 비유를 들어 말한 것은 "요술로 만든 문자의 본체란 끝내 있는 곳을 찾아볼 수 없다. 어떻게 그 본체를 구할 수 있겠는가."라는 것으로 여러 보살이 삼매에 들어가고 나오는 것과 일정한 처소를 갖고서는 도저히 보현보살을 만날 수 없음을 밝혔으며,

　저 고요에 침체된[沈寂] 생멸을 버리고서 오히려 생각을 낳게 하는 것은 움직이는 想念의 작용 자체가 두루 작용하면서도 언제나 空寂하기에 다시 멸할 필요가 없음을 밝혀준 것이다.

　이 때문에 보현보살이 금강지혜로써 법계에 널리 들어가, 일체 세계에 행하는 바도 없고 머무는 바도 없으며, 일체중생의 몸이 모두 몸 그 자체가 아님을 알며, 가는 것도 없고 오는 것도 없으며, 끊어져 다함이 없음과 차별이 없음과 자재한 신통을 얻었다.

　이는 중생에 맡겨 스스로 참된 것을 이름하여 '神'이라 말하며, 작위도 없고 생각도 없으며, 선정도 아니고 산란도 아니며, 오지도 않고 가지도 않으면서 금강지혜에 맡겨 두루 원만하기에 중생에게 이익을 베풂이 자재한 나머지, 중생의 근기를 알고서 그의 몸을 나타내는 것을 이름하여 '通'이라 함을 밝혔다. 모든 법이 이처럼 들고남이 없고 선정과 산란의 마음이 없어야 비로소 보현보살이

행하였던 '삼업의 작용 및 법좌'라고 말한다.

저 십지 보살의 법좌 본체를 말할 적에는 다만 삼천대천세계라는 부분에 충만하다고 말할 뿐이지만, 보현보살의 법좌는 그 크기가 허공 일체 법계의 大蓮華藏과 같기 때문이다.

분명히 알아야 할 점이 있다. 십지 보살의 지혜 한계는 오히려 보현보살과 현격하기에 보현의 지위에 오를 적에 그처럼 어긋난 것이며, 십지 보살은 그처럼 말할 수 없는 삼매의 법문에 출입하면서도 오히려 적멸과 작용에 한계의 장애가 있기에, 십지 果位 이후의 경계인 보현보살의 대자재를 얻지 못한 까닭이다.

그러므로 보현보살의 친견을 3가지의 마음으로 추구하여 3중으로 올라감에 있어 오히려 상념을 일으켜야 비로소 보현보살은 처음으로 몸을 나타내고, 10가지 삼매 경계의 일을 말해주었다.

그 뜻은 십지 중에서는 오히려 출세간을 추구하는 습이 아직도 남아 있기에, 세간 생사의 경계에서 시방세계와 평등한 작용에 맡겨 자재함을 얻지 못함을 꾸짖었다. 이 때문에 여래는 보살들에게 오히려 상념을 일으켜 저 십지 중의 染習인 출세간의 청정심을 버리도록 가르쳐주었다.

부처님이 말씀하시기를 "보현보살이 지금 현재 이 도량의 대중회상에 있는데, 나의 가까이에 머물면서 애당초 조금도 움직이지 않았다."고 한 것은, 근본지의 성품이 스스로 의지함이 없기에 이를 이름 지어 '현재 이 도량'이라 말하였다. 이는 얻은 바 있는 모든 見의 蘊을 다스렸기 때문이다.

걸림이 없는 總別同異의 보광명지로써 시방 일체 모든 부처님의 큰 작용과 그 자체가 똑같은 것을 이름 지어 '대중회상'이라 말하였다.

끝없는 差別智의 바다를 일시에 평등하게 사용하여 근본지 본체의 의지함이나 머묾이 없는 지혜를 떠나 다른 곳으로 옮겨감이 없는 것을 이름 지어 "나의 가까이에 머물면서 애당초 조금도 움직이지 않았음"을 밝힌 것이다.

第六 爲現身相

6. 보살들을 위해서 보현보살의 몸을 나타내다

經

爾時에 普賢菩薩이 卽以解脫神通之力으로 如其所應하야 爲現色身하사 令彼一切諸菩薩衆으로 皆見普賢이 親近如來하야 於此一切菩薩衆中에 坐蓮華座하며 亦見於餘一切世界一切佛所에 從彼次第相續而來하며 亦見在彼一切佛所하야 演說一切諸菩薩行하며 開示一切智智之道하며 闡明一切菩薩神通하며 分別一切菩薩威德하며 示現一切三世諸佛케하신대

是時에 普眼菩薩과 及一切菩薩衆이 見此神變하고 其心踊躍하야 生大歡喜하사 莫不頂禮普賢菩薩하야 心生尊

重호되 如見十方一切諸佛이러라

是時에 以佛大威神力과 及諸菩薩信解之力과 普賢菩薩本願力故로 自然而雨十千種雲하니 所謂種種華雲과 種種鬘雲과 種種香雲과 種種末香雲과 種種蓋雲과 種種衣雲과 種種嚴具雲과 種種珍寶雲과 種種燒香雲과 種種繒綵雲이며 不可說世界 六種震動하며 奏天音樂에 其聲이 遠聞하며 不可說世界에 放大光明하니 其光이 普照不可說世界하야 令三惡趣로 悉得除滅하며 嚴淨不可說世界하야 令不可說菩薩로 入普賢行하며 不可說菩薩로 成普賢行하며 不可說菩薩로 於普賢行願에 悉得圓滿하야 成阿耨多羅三藐三菩提케하시니라

爾時에 普眼菩薩이 白佛言하사대 世尊이시여 普賢菩薩은 是住大威德者며 住無等者며 住無過者며 住不退者며 住平等者며 住不壞者며 住一切差別法者며 住一切無差別法者며 住一切衆生善巧心所住者며 住一切法自在解脫三昧者니이다

佛言하사대 如是如是하다 普眼아 如汝所說하야 普賢菩薩이 有阿僧祇清淨功德하니

所謂無等莊嚴功德과 無量寶功德과 不思議海功德과 無量相功德과 無邊雲功德과 無邊際不可稱讚功德과 無盡法功德과 不可說功德과 一切佛功德과 稱揚讚歎不可盡功德이니라

그때, 보현보살이 해탈 신통의 힘으로 보살들이 원하는 바에 따라서 그 몸을 나타내어, 일체 모든 보살로 하여금 보살 대중의 한가운데 연화법좌 위에 보현보살이 여래 가까이 앉아 계심을 친견하도록 마련해 주었으며,

또 다른 일체 세계의 일체 부처님이 계신 자리에 차례차례로 줄 이어 오는 모습을 보여주었으며,

또한 저 일체 부처님이 계신 도량에서 일체 모든 보살의 행을 연설하였고, 일체 지혜의 지혜를 열어 보여주었으며, 일체 보살의 신통을 밝혀주었으며, 일체 보살의 위엄과 공덕을 분별해 주었으며, 삼세 일체 모든 부처님이 몸을 나타내심을 보여주었다.

그때, 보안보살과 일체 보살 대중이 이러한 신통변화를 보고서 그 마음이 기뻐 날뛰면서 큰 환희심을 내어 보현보살에게 엎드려 절하고 존중하는 마음으로 시방의 일체 부처님을 친견하듯이 하였다.

그때, 부처님의 큰 위신력, 보살의 신심과 이해하는 힘, 보현보살의 본원의 힘으로 1만 가지 구름이 저절로 쏟아져 내렸다.

이른바 가지가지 꽃구름, 가지가지 화만구름, 가지가지 향구름, 가지가지 가루향구름, 가지가지 일산구름, 가지가지 옷구름, 가지가지 장엄거리구름, 가지가지 보배구름, 가지가지 사르는 향구름, 가지가지 비단구름 들이다.

말할 수 없는 세계가 여섯 가지로 진동하였으며, 하늘 음악을 연주하니 그 소리가 말할 수 없는 세계에 멀리 울리고, 큰 광명을

쏟아내니 그 광명이 말할 수 없는 세계에 두루 비쳐, 삼악도를 모두 없애주었으며, 말할 수 없는 세계가 장엄 청정하여, 말할 수 없는 보살로 하여금 보현의 행에 들어가고, 말할 수 없는 보살로 하여금 보현의 행을 이루고, 말할 수 없는 보살로 하여금 보현의 행과 원이 원만하여 아뇩다라삼먁삼보리를 성취하게 하였다.

그때, 보안보살이 부처님께 여쭈었다.

"세존이시여, 보현보살은 큰 위엄과 덕망에 안주한 보살이며, 같을 이 없는 데 안주한 보살이며, 뛰어날 이 없는 데 안주한 보살이며, 물러서지 않는 데 안주한 보살이며, 평등한 데 안주한 보살이며, 무너지지 않는 데 안주한 보살이며, 모든 차별한 법에 안주한 보살이며, 모든 차별이 없는 법에 안주한 보살이며, 일체중생이 공교한 마음으로 머물러 있는 데 안주한 보살이며, 일체 법에 자유로운 해탈과 삼매에 안주한 보살이십니다."

부처님이 말씀하셨다.

"그렇다, 그러하다. 보안이여, 그대가 말한 것처럼 보현보살은 아승기 청정한 공덕이 있다.

이른바 같을 이 없이 장엄한 공덕, 한량없는 보배 공덕, 헤아릴 수 없는 바다 공덕, 한량없는 상호 공덕, 그지없는 구름 공덕, 끝없이 칭찬할 수 없는 공덕, 다함이 없는 법의 공덕, 말할 수 없는 공덕, 일체 부처님의 공덕, 칭찬으로 다할 수 없는 공덕이다."

● 疏 ●

於中 五니

一은 爲衆現身이니 不見은 顯深이오 現은 不礙用故니라

二'是時普眼'下는 衆覩喜敬이오

三'是時以佛'下는 現瑞成益이오

四'爾時普眼'下는 歎德廣深이라 於中十句니 無等者는 下無等故오 無過者는 上無過故오 餘 可知니라

五'佛言如是'下는 如來印述이니 初印後述이라 述中十一句니 初句는 總이오 後'所謂'下는 別이라 別有十德하니 一은 二嚴德이오 二는 圓明德이오 三은 深廣德이오 四는 色相德이오 五는 慈覆德이오 六은 超勝德이오 七은 知法德이오 八은 絕言德이오 九는 同佛德이오 十은 讚無盡德이라

이의 경문은 5단락으로 나뉜다.

(1) 보현보살이 대중을 위해 몸을 나타냄이다. 보현보살이 몸을 보여주지 않음은 심오함을 밝힌 것이고, 몸을 나타낸 것은 걸림이 없는 작용이기 때문이다.

(2) '是時普眼' 이하는 대중이 보현보살을 보고서 기뻐하고 공경함이다.

(3) '是時以佛' 이하는 상서를 나타내고 이익을 성취함이다.

(4) '爾時普眼' 이하는 보현보살의 공덕이 심오하고 광대함을 찬탄함이다. 이 부분은 10구이다. '無等'이란 아래로 이와 같은 이가 없기 때문이며, '無過'란 위로 이보다 더한 사람이 없기 때문이

다. 나머지는 설명하지 않아도 알 수 있다.

(5) '佛言如是' 이하는 여래의 인정과 서술이다. 앞의 1구[如是如是]는 인정함이며, 뒤는 서술이다.

서술 부분에는 11구가 있다. 첫 구절[普眼如汝~淸淨功德]은 총체로, 뒤의 '所謂' 이하는 개별로 말하였다.

개별로 말한 데에는 10가지 공덕이 있다.

① [無等莊嚴功德], 지혜장엄·복덕장엄의 공덕,

② [無量寶功德], 원만 명명한 공덕,

③ [不思議海功德], 심오하고 광대한 공덕,

④ [無量相功德], 거룩한 몸매의 공덕,

⑤ [無邊雲功德], 자비로 덮어주는 공덕,

⑥ [無邊際不可稱讚功德], 뛰어나고 훌륭한 공덕,

⑦ [無盡法功德], 법을 아는 공덕,

⑧ [不可說功德], 말을 붙일 수 없는 공덕,

⑨ [一切佛功德], 부처님과 똑같은 공덕,

⑩ [稱揚讚歎不可盡功德], 그지없는 공덕을 찬탄함이다.

● 論 ●

何故로 得見普賢菩薩고 爲存想念일세 是以로 見之라 以廻體從用故로 是普賢身也니 以明想念이 皆爲佛用故로 普見一切衆生도 亦佛用也니라

무슨 까닭에 보현보살을 볼 수 있었는가? 생각하고 생각했기

에 그를 볼 수 있었다. 본체를 돌이켜 작용을 따르는 것이 보현보살의 몸이다. 생각하고 생각함이 모두 부처님의 작용이기에 널리 일체중생을 보는 것 또한 부처님의 작용임을 밝힌 것이다.

大文第四 本分
有四하니 一은 擧益令說이오 二는 列所說名이오 三은 歎定勝德이오 四는 結勸成益이라 今은 初라

　　대문 제4. 근본 부분

　　4부분으로 나뉜다.

　　1. 이익을 들어 설법하도록 하였고,
　　2. 설법할 10가지 삼매 명칭을 나열하였으며,
　　3. 선정삼매의 훌륭한 공덕을 찬탄하였고,
　　4. 성취의 이익을 권면하면서 끝맺었다.

　　이는 '1. 이익을 들어 설법하도록' 한 부분이다.

經
爾時에 如來 告普賢菩薩言하사대 普賢아 汝應爲普眼과 及此會中諸菩薩衆하야 說十大三昧하야 令得善入하야 成滿普賢의 所有行願하라
諸菩薩摩訶薩이 說此十大三昧故로 令過去菩薩로 已得出離하며 現在菩薩로 令得出離하며 未來菩薩로 當得

出離하나니

그때, 부처님이 보현보살에게 말씀하셨다.

"보현이여, 그대는 보안과 이 법회에 모인 수많은 보살을 위하여 열 가지 삼매를 말하여, 그들로 하여금 삼매에 잘 들어가 보현이 지닌 일체 행과 원을 성취하도록 마련하라.

모든 보살마하살이 이 열 가지 큰 삼매를 말해준 까닭에 과거 보살들은 이미 삼계에서 벗어났고, 현재 보살들도 삼계에서 벗어나도록 하며, 미래 보살들도 장차 삼계에서 벗어나게 되리라.

◉ **疏** ◉

分二니 初는 勸說成益이오 後 諸菩薩 下는 引例證勸이니 以三世諸菩薩이 若說此定이면 皆成益故니라

이는 2단락으로 나뉜다.

(1) 설법할 것을 권하여 이익을 성취하도록 함이며,

(2) '諸菩薩' 이하는 예를 인용하여 권면을 증명함이다. 삼세 모든 보살이 이런 선정을 설법하면 모두 이익을 성취할 수 있기 때문이다.

第二 列所說名

2. 설법할 10가지 삼매 명칭을 나열하다

何者가 爲十고

一者는 普光大三昧오

二者는 妙光大三昧오

三者는 次第徧往諸佛國土大三昧오

四者는 淸淨深心行大三昧오

五者는 知過去莊嚴藏大三昧오

六者는 智光明藏大三昧오

七者는 了知一切世界佛莊嚴大三昧오

八者는 衆生差別身大三昧오

九者는 法界自在大三昧오

十者는 無礙輪大三昧라

　　무엇을 열 가지 삼매라 하는가?

　　첫째, 널리 빛나는 큰 삼매,

　　둘째, 미묘하게 빛나는 큰 삼매,

　　셋째, 차례대로 여러 부처님 국토에 두루 찾아가는 큰 삼매,

　　넷째, 청정하고 깊은 마음의 행인 큰 삼매,

　　다섯째, 과거의 장엄장을 아는 큰 삼매,

　　여섯째, 지혜 광명장 큰 삼매,

　　일곱째, 일체 세계의 부처님 장엄을 아는 큰 삼매,

　　여덟째, 중생의 차별한 몸인 큰 삼매,

　　아홉째, 법계에 자재한 큰 삼매,

열째, 걸림 없는 법륜의 큰 삼매이다.

● 疏 ●

名中에 皆云大者는 因滿之定이 稱法界故니라
一'普光'者는 身心業用이 周徧全包 爲普오 智照自在 名光이라
二'妙光'者는 身智徧照 爲光이오 勝用交映 爲妙니라
三은 十方無餘之刹에 皆至入定爲徧往이오 往無雜亂하며 不礙時節歷然爲次第오 卽能起用名神通이니 以智用如理하야 本自徧故니라
四는 明達諸法하야 本自淸淨하며 離於想念 契理深心하야 依此起用하야 徧供諸佛하고 請法起說을 名之爲行이라
五는 佛出劫刹等事 皆名莊嚴이오 過去門中에 包此無盡이 爲藏이오 亦名過去淸淨藏者는 入定能入劫호되 一念無緣하며 起定能受法호되 三輪無著이 皆名淸淨이라
六은 未來藏中에 包含諸佛과 及佛法等을 名之爲藏이오 智慧徹照를 稱曰光明이라
七은 現在諸佛作用과 衆會身相益物을 皆曰莊嚴이오 橫徧十方일세 故云一切오 現可目覩일세 故不云藏이니라
八은 於差別衆生身內外에 入定·起定이 皆自在故니라 雖通三種世間이나 從多하야 但云衆生이니 前後諸定이 皆從多說이라
九는 於眼等十八界에 自在入出하고 又知事法界邊際 與理法界無礙自在故니라

十'無礙輪'者는 三輪攝化 皆自在故며 又得十無礙하야 滿佛果故며 無盡大用이 一一無礙하고 皆悉圓滿하야 能摧伏故며 尋初後際로되 不得邊故니라

선정삼매의 명칭에서 모두 '大三昧'라 말한 것은 因이 원만한 선정이 법계와 하나가 되었기 때문이다.

(1) [普光大三昧], 普光이란 몸과 마음의 작용이 두루 모두 포괄한 것을 '普'라 하고, 지혜의 관조가 자재한 그 이름을 '光'이라 한다.

(2) [妙光大三昧], 妙光이란 몸의 지혜가 두루 비추는 것을 '光'이라 하고, 훌륭한 작용이 서로 비치는 것을 '妙'라 한다.

(3) [次第徧往諸佛國土大三昧], 시방의 남김 없는 모든 국토에 모두 이르러 선정에 들어가는 것을 '徧往'이라 하고, 두루 찾아가되 혼잡하거나 어지러움이 없으며, 시절의 지나는 과정에 걸림이 없는 것을 '次第'라 하고, 작용을 잘 일으키는 것을 '神通'이라 말한다. 이는 지혜의 작용이 이치와 같아서 본래 스스로 두루 하기 때문이다.

(4) [淸淨深心行大三昧], 모든 법이 본래 스스로 청정하고 상념을 여읜, 이치와 하나가 된 심오한 마음을 밝게 알고서 이에 의해서 작용을 일으켜 여러 부처님께 두루 공양하고, 법을 청하여 설법을 일으키는 것을 '行'이라 한다.

(5) [知過去莊嚴藏大三昧], 부처님이 나온 시간과 국토 등의 일을 모두 '장엄'이라 말하고, 과거 부문을 그지없이 포괄한 것을 '藏'이라 한다. 또한 '過去淸淨藏'이라 명명한 것은 선정에 들어 과거의 겁에 들어가되 한 생각의 찰나도 반연이 없으며, 선정에서 일어나

법을 받되 身·口·意 三輪에 집착함이 없는 것을 모두 '청정'이라 한다.

(6) [智光明藏大三昧] 未來藏의 가운데 제불 및 불법 등을 포함한 것을 이름하여 '藏'이라 하고, 지혜가 철저하게 비추는 것을 일컬어 '광명'이라 한다.

(7) [了知一切世界佛莊嚴大三昧], 현재 제불의 작용과 대중법회의 몸매로 중생에게 이익 주는 것을 모두 장엄이라 하고, 시방세계의 공간에 두루 존재하기에 이를 '一切'라 하고, 현재란 이를 목격할 수 있기에 이를 '藏'이라 말하지 않았다.

(8) [衆生差別身大三昧], 각기 다른 중생의 몸 안팎에서 入定과 出定이 모두 자재하기 때문이다. 비록 과거·현재·미래 세계에 모두 통하지만, 많은 사람을 따라 '중생'이라 말했을 뿐이다. 전후의 모든 선정이 모두 많은 사람을 따라 말하였다.

(9) [法界自在大三昧], 眼 등 18界[六根, 六境, 六識]에 자재하게 출입하며, 또한 事法界의 가장자리가 理法界와 걸림 없이 자재함을 알기 때문이다.

(10) [無礙輪大三昧], 걸림 없는 법륜[無礙輪]이란 身·口·意 三輪의 중생 섭수와 교화에 모두 자재하기 때문이며, 또한 10가지 걸림 없음을 얻어 佛果를 원만하게 만들었기 때문이며, 그지없는 큰 작용이 하나하나 걸림이 없으며, 모두 원만하여 마군을 꺾고 굴복시켰기 때문이며, 처음과 끝의 자리를 찾아보아도 그 끝의 가장자리를 찾을 수 없기 때문이다.

一

第三 歎定勝德

於中 四니 一은 約人以歎이라

   3. 선정삼매의 훌륭한 공덕을 찬탄하다

   이는 4부분으로 나뉜다.

   (1) 사람을 들어 찬탄하다

經

此十大三昧는 諸大菩薩이 乃能善入하며 去來現在一切 諸佛이 已說當說現說이시니라

   이 열 가지 큰 삼매는 수많은 큰 보살들이 잘 들어갔으며, 과거·미래·현재의 일체 모든 부처님이 이미 말하였고 장차 말할 것이며 지금 말하고 있다.

◉ 疏 ◉

人勝故法勝이라

   사람이 훌륭하기에 삼매의 법이 훌륭하다.

二

二 約修以歎

   (2) 수행을 들어 찬탄하다

若諸菩薩이 愛樂尊重하야 修習不懈하면 則得成就하리니 如是之人은 則名爲佛이며 則名如來며 亦則名爲得十力人이며 亦名導師며 亦名大導師며 亦名一切智며 亦名一切見이며 亦名住無礙며 亦名達諸境이며 亦名一切法自在니라

此菩薩이 普入一切世界호되 而於世界에 無所着하며

普入一切衆生界호되 而於衆生에 無所取하며

普入一切身호되 而於身에 無所礙하며

普入一切法界호되 而知法界無有邊하며 親近三世一切佛하며 明見一切諸佛法하며 巧說一切文字하며 了達一切假名하며 成就一切菩薩淸淨道하며 安住一切菩薩差別行하며

於一念中에 普得一切三世智하며

普知一切三世法하며

普說一切諸佛敎하며

普轉一切不退輪하며

於去來現在一一世에 普證一切菩提道하며

於此一一菩提中에 普了一切佛所說하나니라

　만일 모든 보살이 사랑하고 존중하여 닦아 익히되 게으르지 않으면 열 가지 큰 삼매를 이루게 될 것이다.

　이런 사람을 명명하여 부처라 하고,

여래라 하며,

또한 열 가지 힘을 얻은 이라 하고,

또한 일체중생의 길잡이라 하며,

또한 위대한 큰 길잡이라 하고,

또한 일체 모든 것을 아는 지혜라 하며,

또한 일체 모든 것을 보는 이라 하고,

또한 걸림 없는 데 머문 이라 하며,

또한 모든 경계를 통달한 이라 하고

또한 일체 법에 자재하신 분이라 말한다.

이 보살이 일체 세계에 두루 들어가되 세계에 집착한 바 없고,

일체 중생세계에 두루 들어가되 중생에게 집착한 바 없으며,

일체 몸에 두루 들어가되 몸에 걸린 바 없고,

일체 법계에 두루 들어가되 법계가 끝이 없음을 알며,

삼세 일체 부처님을 가까이하고,

일체 부처님 법을 분명히 보며,

일체 문자를 잘 말하고,

일체 모든 이름을 통달하며,

일체 보살의 청정한 도를 성취하고,

일체 보살의 각기 다른 행에 안주하며,

한 생각의 찰나에 일체 삼세의 지혜를 두루 얻고,

한 생각의 찰나에 일체 삼세의 법을 두루 알며,

한 생각의 찰나에 일체 부처님의 가르침을 두루 말하고,

한 생각의 찰나에 모든 물러나지 않는 바퀴를 두루 굴리며,

과거·미래·현재의 하나하나 세계에 일체 보리의 도를 두루 증득하고,

하나하나 보리에서 일체 부처님의 말씀하신 바를 두루 통달하는 것이다.

◉ 疏 ◉

於中에 二니 先은 明修成이오 後'如是'下는 修益이니 於中에 亦二라 初有十句는 明上等佛果오【鈔_ '初有十句'者는 亦是等覺之義 顯矣라 然一品始末은 等佛義多니라】

이는 2부분으로 나뉜다.

앞에서는 삼매 수행의 성취를 밝혔고,

뒤의 '如是' 이하는 수행 성취의 이익이다. 이는 다시 2부분으로 나뉜다.

앞의 10구는 위로 佛果와 같음을 밝혔고,【초_ '앞의 10구'에서는 또한 等覺의 의의가 분명하다. 그러나 이 품은 시종 부처님과 대등하다는 의의로 말한 부분이 많다.】

後'此菩薩普入'下 十句는 明身智周徧이니 皆言'普入'者는 一一皆窮帝網境故니 文顯可知니라

뒤의 '此菩薩普入' 이하 10구는 몸과 지혜가 두루 다함을 밝혔다.

10구에서 모두 '普入'이라 말한 것은 하나하나가 모두 제망찰

해의 경계에 다한 까닭이다.

경문의 뜻은 분명하여 설명하지 않아도 알 수 있다.

三 直就法歎

(3) 바로 법으로 찬탄하다

經
此是諸菩薩法相門이며
是諸菩薩智覺門이며
是一切種智無勝幢門이며
是普賢菩薩諸行願門이며
是猛利神通誓願門이며
是一切總持辯才門이며
是三世諸法差別門이며
是一切諸佛示現門이며
是以薩婆若로 **安立一切衆生門**이며
是以佛神力으로 **嚴淨一切世界門**이니라

이는 여러 보살이 닦아온 법상(法相)의 법문이며,

이는 여러 보살이 얻은 깨달음의 법문이며,

이는 일체종지의 그 누구도 이길 수 없는 당기의 법문이며,

이는 보현보살의 모든 행원의 법문이며,

이는 용맹한 신통과 서원의 법문이며,

이는 일체 모든 것을 다 지닌 변재의 법문이며,

이는 삼세의 모든 법의 각기 다른 법문이며,

이는 일체 모든 부처님이 보여주신 법문이며,

이는 살바야[一切智]로써 일체중생을 안립(安立: 始建曰安 終成爲立)해주는 법문이며,

이는 부처님의 신통력으로 일체 세계를 장엄 청정케 하는 법문이다.

● 疏 ●

直就法歎이니 明此十定이 該攝諸法體相用等하야 ——超勝故니라 十門 五對니 一은 境智通悟오 二는 因果游入이오 三은 通辯出處오 四는 佛法所從이오 五는 嚴土攝生이 罔不由此니라

곧바로 법의 측면에서 찬탄하였다. 이 十定이 모든 법의 體·相·用 등을 모두 포괄하여 하나하나 뛰어남을 밝혔기 때문이다.

이는 10가지 법문을 5가지 대구로 말하였다.

제1 대구, 경계[諸菩薩法相門]와 지혜[諸菩薩智覺門]의 통달이며,

제2 대구, 因[一切種智無勝幢門]과 果[普賢菩薩諸行願門]에 들어감이며,

제3 대구, 신통[猛利神通誓願門]과 변재[一切總持辯才門]가 나오는 곳이며,

제4 대구, 제불[一切諸佛示現門]과 제법[三世諸法差別門]의 따라야

할 대상이며,

 제5 대구, 국토의 장엄[佛神力嚴淨一切世界門]과 중생의 섭수[薩婆若安立一切衆生門]가 이를 따르지 않음이 없다.

四 約證以歎

 (4) 증득을 들어 찬탄하다

經

若菩薩이 入此三昧하면 得法界力하야 無有窮盡하며
得虛空行하야 無有障礙하며
得法王位하야 無量自在 譬如世間에 灌頂受職하며
得無邊智하야 一切通達하며
得廣大力하야 十種圓滿하며
成無諍心하야 入寂滅際하며
大悲無畏 猶如師子하며
爲智慧丈夫하며
然正法明燈하며
一切功德을 歎不可盡일세 聲聞獨覺이 莫能思議하며
得法界智하야 住無動際호되 而能隨俗하야 種種開演하며
住於無相호되 善入法相하며
得自性淸淨藏하야 生如來淸淨家하며

善開種種差別法門호되 而以智慧로 了無所有하며
善知於時하야 常行法施하며
開悟一切일세 名爲智者며
普攝衆生하야 悉令淸淨하며
以方便智로 示成佛道호되 而常修行菩薩之行하야 無有斷盡하며
入一切智方便境界하며
示現種種廣大神通하나니

　만일 보살이 이러한 삼매에 들어가면 법계의 힘을 얻어 다함이 없고,

　허공행을 얻어 걸림이 없으며,

　법왕의 지위를 얻어 한량없이 자유자재함이 마치 세간의 왕자가 왕이 될 적에 먼저 관정의식을 치른 뒤에 왕의 직책을 이어받음과 같고,

　그지없는 지혜를 얻어 모든 것을 통달하며,

　광대한 힘을 얻어 열 가지의 역량이 원만하고,

　다투지 않는 마음을 이루어 적멸의 자리에 들어가며,

　대비와 두려움 없음이 사자와 같고,

　지혜 있는 대장부가 되며,

　바른 법을 일으키는 등불을 밝혀주고,

　보살의 일체 공덕을 이루 찬탄할 수 없기에, 성문이나 독각으로서는 헤아리거나 말할 수 없다.

법계의 지혜를 얻어 흔들리지 않는 여여한 경계에 머물지만 세속을 따라 가지가지 법문을 연설하며,
　형상 없는 데 머물지만 일체 모든 법의 실상에 잘 들어가고,
　자성의 청정한 보장(寶藏)을 얻어 여래의 청정한 집안에 태어나며,
　가지가지 각기 다른 법문을 잘 연설하지만 밝은 지혜로 일체가 모두 아무것도 없음을 알고,
　시기를 잘 알아 항상 법보시를 행하며,
　일체중생을 깨우쳐 주기에 그의 이름을 지혜 있는 이라 이름하고,
　중생을 널리 받아들여 모두 청정케 하며,
　방편의 지혜로 부처의 도의 성취를 보여주지만, 항상 보살의 행을 닦아서 끊임이 없고,
　일체 지혜와 방편의 경계에 들어가며,
　가지가지 광대한 신통묘용을 보여주는 것이다.

◉ 疏 ◉

前約修歎은 望於佛果하야 以顯終同이오 此約證歎은 直就此定하야 以明業用이라 亦二十句니 前十은 明勝德無限이니 文顯可知오 後 '得法界智'下는 明智德自在니라

　앞에서 수행을 들어 찬탄한 것은 佛果를 상대로 끝내는 똑같음을 밝혔고, 여기에서 증득을 들어 찬탄한 것은 바로 이 선정에

나아가 그 작용을 밝힌 것이다.

또한 20구이다.

앞의 10구는 훌륭한 공덕이 한량없음을 밝혔다. 경문의 뜻이 분명하여 설명하지 않아도 알 수 있다.

뒤의 '得法界智' 이하 10구는 지혜와 복덕이 자재함을 밝혔다.

第四 結勸

4. 성취의 이익을 권면하면서 끝맺다

經

是故 普賢아 汝今應當分別廣說一切菩薩의 十大三昧니 今此衆會 咸皆願聞이니라

이 때문에 보현이여, 그대는 지금 일체 보살의 열 가지 큰 삼매를 분별하여 자세히 말하도록 하라. 여기 모인 대중들이 모두 듣기를 원하고 있다."

◉ 疏 ◉

文竝可知니라

경문은 모두 설명하지 않아도 알 수 있다.

■

大文第五說分中에 有三이니 初는 承旨總告오 二는 別釋十定이오 三은 第四十三卷末云'佛子此是'下는 總結十數라 今은 初라

　　대문 제5. 설법 부분

　　[1] 부처님 말씀을 받들어 총체로 말하였고,

　　[2] 10가지 삼매를 개별로 해석하였으며,

　　[3] 제43권 끝부분의 '佛子此是' 이하는 10가지 삼매를 총체로 끝맺었다.

　　이는 '[1] 부처님 말씀을 받들어 총체로 말한' 부분이다.

經

爾時에 普賢菩薩이 承如來旨하사 觀普眼等諸菩薩衆하고 而告之言하사대

　　그때, 보현보살이 부처님의 뜻을 받들어 보안 등 보살 대중을 살펴보고서 그들에게 말하였다.

■

二中에 十定은 卽爲十段이니 各有標·釋·結이라

就初普光定의 釋中分五니 一은 智無盡이오 二는 心無邊이오 三은 定自在오 四는 智巧現이오 五는 觀超絶이니 各有'佛子'하야 以爲揀別이라

五中初二는 定方便이오 次一은 定體오 後二는 定用이라

103

又前三은 各有標·徵·釋·結이라

今은 初라

[2] 10가지 삼매를 개별로 해석하다

이 부분은 10가지 선정삼매가 바로 10단락이다. 각각 표장, 해석, 끝맺음으로 구성되어 있다.

제1. 보광명 삼매

해석 부분은 5가지로 나뉜다.

(1) 다함이 없는 지혜,

(2) 끝없는 마음,

(3) 자재한 선정삼매,

(4) 잘 보여준 지혜,

(5) 뛰어난 관조이다.

이는 모두 각각 '불자여'라는 구절을 붙여 단락을 구별했다.

5부분 가운데 앞의 '(1) 다함이 없는 지혜, (2) 끝없는 마음' 2부분은 선정방편이며,

다음 '(3) 자재한 선정삼매'는 선정의 본체이며,

다음 '(4) 잘 보여준 지혜, (5) 뛰어난 관조' 2부분은 선정의 작용이다.

또한 앞의 3부분은 각각 표장, 물음, 해석, 끝맺음이 있다.

이는 '(1) 다함이 없는 지혜' 부분이다.

佛子여 云何為菩薩摩訶薩의 普光明三昧오
佛子여 此菩薩摩訶薩이 有十種無盡法하니
何者 為十고
所謂諸佛出現智無盡과
衆生變化智無盡과
世界如影智無盡과
深入法界智無盡과
善攝菩薩智無盡과
菩薩不退智無盡과
善觀一切法義智無盡과
善持心力智無盡과
住廣大菩提心智無盡과
住一切佛法一切智願力智無盡이라
佛子여 是名菩薩摩訶薩의 十種無盡法이니라

불자여, 어떤 것을 보살마하살의 보광명 삼매라 하는가?

불자여, 보살마하살에게 열 가지 다함이 없는 법이 있다.

무엇이 열 가지 다함이 없는 법인가?

이른바 모든 부처님을 출현시키는 지혜가 다함이 없고,

중생을 변화시키는 지혜가 다함이 없으며,

세계를 그림자처럼 여기는 지혜가 다함이 없고,

법계에 깊이 들어가는 지혜가 다함이 없으며,

보살을 잘 거두는 지혜가 다함이 없고,

보살의 물러서지 않는 지혜가 다함이 없으며,

일체 법의 이치를 잘 관찰하는 지혜가 다함이 없고,

마음의 힘을 잘 지니는 지혜가 다함이 없으며,

광대한 보리심에 머무는 지혜가 다함이 없고,

일체의 불법과 일체지와 원력에 머무는 지혜가 다함이 없다.

불자여, 이를 보살마하살의 열 가지 다함이 없는 법이라 한다.

◉ 疏 ◉

釋中에 十句 五對니 初二는 所事所化요 次二는 化處化法이니 如影者는 無實故며 隨現故요 次二는 攝護始終이요 次二는 所持能持요 後二는 始心終願이라

해석 부분은 10구로 5대구이다.

제1 대구, 2구는 섬겨야 할 부처님과 교화해야 할 중생이며,

제2 대구, 2구는 교화해야 할 세계와 교화해야 할 법이다. '세계가 그림자와 같다.'는 실상이 없기 때문이며, 실체를 따라 나타나기 때문이다.

제3 대구, 2구는 섭수할 바와 보호할 바의 시작과 끝이며,

제4 대구, 2구는 지녀야 할 대상[一切法義]과 이를 지닐 수 있는 주체[心力]이며,

제5 대구, 2구는 첫 마음[住廣大菩提心]과 끝의 서원[住一切佛法一切智願力]이다.

第二 心無邊

(2) 끝없는 마음

經

佛子여 此菩薩摩訶薩이 發十種無邊心하나니
何等이 爲十고
所謂發度脫一切衆生無邊心과
發承事一切諸佛無邊心과
發供養一切諸佛無邊心과
發普見一切諸佛無邊心과
發受持一切佛法不忘失無邊心과
發示現一切佛無量神變無邊心과
發爲得佛力故로 不捨一切菩提行無邊心과
發普入一切智微細境界하야 說一切佛法無邊心과
發普入佛不思議廣大境界無邊心과
發於佛辯才에 起深志樂하야 領受諸佛法無邊心과
發示現種種自在身하야 入一切如來道場衆會無邊心이니 是爲十이니라

불자여, 보살마하살이 열 가지 끝없는 마음을 내는 것이다.

무엇이 열 가지 끝없는 마음인가?

이른바 일체중생을 제도하려는 끝없는 마음을 내고,

모든 부처님을 받들어 섬기려는 끝없는 마음을 내며,

일체 부처님께 공양하려는 끝없는 마음을 내고,

일체 부처님을 널리 친견하려는 끝없는 마음을 내며,

일체 부처님의 법을 받아 지니고서 잊지 않으려는 끝없는 마음을 내고,

일체 부처님의 한량없는 신통변화를 나타내려는 끝없는 마음을 내며,

부처님의 힘을 얻기 위하여 일체 보리의 행을 버리지 않으려는 끝없는 마음을 내고,

일체 지혜의 미세한 경계에 두루 들어가 일체 부처님 법을 말하려는 끝없는 마음을 내며,

부처님의 불가사의하고 넓고 큰 경계에 두루 들어가려는 끝없는 마음을 내고,

부처님의 변재에 매우 좋아하는 마음을 일으켜 부처님의 법을 받아들이려는 끝없는 마음을 내며,

가지가지 자유자재한 몸을 나타내어 일체 여래 도량의 대중법회에 들어가려는 끝없는 마음을 내는 것이다.

이를 열 가지 끝없는 마음이라 한다.

◉ *疏* ◉

心無邊者는 前明所知無盡이오 今辨對境發心이니 以境無邊일세 故心無邊이라 有十一句者는 增數十也니라

'끝없는 마음'이란 앞에서는 아는 바가 그지없음을 밝혔고, 여기에서는 경계를 상대로 발심한 부분을 말하였다. 이는 경계가 끝이 없기 때문에 마음이 끝이 없다.

11구가 있는 것은 增數[2]의 10이다.

第三 定自在

(3) 자재한 선정삼매

經

佛子여 此菩薩摩訶薩이 有十種入三昧差別智하니

何者 爲十고

所謂東方入定 西方起와

西方入定 東方起와

南方入定 北方起와

北方入定 南方起와

東北方入定 西南方起와

西南方入定 東北方起와

....

2 수효를 더한[增數]: 圓數, 즉 화엄학에서는 十을 圓數 즉 완전무결한 숫자라 하고, 그보다 많은 수를 增數, 적은 수를 減數라 한다. 1부터 세어나갈 때 10까지 이르면 다시 되돌아와서 11, 12⋯등으로 나가다가 또 20에 이르면 되돌아오는 것이다. 十進法에 이른바 중중무진의 성질을 지니고 있기에, 十을 '원만한 숫자[圓數]'라고 한다.

西北方入定 東南方起와
東南方入定 西北方起와
下方入定 上方起와
上方入定 下方起니 是爲十이니라

불자여, 보살마하살이 열 가지 삼매에 들어가는 각기 다른 지혜가 있다.

무엇이 열 가지 삼매에 들어가는 각기 다른 지혜인가?

동쪽으로 선정에 들었다가 서쪽에서 일어나고,
서쪽으로 선정에 들었다가 동쪽에서 일어나며,
남쪽으로 선정에 들었다가 북쪽에서 일어나고,
북쪽으로 선정에 들었다가 남쪽에서 일어나며,
동북쪽으로 선정에 들었다가 서남쪽에서 일어나고,
서남쪽으로 선정에 들었다가 동북쪽에서 일어나며,
서북쪽으로 선정에 들었다가 동남쪽에서 일어나고,
동남쪽으로 선정에 들었다가 서북쪽에서 일어나며,
아래쪽으로 선정에 들었다가 위쪽에서 일어나고,
위쪽으로 선정에 들었다가 아래쪽에서 일어나는 것이다.

이를 열 가지 삼매에 들어가는 각기 다른 지혜라 한다.

◉ 疏 ◉

定自在者는 由前大智大心故로 於三昧自在니라 方處非一이오 入出不同일세 故云差別이니 文竝可知니라

'자재한 선정삼매'란 앞서 말한 大智와 大心에 의한 것이기에 선정삼매가 자재하다.

방위가 하나가 아니며, 입정과 출정이 똑같지 않기에 이를 '차별'이라 말한다.

경문은 모두 설명하지 않아도 알 수 있다.

第四 智巧現

(4) 잘 보여준 지혜

經

佛子여 此菩薩摩訶薩이 有十種入大三昧善巧智하니 何者 爲十고
佛子여 菩薩摩訶薩이 以三千大千世界로 爲一蓮華하야 現身徧此蓮華之上하야 結跏趺坐어든
身中에 復現三千大千世界하야 其中에 有百億四天下하며
一一四天下에 現百億身하고
一一身이 入百億百億三千大千世界하야
於彼世界一一四天下에 現百億百億菩薩修行하며
一一菩薩修行에 生百億百億決定解하며
一一決定解에 令百億百億根性圓滿하며
一一根性에 成百億百億菩薩法不退業하나니

111

然所現身이 非一非多며 入定出定도 無所錯亂이니라
佛子여 如羅睺阿修羅王의 本身長이 七百由旬이어든 化形長十六萬八千由旬하야 於大海中에 出其半身하야 與須彌山으로 而正齊等하나니
佛子여 彼阿修羅王이 雖化其身長十六萬八千由旬이나 然亦不壞本身之相하고 諸蘊界處 悉皆如本하야 心不錯亂하며 不於變化身에 而作他想하고 於其本身에 生非己想하며 本受生身에 恒受諸樂하고 化身도 常現種種自在神通威力하나니
佛子여 阿修羅王이 有貪恚癡하야 具足憍慢호되 尚能如是變現其身이어든 何況菩薩摩訶薩이 能深了達心法如幻하며 一切世間이 皆悉如夢하며 一切諸佛의 出興於世 皆如影像하며 一切世界 猶如變化하며 言語音聲이 悉皆如響하고 見如實法하야 以如實法으로 而爲其身하며 知一切法의 本性淸淨하며 了知身心의 無有實體하며 其身이 普住無量境界하며 以佛智慧廣大光明으로 淨修一切菩提之行가

불자여, 보살마하살이 열 가지 큰 삼매에 들어가는 훌륭한 지혜가 있다.

무엇이 열 가지 큰 삼매에 들어가는 훌륭한 지혜인가?

불자여, 보살마하살이 삼천대천세계로 한 송이 연꽃을 만들고, 그 연꽃 송이 위에 두루 보살의 몸을 나타내어 가부하고 앉으며,

하나의 보살 몸에 다시 삼천대천세계를 나타내고,

삼천대천세계 가운데 백억 개의 사대주(四大洲)가 있으며,

하나하나의 사대주마다 백억씩 백억의 보살 몸을 나타내고,

하나하나 보살 몸마다 백억씩 백억의 삼천대천세계에 들어가며,

저 세계의 하나하나 사대주에서 백억씩 백억의 보살이 수행함을 나타내고,

하나하나 보살의 수행에 백억씩 백억의 결정한 이해를 내며,

하나하나 결정한 이해마다 백억씩 백억의 근성이 원만하고,

하나하나 근성마다 백억씩 백억의 보살의 법이 물러서지 않는 업을 성취하였다.

그러나 나타낸 보살의 몸은 하나도 아니고 여럿도 아니며, 선정에 들었다가 선정에서 나오는 것이 어지럽지도 않다.

불자여, 나후라 아수라왕의 본래 키는 7백 유순인데, 변화한 몸의 키는 16만 8천 유순이다. 큰 바다 속에서 그의 몸을 절반만 드러내도 수미산 높이와 같다.

불자여, 저 아수라왕이 몸을 변화하여 그의 키가 16만 8천 유순이 되지만 그의 본래 몸의 모습을 무너뜨리지도 않고, 5온 18계 12처도 모두 본래와 같아 마음이 어지럽지도 않으며, 변화한 몸에 대하여 다른 존재라는 생각도 내지 않고, 본래 몸에 대해서도 자기가 아니라는 생각도 내지 않으며, 본래 몸은 항상 수많은 즐거움을 누리고, 변화한 몸도 항상 여러 가지 자유자재한 신통과 위엄을 나

타내고 있다.

불자여, 아수라왕은 탐욕의 마음, 성내는 마음, 어리석은 마음이 있고, 아만심이 가득하지만, 오히려 저처럼 그 몸에 변화를 부리는데, 하물며 보살마하살은 마음과 법이 요술과 같고, 모든 세간이 모두 꿈과 같고, 일체 부처님이 세상에 나시는 것이 모두 영상과 같고, 일체 세계가 오히려 변화와 같고, 언어와 음성은 메아리와 같은 줄을 깊이 깨달았으며, 보살마하살은 진실한 법을 보고서 진실한 법으로 몸을 삼으며, 일체 법이 본래 청정한 줄을 알고, 몸과 마음이 진실한 자체가 없음을 알며, 그 몸이 한량없는 경계에 널리 머물고, 부처님의 지혜로 광대한 광명을 쏟아내어 일체 보리행을 청정하게 닦음이야 오죽하겠는가.

● 疏 ●

分三이니 初標 二徵 三釋이니 初法說中二니 初十句는 別明展轉深細이오 二는 總顯離相分明이오 二는 擧喩오 三'佛子阿修羅 下는 以劣況勝이라

이는 3부분으로 나뉜다.
① 명제를 밝혔고,
② 이의 명제를 물었으며,
③ 해석하였다.
해석의 첫 부분인 법의 해설은 다시 2부분으로 나뉜다.
첫 10구는 갈수록 심오하고 미세함을 개별로 밝혔고, 다음 구

절[然所現身~無所錯亂]은 현상세계를 벗어난 자리의 분명함을 총체로 밝혔다.

해석의 둘째 부분은 비유를 들어 말하였고,

해석의 셋째 부분인 '佛子 阿修羅' 이하는 용렬한 존재로 보다 훌륭한 것을 비유하였다.

第五 觀超絕

(5) 뛰어난 관조

經

佛子여 菩薩摩訶薩이 住此三昧에 超過世間하고 遠離世間하야 無能惑亂하며 無能映奪하나니

佛子여 譬如比丘 觀察內身하야 住不淨觀에 審見其身이 皆是不淨인달하야 菩薩摩訶薩도 亦復如是하야 住此三昧하야 觀察法身에 見諸世間이 普入其身하야 於中에 明見一切世間과 及世間法호되 於諸世間과 及世間法에 皆無所着하나니

佛子여 是名菩薩摩訶薩의 第一普光明大三昧善巧智니라

불자여, 보살마하살이 이처럼 위대한 보광명 삼매에 머물러 일체 세간의 법을 초월하고 일체 세간의 법을 멀리 여의어, 그 어느

누구도 그를 현혹하거나 어지럽힐 수 없고 그의 광명을 뒤덮을 수 없다.

불자여, 비유하면 비구가 자신의 몸이 깨끗하지 못한 점을 살펴보면서 부정관(不淨觀)에 머물면 자신의 몸이 온통 부정한 줄을 보는 것처럼, 보살마하살 또한 그와 같다. 이러한 삼매에 머물면서 법신을 살펴보면, 모든 세간이 그의 몸이 널리 들어감을 볼 수 있으며, 그 가운데서 일체 세간과 세간의 법을 분명히 보면서도 세간과 세간의 법에 모두 집착하는 바 없다.

불자여, 이를 명명하여 보살마하살의 제1. 보광명 큰 삼매의 훌륭한 지혜[普光明大三昧善巧智]라고 말한다."

● 疏 ●

分三이니 初法 二喩 三合이라
異前化現일세 故云法身이오 法性包含일세 故一時頓見이니 由此義故로 無能映奪이라 故云皆無所著이라하니라
'佛子'下는 總結이라

이는 3부분으로 나뉜다.

① 법으로, ② 비유로, ③ 종합으로 말하였다.

앞서 말한 화신의 몸으로 나타난 것과 다르기에 '법신'이라고 말하였다. 법성이 모든 것을 함유한 까닭에 일시 한꺼번에 나타난 것이다. 이러한 의의로 그 누구도 그의 광명을 뒤덮을 수 없다. 따라서 "모두 집착하는 바 없다."고 말하였다.

'佛子是名' 이하는 총괄하여 끝맺었다.

● 論 ●

初는 普光明三昧中에 一은 釋三昧名이라 何故로 名爲普光明三昧오 三者는 正也오 昧者는 定也니 識心不現을 名之爲昧오 正智徧周를 名之爲普오 照迷破惑을 名之爲光이오 法無不達을 名之爲明이니라

二 明三昧之體用者는 此三昧 明以法身根本智로 爲體하고 十種無盡智로 爲用이니 以此義故로 佛自說三昧之名이오 普賢이 說三昧之用이라

三 明擧三昧之境界者는 於此初三昧中에 畧擧境界호되 '以三千大千世界로 爲一蓮華하야 現身徧此蓮華之上에 結跏趺坐어든 於其身中에 復現三千大千世界하야 其中에 有百億四天下하고 一一四天下에 現百億身하고 一一身이 入百億百億三千大千世界하야 於彼世界一一四天下에 現百億百億菩薩修行하며 一一菩薩修行에 生百億百億決定解하야 令百億百億根性圓滿하고 一一根性에 成百億百億菩薩法不退業이니라 然所現身이 非一非多오 入定出定이 無所錯亂이라'하야 如是後後 倍倍增廣하니 具如經說이라 此是初三昧之境界니 意明身土重重하야 重重相入하야 徧周廣大하야 無盡限故일세니라

제1. 보광명 삼매 가운데,

(1) 삼매의 명칭을 해석하였다.

무엇 때문에 그 이름을 보광명 삼매라 하였는가?

三[sa]이란 正을, 昧[mādhi]란 定을 말한다. 識心이 나타나지 않는 것을 '昧'라 하고, 바른 지혜가 두루 나타난 것을 '普'라 하며, 혼미를 비춰 의혹을 타파해 주는 것을 '光'이라 하고, 모든 법을 잘 알지 못한 게 없는 것을 '明'이라고 말한다.

(2) 삼매의 본체와 작용을 밝힌다는 것은 이 삼매가 법신의 근본지를 본체로 삼고, 10가지 그지없는 지혜로 작용을 삼음을 밝힌 것이다. 이런 뜻이 있기에 부처님이 스스로 삼매의 명칭을 말씀하시고, 보현보살이 삼매의 작용을 말한다.

(3) 삼매의 경계를 들음을 밝힌다는 것은 이러한 첫 삼매 부분에서 그 경계를 간추려 들어 말하면 다음과 같다.

"삼천대천세계를 하나의 연꽃으로 삼아, 몸을 나타내어 그 연꽃 위에서 두루 가부좌하고 앉아 있으면, 그 몸에서 다시 삼천대천세계가 나타나고, 그 가운데 백억 개의 4천하가 있으며, 하나하나의 4천하마다 백억의 몸을 나타내고, 하나하나의 몸들이 백억백억의 삼천대천세계 속으로 들어가, 그 세계 하나하나의 4천하에서 백억백억의 보살 수행을 나타내고, 하나하나의 보살 수행에 백억백억의 決定解를 낳아서, 백억백억의 根性으로 하여금 원만케 하고, 하나하나의 근성마다 백억백억의 보살법이 물러나지 않는 업을 성취하도록 하였다. 그러나 나타낸 몸이 하나도 아니고 많은 것도 아니며, 入定과 出定이 뒤바뀌거나 산란하지도 않다."

이처럼 뒤로 가면 갈수록 그 수효가 2곱절씩 더해간다. 구체적으로 경문에서 말한 바와 같다. 이것이 첫째 삼매의 경계이다. 그 뜻은 몸과 국토가 거듭하고, 거듭거듭 서로 들어가 두루 가득하고 광대하여 한계가 없음을 밝힌 것이다.

二 妙光明大三昧
二釋中二니 初는 法이라

    제2. 묘광명 대삼매

    해석은 2부분이다.

    해석의 앞부분은 법으로 말하였다.

經

佛子여 云何爲菩薩摩訶薩의 妙光明三昧오
佛子여 此菩薩摩訶薩이 能入三千大千世界微塵數三千大千世界하야 於一一世界에 現三千大千世界微塵數身하며 一一身에 放三千大千世界微塵數光하며 一一光에 現三千大千世界微塵數色하며 一一色에 照三千大千世界微塵數世界하며 一一世界中에 調伏三千大千世界微塵數衆生하야 是諸世界의 種種不同을 菩薩이 悉知하나니
所謂世界雜染과 世界淸淨과 世界所因과 世界建立과 世界同住와 世界光色과 世界來往의 如是一切를 菩薩이

悉知하고 菩薩이 悉入하며 是諸世界도 亦悉來入菩薩之身호되 然諸世界 無有雜亂하고 種種諸法도 亦不壞滅이니라

"불자여, 어떤 것을 보살마하살의 묘광명 삼매라 하는가?

불자여, 보살마하살이 삼천대천세계의 티끌 수처럼 수많은 삼천대천세계에 들어가고,

하나하나 세계마다 삼천대천세계의 티끌 수처럼 수많은 몸을 나타내며,

하나하나 몸에서 삼천대천세계의 티끌 수처럼 수많은 광명을 쏟아내고,

하나하나 광명에서 삼천대천세계의 티끌 수처럼 수많은 색깔을 나타내며,

하나하나 색깔마다 삼천대천세계의 티끌 수처럼 수많은 세계를 비추고,

하나하나 세계에서 삼천대천세계의 티끌 수처럼 수많은 중생을 조복하였다.

이처럼 여러 세계의 가지각색으로 다른 바를 보살이 모두 알고 있다.

이른바 세계의 더러움, 세계의 청정함, 세계의 인한 바, 세계의 건립된 바, 세계의 함께 머무는 것, 세계의 빛, 세계의 가고 오는, 이러한 모든 것을 보살이 모두 알고 보살이 모두 들어가며, 이러한 모든 세계도 모두 찾아와 보살의 몸에 들어가지만, 모든 세계는 복

잡하거나 어지럽지 않고, 가지가지 법도 파괴되지 않는다.

● 疏 ●

法中四니 初'佛子此菩薩'下는 明身雲展入이오 二는 明身智俱入이오 三은 明其卷入이오 四는 明展卷無礙也니라

설법 부분은 4단락으로 나뉜다.

(1) '佛子此菩薩' 이하는 몸의 구름이 널리 펼쳐 들어감을 밝혔고,

(2) 몸과 지혜가 모두 들어감을 밝혔으며,

(3) 몸과 지혜가 모두 거둬서 들어감을 밝혔고,

(4) 펼치고 거둬들임에 걸림이 없음을 밝혔다.

二는 喩라 文有二喩하니 喩前互入無雜亂義라 一은 寶山光影喩오 二는 幻師善巧喩라 今은 初라

다음은 비유이다.

이의 경문에는 2가지 비유가 있다.

앞서 말한 "서로 들어가면서도 뒤바뀌거나 산란하지도 않다."는 뜻을 비유하였다.

첫째, 보배산의 그림자 비유이며,

둘째, 요술사의 뛰어난 기교의 비유이다.

이는 '첫째, 보배산의 그림자 비유'이다.

佛子여 譬如日出에 遶須彌山하야 照七寶山하면 其七寶山과 及寶山間에 皆有光影이 分明顯現하야

其寶山上에 所有日影이 莫不顯現山間影中하며 其七山間에 所有日影도 亦悉影現山上影中하야 如是展轉更相影現이어든

或說日影이 出七寶山하고 或說日影이 出七山間하며 或說日影이 入七寶山하고 或說日影이 入七山間이라하나니

但此日影이 更相照現하야 無有邊際언정 體性非有며 亦復非無라 不住於山하고 不離於山하며 不住於水하고 亦不離水인달하니라

불자여, 마치 태양이 솟아올라 수미산을 돌면서 일곱 보배산을 비추면 그 일곱 보배산과 보배산 사이에 모두 그림자가 분명하게 나타나는데, 보배산 위에 솟아 있는 태양의 그림자가 산과 산 사이의 그림자 속에 모두 나타나지 않은 바 없고, 그 일곱 산 사이의 태양 그림자 또한 산 위의 그림자 속에 나타나, 이처럼 전전하면서 겹겹으로 나타나게 된다.

그런데 어떤 사람은 태양의 그림자가 일곱 보배산에서 나왔다 말하고,

어떤 사람은 태양의 그림자가 일곱 보배산 사이에서 나왔다 말하며,

어떤 사람은 태양의 그림자가 일곱 보배산에 들어간다 말하고,

어떤 사람은 태양의 그림자가 일곱 산 사이에 들어간다 말한다.

그러나 태양의 그림자가 서로 비추고 서로 나타나 끝이 없을 뿐, 그 자체는 있는 것도 아니고 없는 것도 아니며, 산에 머물지도 않고 산을 떠나지도 않으며, 물에 머물지도 않고 물을 떠나지도 않는 것과 같다.

● 疏 ●

先喩有五하니 初'佛子譬如'下는 明日光影現喩라 七寶山者는 卽七金山이니 如十地末에 列其名호되 但除妙高와 及雪香二山이라 山間에 有七香海라 海現日影이면 山以淨金으로 亦能現影이라

第二'其寶山'下는 明兩影互現하야 正喩菩薩自他互入이니 以彼影明淨이 如今之鏡이라 故能互現이라

第三'或說日影'下는 得名不同이니 謂水中本影이 現山上影時에 此所現影이 從山上出하야 來入山間하고 若山上本影이 現水中影時에 此所現影이 從山間出하야 入七金寶山上이라 故正入時에 卽名爲出이니라 所喩는 可知니라

第四'但此'下는 明重現無盡하야 喩菩薩帝網身土니라【鈔_ '重現'者는 古德 立帝網義니 經有帝網之名이로되 而無廣說之處는 以昔未有此品經文故니 此一段文이 可誠證也니라】

앞의 비유에는 5가지가 있다.

① '佛子譬如' 이하는 태양의 그림자가 나타남의 비유를 밝혔다. 칠보산이란 곧 七金山이다. 十地 끝부분에서 나열한 그 명칭

과 같지만, 妙高山 및 雪香山은 제외하였다. 칠보산 사이에 七香海가 있다. 바다에 태양의 그림자가 나타나면 산은 빛나는 황금으로 또한 태양의 그림자가 나타나게 된다.

② '其寶山' 이하는 2가지의 그림자가 서로 나타남을 밝혀서, 바로 보살들의 나와 남이 서로 들어감을 비유한 것이다. 이는 그 그림자의 맑고 깨끗함이 오늘날의 거울과 같기에 이처럼 서로 나타나게 된 것이다.

③ '或說日影' 이하는 그림자의 명칭이 각기 다름을 말하였다. 물속의 본래 그림자가 산 위의 그림자로 나타날 적에는 나타나는 그림자의 대상은 산 위에서 나와 산의 사이로 들어온 것이며, 산 위의 본래 그림자가 물속의 그림자로 나타날 적에는 나타나는 그림자의 대상은 산 사이에서 나와 칠금보산 위로 들어온 것이다. 따라서 바로 그 그림자가 들어올 때를 곧 '나왔다[出]'고 말한다. 비유한 바를 설명하지 않아도 알 수 있다.

④ '但此' 이하는 그지없이 거듭 나타나는 것을 밝혀서, 제망찰해처럼 끝없는 보살의 몸과 국토를 비유하였다.【초_ '重現'이란 어떤 옛 스님이 帝網의 뜻으로 말하였다. 경문에 帝網이라는 명제야 실려 있지만, 정작 이를 자세히 설명한 곳은 없다고 말한 것은 옛적에 이 품의 경문이 없었기 때문이다. 이 단락의 경문은 진실한 증거라 하겠다.】

五'體性'下는 明體離二邊이라 旣離二邊일새 故能互現而無雜亂이니 謂取不可得故非有이오 影現分明故非無니라 不住不離者는 謂

不住는 成上非有요 不離는 成上非無니 若有定住면 則不能相入이
요 若其離者면 則無可相入이라 故不住不離라야 方能相入이라

⑤ '體性' 이하는 본체가 양쪽 모두 여읨을 밝히고 있다. 이미 양쪽 모두 여의었기에, 서로 나타나면서도 혼잡함이나 산란함이 없다. 이는 취하려고 해도 취할 수 없기 때문에 있다는 것도 아니고, 그림자가 분명히 나타난 까닭에 없다는 것도 아니다.

'머물지도 않고 떠나지도 않는다[不住不離].'는 것에서, '머물지도 않는다.'는 것은 위에서 말한 '있다는 것도 아니다.'는 구절을 끝맺었고, '떠나지도 않는다.'는 것은 위에서 말한 '없다는 것도 아니다.'는 구절을 끝맺은 것을 말한다. 만일 일정하게 머묾이 있으면 서로 들어가지 못하고, 만일 여의면 서로 들어가지 못한다. 이 때문에 머물지도 않고 떠나지도 않아야 비로소 서로 들어가게 된다.

二法合

해석의 뒷부분은 법과 비유의 종합이다

經

佛子여 菩薩摩訶薩도 亦復如是하야 住此妙光廣大三昧에
不壞世間安立之相하고 不滅世間諸法自性하며
不住世界內하고 不住世界外하며
於諸世界에 無所分別호되 亦不壞於世界之相하며

觀一切法一相無相호되 **亦不壞於諸法自性**하며
住眞如性하야 **恒不捨離**하나니라

불자여, 보살마하살도 그와 같다. 이처럼 미묘한 광명의 큰 삼매에 머물면서

세간에 건립되어 있는 것을 파괴하지도 않고, 세간의 일체 법의 성품을 없애지도 않으며,

세계의 안에 있지도 않고 세계의 밖에 있지도 않으며,

모든 세계를 분별한 바 없지만, 또한 세계의 형상을 파괴하지도 않으며,

일체 법이 하나의 모양이요, 형상이 없음을 관찰하면서도 또한 모든 법의 자성을 파괴하지도 않으며,

진여의 성품에 머물러 버리지 않기에 항상 여의지 않는다.

● 疏 ●

直明不壞不住일세 故得互入無亂하야 明不壞性相이니 謂若壞性相이면 則無可相入이오 若住內外면 則不能相入이니 謂若住世間內면 則不能身包世界오 若住世界外면 則不能徧入界라 由俱無住일세 故能互入이니라

次釋其所以니 由定無分別호되 而不壞相이오 慧觀一相호되 而不壞諸라 旣事理雙遊일세 故不壞不住오 若不壞不住면 則住眞如하야 恒不捨離니라【鈔_ '若不壞'下는 釋經住眞如性 恒不捨離니 不壞性相일세 故住眞如니 以眞如卽事而眞故오 由無所住일세 故住

眞如니 良以諸法 本無住故니라 若心有住면 則爲非住라 故大品
云 '若住一切法이면 不住般若波羅蜜이오 不住一切法이면 則住般
若'라하고 波羅蜜에 又云 '若住一切法이면 不住一切法이오 若不住
一切法이면 則住一切法이라' 故上經에 云 '一切法無住면 定處不
可得이라 諸佛住於此하야 畢竟不動搖라'하고 善知識云 '無住住者
는 則住眞如라'하니 卽其事也니라】

　이는 바로 파괴하지도 않고 없애지도 않음을 밝히고 있다. 따라서 서로 들어가면서도 어지럽지 않음을 밝혀서, 파괴되지 않은 性相을 밝힌 것이다. 만일 성상을 파괴하면 서로 들어갈 수 없음을 말한다.

　만약 세계의 안이나 밖에 있으면, 서로 들어갈 수 없다. 만일 세계의 안에 있으면 몸이 세계를 포용하지 못하고, 세계의 밖에 있으면 세계에 두루 들어갈 수 없음을 비유한 것이다. 이처럼 세계의 안이나 밖에 있지 않기에 서로 들어갈 수 있다.

　다음은 그 이유를 해석하였다.

　선정삼매가 분별이 없으면서도 세계의 형상을 파괴하지 않고, 지혜로 하나의 자리를 관조하되 모든 법을 파괴하지 않기 때문이다. 이처럼 사법계와 이법계에 모두 자재하기에 만일 모든 법을 파괴하지 않고 세계에 있지도 않으면 진여의 성품에 머물러 항상 버리거나 여의지 않는다.【초_ '若不壞不住' 이하는 경문의 "진여의 성품에 머물러 버리지 않기에 항상 여의지 않음"을 해석하였다. 性相을 파괴하지 않기에 진여에 머무는 것이다. 진여가 사법계와 하나가 된 진여이기 때문이며, 머문 바가 없기 때문에 진여에 머문 것이다. 참으로 모든 법이 본래 머묾이 없기 때문이다. 만약 마음에 머문 바가 있으면 그것은 머묾이 아니다.

이 때문에 대품경에서는 "만약 일체 법에 머물면 반야바라밀에 머물 수 없고, 일체 법에 머물지 않으면 반야바라밀에 머문다." 하였고, 금강바라밀경 또한 "만약 일체 법에 머물면 일체 법에 머물 수 없고, 일체 법에 머물지 않으면 일체 법에 머문다."고 하였다.

이 때문에 上經에서 "일체 법에 머물지 않으면 선정삼매가 있는 곳을 찾을 수 없다. 모든 부처님은 이런 자리에 머물러 끝까지 움직이거나 흔들리지 않는다." 하였고, 선지식은 "머묾이 없는 자리에 머물면 진여에 머문다."고 말하니 바로 그런 일이다.】

旣卽事不捨일세 故相隨性而融通이오 如無不在일세 故同眞如而內外互入이라

이미 사법계와 하나가 되어 버리지 않는 까닭에 현상은 본성을 따라 융통하고, 진여가 있지 않음이 없기에 진여와 같이 안팎으로 서로 들어가는 것이다.

二 幻師善巧喩二니 初는 總喩오 二는 別喩라
總喩 二니 初喩 後合이라 初喩라

　둘째, 요술사의 뛰어난 기교의 비유
　이는 2부분으로 나뉜다.

(1) 총체의 비유이고,

(2) 개별의 비유이다.

(1) 총체의 비유는 다시 2부분으로 나뉜다.

앞은 비유이고, 뒤는 법과 비유의 종합이다.

이는 '앞의 비유'이다.

經

佛子여 譬如幻師 善知幻術하야
住四衢道하야 作諸幻事호되 於一日中一須臾頃에 或現一日하고 或現一夜하고 或復現作七日七夜와 半月一月과 一年百年하며 隨其所欲하야 皆能示現城邑聚落과 泉流河海와 日月雲雨와 宮殿屋宅하야 如是一切를 靡不具足호되
不以示現經年歲故로 壞其根本一日一時하며 不以本時極短促故로 壞其所現日月年歲하야 幻相明現하고 本日不滅인달하니라

불자여, 마치 요술을 잘 아는 요술쟁이가 사거리에서 요술을 부리는데, 하루 동안에 잠깐 사이 혹 한나절을 나타내기도 하고, 혹 하룻밤을 나타내기도 하며, 또한 혹은 이레 나절이나 이레 밤을 나타내기도 하고, 반달·한 달, 1년·백 년을 나타내며, 제 하고 싶은 대로 모두 나타내어 도시·시골, 샘·냇물·강·바다, 해·달·구름·비, 궁전·가옥, 이처럼 그 모든 것을 두루 갖추지 못할 게 없다.

하지만 그가 보여주는 것들이 몇 해가 된다고 해서 본래의 하루나 한 시간을 바꾸지 못하며, 본래의 시간이 짧다고 해서 그 나타내는 날과 해를 바꾸지 못한다. 요술로 만드는 모양들을 분명히 보여주지만, 본래의 날짜는 사라지지 않는다.

● 疏 ●

文三이니 初는 總明能幻이오 二 '住四衢' 下는 明依本時處하야 現幻時處니 喩互相入이오 三 '不以示現' 下는 本末 互不相礙니 喩不壞相이라

이의 경문은 3부분으로 나뉜다.

① 요술을 부릴 수 있는 주체를 총체로 밝혔다.

② '住四衢' 이하는 근본의 시간과 장소에 의하여 요술의 시간과 장소를 나타낸 것으로, 서로가 서로 들어감을 비유하였다.

③ '不以示現' 이하는 본말이 서로 장애가 없는 것으로, 형상을 파괴하지 않음을 비유하였다.

後法合

뒤는 법과 비유의 종합이다

經

菩薩摩訶薩도 亦復如是하야 入此妙光廣大三昧에 現

阿僧祇世界하야 入一世界호되 其阿僧祇世界에 一一皆
有地水火風과 大海諸山과 城邑聚落과 園林屋宅과 天
宮龍宮과 夜叉宮과 乾闥婆宮과 阿修羅宮과 迦樓羅宮과
緊那羅宮과 摩睺羅伽宮하야 種種莊嚴이 皆悉具足하며
欲界色界無色界와 小千世界와 大千世界에 業行果報
로 死此生彼와 一切世間에 所有時節인 須臾晝夜와 半
月一月과 一歲百歲와 成劫壞劫과 雜染國土와 清淨國
土와 廣大國土와 狹小國土에 於中諸佛이 出興於世하사
佛刹清淨하며 菩薩衆會 周匝圍遶하며 神通自在하야 教
化衆生하며 其諸國土의 所在方處에 無量人衆이 悉皆充
滿하며 殊形異趣의 種種衆生이 無量無邊하야 不可思議
며 去來現在의 清淨業力으로 出生無量上妙珍寶하는 如
是等事를 咸悉示現하야 入一世界하야

　보살마하살 또한 그와 같다. 이처럼 미묘한 광명의 큰 삼매에 들어가 아승기 세계가 하나의 세계에 들어감을 나타낸다.

　그 아승기 세계가 하나하나마다 모두 땅·물·불·바람, 큰 바다·수많은 산, 도시·시골, 동산·숲·집, 천궁·용궁·야차궁·건달바궁·아수라궁·가루라궁·긴나라궁·마후라가궁이 있는데, 가지가지 장엄을 모두 두루 갖췄으며,

　욕계·색계·무색계, 소천세계·대천세계, 업과 행으로 받는 과보, 여기서 죽어 저기 태어나는 일, 일체 세계에 있는 시절의 잠깐 사이와 한나절 하룻밤, 반달·한 달, 한 해·백 년, 이뤄지는 겁·무

너지는 겁, 더러운 국토·청정한 국토, 큰 국토·작은 국토,

그 가운데 수많은 부처님이 세상에 나시어 부처님 세계가 청정하고 보살 대중이 둘러앉았으며, 신통이 자재하여 중생을 교화하며, 그 모든 국토 가는 곳마다 한량없는 사람들이 가득 찼으며, 형상이 다르고 사는 길이 다른, 가지각색 중생들이 한량없고 그지없어 헤아릴 수 없으며, 과거·미래·현재의 청정한 업의 힘으로 한량없는 훌륭한 보배들을 내주었다.

이와 같은 모든 일을 나타내어 모두 하나의 세계에 들어가는 것을 보여주었다.

● 疏 ●

合中五니 一은 明一多相容不同이니 合上現多時處니라

법과 비유의 종합 부분은 5단락으로 나뉜다.

① 하나의 세계와 수많은 세계가 서로 포용하여 똑같지 않음을 밝혔다. 이는 위의 많은 시간과 공간을 나타낸 비유를 종합한 것이다.

經

菩薩이 於此에 普皆明見하며 普入普觀하며 普思普了하야 以無盡智로 皆如實知호되

보살이 이에 널리 모두 분명하게 보았으며, 두루 들어가고 두루 살피며, 두루 생각하고 두루 통달하며, 그지없는 지혜로 모두

진실하게 알지만,

◉ 疏 ◉

二는 明智鑒不昧니 合前能幻之術이라

② 밝은 지혜가 어둡지 않음을 밝혔다. 이는 앞의 요술쟁이의 기술의 주체를 종합한 것이다.

經

不以彼世界多故로 壞此一世界하며 不以此世界一故로 壞彼多世界니라

저 세계가 여럿이라고 해서 이 한 세계를 파괴하지도 않고, 이 세계가 하나라고 해서 저 여러 세계를 파괴하지도 않는다.

◉ 疏 ◉

三은 合不壞本末之相이라

③ 앞의 요술쟁이가 본말의 모양을 파괴하지 않는다는 부분을 종합한 것이다.

經

**何以故오
菩薩이 知一切法이 皆無我故로 是名入無命法無作法者며**

菩薩이 於一切世間에 勤修行無諍法故로 是名住無我法者며

菩薩이 如實見一切身이 皆從緣起故로 是名住無衆生法者며

菩薩이 知一切生滅法이 皆從因生故로 是名住無補伽羅法者며

菩薩이 知諸法의 本性平等故로 是名住無意生無摩納婆法者며

菩薩이 知一切法의 本性寂靜故로 是名住寂靜法者며

菩薩이 知一切法의 一相故로 是名住無分別法者며

菩薩이 知法界無有種種差別法故로 是名住不思議法者며

菩薩이 勤修一切方便하야 善調伏衆生故로 是名住大悲法者니라

  무엇 때문일까?

  보살은 일체 법이 모두 '나'라는 존재가 없음을 알기 때문에 생명이 없는 법과 조작이 없는 법에 머문 이라 말하고,

  보살은 일체 세간에 다툼이 없는 법을 부지런히 수행하기 때문에 '나'라는 존재가 없는 법에 머문 이라 말하며,

  보살은 일체 몸이 인연으로부터 일어난 줄을 진실하게 보았기 때문에 중생이라는 생각이 없는 법에 머문 이라 말하고,

  보살은 일체 생멸의 법이 모두 인연으로부터 생겨남을 알기

때문에 보특가라(補特伽羅: pudgala. 數取趣, 윤회하는 존재)가 없는 법에 머문 이라 말하며,

　　보살은 일체 법의 본성이 평등함을 알기 때문에 마음대로 나는 일[意生]이 없고 마납바(摩納婆: mānava. 勝我, 젊은 수행자)가 없는 법에 머문 이라 말하고,

　　보살은 일체 법의 본성이 고요함을 알기 때문에 고요한 법에 머문 이라 말하며,

　　보살은 일체 법이 한 모양임을 알기 때문에 분별이 없는 법에 머문 이라 말하고,

　　보살은 법계에 가지가지 차별의 법이 없음을 알기 때문에 불가사의한 법에 머문 이라 말하며,

　　보살은 일체 방편을 닦아 중생을 잘 조복하기 때문에 대비의 법에 머문 이라 말한다.

◉ 疏 ◉

四는 釋徵所由라 先徵意에 云 何以互入호되 得不壞相고 釋意 有三하니

一은 由知人無我故니 人我之相은 已見上文이오

二 菩薩知一切法本性 下는 知法無我故오

三 菩薩勤修 下는 得同體大悲故니 由此故로 能融通事理니라

　　④ 그 이유를 물음에 대한 해석이다.

　　앞서 물음의 뜻은 다음과 같다.

"어찌하여 서로 들어가면서도 모양을 파괴하지 않은 것일까?"
해석의 뜻에는 3가지가 있다.

㉠ 사람에게 '나'라는 존재가 없음[人無我]을 아는 데서 연유하기 때문이다. 남과 '나'라는 생각은 이미 위의 경문에 나타나 있다.

㉡ '菩薩知一切法本性' 이하는 모든 법에 '나'라는 존재가 없음[法無我]을 아는 데서 연유하기 때문이다.

㉢ '菩薩勤修' 이하는 중생과 같은 몸이라는 대자비[同體大悲]를 얻기 때문이다. 이러한 연유로 현상의 사법계와 진리의 이법계에 모두 융통한 것이다.

經
佛子여 菩薩이 如是能以阿僧祇世界로 入一世界하야 知無數衆生의 種種差別하며 見無數菩薩의 各各發趣하며 觀無數諸佛의 處處出興하며 彼諸如來의 所演說法을 其諸菩薩이 悉能領受하며 亦見自身이 於中修行이나 然이나 不捨此處하고 而見在彼하며 亦不捨彼處하고 而見在此하나니 彼身此身이 無有差別하야 入法界故며 常勤觀察하야 無有休息하야 不捨智慧하야 無退轉故니라

불자여, 보살도 그처럼 아승기 세계가 하나의 세계에 들어가 수없는 중생의 가지가지 다른 차별을 알고,

수없는 보살이 제각기 보리심을 내어 보리 지위에 나아감을 보며,

수없는 부처님이 곳곳에서 나오심을 살펴보고,

저 여래께서 연설하시는 법문을 그 모든 보살이 모두 알고 받아들이며,

또한 자신도 그 속에서 수행함을 볼 수 있다.

그러나 이곳을 버리지 않고 저기에 있음을 보고, 또한 저곳을 버리지 않고 여기에 있음을 볼 수 있다. 이는 저기에 있는 몸과 여기에 있는 몸이 차별이 없어 법계에 들어갔기 때문이며,

항상 부지런히 관찰하여 멈추지 않고 지혜를 버리지 아니하여 물러섬이 없기 때문이다.

◉ 疏 ◉

第五는 結成上義니 於中 三이라 一은 結上多入一이오 二'然不捨'下는 結上不壞性相이오 後'常勤'下는 結上明鑒이라

⑤ 위의 의의를 끝맺었다.

이는 3부분으로 나뉜다.

㉠ 위에서 말한, 많은 것이 하나의 자리로 들어감을 끝맺었고,

㉡ '然不捨' 이하는 위에서 말한, 세계의 형상을 파괴하지 않음을 끝맺었으며,

㉢ '常勤' 이하는 위에서 말한, '明鑒'을 끝맺었다.

第二 別喩中에 有三이라 逆喩總中은 三段이니

一은 幻不壞本喩니 別喩不壞相이오

二는 幻必依處喩니 別喩前依本時處하야 現多時處오

三은 明幻師不迷喩니 別喩前能幻이라

今은 初라

(2) 개별의 비유

이 부분은 3단락으로 나뉜다.

역으로 비유한 총체 부분은 다시 3단락으로 나뉜다.

① 요술이란 근본을 파괴하지 않는다는 비유이다. 세계의 형상을 파괴하지 않음을 개별로 비유하였다.

② 요술은 반드시 의지하는 부분이 있음을 비유하였다. 앞서 말한, 근본의 시간과 장소에 의하여 요술의 시간과 장소를 나타냄을 개별로 비유하였다.

③ 요술쟁이가 혼미하지 않음을 비유하였다. 앞서 말한, 요술을 부리는 주체를 개별로 비유하였다.

이는 '① 요술이란 근본을 파괴하지 않는다는 비유'이다.

經

如有幻師 隨於一處하야 **作諸幻術**호되 **不以幻地故**로 **壞於本地**하며 **不以幻日故**로 **壞於本日**인달하야 **菩薩摩訶薩**도 **亦復如是**하야 **於無國土**에 **現有國土**하고 **於有國土**에 **現無國土**하며 **於有衆生**에 **現無衆生**하고 **於無衆生**에 **現有衆生**하며 **無色現色**하고 **色現無色**호되 **初不亂後**하고

後不亂初하나니
菩薩이 了知一切世法이 悉亦如是同於幻化하야 知法幻故로 知智幻하며 知智幻故로 知業幻하며 知智幻業幻已에 起於幻智하야 觀一切業이니라

마치 요술쟁이가 어느 한 곳에서 여러 가지 요술을 부릴 적에 요술로 만든 땅이라 하여 본래의 땅을 파괴하지 않으며, 요술로 만든 날이라 하여 본래의 날을 파괴하지 않은 것처럼, 보살마하살 또한 그와 같다.

국토가 없는 데서 국토가 있는 것처럼 나타내고, 국토가 있는 데서 국토가 없는 것처럼 나타내며, 중생이 있는 데서 중생이 없는 것처럼 나타내고, 중생이 없는 데서 중생이 있는 것처럼 나타내며, 빛이 없는 데서 빛을 나타내고, 빛이 있는 데서 빛이 없는 것처럼 나타내지만, 처음이 끝을 어지럽히지도 않고, 끝이 처음을 어지럽히지도 않는다.

보살이 일체 세간의 법을 아는 것도 모두 그처럼 요술과 같다. 법이 요술과 같음을 알기 때문에 지혜 또한 요술임을 알고, 지혜가 요술임을 알기 때문에 업 또한 요술임을 알며, 지혜가 요술이고 업이 요술임을 알기에 요술 같은 지혜를 일으켜 일체 모든 업을 살펴보는 것이다.

● 疏 ●

先喩後合이니 合中에 先은 正合이오 後菩薩了知下는 釋其所以니라

앞은 비유이고 뒤는 종합이다.

종합 부분 가운데 앞은 바르게 종합하였고, 뒤의 '菩薩了知' 이하는 그 이유를 해석하였다.

第二. 幻必依處喩

② 요술은 반드시 의지하는 부분이 있음을 비유하다

經

如世幻者 不於處外에 而現其幻하고 亦不於幻外에 而有其處인달하야 菩薩摩訶薩도 亦復如是하야 不於虛空外에 入世間하고 亦不於世間外에 入虛空하나니
何以故오 虛空世間이 無差別故로 住於世間하고 亦住虛空하야 菩薩摩訶薩이 於虛空中에 能見能修一切世間種種差別妙莊嚴業하며 於一念頃에 悉能了知無數世界의 若成若壞하며 亦知諸劫의 相續次第하야 能於一念에 現無數劫호되 亦不令其一念廣大하나니 菩薩摩訶薩이 得不思議解脫幻智하야 到於彼岸하며 住於幻際하야 入世幻數하야 思惟諸法이 悉皆如幻하며 不違幻世하고 盡於幻智하야 了知三世 與幻無別하며 決定通達하야 心無邊際니 如諸如來 住如幻智하사 其心平等인달하야 菩薩摩訶薩도 亦復如是하야 知諸世間이 皆悉如幻하야 於一切

處에 皆無所着하야 無有我所니라

　세간의 요술쟁이가 처소 밖에서 그 요술을 부리지도 않고, 또한 요술 밖에 처소가 있는 것도 아니다. 보살마하살 또한 그와 같다. 허공 밖에서 세간에 들어오지도 않고, 세간 밖에서 허공에 들어가지도 않는다.

　무엇 때문일까? 허공과 세간이 차별 없기 때문이다. 세간에 머물고 허공에도 머물고 있다. 보살마하살이 허공 속에서 일체 세간의 가지가지로 차별하고 미묘하게 장엄하는 업을 보고서 닦았으며, 한 생각의 찰나에 수없는 세계가 이뤄지는 것과 무너지는 것을 모두 알고, 또한 많은 겁이 서로 차례대로 이어오면서 한 생각의 찰나에 수없는 겁을 나타내지만, 또한 한 생각의 찰나를 넓혔거나 키워나간 게 아님을 알 수 있다.

　보살마하살이 불가사의한 해탈의 요술과 같은 지혜를 얻어 피안에 이르렀으며, 요술의 즈음에 머물고 세계의 요술 같은 수에 들어가, 모든 법이 요술과 같은 줄을 생각하며, 요술인 세상과 어기지 않고 요술 같은 지혜를 다하여 삼세가 요술과 다르지 않음을 알며, 결정코 통달하여 마음이 끝이 없다.

　마치 부처님이 요술 같은 지혜에 머물러 마음이 평등한 것처럼, 보살마하살 또한 그와 같다. 모든 세간이 모두 요술 같음을 알고서, 일체 모든 곳에 집착한 바 없어 '내 것'이란 생각이 없다.

● 疏 ●

先喩後合이라 喩中에 畧無幻必依時하니 準合應有니라
合中 分二니 先 合依處오 後 合依時라
前中初는 總合이니 以記物現故로 空卽事空이라 次'何以'下는 徵釋
所以니 由理無差故오 後'住於世'下는 結成自在라
二'於一念'下는 合於依時니 於中先正顯이오 後'菩薩摩訶薩得'
下는 釋其所由니 以得幻智하야 同於佛故니라

앞은 비유이고 뒤는 종합이다.

비유 부분을 살펴보면, "요술은 반드시 시간을 의지한다."는 대목을 생략하여 언급한 바 없지만, 종합 부분에 준하여 보면 당연히 이 부분은 언급되어 있어야 한다.

종합 부분은 다시 2단락으로 나뉜다.

앞에서는 의지의 장소에, 뒤는 의지의 시간에 종합하였다.

앞의 '의지의 장소' 부분 가운데,

㉠ 총체로 종합하였다. 어떤 사물이 나타나는 것을 기록한 까닭에 空이 곧 사물의 공이다.

㉡ '何以' 이하는 그 이유를 묻고 해석하였다. 차별이 없는 이치를 연유한 까닭이다.

㉢ '住於世' 이하는 자재함을 끝맺었다.

뒤의 '於一念' 이하는 의지의 시간에 종합하였다.

그 가운데 앞은 바로 밝혔고,

뒤의 '菩薩摩訶薩得' 이하는 그 연유한 바를 해석하였다. 요술과 같은 지혜를 얻어 부처님과 같기 때문이다.

第三 幻師不迷喩

③ 요술쟁이는 혼미하지 않음을 비유하다

經

如彼幻師 作諸幻事에 **雖不與彼幻事**로 **同住**나 **而於幻事**에 **亦無迷惑**인달하야 **菩薩摩訶薩**도 **亦復如是**하야 **知一切法**하야 **到於彼岸**이나 **心不計我 能入於法**하며 **亦不於法**에 **而有錯亂**이니 **是爲菩薩摩訶薩**의 **第二妙光明大三昧善巧智**니라

요술쟁이가 여러 가지 요술을 부릴 적에 비록 그 요술로 만든 일과 함께 있지 않지만, 요술로 만든 일에 또한 미혹하지 않는 것처럼, 보살마하살 또한 그와 같다. 모든 법이 피안에 이르는 줄을 알지만, 그 마음은 내가 법에 들어간다고 생각지 않고, 또한 법에 대해 잘 알기에 전도되거나 어지럽지 않다.

이를 보살마하살의 제2. 묘광명 큰 삼매의 뛰어난 지혜라 한다."

◉ **疏** ◉

文竝可知니라

경문은 모두 설명하지 않아도 알 수 있다.

◉ 論 ◉

第二는 妙光明三昧라

一은 釋三昧名者는 爲明法身理智體淨하야 能現妙光일새 以立其名이라

二는 釋三昧之體用者는 明此三昧 還以根本智로 爲體하고 幻智로 爲用이라

三은 明三昧之境界者는 以入三千大千世界微塵數三千大千世界하야 於一一世界中에 復現三千大千世界微塵數身하며 乃至一一身에 放三千大千世界微塵數光이니 具如經說이며 乃至菩薩身中에 能現一切聖凡國土 更相照現하야 重重相入等이 是此三昧之境界니 具如經說이라

제2. 묘광명 삼매이다.

(1) 삼매의 명칭을 해석한다는 것은 법신 理智의 본체가 청정하여 미묘한 광명을 나타내기에 그 명칭을 세우게 됨을 밝힌 것이다.

(2) 삼매의 본체와 작용을 해석한다는 것은 이 삼매 또한 근본지를 본체로 삼고 幻智를 작용으로 삼음을 밝힌 것이다.

(3) 삼매의 경계를 밝힌다는 것은 삼천대천세계 미진수의 삼천대천세계에 들어가 하나하나의 세계 속에 다시 삼천대천세계 미진수의 몸을 나타내고, 내지 하나하나의 몸에 삼천대천세계 미진수의 광명을 쏟아냄이다. 이는 경문에서 구체적으로 말한 바와 같고, 내지 보살의 몸에 일체 성인과 범부의 국토가 서로서로 비추어 나타나 거듭거듭 서로 들어감을 나타내는 등이 바로 삼매의 경계

이다. 경문에서 구체적으로 말한 바와 같다.

第三 往諸佛國神通三昧

釋內有三하니 謂法·喩·合이라

　제3. 여러 부처님 국토를 차례로 두루 찾아가는 신통 삼매 해석 부분은 3단락으로 나뉜다.
　법과 비유와 이의 종합을 말한다.

經

佛子여 云何爲菩薩摩訶薩의 次第徧往諸佛國土神通三昧오

佛子여 此菩薩摩訶薩이 過於東方無數世界하며 復過爾所世界微塵數世界하야 於彼諸世界中에 入此三昧호되 或刹那入하며 或須臾入하며 或相續入하며 或日初分時入하며 或日中分時入하며 或日後分時入하며 或夜初分時入하며 或夜中分時入하며 或夜後分時入하며 或一日入하며 或五日入하며 或半月入하며 或一月入하며 或一年入하며 或百年入하며 或千年入하며 或百千年入하며 或億年入하며 或百千億年入하며 或百千那由他億年入하며 或一劫入하며 或百劫入하며 或百千劫入하며 或百千那由他億劫入하며 或無數劫入하며 或無量劫入하

며 或無邊劫入하며 或無等劫入하며 或不可數劫入하며 或不可稱劫入하며 或不可思劫入하며 或不可量劫入하며 或不可說劫入하며 或不可說不可說劫入하야
若久若近과 若法若時 種種不同호되
菩薩이 於彼에 不生分別하며 心無染着하야 不作二하고 不作不二하며 不作普하고 不作別하나니
雖離此分別이나 而以神通方便으로 從三昧起하야 於一切法에 不忘不失하야 至於究竟이니라

"불자여, 어떤 것을 보살마하살의 여러 부처님 국토를 차례로 두루 찾아가는 신통 삼매라 하는가?

불자여, 보살마하살이 동쪽으로 수없는 세계를 지나가고, 다시 그러한 세계의 티끌 수처럼 수많은 세계를 지나가면서 그 모든 세계에서 이런 신통 삼매에 들어가는데,

혹 찰나 사이 이런 삼매에 들어가고,

혹 잠깐 사이 이런 삼매에 들어가고,

혹 계속하여 이런 삼매에 들어가고,

혹 아침나절 동안 이런 삼매에 들어가고,

혹 점심나절 동안 이런 삼매에 들어가고,

혹 저녁나절 동안 이런 삼매에 들어가고,

혹 초저녁 동안 이런 삼매에 들어가고,

혹 한밤중 동안 이런 삼매에 들어가고,

혹 새벽녘 동안 이런 삼매에 들어가고,

혹 하루 동안 이런 삼매에 들어가고,
혹 닷새 동안 이런 삼매에 들어가고,
혹 반달 동안 이런 삼매에 들어가고,
혹 한 달 동안 이런 삼매에 들어가고,
혹 1년 동안 이런 삼매에 들어가고,
혹 백 년 동안 이런 삼매에 들어가고,
혹 천 년 동안 이런 삼매에 들어가고,
혹 백천 년 동안 이런 삼매에 들어가고,
혹 억 년 동안 이런 삼매에 들어가고,
혹 백천억 년 동안 이런 삼매에 들어가고,
혹 백천 나유타 억 년 동안 이런 삼매에 들어가고,
혹 1겁 동안 이런 삼매에 들어가고,
혹 백 겁 동안 이런 삼매에 들어가고,
혹 백천 겁 동안 이런 삼매에 들어가고,
혹 백천 나유타 억 겁 동안 이런 삼매에 들어가고,
혹 무수겁 동안 이런 삼매에 들어가고,
혹 한량없는 겁 동안 이런 삼매에 들어가고,
혹 그지없는 겁 동안 이런 삼매에 들어가고,
혹 같을 이 없는 겁 동안 이런 삼매에 들어가고,
혹 셀 수 없는 겁 동안 이런 삼매에 들어가고,
혹 일컬을 수 없는 겁 동안 이런 삼매에 들어가고,
혹 생각할 수 없는 겁 동안 이런 삼매에 들어가고,

혹 헤아릴 수 없는 겁 동안 이런 삼매에 들어가고,

혹 말할 수 없는 겁 동안 이런 삼매에 들어가고,

혹 말할 수 없이 말할 수 없는 겁 동안 이런 삼매에 들어가기도 한다.

이처럼 오랫동안 이런 삼매에 들어가기도 하고,

잠깐 사이 이런 삼매에 들어가기도 하며,

이런 법의 삼매에 들어가기도 하고,

이런 시간의 삼매에 들어가 갖가지로 똑같지 않다.

그러나 보살은 그런 데에 분별심을 내지도 않으며,

마음에 물듦이 없어 둘이라는 생각을 하지도 않고,

둘이 아니라는 생각을 하지도 않으며,

모든 곳에 두루 똑같다는 생각을 하지도 않고,

각기 다르다는 생각을 하지도 않는다.

비록 이러한 분별심을 여의었지만 신통방편의 지혜가 선정삼매에서 일어나 일체 모든 법을 잊지도 않고 잃지도 않고서 마지막 자리까지 이르렀기 때문이다.

● 疏 ●

法喩合의 法中五니 一은 明徧刹入定이오 二 '或刹那'下는 明入時次第오 三 '若久'下는 總結多門이오 四 '菩薩於彼'下는 心契定體오 五 '雖離此'下는 不廢起通이라

법과 비유와 이의 종합을 말한 가운데,

(1) 법 부분은 5단락으로 나뉜다.
① 모든 국토에서 선정에 듦을 밝혔다.
② '或刹那' 이하는 선정에 드는 시간의 차례를 밝혔다.
③ '若久' 이하는 많은 법문을 총체로 끝맺었다.
④ '菩薩於彼' 이하는 마음이 선정의 본체에 계합함이다.
⑤ '雖離此' 이하는 신통방편으로 일어나 모든 법을 그만두지 않음이다.

二喩 三合
(2) 비유와, (3) 종합

經

譬如日天子 周行照耀하야 **晝夜不住**하나니 **日出名晝**오 **日沒名夜**나 **晝亦不生**하며 **夜亦不滅**인달하야 **菩薩摩訶薩**이 **於無數世界**에 **入神通三昧**하야 **入三昧已**에 **明見爾所無數世界도 亦復如是**하니
佛子여 **是爲菩薩摩訶薩**의 **第三次第徧往諸佛國土神通大三昧善巧智**니라

　　마치 태양이 선회하면서 밤낮으로 멈추지 않고 비추어, 해 뜨면 낮이라 하고 해 지면 밤이라 하지만, 낮이라 하여 또한 새로 생겨나지 않고, 밤이라 하여 또한 사라지지 않는 것처럼, 보살마하살

149

이 수없는 세계에서 신통 삼매에 들고, 삼매에 들어 그처럼 수없는 세계를 분명하게 보는 것 또한 그와 같다.

　　불자여, 이를 보살마하살의 제3. 여러 부처님 국토를 차례로 두루 찾아가는 신통 큰 삼매의 훌륭한 지혜라고 한다."

● 疏 ●

喩合 及結名을 可知니라

　　비유와 종합, 그리고 삼매의 명제를 끝맺음을 설명하지 않아도 알 수 있다.

● 論 ●

第三은 次第徧往諸佛國土神通三昧者는 何故로 名爲徧往諸佛國土神通三昧오 爲此三昧 以理性自性徧周일세 卽智用自體徧周며 以智用自體徧周일세 卽神通徧周니 此는 明約理智自體徧周하야 以如幻智로 應物動寂호되 依根本智하야 恒無來往彼此延促일세 以此立名하야 名爲徧往諸佛國土神通三昧라
三昧體用者는 此三昧 以法性身으로 爲體하고 以根本智起如幻智로 爲用이니 此如幻智 如空谷響이 應物成音하야 自無體故니 以此二智 以法爲體하야 但有德用而無所依며 乃至一切衆生心이 本來如是故라 但爲智自無性이언마는 不能自了하야 逐境成迷故로 以止觀二門照之하면 迷解依本이니 此는 約法身爲止體요 約觀十二緣生하야 成智體用이니 明定能發慧하고 觀能起智니라

제3. 여러 부처님의 국토를 차례로 두루 찾아가는 신통 삼매이다.

무엇 때문에 '여러 부처님의 국토를 차례로 두루 찾아가는 신통 삼매'라 이름 붙였는가? 이 삼매가 理性의 자성이 두루 존재하기에 지혜 작용의 자체가 두루 원만하고, 지혜 작용의 자체가 두루 원만하기에 신통이 두루 존재한다.

이는 理智 자체가 두루 원만하여 如幻智로써 사물에 응하여 움직이거나 고요하면서도 근본지를 의지하여 언제나 오고 가는 것, 이것과 저것, 늦고 빠름이 없는 것으로 말한 까닭에 이로써 명칭을 세워 '여러 부처님의 국토를 차례로 두루 찾아가는 신통 삼매'라 말하게 됨을 밝힌 것이다.

삼매의 본체와 작용을 해석한다는 것은 이 삼매가 법성신으로 본체를 삼고 근본지로 여환지를 일으키는 것으로 작용을 삼는다. 여환지는 마치 빈 골짜기의 메아리가 사물에 상응하게 울림소리를 이루는 것처럼 그 자체가 없다.

이 2가지의 지혜가 법성으로 본체를 삼아 다만 德用이 있을 뿐, 의지한 바 없고, 내지 일체중생의 마음이 본래 이와 같기 때문이다. 다만 지혜가 그 자성이 없지만 스스로 이를 알지 못하고 바깥 경계를 따라서 미혹을 이루기에 止와 觀 2가지 법문으로 비추면 미혹이 풀려 근본을 의지하게 된다.

이는 법신으로 止의 본체를 삼고 十二緣生의 觀을 들어 지혜 본체의 작용을 이루는 것이다. 선정이 내면의 지혜[慧]를 일으키고,

觀이 외적인 지각[智]을 일으킴을 밝혔다.

第四 淸淨深心行三昧

釋內 分二니 先은 明定內深心行이오 後는 明定起深心行이라 今은 初라

제4. 청정하고 깊은 마음의 행인 삼매

해석 부분은 2단락으로 나뉜다.

(1) 선정 내의 깊은 마음의 행을 밝혔고,

(2) 선정에서 일어난 깊은 마음의 행을 밝혔다.

이는 '(1) 선정 내의 깊은 마음의 행'인 삼매이다.

經

佛子여 云何爲菩薩摩訶薩의 淸淨深心行三昧오
佛子여 此菩薩摩訶薩이 知諸佛身이 數等衆生하며 見無量佛이 過阿僧祇世界微塵數하야 於彼一一諸如來所에 以一切種種妙香으로 而作供養하며 以一切種種妙華로 而作供養하며
以一切種種蓋의 大如阿僧祇佛刹로 而作供養하며
以超過一切世界한 一切上妙莊嚴具로 而作供養하며 散一切種種寶하야 而作供養하며
以一切種種莊嚴具로 莊嚴經行處하야 而作供養하며

以一切無數上妙摩尼寶藏으로 而作供養하며
以佛神力所流出過諸天上味飮食으로 而作供養하며
一切佛刹種種上妙諸供養具를 能以神力으로 普皆攝取하야 而作供養하며
於彼一一諸如來所에 恭敬尊重하야 頭頂禮敬하며
擧身布施하야 請問佛法하며 讚佛平等하며 稱揚諸佛廣大功德하며 入於諸佛所入大悲하며 得佛平等無礙之力하야 於一念頃에 一切佛所에 勤求妙法이나

"불자여, 무엇을 보살마하살의 청정하고 깊은 마음의 행인 삼매라 하는가?

불자여, 보살마하살이 모든 부처님의 몸이 중생의 수효만큼 많음을 알며, 한량없는 부처님이 아승기 세계의 티끌 수보다 더 많음을 보고서,

저 하나하나 부처님 계신 도량에

일체 가지가지 미묘한 향으로 공양하고,

가지가지 미묘한 꽃으로 공양하며,

크기가 아승기 세계만큼 크나큰 가지가지 일산으로 공양하고,

일체 세계보다 더 훌륭한 일체 장엄거리로 공양하며,

가지가지 보배를 흩어 공양하고,

일체 가지가지 장엄거리로 거니는 곳을 장엄하여 공양하며,

수없이 많은 미묘한 마니보배로 공양하고,

부처님의 신통력으로 흘러나오는 천상음식보다 더 좋은 음식

으로 공양하며,

일체 모든 부처님 세계의 가지가지 가장 훌륭한 공양거리를 신통의 힘으로 모두 거두어 공양하며,

저 하나하나 부처님 계신 도량에 공경하고 존중하여 땅에 엎드려 절하고, 몸으로 보시하면서 부처님의 법을 물으며, 부처님의 평등함을 칭찬하고, 여러 부처님의 광대한 공덕을 일컬으며, 모든 부처님이 들어가신 대비의 마음에 들어가고, 부처님의 평등하고 걸림 없는 힘을 얻어, 한 생각의 찰나에 일체 부처님 계신 도량에서 미묘한 법을 부지런히 구하였다.

● 疏 ●

分二니 先은 起行이오 後는 深心이라 前中先은 舉內오 後'於彼一一' 下는 起行이니 於中先은 明外事供養行이오 後'於彼一一恭敬'等은 三業供養行이라

이 부분은 2단락으로 나뉜다.
① 선정에서 일어난 깊은 마음의 행이며,
② 선정 내의 깊은 마음의 행이다.
①의 앞부분은 선정 내의 깊은 마음을 들어 말하였고,
뒤의 '於彼一一' 이하는 선정에서 일어난 깊은 마음의 행이다.
이의 앞부분은 외적 사물의 공양행을 밝혔고, 뒤의 '於彼一一 恭敬' 등은 삼업의 공양행을 밝혔다.

然於諸佛의 出興於世와 入般涅槃하는 如是之相에 皆無所得이니 如散動心으로 了別所緣호되 心起에 不知何所緣起며 心滅에 不知何所緣滅인달하야 此菩薩摩訶薩도 亦復如是하야 終不分別如來出世와 及涅槃相이니라

佛子여 如日中陽焰이 不從雲生이며 不從池生이며 不處於陸이며 不住於水며 非有非無며 非善非惡이며 非淸非濁이며 不堪飮漱며 不可穢汚며 非有體며 非無體며 非有味며 非無味로대 以因緣故로 而現水相이어든 爲識所了하야 遠望似水일세 而興水想이나 近之則無하야 水想自滅인달하야 此菩薩摩訶薩도 亦復如是하야 不得如來出興於世와 及涅槃相이니 諸佛有相과 及以無相이 皆是想心之所分別이니라

　그러나 여러 부처님이 세상에 나시고 열반에 드시는 그런 모습에 모두 하나도 얻는 바 없다. 마치 산란한 마음으로 반연의 대상을 분별하되 마음이 일어나도 무슨 인연으로 일어나는지 알지 못하고, 마음이 사라져도 무슨 인연으로 사라지는지 알지 못하는 것처럼, 보살마하살 또한 그와 같다. 끝까지 여래가 세상에 나오시고 열반에 드시는 모습을 분별하지 않는다.

　불자여, 마치 햇볕에 나타나는 아지랑이가 구름에서 생겨나지도 않고 연못에서 생겨나지도 않고 육지에 있지도 않고 물에 있지도 않으며, 있는 것도 아니고 없는 것도 아니며, 좋은 것도 아니고

나쁜 것도 아니며, 깨끗한 것도 아니고 흐린 것도 아니며, 마실 수도 없고 더럽힐 수도 없으며, 자체가 있는 것도 아니고 자체가 없는 것도 아니며, 맛이 있는 것도 아니고 맛이 없는 것도 아니다.

하지만 여러 인연 때문에 물인 듯한 모양이 나타난 것인데, 의식으로 분별하여 멀리서 바라보면 물과 같기에 물이라는 생각을 일으키지만, 가까이 다가서면 아무런 것도 없다. 따라서 물이라는 생각이 절로 사라지는 것처럼, 보살마하살 또한 이와 같다. 여래가 세상에 나시고 열반에 드시는 모습을 분별하지 않는다. 모든 부처님의 형상이 있다 없다는 것은 모두 망상의 마음으로 분별한 바이다.

◉ 疏 ◉

二明深心中二니 先은 法說이오 後如散動下는 喩況이라 於中二喩니 各有喩合이니 一은 妄念無知喩니 喩其契實無念이오 二는 陽燄似水喩니 喩其了妄同眞이라 文竝可知니라

‘② 선정 내의 깊은 마음의 행'을 밝힌 부분은 2단락으로 나뉜다.
앞은 법으로 말하였고,
뒤의 '如散動' 이하는 비유이다.
비유 가운데는 2가지 비유가 있는데, 각각 비유와 종합이 있다.
첫째는 妄念無知의 비유이다. 그 실상의 자리에 하나가 되어 아무런 생각이 없음을 비유하였다.
둘째는 햇볕은 물과 같다는 비유이다. 그 망념을 잘 알아서 진여와 같음을 비유하였다.

경문은 모두 설명하지 않아도 알 수 있다.

第二明定起深心行
(2) 선정에서 일어난 깊은 마음의 행을 밝히다

經
佛子여 此三昧는 名爲淸淨深心行이라 菩薩摩訶薩이 於此三昧에 入已而起하며 起已不失하나니 譬如有人이 從睡得寤하야 憶所夢事하면 覺時에 雖無夢中境界나 而能憶念하야 心不忘失인달하야 菩薩摩訶薩도 亦復如是하야 入於三昧하야 見佛聞法하고 從定而起에 憶持不忘하야 而以此法으로 開曉一切道場衆會하며 莊嚴一切諸佛國土하며 無量義趣 悉得明達하며 一切法門이 皆亦淸淨하며 然大智炬하며 長諸佛種하며 無畏具足하며 辯才不竭하야 開示演說甚深法藏하나니 是爲菩薩摩訶薩의 第四淸淨深心行大三昧善巧智니라

불자여, 이런 삼매를 명명하여 청정하고 깊은 마음의 행이라고 한다. 보살마하살이 이런 삼매에 들어갔다가 일어나며, 일어나서는 삼매 속의 경계를 잃지 않는다.

마치 사람이 잠에서 깨어나 꿈꿨던 일을 기억하면 잠을 깼을 때에 비록 꿈속에 보았던 경계가 없으나, 분명히 기억하여 마음에

잊지 못하는 것처럼, 보살마하살 또한 그와 같다.

　삼매에 들어가 부처님을 친견하고 법을 들었으며, 삼매에서 일어나 잘 기억하여 잊지 않고서 이러한 법문으로 일체 도량의 대중 법회에 모인 이들을 깨우쳐 주었으며, 일체 부처님의 국토를 장엄하며, 한량없는 이치를 분명하게 통달하고, 일체 법문이 또한 모두 청정하며, 큰 지혜의 횃불에 불을 지피고, 모든 부처의 종자를 자라게 하며, 두려움 없음이 구족하고, 변재가 다하지 아니하여 매우 깊고 깊은 법장을 열어 보여주고 연설하였다.

　이를 보살마하살의 제4. 청정하고 깊은 마음의 행인 큰 삼매의 훌륭한 지혜라 한다."

● 疏 ●

初法 次喻 後合이라 合中上은 明供養自利行이오 今明開演利他行이니 文影畧耳라 聞演深理는 卽深心起行也라

　첫째는 법이고, 다음은 비유이며, 맨 끝은 이의 종합이다.

　종합한 부분 가운데, 위에서는 공양의 自利行을 밝혔고, 여기에서는 열어 보여주고 연설하는 利他行을 밝혔다. 이는 한 부분을 생략하였다. 심오한 이치를 열어 보여주고 연설함은 곧 깊은 마음으로 행을 일으킨 것이다.

● 論 ●

第四는 淸淨深心行三昧는 何故로 名爲淸淨深心行三昧오 以善

薩이 已修空無相之理智하야 得如理智徧周之身일세 起前理智徧周之身하야 以善巧智로 加行深心 隨所供養호되 一切諸佛 香華蓋等 十事하야 而心不壞法身智身의 無作無想일세 是故로 以立其名이라

三昧之體用者는 以法身根本智로 爲體하고 起方便善巧智하야 興十事 供養等衆生數佛로 爲用이라 但入觀者 善得其宜하야 先須入無思無心定하야 得法身之理하야 稱虛空之性하야사 方可於根本智에 方便起智하야 興供養心起用에 須得自在하야 稱理智而爲之어니와 若也但修空無相法身이면 即於智에 不能起用이며 若但一向生想하야 不見無相法身이면 即純是有爲라 一一依此十定次第方便이니 一一經文이 自具明矣니라

제4. 청정하고 깊은 마음의 행인 삼매이다.

무슨 까닭에 '청정하고 깊은 마음의 행인 삼매'라 명명하였는가? 보살이 이미 空과 無相의 理智를 닦아서 理智처럼 두루 한 몸을 얻기에, 이전의 이지가 두루 한 몸을 일으켜 뛰어난 지혜로써 깊은 마음의 공양을 더욱 行하면서도 일체 모든 부처님에게 공양해야 할 향기로운 꽃, 일산 등의 10가지 일을 따라서, 마음이 法身智身의 작위 없고 상념 없음을 무너뜨리지 않는다. 이 때문에 그러한 명칭을 세운 것이다.

삼매의 본체와 작용을 해석한다는 것은 법신의 근본지를 본체로 삼고 방편의 선교지를 일으켜 10가지 일을 일으키고 중생의 수효만큼 수많은 부처님께 공양하는 것으로 작용을 삼는다. 다만 觀

에 들어가는 자가 그 마땅함을 잘 얻어서 반드시 먼저 無思無心의 선정에 들어가 법신의 이치를 얻어서 허공의 성품에 부합해야 비로소 근본지에서 방편의 지혜가 일어나 공양의 마음을 일으켜 반드시 자재함을 얻어 理智에 부합하게 된다.

그러나 만약 공과 무상의 법신만을 닦는다면 지혜는 작용을 일으키지 못하고, 한쪽으로 상념을 일으켜 무상의 법신을 보지 못하면 이는 곧 순전히 有爲일 뿐이다. 하나하나 모두 十定의 차례 방편을 따라야 한다. 하나하나의 경문에서 구체적으로 밝히고 있다.

―

第五 知過去莊嚴藏三昧
釋中有五니 一은 對境辨智라

제5. 과거의 장엄장을 아는 삼매
해석 부분은 5단락으로 나뉜다.
⑴ 경계를 상대로 논변한 지혜이다.

經
佛子여 云何爲菩薩摩訶薩의 知過去莊嚴藏三昧오
佛子여 此菩薩摩訶薩이 能知過去諸佛出現하나니
所謂劫次第中諸刹次第와
刹次第中諸劫次第와
劫次第中諸佛出現次第와

佛出現次第中說法次第와
說法次第中諸心樂次第와
心樂次第中諸根次第와
根次第中調伏次第와
調伏次第中諸佛壽命次第와
壽命次第中知億那由他年歲數量次第니라

"불자여, 어떤 것을 보살마하살의 과거의 장엄장을 아는 삼매라 하는가?

불자여, 보살마하살이 과거의 여러 부처님이 나신 일을 잘 알고 있다.

이른바 겁의 차례 가운데 모든 세계의 차례,

세계의 차례 가운데 모든 겁의 차례,

모든 겁의 차례 가운데 모든 부처님이 나신 차례,

모든 부처님이 나신 차례 가운데 법을 말씀한 차례,

법을 말씀한 차례 가운데 일체중생의 마음이 즐거운 차례,

마음이 즐거운 차례 가운데 일체중생 근기의 차례,

근기의 차례 가운데 일체중생을 조복하는 차례,

조복한 차례 가운데 모든 부처님 수명의 차례,

수명의 차례 가운데 억 나유타 해의 수량과 차례를 아는 것이다.

二 正顯智知

(2) 바로 지혜로 앎을 밝히다

經

佛子여 **此菩薩摩訶薩**이 **得如是無邊次第智故**로
則知過去諸佛하며
則知過去諸刹하며
則知過去法門하며
則知過去諸劫하며
則知過去諸法하며
則知過去諸心하며
則知過去諸解하며
則知過去諸衆生하며
則知過去諸煩惱하며
則知過去諸儀式하며
則知過去諸淸淨이니라

　　불자여, 보살마하살이 이처럼 그지없는 차례를 아는 지혜를 얻은 까닭에

　　과거의 모든 부처님을 알고,

　　과거의 모든 세계를 알고,

　　과거의 법문을 알고,

　　과거의 모든 겁을 알고,

　　과거의 모든 법을 알고,

과거의 모든 마음을 알고,

과거의 모든 견해를 알고,

과거의 모든 중생을 알고,

과거의 모든 번뇌를 알고,

과거의 모든 의식을 알고,

과거의 모든 청정함을 아는 것이다.

◉ 疏 ◉

各有十句하니 皆是過去藏中之法이라

각기 10구이다. 이는 모두 과거 세계의 속에 있는 법이다.

三 所知時分

(3) 시간을 아는 지혜

經

佛子여 此三昧 名過去淸淨藏이니 於一念中에 能入百劫하며 能入千劫하며 能入百千劫하며 能入百千億那由他劫하며 能入無數劫하며 能入無量劫하며 能入無邊劫하며 能入無等劫하며 能入不可數劫하며 能入不可稱劫하며 能入不可思劫하며 能入不可量劫하며 能入不可說劫하며 能入不可說不可說劫이니라

불자여, 이런 삼매를 명명하여 과거의 청정장이라 한다.
한 생각의 찰나에
백 겁에 들어가고,
천 겁에 들어가고,
백천 겁에 들어가고,
백천억 나유타 겁에 들어가고,
수없는 겁에 들어가고,
한량없는 겁에 들어가고,
그지없는 겁에 들어가고,
같을 이 없는 겁에 들어가고,
셀 수 없는 겁에 들어가고,
일컬을 수 없는 겁에 들어가고,
생각할 수 없는 겁에 들어가고,
헤아릴 수 없는 겁에 들어가고,
말할 수 없는 겁에 들어가고,
말할 수 없이 말할 수 없는 겁에 들어가는 것이다.

● 疏 ●

有十四重하니 卽釋過去之義라

14가지의 겁이다. 이는 과거의 시간을 해석하는 의의이다.

四 顯知相狀

(4) 지혜의 형상을 밝히다

經

佛子여 **彼菩薩摩訶薩**이 **入此三昧**에 **不滅現在**하며 **不緣過去**니라

불자여, 저 보살마하살이 이런 삼매에 들어가 현재의 시간을 없애지도 않고 과거의 시간을 반연하지도 않는다.

● 疏 ●

不滅現在者는 不捨也오 不緣過去者는 不取也니 謂但約過去門 顯이오 非有取捨而緣이라 上四는 各一佛子라

현재의 시간을 없애지도 않는다는 것은 버리지 않음이며, 과거의 시간을 반연하지도 않는다는 것은 취하지 않음이다. 이는 과거의 법문을 들어 밝힌 것일 뿐, 취하거나 버리는 인연이 있는 것은 아니다.

위의 해석 4가지는 각각 하나의 '佛子'를 들어 말하였다.

五 明出定獲益

(5) 선정에서 나와 얻은 이익을 밝히다

佛子여 彼菩薩摩訶薩이 從此三昧起에 於如來所에 受十種不可思議灌頂法하야 亦得하며 亦淸淨하며 亦成就하며 亦入하며 亦證하며 亦滿하며 亦持하며 平等了知하며 三輪淸淨하나니

何等이 爲十고 一者는 辯不違義오 二者는 說法無盡이오 三者는 訓詞無失이오 四者는 樂說不斷이오 五者는 心無恐畏오 六者는 語必誠實이오 七者는 衆生所依오 八者는 救脫三界오 九者는 善根最勝이오 十者는 調御妙法이니라 佛子여 此是十種灌頂法이니 若菩薩이 入此三昧하면 從三昧起하야 無間則得이 如歌羅邏 入胎藏時에 於一念間에 識則託生인달하야 菩薩摩訶薩도 亦復如是하야 從此定起에 於如來所에 一念則得此十種法이니라 佛子여 是名菩薩摩訶薩의 第五知過去莊嚴藏大三昧善巧智니라

불자여, 저 보살마하살이 이런 삼매에서 일어나, 여래가 계신 도량에서 불가사의한 열 가지 관정법을 받고서 또한 바로 이런 삼매를 얻고, 또한 바로 이런 삼매가 청정하고, 또한 바로 이런 삼매를 성취하고, 또한 이런 삼매에 들어가고, 또한 이런 삼매를 증득하고, 또한 닦아온 보살의 도가 원만하고, 또한 일체 불법을 지니고, 평등하게 알며, 앎의 주체·앎의 대상·바른 앎이 없어[三輪: 無能知·所知及正知] 모두 청정하였다.

무엇이 불가사의한 열 가지 관정법인가?

166

첫째는 보살의 말한 것이 종지의 뜻에 어긋나지 않고,

둘째는 법을 말함이 다함이 없으며,

셋째는 중생을 가르치는 말이 잘못이 없고,

넷째는 중생을 위해 말하기 좋아하여 끊임이 없으며,

다섯째는 설법할 적에 두려운 마음이 없고,

여섯째는 보살의 말이 모두 진실하며,

일곱째는 보살은 중생의 의지가 되고,

여덟째는 삼계의 중생을 구제하여 해탈케 하며,

아홉째는 보살의 선근이 가장 훌륭하고,

열째는 미묘한 법으로 중생을 잘 다스리는 것이다.

불자여, 이것이 열 가지 관정법이다. 보살이 이런 삼매에 들면 삼매에서 일어나자마자 빈틈없이 바로 증득하게 된다. 이는 마치 수태한 지 이레 만에 적백색의 정기가 화합한, '가라라(歌羅邏)'가 태 속에 들어가자마자 한 생각의 찰나에 의식이 곧바로 의탁하는 것처럼, 보살마하살 또한 그와 같다. 이 삼매에서 일어나자마자 부처님 계신 도량에서 한 생각의 찰나에 바로 이 열 가지 관정법을 얻는 것이다.

불자여, 이를 보살마하살의 제5. 과거의 장엄장을 아는 큰 삼매의 훌륭한 지혜라고 말한다."

● 疏 ●

有三하니

初는 擧數辨相이니 有十句라 初句는 總이니 位終成果를 名受灌頂

法也라 餘句는 別이니 一 屬己오 二 淨障이오 三 究竟이오 四 始入이오 五 正證이오 六 修滿이오 七 持令不失이오 八 無知而知오 九 淨三輪이니 總該前九니 如約智辨이라 三輪者는 謂無能知 所知 及正知故니라 餘可思準이라

이는 3단락이다.

① 수효를 들어 그 양상을 논변함에 있어 10구이다.

첫 구절[受十種不可思議灌頂法]은 총체이다. 지위가 끝남에 果를 성취함을 '관정법을 받았다.'고 말한다.

나머지 구절은 개별이다.

㉠ 제2구[亦得]는 몸에 귀속되고,

㉡ 제3구[亦淸淨]는 업장이 청정하며,

㉢ 제4구[亦成就]는 구경의 자리이고,

㉣ 제5구[亦入]는 처음 들어감이며,

㉤ 제6구[亦證]는 바르게 증득하고,

㉥ 제7구[亦滿]는 닦음이 원만하며,

㉦ 제8구[亦持]는 이를 지니어 잃지 않도록 하고,

㉧ 제9구[平等了知]는 지각이 없는 것으로 앎이며,

㉨ 제10구[三輪淸淨]는 三輪을 청정히 한 것으로, 앞의 9구를 총괄함이 지혜로 논변한 것과 같다. 三輪이란 앎의 주체[能知]와 앎의 대상[所知] 및 바른 지혜[正知]조차 없기 때문이다. 나머지는 준하여 생각하면 된다.

二'何等'下는 徵列其名이니 初四는 是四無礙辯이오 次二는 自利니

不畏深法하고 如言能行이오 次二는 利他니 爲善者 依하고 爲惡者 救오 後二는 總明二利勝妙니라

② '何等' 이하는 그 명칭을 묻고 나열하였다.

첫 4구[一者辯不違義~四者樂說不斷]는 4가지 걸림 없는 변재이다.

다음 2구[五者心無恐畏, 六者語必誠實]는 自利이다. 심오한 법을 두려워하지 않고, 말처럼 행함이다.

다음 2구[七者衆生所依, 八者救脫三界]는 利他이다. 선한 자의 의지처가 되고, 악한 자의 구제자가 된다.

뒤의 2구[九者善根最勝, 十者調御妙法]는 자리이타의 훌륭함을 총괄하여 밝혔다.

三 '佛子'下는 結得速疾이니 有法喩合이라 歌羅邏者는 此云薄酪라 餘可知也라

③ '佛子' 이하는 빠르게 얻을 수 있음을 끝맺었다. 법과 비유와 종합이다.

'歌羅邏'란 중국에서는 薄酪, 즉 우유에서 연유로 바뀌어 갈 때의 응집을 시작하는 단계를 말한다. 나머지는 설명하지 않아도 알 수 있다.

◉ 論 ◉

第五는 知過去莊嚴藏三昧라 何故로 名爲知過去莊嚴藏大三昧오 此菩薩이 入此定中에 能知過去諸佛出現劫刹과 諸佛出現法門하야 以嚴自心根本智하야 具差別智일새 以此成名이니 爲前之三

昧는 興其供養일세 於定中에 須知劫刹諸佛出興之次第法門이라
二 釋三昧之體用者는 以根本智로爲體하고 知劫刹次第差別智
로 爲用이니 已下는如文이라

제5. 과거의 장엄장을 아는 삼매이다.

무슨 까닭에 그 이름을 '과거의 장엄장을 아는 삼매'라 하는가? 보살이 이러한 선정에 들어가 과거 모든 부처님의 출현하는 시간과 국토, 모든 부처님이 출현하는 법문을 앎으로써 자기 마음의 근본지를 장엄하여 차별지를 갖추고 있기에 이런 이름을 붙인 것이다.

이전의 삼매는 그 공양을 일으킬 적에 선정 안에서 반드시 출현하는 시간과 국토, 모든 부처님이 출현하는 차례의 법문을 앎이다.

삼매의 본체와 작용을 해석한다는 것은 근본지로 본체를 삼고, 시간과 국토의 차례를 아는 차별지로 작용을 삼는다. 이하는 경문에서 말한 바와 같다.

第六 智光明藏三昧
釋中 分二니 前은 明定業用이오 後는 彰定利益이라
初中 分六이니 一은 總知諸佛이라

제6. 지혜 광명장 삼매

해석 부분은 2단락으로 나뉜다.

⑴ 선정의 業用을 밝혔고,

⑵ 선정의 이익을 밝혔다.

⑴ 선정의 업용 부분은 다시 6단락으로 나뉜다.
① 모든 부처님을 총체로 앎이다.

經

佛子여 云何爲菩薩摩訶薩의 智光明藏三昧오
佛子여 彼菩薩摩訶薩이 住此三昧에 能知未來一切世界와 一切劫中所有諸佛의

"불자여, 어떤 것을 지혜 광명장의 삼매라 하는가?

불자여, 저 보살마하살이 이런 삼매에 머물면서 미래의 일체 세계, 일체 겁에 나셨던 모든 부처님을 알며,

二 知多名號
② 수많은 명호를 알다

經

若已說과 若未說과 若已授記와 若未授記한 種種名號의 各各不同하나니 所謂無數名과 無量名과 無邊名과 無等名과 不可數名과 不可稱名과 不可思名과 不可量名과 不可說名과

이미 말했던 것, 아직 말하지 않은 것, 이미 수기를 받았던 것, 아직 수기를 받지 않은, 가지가지 명호가 각기 똑같지 않음을 아는

171

것이다.

　이른바 수없는 이름, 한량없는 이름, 그지없는 이름, 같을 이 없는 이름, 셀 수 없는 이름, 일컬을 수 없는 이름, 생각할 수 없는 이름, 헤아릴 수 없는 이름, 말할 수 없는 이름 들이다.

三 知當所作
　③ 마땅히 해야 할 바를 알다

經

當出現於世와 當利益衆生과 當作法王과 當興佛事와 當說福利와 當讚善義와 當說白分義와 當淨治諸惡과 當安住功德과 當開示第一義諦와 當入灌頂位와 當成一切智와

　이런 보살들이 세상에 나오실 것이며,

　중생에게 이익을 베풀 것이며,

　법왕이 되실 것이며,

　부처님 일을 일으킬 것이며,

　복과 이익을 말씀할 것이며,

　좋은 이치를 찬탄할 것이며,

　청정한 뜻을 말할 것이며,

　모든 악을 말끔히 다스릴 것이며,

공덕에 안주할 것이며,

으뜸가는 진리를 보여줄 것이며,

관정의 지위에 들어갈 것이며,

일체 지혜를 이룰 것이며,

四 明知彼因圓果滿
　④ 부처님의 원만한 인과를 분명히 알다

經

彼諸如來의 修圓滿行과 發圓滿願과 入圓滿智와 有圓滿衆과 備圓滿莊嚴과 集圓滿功德과 悟圓滿法과 得圓滿果와 具圓滿相과 成圓滿覺과

　저 모든 부처님의 원만한 행을 닦고, 원만한 서원을 내고, 원만한 지혜에 들어가고, 원만한 대중을 두고, 원만한 장엄을 갖추고, 원만한 공덕을 쌓아가고, 원만한 법을 깨닫고, 원만한 결과를 얻고, 원만한 모습이 구족하고, 원만한 깨달음을 이룰 것이며,

---

五. 知現所作
　⑤ 부처님의 현재 하신 바를 알다

> 經

彼諸如來의 **名姓種族**과 **方便善巧**와 **神通變化**와 **成熟
衆生**과 **入般涅槃**하는 **如是一切**를 **皆悉了知**하나라

저 모든 부처님의 이름·성씨·종족, 방편이 뛰어남, 신통변화, 중생을 성숙시키는 것, 열반에 드시는, 일체 그 모든 것을 모두 다 분명하게 알 것이다.

六 明知分齊
⑥ 구분과 한계를 분명히 알다

> 經

此菩薩이 **於一念中**에
能入一劫百劫千劫百千劫百千億那由他劫하며
入閻浮提微塵數劫하며
入四天下微塵數劫하며
入小千世界微塵數劫하며
入中千世界微塵數劫하며
入大千世界微塵數劫하며
入百佛刹微塵數劫하며
入百千佛刹微塵數劫하며
入百千億那由他佛刹微塵數劫하며

入無數佛刹微塵數劫하며
入無量佛刹微塵數劫하며
入無邊佛刹微塵數劫하며
入無等佛刹微塵數劫하며
入不可數佛刹微塵數劫하며
入不可稱佛刹微塵數劫하며
入不可思佛刹微塵數劫하며
入不可量佛刹微塵數劫하며
入不可說佛刹微塵數劫하며
入不可說不可說佛刹微塵數劫하야
如是未來一切世界所有劫數를 能以智慧로 皆悉了知하나니라

보살이 한 생각의 찰나에 한 겁에 들어가며,
백 겁 천 겁 백천 겁 백천억 나유타 겁에 들어가며,
염부제 티끌 수처럼 수많은 겁에 들어가며,
사천하 티끌 수처럼 수많은 겁에 들어가며,
소천세계 티끌 수처럼 수많은 겁에 들어가며,
중천세계 티끌 수처럼 수많은 겁에 들어가며,
대천세계 티끌 수처럼 수많은 겁에 들어가며,
백 부처님 세계 티끌 수처럼 수많은 겁에 들어가며,
백천 세계 티끌 수처럼 수많은 겁에 들어가며
백천억 나유타 세계 티끌 수처럼 수많은 겁에 들어가며,

수없는 부처님 세계 티끌 수처럼 수많은 겁에 들어가며,
한량없는 부처님 세계 티끌 수처럼 수많은 겁에 들어가며,
그지없는 부처님 세계 티끌 수처럼 수많은 겁에 들어가며,
같을 이 없는 부처님 세계 티끌 수처럼 수많은 겁에 들어가며,
셀 수 없는 부처님 세계 티끌 수처럼 수많은 겁에 들어가며,
일컬을 수 없는 부처님 세계 티끌 수처럼 수많은 겁에 들어가며,
생각할 수 없는 부처님 세계 티끌 수처럼 수많은 겁에 들어가며,
헤아릴 수 없는 부처님 세계 티끌 수처럼 수많은 겁에 들어가며,
말할 수 없는 부처님 세계 티끌 수처럼 수많은 겁에 들어가며,
말할 수 없이 말할 수 없는 부처님 세계 티끌 수처럼 수많은 겁에 들어가

이처럼 미래 세계에 존재하는 모든 겁을 지혜로 모두 아는 것이다.

● 疏 ●

其中大千이 卽是佛刹이어늘 而重言者는 多是遺脫이니 應言百佛刹也라 餘竝可知니라

여기에서 말한 大千이 바로 부처님의 세계인데, 중복하여 말한 것은 많은 부분이 누락된 것이다. 당연히 '百佛刹'이라 말했어야 한다. 나머지는 모두 설명하지 않아도 알 수 있다.

二. 彰定利益
於中四니 前二는 自利요 後二는 利他라 謂一은 令心入持益이라

 (2) 선정의 이익을 밝히다

 이는 4부분으로 나뉜다.

 앞의 2부분은 자리이고, 뒤의 2부분은 이타이다.

 ① 마음이 十持에 들어간 데서 얻어지는 이익이다.

經

以了知故로 其心이 復入十種持門하나니

何者 爲十고

所謂入佛持故로 得不可說佛刹微塵數諸佛護念하며

入法持故로 得十種陀羅尼光明無盡辯才하며

入行持故로 出生圓滿殊勝諸願하며

入力持故로 無能映蔽하고 無能摧伏하며

入智持故로 所行佛法이 無有障礙하며

入大悲持故로 轉於不退淸淨法輪하며

入差別善巧句持故로 轉一切文字輪하야 淨一切法門地하며

入師子受生法持故로 開法關鑰하야 出欲淤泥하며

入智力持故로 修菩薩行하야 常不休息하며

入善友力持故로 令無邊衆生으로 普得淸淨하며

入無住力持故로 入不可說不可說廣大劫하며
入法力持故로 以無礙方便智로 知一切法自性淸淨이니라

이처럼 분명히 알기에 그 마음이 또한 열 가지 지니는 법문에 들어가는 것이다.

무엇이 열 가지 지니는 법문인가?

이른바 부처님을 지니는 데 들어가기에 말할 수 없는 세계 티끌 수처럼 수많은 부처님의 가호와 염려를 얻고,

법을 지니는 데 들어가기에 열 가지 다라니 광명의 다함이 없는 변재를 얻으며,

행을 지니는 데 들어가기에 원만하고 수승한 서원을 내고,

힘을 지니는 데 들어가기에 가릴 수 없고 꺾어 굴복시킬 수 없으며,

지혜를 지니는 데 들어가기에 불법을 행하는 데 장애가 없고,

대비를 지니는 데 들어가기에 물러서지 않는 청정한 법륜을 굴리며,

각기 다르고 뛰어난 문구에 들어가기에 일체 문자의 바퀴를 굴려 일체 법문을 깨끗이 하고,

사자가 태어나는 법을 지니는 데 들어가기에 법의 자물쇠를 열어 진흙 수렁에서 나오며,

지혜의 힘을 지니는 데 들어가기에 보살의 행을 닦아 항상 쉬지 않고,

선지식의 힘을 지니는 데 들어가기에 그지없는 중생이 청정함

을 얻도록 하며,

　머묾이 없는 힘을 지니는 데 들어가기에 말할 수 없이 말할 수 없는 광대한 겁에 들어가고,

　법의 힘을 지니는 데 들어가기에 걸림 없는 방편과 지혜로 일체 법의 자성이 청정함을 아는 것이다.

● 疏 ●

卽由上知故로 持之不失이오 由持不失하야 得持之益이라
一은 心中持佛이라 得佛護益이오 二는 心入持法이라 得總持辯才
益이라 餘句倣此하다
有十二者는 增數十也라 師子受生者는 不畏生死苦故오 示生死
實性을 名開法關鑰이오 了生死本空일세 故出欲淤泥오 智力持者
는 定慧雙運也라 入無住力持는 則大劫不離一念이라

　위에서 지혜를 연유한 까닭에 이를 지니어 잃지 않고, 지니어 잃지 않았기에 지님의 이익을 얻은 것이다.

　㉠ 마음속에 부처님을 지닌 터라, 부처님 가호의 이익을 얻고,

　㉡ 마음으로 부처님을 지니는 데 들어간 것은 總持辨才의 이익을 얻은 것이다.

　나머지 구절은 이와 같다.

　12구가 있는 것은 增數의 10이다.

　'師子受生'이란 생사의 고통을 두려워하지 않기 때문이다. 생사의 實性을 보여주기에 이를 명명하여 '법의 자물쇠를 열었다[開

179

法關鑰].'고 한다.

　생사가 본래 공한 것임을 잘 알기 때문에 진흙 수렁에서 나오고자 하였다.

　'智力持'란 선정과 지혜를 모두 운용하는 것이다.

　'入無住力持'는 아주 오랜 세월이 한 생각의 찰나를 여의지 않음이다.

二 明得善巧益

　② 잘 알고 잘 머무는 이익을 밝히다

經

佛子여 菩薩摩訶薩이 住此三昧已에
善巧住不可說不可說劫하며
善巧住不可說不可說剎하며
善巧知不可說不可說種種衆生하며
善巧知不可說不可說衆生異相하며
善巧知不可說不可說同異業報하며
善巧知不可說不可說精進諸根과 習氣相續差別諸行하며
善巧知不可說不可說無量染淨種種思惟하며
善巧知不可說不可說法種種義와 無量文字演說言辭

하며

善巧知不可說不可說種種佛出現에 種族時節과 現相說法과 施爲佛事와 入般涅槃하며

善巧知不可說不可說無邊智慧門하며

善巧知不可說不可說一切神通無量變現하나니

佛子여 譬如日出에 世間所有村營城邑과 宮殿屋宅과 山澤鳥獸와 樹林華果의 如是一切種種諸物을 有目之人이 悉得明見하나니

佛子여 日光이 平等하야 無有分別호되 而能令目으로 見種種相인달하야 此大三昧도 亦復如是하야 體性이 平等하야 無有分別호되 能令菩薩로 知不可說不可說百千億那由他差別之相이니라

 불자여, 보살마하살이 이런 삼매에 머물렀기에

 말할 수 없이 말할 수 없는 겁에 잘 머물고,

 말할 수 없이 말할 수 없는 세계에 잘 머물며,

 말할 수 없이 말할 수 없는 가지가지 중생을 잘 알고,

 말할 수 없이 말할 수 없는 중생의 각기 다른 모습을 잘 알며,

 말할 수 없이 말할 수 없는 같고 다른 업보를 잘 알고,

 말할 수 없이 말할 수 없는 정진과 근기, 습기가 이어짐과 각기 다른 여러 가지 행을 잘 알며,

 말할 수 없이 말할 수 없는 한량없는 오염과 청정의 가지가지 생각을 잘 알고,

말할 수 없이 말할 수 없는 법, 가지가지 이치, 한량없는 글자, 연설, 말을 잘 알며,

말할 수 없이 말할 수 없는 가지가지 부처님이 나오심에 어떤 문벌과 어떤 시절, 어떤 모습과 어떤 설법, 베푸셨던 불사, 열반에 드심을 잘 알고,

말할 수 없이 말할 수 없는 그지없는 지혜의 문을 잘 알며,

말할 수 없이 말할 수 없는 일체 신통과 한량없는 변화를 잘 아는 것이다.

불자여, 마치 해가 뜨면 세간에 있는 마을과 도시, 궁전과 가옥, 산과 연못과 새와 짐승, 나무와 숲과 꽃과 과실, 이러한 일체 모든 가지가지 물건을 눈을 가진 사람이라면 모두 분명히 볼 수 있다.

불자여, 햇빛은 평등하여 분별이 없지만, 눈을 가진 사람들이 가지가지 모양을 볼 수 있도록 하는 것처럼, 이처럼 큰 삼매 또한 그와 같다. 그 자체가 평등하여 분별이 없지만, 보살로 하여금 말할 수 없이 말할 수 없는 백천억 나유타의 각기 다른 모습을 알도록 해주는 것이다.

◉ 疏 ◉

有法 喩 合이라 然善巧有二니

一은 如事善巧니 故法云不可說無量이라하고 喩云見種種物이오

二는 如理善巧니 故云日光平等이라 又由此二無礙라야 方名善巧니 故合云無分別而能知라하니라

법과 비유와 종합이 있다.

그러나 뛰어난 기교에는 2가지가 있다.

㉠ 일에 맞게 행하는 뛰어난 기교이다. 이 때문에 법으로 '말할 수 없이 한량없다.'고 말하였고. 비유로는 '가지가지 물건을 보았다.'고 말했으며,

㉡ 이치에 맞게 행하는 뛰어난 기교이다. 이 때문에 '햇빛처럼 평등하다.'고 말하였다.

또한 이 2가지에 걸림이 없기에 그 이름을 '뛰어난 기교'라 하였다. 이 때문에 이를 종합하여 '분별이 없는 것으로 잘 안다.'고 말하였다.

三 佛子明得不空益

③ 불자가 不空을 얻은 이익을 밝히다

經

佛子여 此菩薩摩訶薩이 如是了知時에 令諸衆生으로 得十種不空하나니

何等이 爲十고

一者는 見不空이니 令諸衆生으로 生善根故며

二者는 聞不空이니 令諸衆生으로 得成熟故며

三者는 同住不空이니 令諸衆生으로 心調伏故며

四者는 發起不空이니 令諸衆生으로 如言而作하야 通達一切諸法義故며
五者는 行不空이니 令無邊世界로 皆淸淨故며
六者는 親近不空이니 於不可說不可說佛刹諸如來所에 斷不可說不可說衆生疑故며
七者는 願不空이니 隨所念衆生하야 令作勝供養하야 成就諸願故며
八者는 善巧法不空이니 皆令得住無礙解脫淸淨智故며
九者는 雨法雨不空이니 於不可說不可說諸根衆生中에 方便開示一切智行하야 令住佛道故며
十者는 出現不空이니 現無邊相하야 令一切衆生으로 皆蒙照故니라

불자여, 이 보살마하살이 이처럼 알 적에 모든 중생으로 하여금 열 가지 헛되지 않음을 얻도록 해주는 것이다.

무엇이 열 가지 헛되지 않음인가?

첫째는 보는 것이 헛되지 않다. 모든 중생으로 하여금 선근을 내도록 해주기 때문이다.

둘째는 들음이 헛되지 않다. 모든 중생으로 하여금 성숙하게 해주기 때문이다.

셋째는 함께 머무름이 헛되지 않다. 모든 중생의 마음을 조복해 주기 때문이다.

넷째는 보리심을 일으킴이 헛되지 않다. 모든 중생으로 하여

금 말한 대로 행하여 일체의 모든 법과 뜻을 통달하게 해주기 때문이다.

다섯째는 수행이 헛되지 않다. 그지없는 세계를 모두 청정케 해주기 때문이다.

여섯째는 친근함이 헛되지 않다. 말할 수 없이 말할 수 없는 부처님 국토의 여러 부처님 계신 도량에서 말할 수 없이 말할 수 없는 중생의 의심을 끊어주기 때문이다.

일곱째는 서원이 헛되지 않다. 생각하는 중생을 따라 훌륭한 공양으로 모든 서원을 성취해 주기 때문이다.

여덟째는 훌륭한 법이 헛되지 않다. 모두 걸림 없는 해탈과 청정한 지혜에 머물도록 하기 때문이다.

아홉째는 법비를 내림이 헛되지 않다. 말할 수 없이 말할 수 없는 모든 근기의 중생에게 일체 지혜의 행을 방편으로 보여주어 부처의 도에 머물도록 하기 때문이다.

열째는 몸을 나타냄이 헛되지 않다. 그지없는 모습을 나타내어 일체중생으로 하여금 모두 지혜광명을 얻도록 해주기 때문이다.

四十王敬養益
④ 10대왕의 공양을 받는 이익

佛子여 菩薩摩訶薩이 住此三昧하야 得十種不空時에
諸天王衆이 皆來頂禮하며
諸龍王衆이 興大香雲하며
諸夜叉王이 頂禮其足하며
阿修羅王이 恭敬供養하며
迦樓羅王이 前後圍遶하며
諸梵天王이 悉來勸請하며
緊那羅王과 摩睺羅伽王이 咸共稱讚하며
乾闥婆王이 常來親近하며
諸人王衆이 承事供養하나니
佛子여 是爲菩薩摩訶薩의 第六智光明藏大三昧善巧智니라

　　불자여, 보살마하살이 이런 삼매에 머물면서 열 가지 헛되지 않음을 얻었을 적에, 모든 천왕이 모두 찾아와 절을 올리고,
　　많은 용왕이 큰 향기구름을 일으키고,
　　많은 야차왕이 보살의 발에 엎드려 절하고,
　　아수라왕이 공경하는 마음으로 공양하고,
　　가루라왕이 앞뒤로 에워싸 옹호하고,
　　많은 범천왕이 모두 찾아와 설법해 주기를 청하고,
　　긴나라왕과 마후라가왕이 모두 찬탄하고,
　　건달바왕이 항상 찾아와 가까이하고,

많은 인간의 왕들이 받들어 섬기며 공양하였다.

불자여, 이를 보살마하살의 제6. 지혜 광명장의 큰 삼매의 훌륭한 지혜라고 말한다."

● 論 ●

第六은 智光明藏三昧者는 明此菩薩이 能知未來一切諸劫中所有諸佛하며 若已說法과 若未說法을 皆悉能知故라 智光明藏者는 不離一念코 含三世劫智를 名之爲藏이오 餘義는 如文自具라 於中 八部王等名은 依初會에 已釋이니 此不表法이오 但以供養恭敬法故로 親近如來니라

제6. 지혜 광명장 삼매란 보살이 미래의 일체 모든 겁에 있는 모든 부처님을 알고, 이미 설법한 것이든 아직 설법하지 않은 것이든 모두 앎을 밝힌 것이다. 智光明藏이란 한 생각의 찰나에도 여의지 않고 삼세의 겁을 포괄한 지혜를 명명하여 '藏'이라 하며, 나머지 뜻은 경문에서 구체적으로 말한 바와 같다.

그 가운데 八部王 등의 명칭은 첫 법회에서 이미 해석하였다. 이는 법을 나타낸 것이 아니다. 다만 법을 공양하고 공경하기 때문에 여래를 가까이한 것이다.

第七 知一切世界佛莊嚴三昧
釋中 二니 先은 明定體用이오 後는 明定利益이라

前中亦二니 先徵 後釋이라

제7. 일체 세계의 부처님 장엄을 아는 삼매

해석 부분은 2단락으로 나뉜다.

1. 선정의 본체와 작용을 밝혔고,

2. 선정의 이익을 밝혔다.

1. 선정의 본체와 작용을 밝힌 부분 또한 2단락으로 나뉜다.

앞은 물음이고, 뒤는 해석이다.

經

佛子여 云何爲菩薩摩訶薩의 了知一切世界佛莊嚴三昧오

佛子여 此三昧 何故로 名了知一切世界佛莊嚴고

"불자여, 어떤 것을 보살마하살의 일체 세계의 부처님 장엄을 아는 삼매라 하는가?

불자여, 이 삼매를 무슨 연고로 일체 세계의 부처님 장엄을 안다고 이름하는가?

◉ 疏 ◉

所以重徵者는 前通徵一定이오 此則別徵莊嚴이라

중복하여 물은 것은 앞에서는 하나의 해당 삼매를 전체로 물었고, 이 삼매는 일체 세계의 장엄만을 개별로 물었다.

一

後釋中二니 先釋一切世界라

뒤의 해석은 2부분으로 나뉜다.

(1) 일체 세계를 해석하였다.

經

佛子여 菩薩摩訶薩이 住此三昧에 能次第入東方世界하며 能次第入南方世界하며 西方北方과 四維上下의 所有世界도 悉亦如是能次第入하야

불자여, 보살마하살이 이 삼매에 머물 적에 차례로 동방세계에 들어가고, 차례로 남방세계에 들어가며, 서방과 북방, 그리고 네 간방과 위아래에 있는 세계 또한 모두 차례대로 들어가,

● 疏 ●

以是現在라 故但云十方이라

이는 현재로 말한 까닭에 시방세계만을 말하였을 뿐이다.

二 釋其莊嚴

於中 二니 先은 總列十門이라

(2) 부처님의 장엄을 해석하였다.

이는 다시 2부분으로 나뉜다.

첫째, 10가지 법문을 총체로 나열하였다.

經
皆見諸佛의 **出興於世**하며
亦見彼佛의 **一切神力**하며
亦見諸佛의 **所有遊戲**하며
亦見諸佛의 **廣大威德**하며
亦見諸佛의 **最勝自在**하며
亦見諸佛의 **大師子吼**하며
亦見諸佛의 **所修諸行**하며
亦見諸佛의 **種種莊嚴**하며
亦見諸佛의 **神足變化**하며
亦見諸佛의 **衆會雲集**과

모두 여러 부처님이 세상에 나시는 것을 보았고,
또한 그 부처님들의 모든 신통력을 보았으며,
또한 모든 부처님의 유희한 바를 보았고,
또한 모든 부처님의 광대한 위엄과 공덕을 보았으며,
또한 모든 부처님의 가장 훌륭한 자유자재를 보았고,
또한 모든 부처님의 큰 사자후를 보았으며,
또한 모든 부처님의 수행하신 모든 행을 보았고,
또한 모든 부처님의 가지가지 장엄을 보았으며,
또한 모든 부처님의 신통한 발걸음의 변화를 보았고,

또한 모든 부처님의 대중법회에 구름처럼 모이는 것을 보았으며,

◉ 疏 ◉

十門은 皆是莊嚴이라 其中第八에 別明莊嚴者는 卽功德智慧로 以嚴其心하고 色相光明으로 以嚴身也라

10가지 법문은 모두 이런 장엄이다.

그 가운데 제8 장엄을 개별로 밝힌 것은 공덕과 지혜로 그 마음을 장엄하고 거룩한 색상의 광명으로 몸을 장엄한 것이다.

後는 別顯嚴相하야 以廣前二니 一은 廣衆會오 二는 廣莊嚴이라 今初 有三이니 初 明見他오 二 見自오 三 能見이라 今은 初라

둘째, 장엄의 모습을 개별로 밝혀 앞서 말한 2부분을 자세히 말하였다.

(ㄱ) 대중법회를 자세히 말하였고,

(ㄴ) 거룩한 장엄을 자세히 말하였다.

(ㄱ) 대중법회는 다시 3부분으로 나뉜다.

① 다른 이들을 봄을 밝혔고,

② 자신이 행한 바를 봄을 밝혔으며,

③ 볼 수 있는 주체를 밝혔다.

이는 '① 다른 이들을 봄을 밝힌' 부분이다.

衆會淸淨과 衆會廣大와 衆會一相과 衆會多相과 衆會
處所와 衆會居止와 衆會成熟과 衆會調伏과 衆會威德과
如是一切를 悉皆明見하며
亦見衆會의 其量大小 等閻浮提하며
亦見衆會 等四天下하며
亦見衆會 等小千界하며
亦見衆會 等中千界하며
亦見衆會 量等三千大千世界하며
亦見衆會 充滿百千億那由他佛刹하며
亦見衆會 充滿阿僧祇佛刹하며
亦見衆會 充滿百佛刹微塵數佛刹하며
亦見衆會 充滿千佛刹微塵數佛刹하며
亦見衆會 充滿百千億那由他佛刹微塵數佛刹하며
亦見衆會 充滿無數佛刹微塵數佛刹하며
亦見衆會 充滿無量佛刹微塵數佛刹하며
亦見衆會 充滿無邊佛刹微塵數佛刹하며
亦見衆會 充滿無等佛刹微塵數佛刹하며
亦見衆會 充滿不可數佛刹微塵數佛刹하며
亦見衆會 充滿不可稱佛刹微塵數佛刹하며
亦見衆會 充滿不可思佛刹微塵數佛刹하며
亦見衆會 充滿不可量佛刹微塵數佛刹하며

亦見衆會 充滿不可說佛刹微塵數佛刹하며
亦見衆會 充滿不可說不可說佛刹微塵數佛刹하며
亦見諸佛이 **於彼衆會道場中**에 **示現種種相**과 **種種時**와 **種種國土**와 **種種變化**와 **種種神通**과 **種種莊嚴**과 **種種自在**와 **種種形量**과 **種種事業**하니라

　　대중법회의 청정함, 대중법회의 광대함, 대중법회의 한 모양, 대중법회의 여러 모양, 대중법회의 처소, 대중법회의 거처, 대중법회의 성숙함, 대중법회의 조복, 대중법회의 위엄과 공덕, 이와 같은 일체를 모두 분명히 보았으며,

　　또한 대중법회의 그 양의 크기가 염부제 같음을 보았고,

　　또한 대중법회가 사천하와 같음을 보았으며,

　　또한 대중법회가 소천세계와 같음을 보았고,

　　또한 대중법회가 중천세계와 같음을 보았으며,

　　또한 대중법회가 삼천대천세계와 같음을 보았고,

　　또한 대중법회가 백천억 나유타 부처님 세계에 가득함을 보았으며,

　　또한 대중법회가 아승기 부처님 세계에 가득함을 보았고,

　　또한 대중법회가 1백 세계 티끌 수처럼 수많은 부처님 세계에 가득함을 보았으며,

　　또한 대중법회가 1천 세계 티끌 수처럼 수많은 부처님 세계에 가득함을 보았고,

　　또한 대중법회가 백천억 나유타 세계의 티끌 수처럼 수많은

부처님 세계에 가득함을 보았으며,

또한 대중법회가 수없는 세계의 티끌 수처럼 수많은 부처님 세계에 가득함을 보았고,

또한 대중법회가 한량없는 세계의 티끌 수처럼 수많은 부처님 세계에 가득함을 보았으며,

또한 대중법회가 그지없는 세계의 티끌 수처럼 수많은 부처님 세계에 가득함을 보았고,

또한 대중법회가 같을 이 없는 세계의 티끌 수처럼 수많은 부처님 세계에 가득함을 보았으며,

또한 대중법회가 셀 수 없는 세계의 티끌 수처럼 수많은 부처님 세계에 가득함을 보았고,

또한 대중법회가 일컬을 수 없는 세계의 티끌 수처럼 수많은 부처님 세계에 가득함을 보았으며,

또한 대중법회가 생각할 수 없는 세계의 티끌 수처럼 수많은 부처님 세계에 가득함을 보았고,

또한 대중법회가 헤아릴 수 없는 세계의 티끌 수처럼 수많은 부처님 세계에 가득함을 보았으며,

또한 대중법회가 말할 수 없는 세계의 티끌 수처럼 수많은 부처님 세계에 가득함을 보았고,

또한 대중법회가 말할 수 없이 말할 수 없는 세계의 티끌 수처럼 수많은 부처님 세계에 가득함을 보았으며,

또한 여러 부처님이 저 대중법회의 도량에서 나타내시는 가지

가지 모양, 가지가지 시간, 가지가지 국토, 가지가지 변화, 가지가지 신통, 가지가지 장엄, 가지가지 자재, 가지가지 형상, 가지가지 사업을 보았다.

● 疏 ●

亦三이니 初는 見衆會體相이오 次'亦見衆會'下는 明'見의 分量'이오 後'亦見諸佛於彼'下는 見佛作用이라

이 또한 3부분이다.
㉠ 대중법회의 자체 양상을 보았고,
㉡ '亦見衆會' 이하는 '보았던 부분의 분량'을 밝혔으며,
㉢ '亦見諸佛於彼' 이하는 부처님의 작용을 보았다.

二 明見自
② 자신이 행한 바를 봄을 밝히다

經

菩薩摩訶薩이 亦見自身이 往彼衆會하며
亦自見身이 在彼說法하며
亦自見身이 受持佛語하며
亦自見身이 善知緣起하며
亦自見身이 住在虛空하며

亦自見身이 住於法身하며

亦自見身이 不生染着하며

亦自見身이 不住分別하며

亦自見身이 無有疲倦하며

亦自見身이 普入諸智하며

亦自見身이 普知諸義하며

亦自見身이 普入諸地하며

亦自見身이 普入諸趣하며

亦自見身이 普知方便하며

亦自見身이 普住佛前하며

亦自見身이 普入諸力하며

亦自見身이 普入眞如하며

亦自見身이 普入無諍하며

亦自見身이 普入諸法이니라

　보살마하살이 또한 자신이 저 수많은 대중법회에 가는 것을 보았고,

　또한 스스로 자신이 저기에서 설법한 것을 보았으며,

　또한 스스로 자신이 부처님의 말씀을 받아 지님을 보았고,

　또한 스스로 자신이 연기(緣起)를 잘 아는 것을 보았으며,

　또한 스스로 자신이 허공에 머물러 있음을 보았고,

　또한 스스로 자신이 법신에 머물러 있음을 보았으며,

　또한 스스로 자신이 물드는 집착을 내지 않음을 보았고,

또한 스스로 자신이 분별심에 머물지 않음을 보았으며,
또한 스스로 자신이 고달파하지 않음을 보았고,
또한 스스로 자신이 모든 지혜에 들어감을 보았으며,
또한 스스로 자신이 모든 이치를 두루 앎을 보았고,
또한 스스로 자신이 모든 지위에 널리 들어감을 보았으며,
또한 스스로 자신이 여러 길에 두루 들어감을 보았고,
또한 스스로 자신이 방편을 널리 앎을 보았으며,
또한 스스로 자신이 부처님 앞에 널리 머묾을 보았고,
또한 스스로 자신이 여러 가지 힘에 널리 들어감을 보았으며,
또한 스스로 자신이 진여에 널리 들어감을 보았고,
또한 스스로 자신이 다툼이 없는 데 널리 들어감을 보았으며,
또한 스스로 자신이 모든 법에 널리 들어갔음을 보았다.

◉ 疏 ◉

可知니라

이는 설명하지 않아도 알 수 있다.

三 明能見

③ 볼 수 있는 주체를 밝히다

經

如是見時에 不分別國土하며 不分別衆生하며 不分別佛하며 不分別法하며 不執着身하며 不執着身業하며 不執着心하며 不執着意하며 譬如諸法이 不分別自性하며 不分別音聲호되 而自性不捨하며 名字不滅인달하야 菩薩摩訶薩도 亦復如是하야 不捨於行하고 隨世所作호되 而於此二에 無所執着이니라

이처럼 볼 적에는 국토를 분별하지 않고,

중생을 분별하지 않으며,

부처님을 분별하지 않고,

법을 분별하지 않으며,

몸에 집착하지도 않고,

몸으로 짓는 업에 집착하지도 않으며,

마음에 집착하지도 않고,

뜻에 집착하지도 않으며,

마치 모든 법이 제 성품을 분별하지도 않고, 음성을 분별하지도 않지만, 제 성품을 버리지도 않고, 이름이 사라지지 않는 것처럼 보살마하살 또한 그와 같다. 행을 버리지도 않고, 세상을 따라 하면서도 이 두 가지에 집착한 바 없다.

● 疏 ●

有法喩合이니

法中에 明無分別而見이오
喩中에 明能所詮이 不自云我是能所詮이나 而不捨能所詮하야 以喩無分別故而知也오
合中에 先合不捨하고 後'而於'下는 合不分別이라

  법과 비유와 종합이 있다.
  法中엔 無分別로 봄을 밝혔고,
  법으로 말한 부분에서 말의 주체와 말할 대상[能所詮]이 스스로 내가 말의 주체와 말할 대상이라 말하지 않지만, 말의 주체와 말할 대상을 버리지 않음을 밝혀서, 분별하는 마음이 없기 때문에 앎을 얻게 됨을 비유하였다.
  종합 부분의 앞은 '버리지도 않음[不捨]'을 종합하였고, 뒤의 '而於' 이하는 '분별하지도 않음[不分別]'을 종합하였다.

二 廣上莊嚴中 二니 先以法說이오 後以喩顯이라 前中 二니 先은 標章門이라

  (ㄴ) 거룩한 장엄을 자세히 말한 부분은 다시 2단락으로 나뉜다.
  ① 법으로 말하였고,
  ② 비유로 밝혔다.
  ① 법으로 말한 부분은 다시 2단락으로 나뉜다.
  앞은 표장 부분이다.

經

佛子여 **菩薩摩訶薩**이 **見佛無量光色**과 **無量形相**과 **圓滿成就**와 **平等淸淨**호되 **一一現前**하야 **分明證了**하며

불자여, 보살마하살이 부처님의 한량없는 광명과 빛깔, 한량없는 형상, 원만한 성취, 평등하고 청정함을 보았는데, 하나하나 앞에 나타나 분명하게 증득하였다.

⦿ 疏 ⦿

畧擧四種莊嚴을 皆分明證了니라

4가지 장엄을 모두 분명히 증득하여 앞에 대해서 간단하게 들어 말하였다.

一

後는 依章別釋이니 卽分爲四라
一은 釋無量光色이라

뒤는 표장에 따라 개별로 해석하였다.
이는 4부분으로 나뉜다.
㉠ 부처님의 한량없는 광명과 빛깔을 해석하였다.

經

或見佛身의 種種光明하며
或見佛身의 圓光一尋하며

或見佛身이 如盛日色하며
或見佛身의 微妙光色하며
或見佛身이 作淸淨色하며
或見佛身이 作黃金色하며
或見佛身이 作金剛色하며
或見佛身이 作紺靑色하며
或見佛身이 作無邊色하며
或見佛身이 作大靑摩尼寶色하며

    어떤 보살은 부처님 몸의 가지가지 광명을 보았고,
    어떤 보살은 부처님 몸의 둥근 광명이 한 길이나 됨을 보았으며,
    어떤 보살은 부처님 몸이 빛나는 햇빛 같음을 보았고,
    어떤 보살은 부처님 몸의 미묘한 빛을 보았으며,
    어떤 보살은 부처님 몸이 청정한 빛임을 보았고,
    어떤 보살은 부처님 몸이 황금빛임을 보았으며,
    어떤 보살은 부처님 몸이 금강빛임을 보았고,
    어떤 보살은 부처님 몸이 감청빛임을 보았으며,
    어떤 보살은 부처님 몸이 그지없는 빛임을 보았고,
    어떤 보살은 부처님 몸이 푸른 큰 마니 보배의 빛임을 보았다.

二. 釋無量形相
    ㉡ 한량없는 형상을 해석하다

或見佛身이 其量七肘하며

或見佛身이 其量八肘하며

或見佛身이 其量九肘하며

或見佛身이 其量十肘하며

或見佛身이 二十肘量하며

或見佛身의 三十肘量과 如是乃至一百肘量과 一千肘量하며

或見佛身의 一俱盧舍量하며

或見佛身의 半由旬量하며

或見佛身의 一由旬量하며

或見佛身의 十由旬量하며

或見佛身의 百由旬量하며

或見佛身의 千由旬量하며

或見佛身의 百千由旬量하며

或見佛身의 閻浮提量하며

或見佛身의 四天下量하며

或見佛身의 小千界量하며

或見佛身의 中千界量하며

或見佛身의 大千界量하며

或見佛身의 百大千世界量하며

或見佛身의 千大千世界量하며

或見佛身의 百千大千世界量하며
或見佛身의 百千億那由他大千世界量하며
或見佛身의 無數大千世界量하며
或見佛身의 無量大千世界量하며
或見佛身의 無邊大千世界量하며
或見佛身의 無等大千世界量하며
或見佛身의 不可數大千世界量하며
或見佛身의 不可稱大千世界量하며
或見佛身의 不可思大千世界量하며
或見佛身의 不可量大千世界量하며
或見佛身의 不可說大千世界量하며
或見佛身의 不可說不可說大千世界量하나니

어떤 보살은 부처님 키를 7주(肘) 크기로 보았고,
어떤 보살은 부처님 키를 8주 크기로 보았으며,
어떤 보살은 부처님 키를 9주 크기로 보았고,
어떤 보살은 부처님 키를 10주 크기로 보았으며,
어떤 보살은 부처님 키를 20주 크기로 보았고,
어떤 보살은 부처님 키를 30주 크기, 내지 1백 주, 1천 주 크기로 보았으며,
어떤 보살은 부처님 몸을 한 구로사(俱盧舍) 크기로 보았고,
어떤 보살은 부처님 몸을 반 유순 크기로 보았으며,
어떤 보살은 부처님 몸을 한 유순 크기로 보았고,

어떤 보살은 부처님 몸을 열 유순 크기로 보았으며,

어떤 보살은 부처님 몸을 백 유순 크기로 보았고,

어떤 보살은 부처님 몸을 천 유순 크기로 보았으며,

어떤 보살은 부처님 몸을 백천 유순 크기로 보았고,

어떤 보살은 부처님 몸을 염부제 크기로 보았으며,

어떤 보살은 부처님 몸을 사천하 크기로 보았고,

어떤 보살은 부처님 몸을 소천세계 크기로 보았으며,

어떤 보살은 부처님 몸을 중천세계 크기로 보았고,

어떤 보살은 부처님 몸을 대천세계 크기로 보았으며,

어떤 보살은 부처님 몸을 백 대천세계 크기로 보았고,

어떤 보살은 부처님 몸을 천 대천세계 크기로 보았으며,

어떤 보살은 부처님 몸을 백천 대천세계 크기로 보았고,

어떤 보살은 부처님 몸을 백천억 나유타 대천세계 크기로 보았으며,

어떤 보살은 부처님 몸을 수없는 대천세계 크기로 보았고,

어떤 보살은 부처님 몸을 한량없는 대천세계 크기로 보았으며,

어떤 보살은 부처님 몸을 그지없는 대천세계 크기로 보았고,

어떤 보살은 부처님 몸을 같을 이 없는 대천세계 크기로 보았으며,

어떤 보살은 부처님 몸을 셀 수 없는 대천세계 크기로 보았고,

어떤 보살은 부처님 몸을 일컬을 수 없는 대천세계 크기로 보았으며,

어떤 보살은 부처님 몸을 생각할 수 없는 대천세계 크기로 보았고,

어떤 보살은 부처님 몸을 헤아릴 수 없는 대천세계 크기로 보았으며,

어떤 보살은 부처님 몸을 말할 수 없는 대천세계 크기로 보았고,

어떤 보살은 부처님 몸을 말할 수 없이 말할 수 없는 대천세계 크기로 보았다.

三 釋上圓滿成就
顯前二圓滿故니라

ⓒ 원만한 성취를 해석하다

앞서 말한 2가지가 원만함을 나타내기 때문이다.

經

佛子여 菩薩이 如是見諸如來의 無量色相과 無量形狀과 無量示現과 無量光明과 無量光明網에 其光分量이 等於法界하야 於法界中에 無所不照하야 普令發起無上智慧하며

불자여, 보살이 이처럼 모든 여래의 한량없는 빛깔, 한량없는 형상, 한량없이 나타냄, 한량없는 광명, 한량없는 광명 그물을 볼 적에, 그 광명의 분량이 법계와 같아서 법계에 비치지 않는 데가

없어, 일체중생으로 하여금 위가 없는 지혜를 널리 일으키도록 하였으며,

四 釋上平等淸淨
卽兼內二嚴이라

㉣ 평등과 청정을 해석하다
이는 내면의 지혜장엄과 공덕장엄을 겸하였다.

經
又見佛身이 **無有染着**하고 **無有障礙**하야 **上妙淸淨**이니라
또한 부처님의 몸은 물듦이 없고, 장애가 없어 가장 미묘하고 청정함을 보았다.

二 以喻顯
② 비유로 밝히다

經
佛子여 **菩薩**이 **如是見於佛身**호되 **而如來身**은 **不增不減**이니 **譬如虛空**이 **於蠱所食芥子孔中**에도 **亦不減小**며 **於無數世界中**에도 **亦不增廣**인달하야 **其諸佛身**도 **亦復如**

是하야 見大之時에도 亦無所增이며 見小之時에도 亦無所減이니라

佛子여 譬如月輪을 閻浮提人이 見其形小호되 而亦不減이며 月中住者 見其形大호되 而亦不增인달하야 菩薩摩訶薩도 亦復如是하야 住此三昧에 隨其心樂하야 見諸佛身의 種種化相하며 言辭演法을 受持不忘호되 而如來身은 不增不減이니라

佛子여 譬如衆生이 命終之後 將受生時에 不離於心의 所見淸淨인달하야 菩薩摩訶薩도 亦復如是하야 不離於此甚深三昧의 所見淸淨이니라

　불자여, 보살이 이처럼 부처님의 몸을 보지만 여래의 몸은 더 커지지도 않고 작아지지도 않는다. 마치 허공이 벌레 먹은 개자의 구멍에서도 작아지지 않고, 수없는 세계에서도 커지지 않듯이, 그 모든 부처님 몸 또한 그와 같다. 크게 볼 적에도 커지는 바 없고, 작게 볼 적에도 작아지는 바 없다.

　불자여, 마치 허공의 달을 염부제 사람들이 그 모습을 작게 보아도 또한 작아지지 않고, 달 가운데 있는 이들이 그 모습을 크게 본다고 해서 또한 더 커지지 않는 것처럼, 보살마하살 또한 그와 같다. 이런 삼매에 머물면 그 마음의 좋아하는 바를 따라서 모든 부처님의 몸이 가지가지로 변화하는 모양을 보고, 법문을 연설하는 말씀을 듣고서 잊지 않고 지니지만, 여래의 몸은 결코 커지지도 않고 작아지지도 않는다.

불자여, 마치 중생이 목숨을 다한 후, 장차 태어나려 할 적에 마음을 여의지 않고 보는 바가 청정한 것처럼, 보살마하살 또한 그와 같다. 이 깊고 깊은 삼매를 여의지 않고 보는 바가 청정하다.

◉ 疏 ◉

喩顯中 三이니
一은 空無增減喩니 喩法性身 無可增減이라 空之大小는 在於世界와 及於芥子오 非空體然이니 如法性之身이 應器成異니라
二는 月無增減喩니 喩眞常色身 體不易故로 證有近遠하야 隨心見殊니 前喩는 但喩佛身이오 此喩는 兼喩光色과 及圓滿成就니라
三은 隨心現境喩니 喩上淸淨이니 菩薩心淨이면 則見佛淨이어니와 在於如來에 何淨何垢리오

비유로써 나타낸 부분은 3단락으로 나뉜다.

㉠ 허공은 더하거나 줄어듦이 없다는 비유이다. 법성의 몸은 더하거나 줄어듦이 없음을 비유하였다. 허공의 크고 작은 것은 세계 및 개자에 있고, 허공의 본체가 그러한 게 아니다. 법성의 몸이 근기에 따라 차이를 이루는 것과 같다.

㉡ 달은 더하거나 줄어듦이 없다는 비유이다. 眞常의 색신은 그 본체가 변하지 않은 까닭에 증득의 원근이 마음을 따라 달리 보인다는 비유이다. 앞의 비유는 부처님의 몸만을 비유하였고, 이 비유는 겸하여 光色 및 원만성취를 비유하였다.

㉢ 마음을 따라 경계가 나타난다는 비유이다. 이는 위에서 말

한 청정을 비유하였다. 보살의 마음이 청정하면 부처님의 청정을 볼 수 있지만, 여래의 자리에 있어서는 그 무엇이 청정이며, 그 무엇이 더러운 때이겠는가.

第二明定利益
畧擧七種益이니 各有佛子하야 以爲揀別이라
第一은 速成行願益이라

2. 선정의 이익을 밝히다

7가지의 이익을 간추려 말하였다. 이는 각각 서두에 '佛子'를 들어 선정의 이익을 구별하였다.

(1) 행과 서원을 속히 이루는 이익이다.

經

佛子여 菩薩摩訶薩이 住此三昧에 成就十種速疾法하나니
何者 爲十고
所謂速增諸行하야 圓滿大願하며
速以法光으로 照耀世間하며
速以方便으로 轉於法輪하야 度脫衆生하며
速隨衆生業하야 示現諸佛淸淨國土하며
速以平等智로 趣入十力하며
速與一切如來로 同住하며

速以大慈力으로 摧破魔軍하며
速斷衆生疑하야 令生歡喜하며
速隨勝解하야 示現神變하며
速以種種妙法言辭로 淨諸世間이니라

불자여, 보살마하살이 이런 삼매에 머물 적에 열 가지 빠른 법을 성취하는 것이다.

무엇이 열 가지 빠른 법인가?

이른바 모든 행을 빨리 더하여 큰 서원을 원만하게 이루고,

빠르게 법의 광명으로 세간을 비춰주며,

빠르게 방편으로 법륜을 굴리어 중생을 제도하고,

빠르게 중생의 업을 따라 부처님의 청정한 국토를 보여주며,

빠르게 평등한 지혜로 부처님의 열 가지 힘을 향해 나아가고,

빠르게 모든 여래와 함께 머물며,

빠르게 대자비의 힘으로 마군을 깨뜨리고,

빠르게 중생의 의심을 끊어 기쁨을 내게 하며,

빠르게 수승한 이해를 따라 신통변화를 나타내고,

빠르게 가지가지 미묘한 법과 말로써 모든 세상을 청정하게 이뤄주는 것이다.

● 疏 ●

有標·徵·釋이니 可知니라

표장과 물음과 해석이다. 이는 설명하지 않아도 알 수 있다.

第二, 法印同佛益

(2) 법인이 부처님과 같은 이익

經

佛子여 此菩薩摩訶薩이 復得十種法印하야 印一切法하나니

何等이 爲十고

一者는 同去來今一切諸佛平等善根이오

二者는 同諸如來得無邊際智慧法身이오

三者는 同諸如來住不二法이오

四者는 同諸如來觀察三世無量境界 皆悉平等이오

五者는 同諸如來得了達法界無礙境界오

六者는 同諸如來成就十力하야 所行無礙오

七者는 同諸如來永絶二行하야 住無諍法이오

八者는 同諸如來教化衆生하야 恒不止息이오

九者는 同諸如來於智善巧義善巧中에 能善觀察이오

十者는 同諸如來與一切佛로 平等無二니라

　　불자여, 보살마하살이 다시 열 가지 법인(法印)을 얻어 일체 법을 인증한다.

　　무엇이 열 가지 법인인가?

　　첫째는 과거·미래·현재의 일체 모든 부처님과 선근이 평등

하고,

　　둘째는 모든 여래와 똑같이 그지없는 지혜의 법신을 얻으며,

　　셋째는 모든 여래와 똑같이 둘이 아닌 법에 머물고,

　　넷째는 모든 여래와 똑같이 삼세의 한량없는 경계가 모두 평등함을 관찰하고,

　　다섯째는 모든 여래와 똑같이 법계의 걸림 없는 경계를 통달하며,

　　여섯째는 모든 여래와 똑같이 열 가지 힘을 성취하여 행하는 바에 걸림이 없고,

　　일곱째는 모든 여래와 똑같이 견행(見行)과 애행(愛行)을 아주 끊고서 다툼이 없는 법에 머물며,

　　여덟째는 모든 여래와 똑같이 중생을 교화하여 항상 멈추지 않고,

　　아홉째는 모든 여래와 똑같이 뛰어난 지혜와 훌륭한 이치를 잘 관찰하며,

　　열째는 모든 여래와 똑같이 일체 부처님과 평등하여 둘이 없다.

● 疏 ●

有十句五對니 初二는 福慧同이오 次二는 二諦境智同이오 次二는 體用同이오 次二는 二利同이오 後二는 善巧平等同이라

　　10구에 5대구이다.

　　제1 대구는 복덕과 지혜가 똑같고,

제2 대구는 眞諦와 俗諦의 경계와 지혜가 똑같으며,

제3 대구는 본체와 작용이 똑같고,

제4 대구는 자리와 이타행이 똑같으며,

제5 대구는 善巧와 평등이 똑같다.

第三 以德成人益

(3) 공덕으로 사람을 이뤄주는 이익

經

佛子여 若菩薩摩訶薩이 成就此了知一切世界佛莊嚴大三昧善巧方便門하면

是無師者니 不由他教하고 自入一切佛法故며

是丈夫者니 能開悟一切眾生故며

是淸淨者니 知心性本淨故며

是第一者니 能度脫一切世間故며

是安慰者니 能開曉一切眾生故며

是安住者니 未住佛種性者로 令得住故며

是眞實知者니 入一切智門故며

是無異想者니 所言無二故며

是住法藏者니 誓願了知一切佛法故며

是能雨法雨者니 隨眾生心樂하야 悉令充足故니라

불자여, 만일 보살마하살이 이처럼 일체 세계의 부처님 장엄을 아는 큰 삼매의 뛰어난 방편 법문을 성취하면, 이는 스승 없이 깨달은 자이다. 남의 가르침을 받지 않고 스스로 일체 불법에 들어갔기 때문이다.

이는 대장부이다. 일체중생을 깨우쳐 주기 때문이다.

이는 청정한 자이다. 마음의 성품이 본래 청정함을 알기 때문이다.

이는 으뜸가는 자이다. 일체 세간을 제도하기 때문이다.

이는 편안하게 위로하는 자이다. 일체중생을 깨우쳐 주기 때문이다.

이는 안주한 자이다. 부처님 종성에 머물지 못한 이들을 머물게 해주기 때문이다.

이는 진실하게 아는 자이다. 일체 지혜의 법문에 들어갔기 때문이다.

이는 다른 생각이 없는 자이다. 말하는 바가 둘이 없기 때문이다.

이는 법장에 머무른 자이다. 일체 불법을 알기를 맹세코 원하기 때문이다.

이는 법비를 내리는 자이다. 중생의 좋아하는 마음을 따라 모두 만족을 주기 때문이다.

⦿ **疏** ⦿

可知니라

이는 설명하지 않아도 알 수 있다.

第四 智德包含益
(4) 지혜와 공덕을 포함한 이익

經

佛子여 **譬如帝釋**이 **於頂髻中**에 **置摩尼寶**하면 **以寶力故**로 **威光轉盛**이라 **其釋天王**이 **初獲此寶**에 **則得十法**하야 **出過一切三十三天**하나니

何等이 **爲十**고 **一者**는 **色相**이오 **二者**는 **形體**오 **三者**는 **示現**이오 **四者**는 **眷屬**이오 **五者**는 **資具**오 **六者**는 **音聲**이오 **七者**는 **神通**이오 **八者**는 **自在**오 **九者**는 **慧解**오 **十者**는 **智用**이라

如是十種이 **悉過一切三十三天**인달하야 **菩薩摩訶薩**도 **亦復如是**하야 **初始獲得此三昧時**에 **則得十種廣大智藏**하나니

何等이 **爲十**고
一者는 **照耀一切佛刹智**오
二者는 **知一切衆生受生智**오
三者는 **普作三世變化智**오
四者는 **普入一切佛身智**오

五者는 通達一切佛法智오

六者는 普攝一切淨法智오

七者는 普令一切衆生으로 入法身智오

八者는 現見一切法普眼淸淨智오

九者는 一切自在하야 到於彼岸智오

十者는 安住一切廣大法하야 普盡無餘智니라

불자여, 마치 제석천왕이 정수리 상투에 마니 보배를 꽂으면 보배의 힘으로 위엄의 광명이 더욱 치성하게 된다. 제석천왕이 처음 이 보배를 얻으면 열 가지 법을 얻어 삼십삼천보다 뛰어나게 된다.

무엇이 열 가지 법인가?

첫째는 몸매이고,

둘째는 형체이며,

셋째는 나타남이고,

넷째는 권속이며,

다섯째는 살림살이 도구이고,

여섯째는 음성이며,

일곱째는 신통이고,

여덟째는 자재함이며,

아홉째는 지혜의 이해이고,

열째는 지혜의 작용이다.

이러한 열 가지 법이 삼십삼천보다 뛰어난 것처럼, 보살마하살 또한 그와 같다. 이런 삼매를 처음 얻었을 때에 곧 열 가지 광대한 지혜 갈무리를 얻는다.

무엇이 열 가지 광대한 지혜 갈무리인가?

첫째는 일체 부처님 세계를 비추는 지혜이고,

둘째는 일체중생의 태어남을 아는 지혜이며,

셋째는 삼세 변화를 두루 짓는 지혜이고,

넷째는 일체 부처님 몸에 널리 들어가는 지혜이며,

다섯째는 일체 불법을 통달하는 지혜이고,

여섯째는 일체 청정한 법을 널리 받아들이는 지혜이며,

일곱째는 일체중생을 법신에 들어가게 하는 지혜이고,

여덟째는 일체 법을 바로 보는 드넓은 눈의 청정한 지혜이며,

아홉째는 모든 일에 자재하여 피안에 이르는 지혜이고,

열째는 일체 광대한 법에 안주하여 모두 다하여 남음이 없는 지혜이다.

● 疏 ●

於中二니 先喩 後合이라 各有十句하니 合中에 總標니 合初獲卽得이라 十句는 合前十事로되 唯八九는 不次니 以智雖是一이나 從所知別故니라 一 佛刹은 合色相이오 二 衆生은 合形體오 三 變化는 合示現이오 四 入佛은 合眷屬이니 以互爲主伴이 如眷屬故오 五 通達佛法은 爲助道資具오 六 普攝淨法은 則圓音示人이오 七 皆令入法은 方是神通이오 八은 普眼淸淨은 超合慧解오 九 自在는 却合自在오 十 住法은 合智用이라

이의 경문은 2부분이다. 앞은 비유이고 뒤는 종합이다. 각각 10구이다.

종합 부분에 총괄하여 표장함이니, '처음 얻었을 때에 곧 얻음'을 종합한 것이다.

10구는 앞의 10가지 일을 종합하였지만, 오직 제8, 9구는 차례가 맞지 않다. 지혜는 비록 하나이지만 아는 대상을 따라 각기 달리 구별한 까닭이다.

제1구의 佛刹은 색상에 종합하고,

제2구의 중생은 형체에 종합하며,

제3구의 변화는 示現에 종합하고,

제4구의 부처에 들어감은 권속에 종합한다. 서로 主伴이 됨이 권속과 같기 때문이며,

제5구의 불법의 통달이 도의 보조 도구가 되고,

제6구의 널리 청정한 법을 받아들임이 곧 원만한 음성으로 사람들에게 보여줌이며,

제7구의 모두 법에 들어가도록 함이 바야흐로 신통이고.

제8구의 보안의 청정은 지혜의 이해에 건너뛰어 종합하며,

제9구의 자재는 자재에 뒤로 종합하고,

제10구의 법에 안주함은 지혜의 작용에 종합한다.

第五. 身威超勝益

(5) 몸의 위엄이 뛰어난 이익

經

佛子여 菩薩摩訶薩이 住此三昧에 復得十種最淸淨威德身하나니

何等이 爲十고

一者는 爲照耀不可說不可說世界故로 放不可說不可說光明輪이오

二者는 爲令世界로 咸淸淨故로 放不可說不可說無量色相光明輪이오

三者는 爲調伏衆生故로 放不可說不可說光明輪이오

四者는 爲親近一切諸佛故로 化作不可說不可說身이오

五者는 爲承事供養一切諸佛故로 雨不可說不可說種種殊妙香華雲이오

六者는 爲承事供養一切佛하며 及調伏一切衆生故로 於一一毛孔中에 化作不可說不可說種種音樂이오

七者는 爲成熟衆生故로 現不可說不可說種種無量自在神變이오

八者는 爲於十方種種名號一切佛所에 請問法故로 一步超過不可說不可說世界오

九者는 爲令一切衆生見聞之者로 皆不空故로 現不可說不可說種種無量淸淨色相身無能見頂이오

十者는 爲與衆生으로 開示無量秘密法故로 發不可說不可說音聲語言이니라

불자여, 보살마하살이 이런 삼매에 머물 적에 또한 열 가지 가장 청정하고 위덕 있는 몸을 얻는다.

무엇이 열 가지 가장 청정하고 위덕 있는 몸인가?

첫째는 말할 수 없이 말할 수 없는 세계를 비추기 위하여, 말할 수 없이 말할 수 없는 광명 바퀴를 쏟아내고,

둘째는 세계를 모두 청정하게 하기 위하여, 말할 수 없이 말할 수 없는 한량없는 빛깔 광명 바퀴를 쏟아내며,

셋째는 중생을 조복하기 위하여, 말할 수 없이 말할 수 없는 광명 바퀴를 쏟아내고,

넷째는 일체 부처님을 친근하기 위하여, 말할 수 없이 말할 수 없는 몸을 변하여 나타내며,

다섯째는 일체 부처님을 받들고 공양하기 위하여, 말할 수 없이 말할 수 없는 가지가지 미묘한 향과 꽃구름을 내리고,

여섯째는 일체 부처님을 섬기고 공양하며, 일체중생을 조복하기 위하여, 하나하나의 모공에 말할 수 없이 말할 수 없는 가지가지 음악을 변화하여 울려 내며,

일곱째는 중생을 성숙시켜 주기 위하여, 말할 수 없이 말할 수 없는 가지가지 한량없는 자유자재한 신통과 변화를 나타내고,

여덟째는 시방의 가지가지 명호를 지닌 일체 부처님의 도량에서 법을 묻기 위하여, 한 걸음에 말할 수 없이 말할 수 없는 세계를

뛰어넘으며,

　아홉째는 보고 듣는 일체중생으로 하여금 모두 헛되지 않게 하기 위하여, 말할 수 없이 말할 수 없는 가지가지 한량없는 청정한 몸매를 가지고 정수리를 볼 수 없는 몸을 나타내고,

　열째는 중생에게 한량없는 비밀한 법을 보여주기 위하여, 말할 수 없이 말할 수 없는 음성과 말을 하는 것이다.

◉ 疏 ◉

有標有釋이니 可知니라

　표장과 해석이다. 이는 설명하지 않아도 알 수 있다.

第六 令他圓滿益

　⑹ 남들을 원만하게 이뤄주는 이익

經

佛子여 菩薩摩訶薩이 得此十種最淸淨威德身已에 能令衆生으로 得十種圓滿하나니

何等이 爲十고

一者는 能令衆生으로 得見於佛이오

二者는 能令衆生으로 深信於佛이오

三者는 能令衆生으로 聽聞於法이오

四者는 **能令衆生**으로 **知有佛世界**오

五者는 **能令衆生**으로 **見佛神變**이오

六者는 **能令衆生**으로 **念所集業**이오

七者는 **能令衆生**으로 **定心圓滿**이오

八者는 **能令衆生**으로 **入佛淸淨**이오

九者는 **能令衆生**으로 **發菩提心**이오

十者는 **能令衆生**으로 **圓滿佛智**니라

불자여, 보살마하살이 열 가지 청정하고 위덕 있는 몸을 얻은 후에는 중생으로 하여금 열 가지 원만함을 얻도록 한다.

무엇이 열 가지 원만함인가?

첫째는 중생으로 하여금 부처님을 보게 하고,

둘째는 중생으로 하여금 부처님을 믿게 하며,

셋째는 중생으로 하여금 법을 듣게 하고,

넷째는 중생으로 하여금 부처님 세계가 있음을 알게 하며,

다섯째는 중생으로 하여금 부처님의 신통과 변화를 보게 하고,

여섯째는 중생으로 하여금 쌓아가는 업을 생각하게 하며,

일곱째는 중생으로 하여금 선정의 마음이 원만하게 하고,

여덟째는 중생으로 하여금 부처님의 청정한 데 들게 하며,

아홉째는 중생으로 하여금 보리심을 내게 하고,

열째는 중생으로 하여금 부처님의 지혜를 원만하게 얻도록 한다.

● 疏 ●

先은 牒前起後오 後는 徵列名相이라

앞부분은 앞 문장을 이어서 뒤 문장을 일으켰고, 뒷부분은 명제와 형상을 묻고 나열하였다.

第七 轉作佛事益

(7) 더욱 불사를 일으키는 이익

經

佛子여 菩薩摩訶薩이 令衆生으로 得十種圓滿已에 復爲衆生하야 作十種佛事하나니
何等이 爲十고
所謂以音聲으로 作佛事니 爲成熟衆生故며
以色形으로 作佛事니 爲調伏衆生故며
以憶念으로 作佛事니 爲淸淨衆生故며
以震動世界로 作佛事니 爲令衆生으로 離惡趣故며
以方便覺悟로 作佛事니 爲令衆生으로 不失念故며
以夢中現相으로 作佛事니 爲令衆生으로 恒正念故며
以放大光明으로 作佛事니 爲普攝取諸衆生故며
以修菩薩行으로 作佛事니 爲令衆生으로 住勝願故며
以成正等覺으로 作佛事니 爲令衆生으로 知幻法故며

以轉妙法輪으로 作佛事니 爲衆說法에 不失時故며
以現住壽命으로 作佛事니 爲調伏一切衆生故며
以示般涅槃으로 作佛事니 知諸衆生의 起疲厭故니라
佛子여 是爲菩薩摩訶薩의 第七了知一切世界佛莊嚴
大三昧善巧智니라

불자여, 보살마하살이 중생으로 하여금 열 가지 원만함을 얻은 후에는 다시 중생을 위하여 열 가지 불사를 한다.

무엇이 열 가지 불사인가?

음성으로 불사를 하니 중생을 성숙시키고자 함이며,

형상으로 불사를 하니 중생을 조복하고자 함이며,

기억으로 불사를 하니 중생을 청정하게 함이며,

세계를 진동함으로 불사를 하니 중생으로 하여금 삼악도에서 벗어나게 함이며,

방편과 깨닫게 함으로 불사를 하니 중생으로 하여금 생각을 잊지 않게 함이며,

꿈속에 모습을 보여줌으로 불사를 하니 중생으로 하여금 항상 바른 생각을 하게 함이며,

큰 광명을 놓음으로 불사를 하니 여러 중생을 널리 거두어 주고자 함이며,

보살행을 닦음으로 불사를 하니 중생으로 하여금 훌륭한 서원에 머물게 함이며,

바른 깨달음의 성취로 불사를 하니 중생으로 하여금 요술 같

은 법임을 알게 함이며,

미묘한 법륜을 굴림으로 불사를 하니 대중을 위해 설법할 적에 시기를 놓치지 않게 함이며,

오래 삶으로 불사를 하니 일체중생을 조복하고자 함이며,

열반에 듦을 보임으로 불사를 하니 모든 중생이 고달피하고 싫어함을 알기 때문이다.

불자여, 이를 보살마하살의 제7. 일체 세계의 부처님 장엄을 아는 큰 삼매의 훌륭한 지혜라고 말한다."

⊙ 疏 ⊙

亦先은 牒前起後요 後는 徵名相 及結名이니 文竝可知니라

이 또한 앞부분은 앞 문장을 이어서 뒤 문장을 일으켰고,

뒷부분은 명제와 형상을 묻고 나열하였다.

경문은 모두 설명하지 않아도 알 수 있다.

⊙ 論 ⊙

第七은 了知一切世界佛莊嚴三昧者는 明此菩薩이 能徧入十方一切世界하야 見一切諸佛의 所有敎化莊嚴하고 悉能見盡과 及承事供養과 及所聞法으로 普入諸趣等을 總盡故로 因立名也니 於中文義는 經自具明하니라

제7. 일체 세계의 부처님 장엄을 아는 삼매란 이 보살이 시방 일체 세계에 두루 들어가서 일체 모든 부처님이 지닌 교화의 장엄

을 모두 남김없이 보는 것, 받들어 섬겨 공양하는 것, 들은 바의 법으로 널리 모든 길에 들어가는 등을 총체적으로 다한 까닭에, 이로 인해서 그 명칭을 세우게 되었음을 밝힌 것이다. 그 가운데 문장의 뜻은 경문에서 스스로 밝히고 있다.

십정품 제27-1 十定品 第二十七之一

화엄경소론찬요 제74권 華嚴經疏論纂要 卷第七十四

화엄경소론찬요 제75권
華嚴經疏論纂要 卷第七十五

●

십정품 제27-2
十定品 第二十七之二

第八 一切衆生差別身三昧

釋中 分五니 一은 明能入智요 二는 顯入出之相이요 三은 明入定之
益이요 四는 明境界自在요 五는 總結究竟이라 今은 初라

제8. 일체중생의 각기 다른 몸의 삼매

해석 부분은 5단락으로 나뉜다.

1. 삼매에 들 수 있는 주체의 지혜를 밝혔고,

2. 삼매에 들어가고 나오는 모습을 밝혔으며,

3. 선정에 든 이익을 밝혔고,

4. 모든 경계에 자재함을 밝혔으며,

5. 究竟의 도리를 총체로 끝맺었다.

이는 '1. 삼매에 들 수 있는 주체의 지혜'를 밝힌 부분이다.

經

佛子여 云何爲菩薩摩訶薩의 一切衆生差別身三昧오
佛子여 菩薩摩訶薩이 住此三昧에 得十種無所着하나니
何者 爲十고
所謂於一切刹에 無所着하며
於一切方에 無所着하며
於一切劫에 無所着하며
於一切衆에 無所着하며
於一切法에 無所着하며

229

於一切菩薩에 無所着하며
於一切菩薩願에 無所着하며
於一切三昧에 無所着하며
於一切佛에 無所着하며
於一切地에 無所着이니 是爲十이니라

"불자여, 어떤 것을 보살마하살의 일체중생의 각기 다른 몸의 삼매라 하는가?

불자여, 보살마하살이 이런 삼매에 머물 적에 열 가지 집착이 없는 바를 얻는다.

무엇이 열 가지 집착이 없는 것인가?

이른바 일체 세계에 집착한 바 없고,

일체 방위에 집착한 바 없으며,

일체 겁에 집착한 바 없고,

일체중생에 집착한 바 없으며,

일체 법에 집착한 바 없고,

일체 보살에 집착한 바 없으며,

일체 보살의 서원에 집착한 바 없고,

일체 삼매에 집착한 바 없으며,

일체 부처님께 집착한 바 없고,

일체 지위에 집착한 바 없다.

이를 열 가지 집착이 없는 것이라 한다.

● 疏 ●

由得十種無著하야 成後出入自在라 一切地者는 佛地菩薩地等이라

　　10가지 집착이 없음을 연유하여 뒤의 출입이 자재함을 이루었다.

　　'一切地'란 부처님의 지위와 보살의 지위 등이다.

二 入出相

中 二니 先 徵起오 後 釋相이라 於中에 先法 後喩니라

　　2. 삼매에 들어가고 나오는 모습을 밝히다
　　이 부분은 2단락으로 나뉜다.
　　앞부분은 물음으로 시작하였고,
　　뒷부분은 선정에 들고 나는 모습을 해석하였다.
　　(1) 앞에서는 법으로,
　　(2) 뒤에서는 비유로 말하였다.

經

佛子여 菩薩摩訶薩이 於此三昧에 云何入이며 云何起오
佛子여 菩薩摩訶薩이 於此三昧에
內身入하야 外身起하며
外身入하야 內身起하며
同身入하야 異身起하며

異身入하야 同身起하며
人身入하야 夜叉身起하며
夜叉身入하야 龍身起하며
龍身入하야 阿修羅身起하며
阿修羅身入하야 天身起하며
天身入하야 梵王身起하며
梵王身入하야 欲界身起하나라

 불자여, 보살마하살이 이런 삼매에 어떻게 들어가고 어떻게 일어나는가?

 불자여, 보살마하살이 이런 삼매에
내면의 몸으로 들어가 바깥의 몸에서 일어나고,
바깥의 몸으로 들어가 내면의 몸에서 일어나며,
같은 몸으로 들어가 다른 몸에서 일어나고,
다른 몸으로 들어가 같은 몸에서 일어나며,
사람의 몸으로 들어가 야차의 몸에서 일어나고,
야차의 몸으로 들어가 용의 몸에서 일어나며,
용의 몸으로 들어가 아수라의 몸에서 일어나고,
아수라의 몸으로 들어가 하늘의 몸에서 일어나며,
하늘의 몸으로 들어가 범왕의 몸에서 일어나고,
범왕의 몸으로 들어가 욕계의 몸에서 일어난다.

◉ 疏 ◉

法中에 畧辨十類하야 以表無盡이니 一은 諸類 正報相對하야 明入出이라

(1) 법으로 말한 부분에서 10가지의 유를 간단하게 논변하여 그지없음을 밝혔다.

① 모든 유의 正報를 상대로 선정삼매에 들고 남을 밝혔다.

經

天中入하야 地獄起하며
地獄入하야 人間起하며
人間入하야 餘趣起하니라

　천상에서 들어가 지옥에서 일어나고,
　지옥에서 들어가 인간에서 일어나며,
　인간에서 들어가 다른 길에서 일어난다.

◉ 疏 ◉

二는 六趣依報로 明出入이라

② 6취의 의보로 삼매에 들고 남을 밝혔다.

經

千身入하야 一身起하며
一身入하야 千身起하며

那由他身入하야 **一身起**하며
一身入하야 **那由他身起**하나라

　　천 개의 몸으로 들어가 하나의 몸에서 일어나고,
　　하나의 몸으로 들어가 천 개의 몸에서 일어나며,
　　나유타 몸으로 들어가 하나의 몸에서 일어나고,
　　하나의 몸으로 들어가 나유타 몸에서 일어난다.

◉ 疏 ◉

三은 一多相對라
　　③ 하나와 많음을 상대로 말하였다.

經
閻浮提衆生衆中入하야 **西瞿陀尼衆生衆中起**하며
西瞿陀尼衆生衆中入하야 **北拘盧衆生衆中起**하며
北拘盧衆生衆中入하야 **東毘提訶衆生衆中起**하며
東毘提訶衆生衆中入하야 **三天下衆生衆中起**하며
三天下衆生衆中入하야 **四天下衆生衆中起**하며
四天下衆生衆中入하야 **一切海差別衆生衆中起**하며
一切海差別衆生衆中入하야 **一切海神衆中起**하나라

　　염부제[南贍部洲] 중생의 대중 속으로 들어가 서구타니[西牛賀
洲] 중생의 대중 속에서 일어나고,
　　서구타니 중생의 대중 속으로 들어가 북구로[北俱盧洲] 중생의

대중 속에서 일어나며,

　북구로 중생의 대중 속으로 들어가 동비제하[東勝神洲] 중생의 대중 속에서 일어나고,

　동비제하 중생의 대중 속으로 들어가 삼천하 중생의 대중 속에서 일어나며,

　삼천하 중생의 대중 속으로 들어가 사천하 중생의 대중 속에서 일어나고,

　사천하 중생의 대중 속으로 들어가 일체 바다 각기 다른 중생의 대중 속에서 일어나며,

　일체 바다 각기 다른 중생의 대중 속으로 들어가 일체 바다 신장의 대중 속에서 일어난다.

● 疏 ●

四는 四洲大海相對라
　④ 사대주와 큰 바다를 상대로 말하였다.

經

一切海神衆中入하야 一切海水大中起하며
一切海水大中入하야 一切海地大中起하며
一切海地大中入하야 一切海火大中起하며
一切海火大中入하야 一切海風大中起하며
一切海風大中入하야 一切四大種中起하며

一切四大種中入하야 無生法中起하며
無生法中入하야 妙高山中起하며
妙高山中入하야 七寶山中起하며
七寶山中入하야 一切地種種稼穡樹林黑山中起하며
一切地種種稼穡樹林黑山中入하야 一切妙香華寶莊嚴中起하니라

일체 바다 신장 가운데로 들어가 일체 바다 수대(水大) 가운데서 일어나고,

일체 바다 수대 가운데로 들어가 일체 바다 지대(地大) 가운데서 일어나며,

일체 바다 지대 가운데로 들어가 일체 바다 화대(火大) 가운데서 일어나고,

일체 바다 화대 가운데로 들어가 일체 바다 풍대(風大) 가운데서 일어나며,

일체 바다 풍대 가운데로 들어가 일체 사대종(四大種) 가운데서 일어나고,

일체 사대종 가운데로 들어가 무생법(無生法) 가운데서 일어나며,

무생법 가운데로 들어가 수미산 가운데서 일어나고,

수미산 가운데로 들어가 칠보산 가운데서 일어나며,

칠보산 가운데로 들어가 일체 땅에 가지가지로 가꾸는 나무와 숲과 흑산[一切地種種稼穡樹林黑山] 가운데서 일어나고,

일체 땅에 가지가지로 가꾸는 나무와 숲과 흑산 가운데로 들어가 일체 미묘한 향과 꽃과 보배로 장엄한 가운데서 일어난다.

◉ 疏 ◉

五는 大種事法相對라 其無生法은 乘四大種生이니 便故來니라

⑤ 四大의 종자와 事法을 상대로 말하였다.

그 無生法은 사대의 종자에 편승하여 생겨난 것이다. 편의에 따라 이를 쓴 것이다.

經

一切妙香華寶莊嚴中入하야 一切四天下下方上方一切衆生受生中起하며

일체 묘한 향과 꽃과 보배로 장엄한 가운데서 들어가 모든 사천하의 아래와 위에서 일체중생이 태어나는 가운데서 일어나고,

◉ 疏 ◉

六은 諸方相對라

⑥ 모든 방위를 상대로 말하였다.

經

一切四天下下方上方一切衆生受生中入하야 小千世界衆生衆中起하며

小千世界衆生衆中入하야 中千世界衆生衆中起하며
中千世界衆生衆中入하야 大千世界衆生衆中起하며
大千世界衆生衆中入하야 百千億那由他三千大千世界衆生衆中起하며
百千億那由他三千大千世界衆生衆中入하야 無數世界衆生衆中起하며
無數世界衆生衆中入하야 無量世界衆生衆中起하며
無量世界衆生衆中入하야 無邊佛刹衆生衆中起하며
無邊佛刹衆生衆中入하야 無等佛刹衆生衆中起하며
無等佛刹衆生衆中入하야 不可數世界衆生衆中起하며
不可數世界衆生衆中入하야 不可稱世界衆生衆中起하며
不可稱世界衆生衆中入하야 不可思世界衆生衆中起하며
不可思世界衆生衆中入하야 不可量世界衆生衆中起하며
不可量世界衆生衆中入하야 不可說世界衆生衆中起하며
不可說世界衆生衆中入하야 不可說不可說世界衆生衆中起하며

모든 사천하의 아래와 위에서 일체중생이 태어나는 가운데로 들어가 소천세계의 중생들 가운데서 일어나며,

소천세계의 중생들 가운데로 들어가 중천세계의 중생들 가운데서 일어나고,

중천세계의 중생들 가운데로 들어가 대천세계의 중생들 가운데서 일어나며,

대천세계의 중생들 가운데로 들어가 백천억 나유타 삼천대천세계의 중생들 가운데서 일어나고,

백천억 나유타 삼천대천세계의 중생들 가운데로 들어가 수없는 세계의 중생들 가운데서 일어나며,

수없는 세계의 중생들 가운네로 들어가 한량없는 세계의 중생들 가운데서 일어나고,

한량없는 세계의 중생들 가운데로 들어가 그지없는 부처님 세계의 중생들 가운데서 일어나며,

그지없는 부처님 세계의 중생들 가운데로 들어가 같을 이 없는 부처님 세계의 중생들 가운데서 일어나고,

같을 이 없는 부처님 세계의 중생들 가운데로 들어가 헤아릴 수 없는 세계의 중생들 가운데서 일어나며,

헤아릴 수 없는 세계의 중생들 가운데로 들어가 일컬을 수 없는 세계의 중생들 가운데서 일어나고,

일컬을 수 없는 세계의 중생들 가운데로 들어가 생각할 수 없는 세계의 중생들 가운데서 일어나며,

생각할 수 없는 세계의 중생들 가운데로 들어가 헤아릴 수 없는 세계의 중생들 가운데서 일어나고,

헤아릴 수 없는 세계의 중생들 가운데로 들어가 말할 수 없는 세계의 중생들 가운데서 일어나며,

말할 수 없는 세계의 중생들 가운데로 들어가 말할 수 없이 말할 수 없는 세계의 중생들 가운데서 일어나고,

◉ 疏 ◉

七은 衆數多少相對라

⑦ 대중 수효의 많고 적음을 상대로 말하였다.

經

不可說不可說世界衆生衆中入하야 雜染衆生衆中起하며
雜染衆生衆中入하야 淸淨衆生衆中起하며
淸淨衆生衆中入하야 雜染衆生衆中起하니라

말할 수 없이 말할 수 없는 세계의 중생 대중 가운데로 들어가 더러운 중생의 대중 가운데서 일어나며,

더러운 중생의 대중 가운데로 들어가 청정한 중생의 대중 가운데서 일어나고,

청정한 중생의 대중 가운데로 들어가 더러운 중생의 대중 가운데서 일어난다.

◉ 疏 ◉

八은 染淨相對라

⑧ 오염과 청정을 상대로 말하였다.

經

眼處入하야 耳處起하며
耳處入하야 眼處起하며

鼻處入하야 舌處起하며
舌處入하야 鼻處起하며
身處入하야 意處起하며
意處入하야 身處起하며
自處入하야 他處起하며
他處入하야 自處起하니라

 눈으로 들어가 귀에서 일어나고,
 귀로 들어가 눈에서 일어나며,
 코로 들어가 혀에서 일어나고,
 혀로 들어가 코에서 일어나며,
 몸으로 들어가 뜻에서 일어나고,
 뜻으로 들어가 몸에서 일어나며,
 자기의 처소로 들어가 남의 처소에서 일어나고,
 남의 처소로 들어가 자기의 처소에서 일어난다.

● 疏 ●

九는 諸界相對라
 ⑨ 모든 경계를 상대로 말하였다.

經

一微塵中入하야 無數世界微塵中起하며
無數世界微塵中入하야 一微塵中起하며

聲聞入하야 獨覺起하며 獨覺入하야 聲聞起하며
自身入하야 佛身起하며 佛身入하야 自身起하며
一念入하야 億劫起하며 億劫入하야 一念起하며
同念入하야 別時起하며 別時入하야 同念起하며
前際入하야 後際起하며 後際入하야 前際起하며
前際入하야 中際起하며 中際入하야 前際起하며
三世入하야 刹那起하며 刹那入하야 三世起하며
眞如入하야 言說起하며 言說入하야 眞如起니라

 하나의 티끌 속으로 들어가 수없는 세계의 티끌 가운데서 일어나고,

 수없는 세계의 티끌 가운데로 들어가 하나의 티끌 속에서 일어나며,

 성문으로 들어가 독각에서 일어나고,

 독각으로 들어가 성문에서 일어나며,

 자기 몸으로 들어가 부처님 몸에서 일어나고,

 부처님 몸으로 들어가 자기 몸에서 일어나며,

 한 생각으로 들어가 억 겁에 일어나고,

 억 겁으로 들어가 한 생각에 일어나며,

 같은 생각으로 들어가 다른 때에 일어나고,

 다른 때로 들어가 같은 생각에 일어나며,

 앞 즈음으로 들어가 뒤 즈음에 일어나고,

 뒤 즈음으로 들어가 앞 즈음에 일어나며,

앞 즈음으로 들어가 중간 즈음에 일어나고,
중간 즈음으로 들어가 앞 즈음에 일어나며,
삼세에 들어가 찰나에 일어나고,
찰나에 들어가 삼세에 일어나며,
진여로 들어가 말하는 데서 일어나고,
말하는 데로 들어가 진여에서 일어난다.

● 疏 ●

十은 雜明諸類相對니 謂麤細凡聖과 念劫眞妄等이니 其入出等義는 如賢首品이라

⑩ 모든 유를 상대로 뒤섞어 말하였다. 거칠고 미세한 부분, 범인과 성인, 한 생각의 찰나와 겁, 진실과 거짓 등을 말하였다. 삼매에 들고 나는 등의 의의는 제12 현수품에서 말한 바와 같다.

二. 喩顯
(2) 비유로 밝히다

經

佛子여 譬如有人이 爲鬼所持에 其身戰動하야 不能自安하나니 鬼不現身호되 令他身然인달하야 菩薩摩訶薩이 住此三昧도 亦復如是하야 自身入定他身起하며 他身入定

243

自身起니라

불자여, 마치 사람이 귀신 들리면 몸이 떨려 스스로 진정하지 못한다. 귀신의 몸이 보이지 않지만, 그 사람의 몸이 떨리게 하는 것처럼, 보살마하살이 이런 삼매에 머무름 또한 그와 같다.

자기의 몸에서 선정에 들어가 다른 이의 몸에서 일어나고, 다른 이의 몸에서 선정에 들어가 자기의 몸에서 일어난다.

◉ **疏** ◉

喻顯中 有四喻니 喻前十類에 各有法合이라
一 鬼力持人喻는 喻第一第四니 多約身故니라

비유로 밝힌 부분은 4가지 비유가 있다. 앞서 말한 10가지 유를 비유함에 각각 법과 종합이 있다.

첫째, 귀신이 사람에 들렸다는 것은 ① '모든 유의 正報 대구'와 ④ '사대주와 큰 바다의 대구'에 대한 비유이다. 이는 대부분 몸으로 말하였기 때문이다.

經

佛子여 **譬如死屍 以呪力故**로 **而能起行**하야 **隨所作事**하야 **皆得成就**하나니 **屍之與呪 雖各差別**이나 **而能和合**하야 **成就彼事**인달하야 **菩薩摩訶薩**이 **住此三昧**도 **亦復如是**하야 **同境入定異境起**하며 **異境入定同境起**니라

불자여, 마치 죽은 송장이 주문의 힘으로 일어나 걸어 다니면

244

서 하는 일마다 모두 성취한다. 송장과 주문이 각기 다르지만 서로 화합하여 그런 일을 성취하는 것처럼, 보살마하살이 이런 삼매에 머무름 또한 그와 같다.

　　같은 경계에서 선정에 들어가 다른 경계에서 일어나고,

　　다른 경계에서 선정에 들어가 같은 경계에서 일어나는 것이다.

◉ 疏 ◉

第二 呪起死屍喩는 喩第二五六이니 多約依報境故니라

　　둘째, 주문으로 죽은 송장을 일으키는 비유는 ② '6취의 의보로 삼매에 들고 남', ⑤ '四大種과 事法의 상대', ⑥ '모든 방위의 상대'를 비유하였다. 이는 대부분 依報의 경계로 말하였기 때문이다.

經

佛子여 譬如比丘 得心自在하야 或以一身으로 作多身하며 或以多身으로 作一身호되 非一身沒하고 多身生이며 非多身沒하고 一身生인달하야 菩薩摩訶薩이 住此三昧도 亦復如是하야 一身入定多身起하며 多身入定一身起니라

　　불자여, 마치 비구가 마음의 자유자재함을 얻어 혹은 하나의 몸으로 많은 몸을 만들기도 하고, 혹은 많은 몸으로 하나의 몸을 만들기도 하되, 하나의 몸이 사라지고 많은 몸이 생겨나는 것도 아니며, 여러 몸이 사라지고 하나의 몸이 생겨나는 것도 아닌 것처럼, 보살마하살이 이런 삼매에 머무름 또한 그와 같다.

하나의 몸이 선정에 들어가 많은 몸에서 일어나고,
많은 몸이 선정에 들어가 하나의 몸에서 일어나기도 한다.

◉ 疏 ◉

第三 羅漢現通喩는 喩第三第七이니 多約數故니라

셋째, 나한이 신통을 나타내는 비유는 ③ '하나와 많음의 상대', ⑦ '대중 수효의 많고 적음의 상대'를 비유하였다. 이는 대부분 수효로 말하였기 때문이다.

經

佛子여 譬如大地 其味一種이나 所生苗稼 種種味別하니 地雖無差別이나 然味有殊異인달하야 菩薩摩訶薩이 住此三昧도 亦復如是하야 無所分別이나 然有一種入定多種起하며 多種入定一種起니라

불자여, 마치 땅은 그 맛이 하나이지만, 여기에서 돋아난 곡식의 맛은 가지가지 다르다. 땅은 차별이 없으나 맛은 다른 것처럼, 보살마하살이 이런 삼매에 머무름 또한 그와 같다.

분별한 바 없으나 한 가지로 선정에 들어가 여러 가지에서 일어나고,

여러 가지로 선정에 들어가 한 가지에서 일어나는 것이다.

● 疏 ●

第四地一苗多喩는 喩後三門이니 雜明種種故니라 喩合相映에 文理自顯이라

넷째, 땅은 하나이지만 싹은 많다는 비유는 뒤의 3부분, ⑧ '오염과 청정의 상대', ⑨ '모든 경계의 상대', ⑩ '모든 유의 상내'를 비유하였다. 이는 가지가지를 뒤섞어 밝혔기 때문이다. 비유와 종합이 서로 반영되어 문맥이 그 나름 분명하다.

第三 明入定益

3. 선정에 든 이익을 밝히다

經

佛子여 菩薩摩訶薩이 住此三昧에 得十種稱讚法之所稱讚하나니

何者 爲十고

所謂入眞如故로 名爲如來며

覺一切法故로 名之爲佛이며

爲一切世間의 所稱讚故로 名爲法師며

知一切法故로 名一切智며

爲一切世間의 所歸依故로 名所依處며

了達一切法方便故로 名爲導師며

引一切衆生하야 入薩婆若道故로 名大導師며
爲一切世間燈故로 名爲光明이며
心志圓滿하고 義利成就하고 所作皆辦하야 住無礙智하야
分別了知一切諸法故로 名爲十力이며
自在通達一切法輪故로 名一切見者니 是爲十이니라

불자여, 보살마하살이 이런 삼매에 머물 적에 열 가지 칭찬하는 법으로 칭찬을 받게 된다.

무엇이 열 가지 칭찬을 받는 법인가?

이른바 진여의 실체 자리에 들어갔기에 여래라 하고,

일체 법을 깨달았기에 그를 부처라 하며,

일체 세간의 칭찬을 받기에 법사라 하고,

일체 법을 알기에 일체 지혜라 하며,

일체 세간의 귀의한 바이기에 의지처라 하고,

일체 법의 방편을 통달하였기에 도사라 하며,

일체중생을 인도하여 살바야의 길에 들어갔기에 대도사라 하고,

일체 세간의 등불이 되기에 광명이라 하며,

마음이 원만하고 이치를 성취하고 하는 일을 모두 갖춰 걸림 없는 지혜에 머물러 일체 모든 법을 분별하여 알았기에 열 가지 힘이라 하고,

일체 법륜을 자유자재로 통달하였기에 일체를 보는 이라고 말한다.

이것이 열 가지 칭찬을 받는 법이다.

● 疏 ●

益中 有三이니 一은 得讚同佛果益이니 皆上句는 顯義오 下句는 結名이라 十力義中에 云'心志圓滿'者는 明力自利義오 義利成就는 顯力利他오 '所作皆辦'은 彰力圓滿이오 '住無礙智'는 總顯力體오 '分別了知一切諸法'은 通明力用이라 餘文은 可知니라

선정에 든 이익 부분은 3단락으로 나뉜다.

⑴ 佛果와 같은 이익을 얻음에 대해 찬탄하였다. 모두 위의 구절은 그 의의를 나타냈고, 아래 구절은 그 이름을 끝맺었다.

'十力'의 의의 부분에서 말한, '心志圓滿'이란 십력의 自利 의의를 밝혔고,

'義利成就'는 십력의 利他 의의를 밝혔으며,

'所作皆辦'은 십력의 원만 의의를 밝혔고,

'住無礙智'는 십력의 본체를 총체로 밝혔으며,

'分別了知一切諸法'은 십력의 작용을 전반적으로 밝혔다.

나머지의 경문은 설명하지 않아도 알 수 있다.

經

佛子여 菩薩摩訶薩이 住此三昧에 復得十種光明照耀하나니

何者 爲十고

所謂得一切諸佛光明하야 與彼平等故며

得一切世界光明하야 普能嚴淨故며

得一切衆生光明하야 悉往調伏故며
得無量無畏光明하야 法界爲場演說故며
得無差別光明하야 知一切法의 無種種性故며
得方便光明하야 於一切法離欲際에 而證入故며
得眞實光明하야 於一切法離欲際에 心平等故며
得徧一切世間神變光明하야 蒙佛所加하야 恒不息故며
得善思惟光明하야 到一切佛自在岸故며
得一切法眞如光明하야 於一毛孔中에 善說一切故니 是爲十이니라

불자여, 보살마하살이 이 삼매에 머물 적에 다시 열 가지 광명이 비추었다.

무엇이 열 가지 광명인가?

이른바 일체 부처님의 광명을 얻어 저들과 평등하기 때문이며,

일체 세계의 광명을 얻어 두루 장엄 청정하기 때문이며,

일체중생의 광명을 얻어 모두 찾아가 조복하기 때문이며,

한량없이 두려움 없는 광명을 얻어 법계로 도량을 삼아 연설하기 때문이며,

차별 없는 광명을 얻어 일체 법이 가지가지 다른 성품이 없음을 알기 때문이며,

방편인 광명을 얻어 일체 법이 욕심을 여읜 즈음에 증득하기 때문이며,

진실한 광명을 얻어 일체 법이 욕심을 여읜 즈음에 마음이 평

등하기 때문이며,

일체 세간에 두루 한 신통변화의 광명을 얻어 부처님의 가피를 받고서 항상 쉬지 않기 때문이며,

잘 생각하는 광명을 얻어 일체 부처님의 자재한 피안에 이르기 때문이며,

일체 법의 진여 광명을 얻어 하나의 모공에서 일체 법을 잘 말하기 때문이다.

이것이 열 가지 광명이다.

◉ 疏 ◉

二는 身智光照益이라

(2) 몸의 지혜광명이 비치는 이익이다.

經

佛子여 菩薩摩訶薩이 住此三昧에 復得十種無所作하나니 何者 爲十고 所謂身業無所作이며 語業無所作이며 意業無所作이며 神通無所作이며 了法無性無所作이며 知業不壞無所作이며 無差別智無所作이며 無生起智無所作이며 知法無滅無所作이며 隨順於文호되 不壞於義 無所作이니 是爲十이니라

불자여, 보살마하살이 이런 삼매에 머물 적에 다시 열 가지 지은 바가 없다.

251

무엇이 열 가지 지은 바 없음인가?

이른바 몸으로 지은 업을 지은 바 없고,

말로 하는 업을 지은 바 없으며,

뜻으로 하는 업을 지은 바 없고,

신통을 지은 바 없으며,

법이 자성이 없음을 알아 지은 바 없고,

업이 없어지지 않음을 알고서 지은 바 없으며,

차별 없는 지혜가 지은 바 없고,

생겨남이 없는 지혜가 지은 바 없으며,

법이 사라지지 않음을 알고서 지은 바 없고,

글을 따르되 뜻에 어긋나지 않음이 지은 바 없다.

이것이 열 가지 지은 바 없음이다.

◉ 疏 ◉

三은 業用無作益이니 皆有佛子하야 文相立顯이라

(3) 業用을 조작함이 없는 이익이다. 모두 문단마다 '佛子' 2글자를 들어 말함으로써 문맥이 모두 분명하다.

第四 明境界自在

先法 後喩라 今은 初라

4. 모든 경계에 자재함을 밝히다

(1) 앞에서는 법으로, (2) 뒤에서는 비유로 말하였다.
이는 '(1) 법으로 말한' 부분이다.

經
佛子여 菩薩摩訶薩이 住此三昧에 無量境界 種種差別하나니
所謂一入多起하며 多入一起하며 同入異起하며 異入同起하며 細入麤起하며 麤入細起하며 大入小起하며 小入大起하며 順入逆起하며 逆入順起하며 無身入有身起하며 有身入無身起하며 無相入有相起하며 有相入無相起하며 起中入 入中起니 如是 皆是此之三昧의 自在境界니라

불자여, 보살마하살이 이런 삼매에 머물 적에 한량없는 경계가 가지가지 차별이 있다.

이른바 하나에 들어가 많은 데서 일어나고,
많은 데 들어가 하나에서 일어나며,
같은 데 들어가 다른 데서 일어나고,
다른 데 들어가 같은 데서 일어나며,
미세한 데 들어가 거친 데서 일어나고,
거친 데 들어가 미세한 데서 일어나며,
큰 데 들어가 작은 데서 일어나고,
작은 데 들어가 큰 데서 일어나며,
순한 데 들어가 거슬린 데서 일어나고,

거슬린 데 들어가 순한 데서 일어나며,
몸 없는 데 들어가 몸 있는 데서 일어나고,
몸 있는 데 들어가 몸 없는 데서 일어나며,
형상 없는 데 들어가 형상 있는 데서 일어나고,
형상 있는 데 들어가 형상 없는 데서 일어나며,
일어나는 데서 들어가 들어가는 데서 일어난다.
이와 같음은 모두 이런 삼매의 자재한 경계이다.

● 疏 ●

前第二段은 但明入起오 今은 兼明逆順有無等 爲種種境界라 起中入者는 卽用之寂故오 入中起者는 卽寂之用故니 是知菩薩之定이 常入常起며 常雙入出호되 常無入出이라야 方爲自在니 爲顯自在일세 寄諸境界하야 交絡而明이라【鈔_ 是知菩薩之定'者는 結成難思니 若以定門觀이면 則常入定이오 以用門觀이면 則常出定이니 以用門觀이면 則常起用이나 實則動寂必俱라 故常雙入出矣니라 然動靜唯物이니 據其體極이라야 動靜斯亡이라 故常無入起오 又 入卽起故無入이오 起卽入故無起니라 若然인댄 何以經云粗細入起等고 故下釋云 '爲顯自在故로 寄諸境界하야 交絡而明이라 하니라 若云一入多起는 卽云自在어니와 若云無入無起면 何明自在리오 常入常起의 自在之相도 亦然이니 廣如賢首品辨하다】

앞의 제2 단락은 선정에 들어가고 일어나는 것만을 밝혔고, 여기에서는 逆·順, 有·無 등 가지가지 경계를 모두 명명하였다.

'일어나는 데서 들어감'은 작용과 하나가 된 고요이기 때문이며, '들어가는 데서 일어남'은 고요와 하나가 된 작용이기 때문이다. 보살의 선정은 언제나 들어가고 언제나 일어나며, 언제나 쌍으로 들어가고 일어나되 언제나 들어가고 일어남이 없어야 바야흐로 자재함임을 알아야 한다. 자재함을 나타내기 위하여 모든 경계에 붙여 서로 연결 지어 밝혔다.【초_"보살의 선정은… 알아야 한다."는 불가사의함을 끝맺어야 한다. 만약 선정의 법문으로 살펴보면 언제나 선정에 들어 있고, 작용의 법문으로 살펴보면 언제나 선정에서 나와 있다. 작용의 법문으로 살펴보면 언제나 작용이 일어나지만 실제로는 동함과 고요함을 반드시 갖추고 있다. 그러므로 항상 쌍으로 들어가고 나온 것이다. 그러나 동정은 오직 사물의 존재이다. 그 본체가 지극함을 의거해야만 이에 동정이 사라지게 된다. 그러므로 언제나 들어가거나 나옴이 없고, 또한 들어가면 바로 일어나기에 들어감이 없고, 일어나면 바로 들어가기에 일어남이 없다.

그렇다면 어찌하여 경문에서 '거칠고 미세하고 일어나고 들어감' 등을 말했는가?

이 때문에 아래에서 해석하였다.

"자재함을 나타내기 위하여 모든 경계에 붙여 서로 연결 지어 밝혔다."

만약 하나에 들어가 많은 데서 일어남을 곧 자재하다고 말하지만, 만약 선정에 들어감도 없고 일어남도 없으면 어떻게 自在함을 밝힐 수 있겠는가. 언제나 선정에 들어가고 언제나 일어남이 자재한 모습 또한 그와 같다. 제12 현수품에서 자세히 말한 바와 같다.】

二. 喩顯
(2) 비유로 밝히다

經

佛子여 **譬如幻師 持呪得成**에 **能現種種差別形相**하나니 **呪與幻別**호되 **而能作幻**하며 **呪唯是聲**이로되 **而能幻作 眼識所知種種諸色**과 **耳識所知種種諸聲**과 **鼻識所知 種種諸香**과 **舌識所知種種諸味**와 **身識所知種種諸觸** 과 **意識所知種種境界**인달하야 **菩薩摩訶薩**이 **住此三昧** 도 **亦復如是**하야 **同中入定異中起**하며 **異中入定同中起** 니라

불자여, 마치 요술쟁이가 주문을 외어 만들어 낼 적에 가지가지 다른 모습을 나타내고 있는바, 주문과 요술이 다르지만 요술을 만들어 내고, 주문은 음성일 뿐이지만 요술로 만들어 내는,

눈의 감각으로 알 수 있는 가지각색의 빛,

귀의 감각으로 알 수 있는 가지각색의 소리,

코의 감각으로 알 수 있는 가지각색의 냄새,

혀의 감각으로 알 수 있는 가지각색의 맛,

몸의 감각으로 알 수 있는 가지각색의 촉감,

뜻의 감각으로 알 수 있는 가지각색의 경계처럼,

보살마하살이 이런 삼매에 머무름 또한 그와 같다.

같은 데서 선정에 들어가 다른 데서 일어나고,

다른 데서 선정에 들어가 같은 데서 일어나는 것이다.

◉ 疏 ◉

喩顯中에 文有六喩니 皆自有合이라 一은 幻現六境喩니 喩前同異라

비유로 밝힌 부분의 경문에는 6가지의 비유가 있다. 이는 모두 저절로 법과 부합한다.

① 요술로 육근의 경계를 나타내는 비유이다. 이는 앞서 말한 같은 데와 다른 데를 비유하였다.

經

佛子여 譬如三十三天이 共阿修羅鬪戰之時에 諸天이 得勝하고 修羅 退衄에 阿修羅王이 其身長大 七百由旬이며 四兵圍遶 無數千萬이로대 以幻術力으로 將諸軍衆하고 同時走入藕絲孔中인달하야 菩薩摩訶薩도 亦復如是하야 已善成就諸幻智地일세 幻智 卽是菩薩이오 菩薩이 卽是幻智라 是故로 能於無差別法中入定하야 差別法中起하며 差別法中入定하야 無差別法中起니라

257

불자여, 마치 삼십삼천이 아수라와 싸워서 삼십삼천이 승리하고 아수라가 패배할 적에, 아수라왕의 키는 칠백 유순이요, 수없는 네 부류 군대[象兵·馬兵·車兵·步兵]의 천만 병사가 호위했는데, 요술의 힘으로 수많은 군대의 병사들을 거느리고서 한꺼번에 달아나 연꽃줄기 실 구멍 속으로 들어가듯이, 보살마하살 또한 그와 같다.

이미 요술 같은 지혜를 이루었으므로, 요술 같은 지혜가 곧 보살이요, 보살이 곧 요술 같은 지혜이다.

이 때문에 차별 없는 법에서 선정에 들어가고 차별 있는 법에서 일어나며, 차별 있는 법에서 선정에 들어가고, 차별 없는 법에서 일어나는 것이다.

◉ 疏 ◉

二는 修羅竄匿喻니 喻前麤細大小二對라
約理事相望이면 則無差別爲細오 差別爲麤니 理細事麤故며 或無差爲麤니 總相入故오 差別爲細니 別相入故니라 無差則大周法界오 差則隨事成小어니와 若唯約事明大小면 竝差別所收니라

② 아수라가 도망갈 적의 요술로 비유하였다. 이는 앞서 말한 거칠고 미세한 것과 크고 작은 2가지의 상대를 비유하였다.

이법계와 사법계를 대조하여 말하면 차별이 없는 것은 미세하고, 차별이 있는 것은 거친 부분이다. 이법계는 미세하고, 사법계는 거칠기 때문이다.

혹은 차별이 없는 것은 거칠다 하니 總相으로 들어갔기 때문

이며, 차별이 있는 것은 미세하다고 하니 別相으로 들어갔기 때문이다. 차별이 없는 것은 곧 大周法界이며, 차별이 있는 것은 곧 하나의 사물을 따라 작은 것을 이룬 것이지만, 오직 사물만을 들어 大小를 밝히면 아울러 모두 차별에 의해 수렴되는 것이다.

經

佛子여 譬如農夫 田中下種에 種子在下오 果生於上인달하야 菩薩摩訶薩이 住此三昧도 亦復如是하야 一中入定 多中起하며 多中入定一中起니라

 불자여, 마치 농부들이 밭에 씨앗을 심으면 씨앗은 아래에 있고 열매는 위에서 열리는 것처럼, 보살마하살이 이런 삼매에 머무름 또한 그와 같다.

 하나의 가운데서 선정에 들어가 많은 데서 일어나고, 많은 데서 선정에 들어가 하나의 가운데서 일어나는 것이다.

◉ 疏 ◉

三은 農夫下種喩니 喩明上下오 合辨一多니 文影畧耳라

 ③ 농부가 씨앗을 뿌리는 것으로 비유하였다. 이는 앞서 위와 아래를 비유로 밝혔고, 하나와 많음을 종합하여 논변하였다. 경문은 일부분을 생략하여 밝혔다.

佛子여 譬如男女의 赤白이 和合에 或有衆生이 於中受生하면 爾時에 名爲歌羅邏位라 從此次第住母胎中하야 滿足十月에 善業力故로 一切支分이 皆得成就하야 諸根不缺하며 心意明了하나니 其歌羅邏 與彼六根으로 體狀各別호되 以業力故로 而能令彼로 次第成就하야 受同異類의 種種果報인달하야 菩薩摩訶薩도 亦復如是하야 從一切智歌羅邏位로 信解願力이 漸次增長하야 其心廣大하야 任運自在일세 無中入定有中起하며 有中入定無中起니라

불자여, 마치 남녀의 붉은 것과 흰 것이 화합할 적에 혹 어떤 중생이 그 속에서 생명을 받으면, 그때에 이름을 '가라라'의 지위라고 말한다.

그로부터 점점 자라나면서 모태 속에서 열 달을 채워 가는데, 선업의 힘으로 모든 부분이 모두 차례로 이루어지면서 모든 감관[諸根]이 결함이 없고 의식이 분명해진다.

가라라와 여섯 감관은 자체와 형상이 제각기 다르지만, 업의 힘으로 차례차례 성숙하면서 같은 종류와 다른 종류의 가지가지 과보를 받는 것처럼, 보살마하살 또한 그와 같다.

일체 지혜의 가라라로부터 믿고 이해하고 서원하는 힘이 차츰차츰 자라면서 그 마음이 커나가고 마음대로 자재하기에, 없는 데서 선정에 들어가 있는 데서 일어나고, 있는 데서 선정에 들어가

없는 데서 일어나는 것이다.

◉ 疏 ◉

四는 受胎生長喩니 喩上有身無身이 如彼從無之有故니라

④ 수태하여 생겨나고 커나가는 비유이다. 이는 앞서 말한 있는 몸과 없는 몸이 없는 데서 있는 데로 나아가는 것과 같음을 비유하였기 때문이다.

經

佛子여 譬如龍宮이 依地而立이오 不依虛空이며 龍依宮住오 亦不在空이로대 而能興雲하야 徧滿空中이어든 有人이 仰視에 所見宮殿이 當知皆是乾闥婆城이오 非是龍宮이니

佛子여 龍雖處下나 而雲布上인달하야 菩薩摩訶薩이 住此三昧도 亦復如是하야 於無相入有相起하며 於有相入無相起니라

불자여, 마치 용궁이 땅을 의지하여 있을 뿐 허공을 의지하지 않으며, 용은 용궁에 의지하여 있을 뿐 또한 허공에 있지 않지만, 허공에 가득 구름을 일으킬 적에 사람들이 우러러보면 보이는 용궁은 모두 건달바성이지 용궁이 아님을 알고 있다.

불자여, 용은 아래 있으나 구름은 위에 펼쳐져 있는 것처럼, 보살마하살이 이런 삼매에 머무름 또한 그와 같다.

형상이 없는 데서 삼매에 들어가 형상이 있는 데서 일어나고, 형상이 있는 데서 삼매에 들어가 형상이 없는 데서 일어나는 것이다.

● 疏 ●

五는 龍下雲上喩니 喩有相·無相이라

⑤ 용이 아래 있으나 구름은 위에 있다는 비유이다. 이는 앞서 말한 형상이 있는 것과 없는 것을 비유하였다.

經

佛子여 譬如妙光大梵天王의 所住之宮이 名一切世間最勝淸淨藏이라 此大宮中에 普見三千大千世界諸四天下와 天宮과 龍宮과 夜叉宮과 乾闥婆宮과 阿修羅宮과 迦樓羅宮과 緊那羅宮과 摩睺羅伽宮과 人間住處와 及三惡道와 須彌山等種種諸山과 大海江河와 陂澤泉源과 城邑聚落과 樹林衆寶의 如是一切種種莊嚴과 盡大輪圍의 所有邊際와 乃至空中微細遊塵이 莫不皆於梵宮顯現호미 如於明鏡에 見其面像인달하야 菩薩摩訶薩도 住此一切衆生差別身大三昧에 知種種刹하며 見種種佛하며 度種種衆하며 證種種法하며 成種種行하며 滿種種解하며 入種種三昧하며 起種種神通하며 得種種智慧하며 住種種刹那際니라

불자여, 마치 묘광대범천왕이 사는 궁전을 일체 세간에서 가장

훌륭한 청정장이라고 부른다. 이 궁전에는 삼천대천세계의 모든 사천하에 있는 하늘의 궁전, 용의 궁전, 야차의 궁전, 건달바의 궁전, 아수라의 궁전, 가루라의 궁전, 긴나라의 궁전, 마후라가의 궁전, 인간의 거처와 삼악도와 수미산 등 가지가지의 산, 바다, 강, 호수, 진펄, 연못, 샘물, 시내, 도시, 마을, 나무, 숲, 그리고 많은 보배 등의 가지각색 장엄과 큰 철위산의 끝까지, 내지 허공에 날리는 미세한 티끌까지 범천의 궁전에 모두 나타나는 것들이, 거울에 비치는 제 얼굴을 보는 것처럼 모두 나타나지 않은 게 없었다.

　　보살마하살도 이런 일체중생의 각기 다른 몸의 삼매에 머물 적에 가지가지 세계를 알고, 가지가지 부처님을 뵈며, 가지가지 중생을 제도하고, 가지가지 법을 증득하며, 가지가지 행을 이루고, 가지가지 이해가 원만하며, 가지가지 삼매에 들어가고, 가지가지 신통을 일으키며, 가지가지 지혜를 얻고, 가지가지 찰나의 경계에 머무는 것이다.

● 疏 ●

六는 梵宮普現喩니 喩上入中起 起中入과 及逆順相對라 故合云 種種이니라

　　⑥ 범천왕의 궁전에 모든 것이 나타난다는 비유이다. 이는 앞서 말한 선정에 들어간 데서 일어나고 일어난 데서 들어가는 것과 逆順을 상대로 비유한 까닭에 이를 종합하여 '가지가지[種種]'라고 말하였다.

第五.總結究竟

5. 구경의 도리를 총체로 끝맺다

經

佛子여 此菩薩摩訶薩이 到十種神通彼岸하나니

何者 爲十고

所謂到諸佛盡虛空徧法界神通彼岸하며

到菩薩究竟無差別自在神通彼岸하며

到能發起菩薩廣大行願하야 入如來門佛事神通彼岸하며

到能震動一切世界하야 一切境界를 悉令淸淨神通彼岸하며

到能自在知一切衆生의 不思議業果 皆如幻化神通彼岸하며

到能自在知諸三昧의 麤細入出差別相神通彼岸하며

到能勇猛入如來境界하야 而於其中에 發生大願神通彼岸하며

到能化作佛化하야 轉法輪調伏衆生하야 令生佛種하고 令入佛乘하야 速得成就神通彼岸하며

到能了知不可說一切秘密文句하야 而轉法輪하야 令百千億那由他不可說不可說法門으로 皆得淸淨神通彼岸하며

到不假晝夜年月劫數하고 一念에 悉能三世示現神通彼岸이니 是爲十이니라

佛子여 是名菩薩摩訶薩의 第八一切衆生差別身大三昧善巧智니라

불자여, 보살마하살이 열 가지 신통의 피안에 이른다.

무엇이 열 가지 신통의 피안인가?

이른바 모든 부처님의 허공에 가득하고 법계에 두루 한 신통의 피안에 이르고,

보살의 끝까지 차별이 없이 자재한 신통의 피안에 이르며,

보살의 광대한 행원을 일으켜 여래의 문에 들어가 불사를 하는 신통의 피안에 이르고,

일체 세계를 진동하여 일체 경계를 모두 청정케 하는 신통의 피안에 이르며,

일체중생의 불가사의한 업과 과보가 모두 요술과 같은 줄을 자재하게 아는 신통의 피안에 이르고,

모든 삼매의 거칠고 미세하고 들어가고 나오는 각기 다른 모양을 자재하게 아는 신통의 피안에 이르며,

용맹스럽게 여래의 경계에 들어가 그 가운데서 큰 서원을 내는 신통의 피안에 이르고,

부처님의 변화를 만들어 내고 법륜을 굴려 중생을 조복하여, 부처의 종성을 내도록 하고, 불법에 들도록 하여 빠르게 성취하는 신통의 피안에 이르며,

말할 수 없는 일체 비밀스러운 문구를 알고서 법륜을 굴려 백천억 나유타의 말할 수 없이 말할 수 없는 법문을 모두 청정케 하는 신통의 피안에 이르고,

낮과 밤, 해와 달, 겁의 수를 빌리지 않고 한 생각의 찰나에 삼세를 모두 나타내는 신통의 피안에 이르는 것이다.

이것이 열 가지 신통의 피안이다.

불자여, 이를 보살마하살의 제8. 일체중생의 각기 다른 몸의 큰 삼매의 훌륭한 지혜라고 말한다."

◉ 疏 ◉

立顯可知니라
　　이는 모두 분명하기에 설명하지 않아도 알 수 있다.

◉ 論 ◉

第八은 一切衆生差別身三昧者는 明入此三昧에 能現佛身이 等 衆生差別身하야 皆隨其類現故로 立其名也오 又能入同異順逆 三昧故로 以立其名也라 餘義는 如文自具니라

　　제8. 일체중생의 각기 다른 몸의 삼매란 이런 삼매에 들어 부처님의 몸을 나타냄이 중생의 각기 다른 몸만큼 모두 그 유를 따라 나타내기에 그런 이름을 세웠고, 또한 같고 다르고 따르고 거스른 삼매에 들어갔기 때문에 그런 이름을 세우게 됨을 밝힌 것이다. 나머지 의의는 경문에서 말한 바와 같이 그 나름 모두 갖추고 있다.

第九 法界自在三昧

釋中 四니 一은 顯定體用이오 二는 明定成益이오 三은 以喩寄顯이오 四는 總結雙行이라 今은 初라

제9. 법계에 자재한 삼매

해석 부분은 4단락으로 나뉜다.

1. 선정의 체용을 밝혔고,

2. 선정의 성취 이익을 밝혔으며,

3. 비유로 밝혔고,

4. 雙行을 총체로 끝맺었다.

이는 '1. 선정의 체용' 부분이다.

經

佛子여 云何爲菩薩摩訶薩의 法界自在三昧오
佛子여 此菩薩摩訶薩이 於自眼處와 乃至意處에 入三昧 名法界自在니

"불자여, 어떤 것을 보살마하살의 법계에 자재한 삼매라 하는가?

불자여, 보살마하살이 자기의 안근으로부터 의근에 이르기까지 삼매에 들어가는 것을 법계에 자재하다고 말한다.

◉ 疏 ◉

分三이니 初는 總顯名體니 謂於眼等法界得自在故니라

3부분으로 나뉜다.

(1) 삼매 명제의 본체를 총체로 밝혔다. 안근 등 법계에 자재함을 얻기 때문이다.

經

菩薩이 於自身一一毛孔中에 入此三昧하니라

보살이 자신의 하나하나 모공 속에서 이런 삼매에 들었다.

◉ 疏 ◉

二는 彰入定處니 謂於毛孔中에 入眼等定은 顯互用自在故니라 【鈔_ 謂於毛孔下는 然常途所明互用者는 但眼處 能作耳處等事하고 耳處 能作眼鼻事等이라 故六根互用이어니와 今約十八界明일새 則有數重之互니 一은 諸根互오 二는 分圓互니 毛孔 身根中分에 能入眼等定故오 三은 一多互니 謂一根에 頓作多根事故오 四는 根境互니 謂根入境定이니 如賢首品說이니 以此云法界는 必該十八界故오 五는 復有一根 入多境과 一境 入多根이오 六은 復有六識對境하야 以明互入等이라】

(2) 선정에 들어간 곳을 밝혔다. 모공 속에서 안근 등의 선정에 들어감은 서로의 작용이 자재함을 나타내기 때문이다.【초_ '모공 속에서' 이하는 그러나 일상의 생활에서 밝힌 서로의 작용이란 단

안근에서 이근 등의 일을 마련하고, 이근에서 안근과 비근 등의 일을 마련한 까닭에 6근이 서로 작용하지만, 여기에서는 18界를 들어 밝힌 까닭에 곧 중복된 수효가 서로 있다.

① 6근이 모두 서로 작용한다.

② 부분으로 원만하게 서로 작용한다. 모공의 身根 부분에서 안근 등의 선정에 들어가기 때문이다.

③ 하나와 많음이 서로 작용한다. 하나의 根에 많은 근의 일을 한꺼번에 일으키기 때문이다.

④ 육근의 경계가 서로 작용한다. 육근이 경계의 선정에 들어가는 것이니, 제12 현수품에서 말한 바와 같다. 이를 '법계'라 말한 것은 반드시 十八界를 모두 갖추었기 때문이다.

⑤ 다시 하나의 근이 많은 경계에 들어가고, 하나의 경계가 많은 근에 들어감이 있다.

⑥ 다시 6식이 경계를 상대하여 서로 들어감을 밝힌 등이 있다.】

經

自然能知諸世間하며 知諸世間法하며 知諸世界하며 知億那由他世界하며 知阿僧祇世界하며 知不可說佛刹微塵數世界하며 見一切世界中에 有佛出興이어든 菩薩衆會 悉皆充滿하며 光明清淨하며 淳善無雜하며 廣大莊嚴하야 種種衆寶로 以爲嚴飾하며

菩薩이 於彼에 或一劫과 百劫과 千劫과 億劫과 百千億

那由他劫과 無數劫과 無量劫과 無邊劫과 無等劫과 不可數劫과 不可稱劫과 不可思劫과 不可量劫과 不可說劫과 不可說不可說劫과 不可說不可說佛刹微塵數劫을 修菩薩行호되 常不休息하며

又於如是無量劫中에 住此三昧하야 亦入亦起하며 亦成就世界하며 亦調伏衆生하며 亦徧了法界하며 亦普知三世하며 亦演說諸法하며 亦現大神通種種方便호되 無着無礙하며

以於法界에 得自在故로 善分別眼하며 善分別耳하며 善分別鼻하며 善分別舌하며 善分別身하며 善分別意하야 如是種種差別不同을 悉善分別하야 盡其邊際하나니라

자연히 모든 세간을 알고, 모든 세간의 법을 알며,

모든 세계를 알고, 억 나유타 세계를 알며,

아승기 세계를 알고, 말할 수 없는 부처님 세계의 티끌 수 세계를 알며,

일체 세계 가운데 부처님이 나시거든 보살 대중이 모두 가득함을 보고,

광명하고 청정하여 순일하게 착하여 뒤섞이지 않으며,

광대하게 장엄하여 가지가지 보배로 훌륭하게 장식하고,

보살이 저 세계에서 혹은 한 겁, 백 겁, 천 겁, 억 겁, 백천억 나유타 겁, 수없는 겁, 한량없는 겁, 그지없는 겁, 같을 이 없는 겁, 셀 수 없는 겁, 일컬을 수 없는 겁, 생각할 수 없는 겁, 헤아릴 수 없는

겁, 말할 수 없는 겁, 말할 수 없이 말할 수 없는 겁, 말할 수 없이 말할 수 없는 부처님 세계의 티끌 수 겁에 보살행을 닦으면서 항상 멈추지 않으며,

또한 이와 같이 한량없는 겁에 이런 삼매에 머물면서 또한 들어가기도 하고, 또한 일어나기도 하며, 또한 세계를 성취하기도 하고, 또한 중생을 조복하기도 하며, 또한 법계를 두루 알기도 하고, 또한 삼세를 두루 알기도 하며, 또한 여러 법을 연설하기도 하고, 또한 큰 신통으로 가지가지 방편으로 나타내되 집착도 없고 걸림도 없으며,

법계에 자재함을 얻었기에 눈을 잘 분별하고, 귀를 잘 분별하고, 코를 잘 분별하고, 혀를 잘 분별하고, 몸을 잘 분별하고, 뜻을 잘 분별하여, 이와 같이 가지가지 차별로 똑같지 않은 것들을 모두 잘 분별하여 그 끝까지 다하였다.

● 疏 ●

三은 明定功用이니 於中 四니 一은 了三世間이오 二'菩薩於彼'下는 多劫修行이오 三'又於'下는 入出無礙오 四'以於法界'下는 結成自在라 此有二義하니 一은 於理法界自在故로 能善分別眼等界오 二는 善分別眼等十八界 卽是事法界自在니 此二 無礙하며 及事事無礙일세 故云如是種種이니 皆橫盡其邊이오 竪窮其際니라

(3) 선정의 기능과 작용을 밝혔다.

이 부분은 4단락으로 나뉜다.

① 삼세간을 잘 알고,
② '菩薩於彼' 이하는 많은 겁에 수행함이며,
③ '又於' 이하는 들어가고 나오는 데에 걸림이 없고,
④ '以於法界' 이하는 자재함을 끝맺었다.
여기에는 2가지의 뜻이 있다.
㉠ 이법계에 자재한 까닭에 안근 등의 경계를 잘 분별하고,
㉡ 안근 등 18界를 잘 분별함이 곧 사법계에 자재함이다.

이 2가지가 걸림이 없으며, 더불어 모든 일에 걸림이 없는 까닭에 '이와 같이 가지가지 차별'이라 말한다. 이는 모두 횡으로 그 끝까지 다하고 종으로 그 가장자리까지 다함이다.

第二. 明定成益
2. 선정의 성취 이익을 밝히다

經
菩薩이 如是善知見已에
能生起十千億陀羅尼法光明하며
成就十千億淸淨行하며
獲得十千億諸根하며
圓滿十千億神通하며
能入十千億三昧하며

成就十千億神力하며
長養十千億諸力하며
圓滿十千億深心하며
運動十千億力持하며
示現十千億神變하며
具足十千億菩薩無礙하며
圓滿十千億菩薩助道하며
積集十千億菩薩藏하며
照明十千億菩薩方便하며
演說十千億諸義하며
成就十千億諸願하며
出生十千億廻向하며
淨治十千億菩薩正位하며
明了十千億法門하며
開示十千億演說하며
修治十千億菩薩淸淨이니라

 보살이 이와 같이 잘 알고 보고서

 십천억 다라니 법의 광명을 일으키고, 십천억 청정한 행을 성취하며,

 십천억 모든 감관을 얻고, 십천억 신통이 원만하며,

 십천억 삼매에 들어가고, 십천억 신통한 힘을 이루며,

 십천억 여러 가지 힘을 기르고, 십천억 깊은 마음이 원만하며,

십천억 힘의 가지(加持)를 움직이고, 십천억 신통변화를 나타내며,

십천억 보살의 걸림 없음을 구족하고, 십천억 보살의 도를 돕는 일이 원만하며,

십천억 보살장을 모으고, 십천억 보살의 방편을 비추며,

십천억 모든 이치를 연설하고, 십천억 모든 소원을 성취하며,

십천억 회향을 내고, 십천억 보살의 바른 지위를 말끔히 다스리며,

십천억 법문을 밝게 알고, 십천억 연설을 열어 보이며,

십천억 보살의 청정함을 닦았다.

◉ 疏 ◉

辨十重益이니 一은 生多功德益이라 有二十一句하니 各十千億이라

10겹의 이익을 논변하였다.

⑴ 많은 공덕의 이익을 낳았다. 21구인데, 각기 '십천억'으로 말하였다.

經

佛子여 菩薩摩訶薩이 復有無數功德과 無量功德과 無邊功德과 無等功德과 不可數功德과 不可稱功德과 不可思功德과 不可量功德과 不可說功德과 無盡功德하니 佛子여 此菩薩이 於如是功德에 皆已辨具며 皆已積集이

며 皆已莊嚴이며 皆已淸淨이며 皆已瑩徹이며 皆已攝受며 皆能出生이며 皆可稱歎이며 皆得堅固며 皆已成就니라

불자여, 보살마하살 또한 수없는 공덕, 한량없는 공덕, 그지없는 공덕, 같을 이 없는 공덕, 셀 수 없는 공덕, 일컬을 수 없는 공덕, 생각할 수 없는 공덕, 헤아릴 수 없는 공덕, 말할 수 없는 공덕, 다함이 없는 공덕이 있다.

불자여, 이런 보살이 이와 같은 공덕을 모두 마련하였고, 모두 모았고, 모두 장엄하였고, 모두 청정하였고, 모두 사무치게 하였고, 모두 받아들였고, 모두 냈고, 모두 칭찬하였고, 모두 견고히 하였고, 모두 성취하였다.

◉ 疏 ◉

二는 具無盡德益이니 隨前一事하야 皆至無盡故니라 於中 二十句니 前十句는 所具之多오 後十句는 能具之相이라 淸淨者는 除垢故오 瑩徹者는 發本智光故니라

(2) 그지없는 공덕의 이익을 두루 갖추었다. 앞의 한 일을 따라서 모두 그지없는 공덕에 이른 까닭이다.

이의 경문은 20구이다.

앞의 10구는 갖춰야 할 대상이 많음을, 뒤의 10구는 갖출 수 있는 주체의 양상을 말하였다. 청정이란 더러운 때를 없앴기 때문이며, 瑩徹이란 근본지의 광명이 발산하였기 때문이다.

經

佛子여 菩薩摩訶薩이 住此三昧에 爲東方十千阿僧祇佛刹微塵數名號諸佛之所攝受하며 一一名號에 復有十千阿僧祇佛刹微塵數佛이 各各差別이어든 如東方하야 南西北方과 四維上下도 亦復如是하나라

彼諸佛이 悉現其前하사 爲現諸佛淸淨刹하며 爲說諸佛無量身하며 爲說諸佛難思眼하며 爲說諸佛無量耳하며 爲說諸佛淸淨鼻하며 爲說諸佛淸淨舌하며 爲說諸佛無住心하며 爲說如來無上神通하사

令修如來無上菩提하며 令得如來淸淨音聲하며 開示如來不退法輪하며 顯示如來無邊衆會하며 令入如來無邊祕密하며 讚歎如來一切善根하며 令入如來平等之法하며 宣說如來三世種性하며 示現如來無量色相하며 闡揚如來護念之法하며 演暢如來微妙法音하며 辯明一切諸佛世界하며 宣揚一切諸佛三昧하며 示現諸佛衆會次第하며 護持諸佛不思議法하며 說一切法이 猶如幻化하며 明諸法性이 無有動轉하며 開示一切無上法輪하며 讚美如來無量功德하며 令入一切諸三昧雲하며 令知其心이 如幻如化하야 無邊無盡이니라

　　불자여, 보살마하살이 이런 삼매에 머물 적에 동방으로 십천억 아승기 부처님 세계의 티끌 수처럼 수많은 이름을 가진 여러 부처님의 거두어 주심을 받았고,

하나하나 부처님의 명호마다 다시 십천 아승기 부처님 세계의 티끌 수처럼 수많은 부처님이 각기 다르다.

동방처럼 남방·서방·북방, 그리고 네 간방과 위아래 또한 그와 같다.

저 여러 부처님이 모두 앞에 나타나 여러 부처님의 청정한 세계를 나타내고,

여러 부처님의 한량없는 몸을 말하며,

여러 부처님의 생각할 수 없는 눈을 말하고,

여러 부처님의 한량없는 귀를 말하며,

여러 부처님의 청정한 코를 말하고,

여러 부처님의 청정한 혀를 말하며,

여러 부처님의 머무름이 없는 마음을 말하고,

여래의 위가 없는 신통을 말하여,

여래의 위가 없는 보리를 닦게 하고,

여래의 청정한 음성을 얻게 하며,

여래의 물러서지 않는 법륜을 열어 보이고,

여래의 그지없이 모인 대중을 나타내며,

여래의 그지없는 비밀에 들어가게 하고,

여래의 일체 선근을 찬탄하며,

여래의 평등한 법에 들게 하고,

여래의 삼세의 종성을 말하며,

여래의 한량없는 몸을 나타내고,

여래께서 호념하는 법을 드러내며,

여래의 미묘한 법음을 연설하고,

일체 부처님의 세계를 밝히며,

일체 부처님의 삼매를 드러내고,

여러 부처님의 대중법회를 차례로 보여주며,

여러 부처님의 불가사의한 법을 지니고,

일체 법이 허깨비와 같음을 말하며,

모든 법성이 움직이지 않음을 밝히고,

일체 위가 없는 법륜을 열어 보이며,

여래의 한량없는 공덕을 찬미하고,

일체 삼매 구름에 들어가게 하며,

그 마음이 요술 같고 변화와 같아 그지없고 다함이 없음을 알게 하였다.

● 疏 ●

三은 諸佛攝受益이니 於中 三이라 初는 明攝受오 次 '彼諸佛'下는 現身說法이오 後 '令修'下는 令其修證이라

(3) 여러 부처님이 받아들이는 이익이다.

이는 3부분이다.

첫째는 부처님이 받아들임을 밝혔고,

다음 '彼諸佛' 이하는 현신설법이며,

뒤의 '令修' 이하는 그로 하여금 닦고 증득하게 함이다.

佛子여 菩薩摩訶薩이 住此法界自在三昧時에
彼十方各十千阿僧祇佛刹微塵數名號如來 一一名中에
各有十千阿僧祇佛刹微塵數佛이 同時護念하사
令此菩薩로 得無邊身하며
令此菩薩로 得無礙心하며
令此菩薩로 於一切法에 得無忘念하며
令此菩薩로 於一切法에 得決定慧하며
令此菩薩로 轉更聰敏하야 於一切法에 皆能領受하며
令此菩薩로 於一切法에 悉能明了하며
令此菩薩로 諸根猛利하야 於神通法에 悉得善巧하며
令此菩薩로 境界無礙하야 周行法界하야 恒不休息하며
令此菩薩로 得無礙智하야 畢竟淸淨하며
令此菩薩로 以神通力으로 一切世界에 示現成佛이니라

  불자여, 보살마하살이 이 법계에 자유자재한 삼매에 머물렀을 때에, 그 시방에 각각 십천 아승기 세계의 티끌 수처럼 수많은 명호의 여래가 계시는데, 그 하나하나의 명호를 지닌 부처님마다 각각 십천 아승기 세계의 티끌 수처럼 수많은 부처님이 있고 그들이 동시에 가호하고 염려하시어,

  이 보살로 하여금 그지없는 몸을 얻게 하고,

  이 보살로 하여금 걸림 없는 마음을 얻게 하며,

  이 보살로 하여금 일체 법을 잊지 않는 생각을 얻게 하고,

이 보살로 하여금 일체 법에 결정한 지혜를 얻게 하며,

이 보살로 하여금 더욱 총명하고 민첩하여 일체 법을 모두 알게 하고,

이 보살로 하여금 모든 법을 분명히 알게 하며,

이 보살로 하여금 감관이 영리하여 신통한 법에 모두 훌륭함을 얻게 하고,

이 보살로 하여금 경계에 걸림이 없어 법계에 두루 다니면서 항상 쉼이 없게 하며,

이 보살로 하여금 걸림 없는 지혜를 얻어 끝내 청정케 하고,

이 보살로 하여금 신통한 힘으로 일체 세계에 성불을 보여주도록 한 것이다.

● 疏 ●

四는 諸佛護念益이라 攝受는 攝之屬佛이오 護念은 卽佛力來加니라

(4) 여러 부처님의 가호와 염려의 이익이다.

攝受는 그를 받아들여 부처님께 속함이며,

護念은 곧 부처님 힘으로 가호가 있음이다.

經

佛子여 菩薩摩訶薩이 住此三昧에 得十種海하나니
何者 爲十고
所謂得諸佛海니 咸覩見故며

得衆生海니 悉調伏故며
得諸法海니 能以智慧로 悉了知故며
得諸刹海니 以無性無作神通으로 皆往詣故며
得功德海니 一切修行이 悉圓滿故며
得神通海니 能廣示現하야 令開悟故며
得諸根海니 種種不同을 悉善知故며
得諸心海니 知一切衆生의 種種差別無量心故며
得諸行海니 能以願力으로 悉圓滿故며
得諸願海니 悉使成就하야 永淸淨故니라

불자여, 보살마하살이 이런 삼매에 머물 적에 열 가지 바다를 얻었다.

무엇이 열 가지 바다인가?

이른바 부처님 바다를 얻었다. 이는 모든 부처님을 친견하기 때문이다.

중생 바다를 얻었다. 이는 모두 중생을 조복하기 때문이다.

법의 바다를 얻었다. 이는 지혜로써 모두 알기 때문이다.

모든 세계 바다를 얻었다. 이는 자성도 없고 조작도 없는 신통으로 모든 세계에 찾아가기 때문이다.

공덕 바다를 얻었다. 이는 일체 수행이 원만하기 때문이다.

신통 바다를 얻었다. 이는 널리 나타내어 중생을 깨닫게 하기 때문이다.

모든 근기 바다를 얻었다. 이는 일체중생의 근기가 가지가지 똑같지 않음을 잘 알기 때문이다.

　마음 바다를 얻었다. 이는 일체중생의 가지가지 다른 한량없는 마음을 알기 때문이다.

　수행 바다를 얻었다. 이는 서원의 힘으로 모두 원만하기 때문이다.

　서원 바다를 얻었다. 이는 모두 성취하여 영원히 청정케 하기 때문이다.

◉ 疏 ◉

五는 得十海深廣益이라
　(5) 10가지 바다의 깊고 넓은 이익이다.

經

佛子여 菩薩摩訶薩이 得如是十種海已에 復得十種殊勝하나니
何等이 爲十고
一者는 於一切衆生中에 最爲第一이오
二者는 於一切諸天中에 最爲殊特이오
三者는 於一切梵王中에 最極自在오
四者는 於諸世間에 無所染着이오
五者는 一切世間이 無能映蔽오
六者는 一切諸魔 不能惑亂이오

七者는 普入諸趣호되 無所罣礙오
八者는 處處受生이 知不堅固오
九者는 一切佛法에 皆得自在오
十者는 一切神通을 悉能示現이니라

　불자여, 보살마하살이 이와 같은 열 가지 바다를 얻고서 다시 열 가지 수승함을 얻었다.

　무엇이 열 가지 수승함인가?

　첫째는 일체중생 가운데 가장 제일이고,

　둘째는 일체 하늘 가운데 가장 특별하며,

　셋째는 모든 범천왕 가운데 가장 자재하고,

　넷째는 모든 세간에 물든 바 없으며,

　다섯째는 일체 세간이 그를 가릴 수 없고,

　여섯째는 일체 마군이 현혹케 하지 못하며,

　일곱째는 여러 악도에 두루 들어가되 걸린 바가 없고,

　여덟째는 곳곳마다 태어남이 견고하지 못함을 알며,

　아홉째는 일체 불법에 모두 자재하고,

　열째는 일체 신통을 모두 나타내는 것이다.

● 疏 ●

六은 得殊勝超絕益이니 竝可知니라

　(6) 수승함이 뛰어난 이익이다.

　이는 모두 설명하지 않아도 알 수 있다.

經

佛子여 菩薩摩訶薩이 得如是十種殊勝已하야는 復得十種力하야 於衆生界에 修習諸行하나니

何等이 爲十고

一은 謂勇健力이니 調伏世間故오

二는 謂精進力이니 恒不退轉故오

三은 謂無着力이니 離諸垢染故오

四는 謂寂靜力이니 於一切法에 無諍論故오

五는 謂逆順力이니 於一切法에 心自在故오

六은 謂法性力이니 於諸義中에 得自在故오

七은 謂無礙力이니 智慧廣大故오

八은 謂無畏力이니 能說諸法故오

九는 謂辯才力이니 能持諸法故오

十은 謂開示力이니 智慧無邊故라

佛子여 此十種力이 是廣大力이며 最勝力이며 無能摧伏力이며 無量力이며 善集力이며 不動力이며 堅固力이며 智慧力이며 成就力이며 勝定力이며 淸淨力이며 極淸淨力이며 法身力이며 法光明力이며 法燈力이며 法門力이며 無能壞力이며 極勇猛力이며 大丈夫力이며 善丈夫修習力이며 成正覺力이며 過去積集善根力이며 安住無量善根力이며 住如來力力이며 心思惟力이며 增長菩薩歡喜力이며 出生菩薩淨信力이며 增長菩薩勇猛力이며 菩提心

所生力이며 菩薩淸淨深心力이며 菩薩殊勝深心力이며 菩薩善根熏習力이며 究竟諸法力이며 無障礙身力이며 入方便善巧法門力이며 淸淨妙法力이며 安住大勢하야 一切世間이 不能傾動力이며 一切衆生이 無能映蔽力이니라

불자여, 보살마하살이 이와 같은 열 가지 수승함을 얻은 후에는 다시 열 가지 힘을 얻어 중생세계에 여러 행을 닦았다.

무엇이 열 가지 힘인가?

첫째는 용맹한 힘이다. 세간을 조복하기 때문이다.

둘째는 정진하는 힘이다. 항상 물러서지 않기 때문이다.

셋째는 집착이 없는 힘이다. 모든 때를 여의기 때문이다.

넷째는 고요한 힘이다. 일체 법에 다투는 논쟁이 없기 때문이다.

다섯째는 거슬리고 따르는 힘이다. 일체 법에 마음이 자재하기 때문이다.

여섯째는 법성의 힘이다. 모든 이치에 자재하기 때문이다.

일곱째는 걸림이 없는 힘이다. 지혜가 광대하기 때문이다.

여덟째는 두려움이 없는 힘이다. 모든 법을 연설하기 때문이다.

아홉째는 말을 잘하는 힘이다. 모든 법을 지니기 때문이다.

열째는 열어 보이는 힘이다. 지혜가 그지없기 때문이다.

불자여, 이 열 가지 힘은 곧 광대한 힘, 가장 나은 힘, 꺾지 못하는 힘, 한량없는 힘, 잘 모으는 힘, 동요하지 않는 힘, 견고한 힘, 지혜의 힘, 성취하는 힘, 훌륭한 선정의 힘, 청정한 힘, 지극히 청정

한 힘, 법신의 힘, 법 광명의 힘, 법 등불의 힘, 법문의 힘, 깨뜨릴 수 없는 힘, 매우 용맹한 힘, 대장부의 힘, 좋은 대장부의 닦아 익히는 힘, 바른 깨달음을 이루는 힘, 과거에 선근을 쌓은 힘, 한량없는 선근에 머무는 힘, 여래의 힘에 머무는 힘, 마음으로 생각하는 힘, 보살의 기쁨을 더하는 힘, 보살의 신심을 내는 힘, 보살의 용맹을 키워주는 힘, 보리심으로 생기는 힘, 보살의 청정하고 깊은 마음의 힘, 보살의 훌륭하고 깊은 마음의 힘, 보살의 선근을 훈습하는 힘, 모든 법을 다하는 힘, 장애가 없는 몸의 힘, 방편과 교묘한 법문에 들어간 힘, 청정하고 미묘한 법의 힘, 큰 세력에 안주하여 일체 세간 중생이 흔들지 못하는 힘, 일체중생이 가릴 수 없는 힘이다.

● 疏 ●

七은 得諸力幹能益이니 於中 初列十力이오 後 '佛子此十種力' 下는 顯其超勝이니 隨前一一力하여 皆具此三十八力이라

(7) 모든 힘의 능력을 얻은 이익이다.

그 가운데 첫 부분은 10가지 힘을 나열하였다.

뒤의 '佛子此十種力' 이하는 그 뛰어남을 밝혔다. 앞에서는 하나하나의 힘을 따라 모두 38가지 힘을 갖추고 있다.

經

佛子여 此菩薩摩訶薩이 於如是無量功德法에 能生하며 能成就하며 能圓滿하며 能照明하며 能具足하며 能徧具

足하며 能廣大하며 能堅固하며 能增長하며 能淨治하며 能徧淨治하나니라

    불자여, 보살마하살이 이처럼 한량없는 공덕의 법에 대해
    공덕을 내고 공덕을 성취하며,
    공덕이 원만하고 공덕을 비춰주며,
    공덕을 갖추고 공덕이 두루 구족하며,
    공덕을 넓히고 공덕이 견고하며,
    공덕이 더욱 커나가고 공덕을 청정하게 다스리며,
    공덕이 두루 청정하게 다스렸다.

◉ 疏 ◉

八은 結能圓滿益이라
  (8) 원만한 이익을 끝맺었다.

經

此菩薩의 功德邊際와 智慧邊際와 修行邊際와 法門邊際와 自在邊際와 苦行邊際와 成就邊際와 淸淨邊際와 出離邊際와 法自在邊際를 無能說者니라
此菩薩의 所獲得과 所成就와 所趣入과 所現前과 所有境界와 所有觀察과 所有證入과 所有淸淨과 所有了知와 所有建立인 一切法門을 於不可說劫에 無能說盡이니라

    이 보살의 공덕의 끝자락, 지혜의 끝자락, 수행의 끝자락, 법문

의 끝자락, 자재의 끝자락, 고행의 끝자락, 성취의 끝자락, 청정의 끝자락, 뛰어남의 끝자락, 법에 자재로움의 끝자락을 말할 수 없다.

이 보살이 얻은 바, 성취한 바, 나아간 바, 앞에 나타난 바, 소유한 경계, 소유한 관찰, 소유한 증득, 소유한 청정, 소유한 지식, 소유한 건립의 일체 법문을 말할 수 없는 겁에도 다 말할 수 없다.

● 疏 ●

九는 自德無邊故로 他不能說益이라

(9) 스스로의 덕이 그지없는 까닭에 남들이 말할 수 없는 이익이 있다.

經

佛子여 菩薩摩訶薩이 住此三昧에 能了知無數無量無邊無等不可數不可稱不可思不可量不可說不可說不可說一切三昧하나니 彼一一三昧의 所有境界 無量廣大하니 於境界中에 若入과 若起와 若住의 所有相狀과 所有示現과 所有行處와 所有等流와 所有自性과 所有除滅과 所有出離인 如是一切를 靡不明見이니라

불자여, 보살마하살이 이런 삼매에 머물면 수없고 한량없고 그지없고, 같을 이 없고 셀 수 없고 일컬을 수 없고 생각할 수 없고 헤아릴 수 없고, 말할 수 없고 말할 수 없이 말할 수 없는 일체 삼매를 잘 알고 있다.

저 하나하나 삼매에 소유한 경계가 한량없이 광대하다. 그러한 삼매의 경계에 들어가고 일어나고 머무는 데에서 있게 되는 형상, 있게 되는 시현(示現), 있게 되는 행처(行處), 있게 되는 평등, 있게 되는 자성, 있게 되는 사라진 것, 있게 되는 벗어난 것, 이처럼 모든 것들을 분명하게 보지 않은 게 없다.

● 疏 ●

十은 三昧無邊 自無不了益이라 上十段中에 前七은 別明이오 後三은 總結이라

⑽ 그지없는 삼매를 스스로 알지 못함이 없는 이익이다.

위의 10단락 가운데 앞의 7단락은 개별로 밝혔고, 뒤의 3단락은 총체로 끝맺었다.

第三 以喩寄顯

3. 비유로 밝히다

經

佛子여 譬如無熱惱大龍王宮에 流出四河호되 無濁無雜하며 無有垢穢하야 光色淸淨이 猶如虛空이어든 其池四面에 各有一口하야 一一口中에 流出一河호되 於象口中엔 出恒伽河하고 師子口中엔 出私陀河하고 於牛口中엔

出信度河하고 於馬口中엔 出縛芻河하며 其四大河流出
之時에 恒伽河口엔 流出銀沙하고 私陀河口엔 流出金剛
沙하고 信度河口엔 流出金沙하고 縛芻河口엔 流出瑠璃
沙하야 恒伽河口는 作白銀色하고 私陀河口는 作金剛色
하고 信度河口는 作黃金色하고 縛芻河口는 作瑠璃色하
며 一一河口 廣이 一由旬이오 其四大河 旣流出已에 各
共圍遶大池七匝하야 隨其方面하야 四向分流호되 頒涌
奔馳하야 入於大海라 其河旋遶一一之間에 有天寶所成
優鉢羅華와 波頭摩華와 拘物頭華와 芬陀利華 奇香發
越하고 妙色淸淨하야 種種華葉과 種種臺藥 悉是衆寶라
自然映徹하고 咸放光明하야 互相照現하며 其無熱池의
周圍廣大 五十由旬이오 衆寶妙沙 徧布其底하며 種種
摩尼로 以爲嚴飾하며 無量妙寶로 莊嚴其岸하며 栴檀妙
香으로 普散其中하며 優鉢羅華와 波頭摩華와 拘物頭華
와 芬陀利華와 及餘寶華 皆悉徧滿하야 微風吹動에 香
氣遠徹하며 華林寶樹 周匝圍遶하며 日光出時에 普皆照
明하야 池河內外에 一切衆物이 接影連輝하야 成光明網
하니 如是衆物의 若遠若近과 若高若下와 若廣若狹과 若
麤若細와 乃至極小한 一沙一塵에 悉是妙寶 光明鑒徹
하야 靡不於中에 日輪影現하며 亦復展轉更相現影하야
如是衆影이 不增不減이며 非合非散이라 皆如本質하야
而得明見이니라

불자여, 마치 무열뇌(無熱惱) 큰 용왕의 궁전에서 네 줄기 강물이 흘러나오는데, 흐리지도 않고 뒤섞이지도 않으며, 때와 더러움이 없어 그 빛이 허공처럼 청정하다.

그 연못의 사면에 각기 하나의 어귀가 있어, 하나하나의 어귀마다 한 줄기의 강물이 흐르는데, 코끼리 어귀[象口]에서는 항가하가 흘러나오고, 사자 어귀[師子口]에서는 사타하가 흘러나오고, 소 어귀[牛口]에서는 신도하가 흘러나오고, 말 어귀[馬口]에서는 박추하가 흘러나온다.

네 줄기의 큰 강물이 흐를 적에 항가하 어귀에서는 은모래가 흘러나오고, 사타하 어귀에서는 금강모래가 흘러나오며, 신도하 어귀에서는 금모래가 흘러나오고, 박추하 어귀에서는 유리모래가 흘러나오며, 항가하 어귀는 은빛이고, 사타하 어귀는 금강빛이며, 신도하 어귀는 황금빛이고, 박추하 어귀는 유리빛이며, 하나하나 강하 어귀의 너비는 1유순이다.

그 네 줄기의 큰 강물이 흐르고 나면, 각기 큰 연못을 일곱 번씩 둘러 흐르고, 각기 제 방면을 따라 사방으로 나뉘어 흐르는데, 철철 흘러 큰 바다로 들어간다.

그 강들이 둘러 흐르는 사이에 하늘 보배로 이뤄진 우발라화[靑蓮華], 바두마화[紅蓮華], 구물두화[黃蓮花], 분타리화[白蓮華]에서 기이한 향기가 넘쳐나고 미묘한 빛깔이 청정하여, 가지가지 꽃과 잎, 가지가지 받침과 꽃술이 모두 수많은 보배로 이뤄졌다. 따라서 절로 맑게 사무치고 모든 데서 광명을 쏟아내어 서로서로 비추었다.

무열뇌 용왕의 연못 둘레는 50유순인데, 연못 밑에는 수많은 보배의 모래가 깔려 있고 가지가지 마니주로 꾸몄으며, 한량없는 미묘한 보배로 그 언덕을 단장하고 전단의 미묘한 향을 그 가운데 널리 뿌렸으며, 우발라화, 바두마화, 구물두화, 분타리화와 다른 꽃들이 모두 가득 피어, 실바람이 불 때면 향기가 멀리 풍겨나고 꽃숲과 보배 나무가 둘러섰으며, 해가 뜰 적이면 모두 널리 밝게 비춰 연못의 안팎에 일체 모든 물건의 빛과 그림자가 광명 그물을 이루었다.

이처럼 많은 물건의 멀거나 가깝거나 높거나 낮거나 넓거나 좁거나 크거나 작거나 가장 작은 모래와 티끌까지 모두 미묘한 보배의 광명이 사무치게 비춰, 그 가운데 햇빛을 받아 그림자가 나타나고, 또한 전전하여 서로 비춰 영상이 나타나는데, 이와 같이 수많은 그림자가 더하지도 않고 줄어들지도 않으며, 합하지도 않고 흩어지지도 않는다. 모두가 본바탕대로 분명히 볼 수 있다.

● 疏 ●

喩顯中에 正顯前體用及益이니 亦明前所未顯이라 故不全似上文이라

文中二니 先은 總擧喩體니라

비유로 밝힌 가운데, 바로 앞서 말한 體用 및 이익을 밝혔다. 또한 앞에서 밝히지 못한 바를 밝힌 까닭에 위의 경문에서 말한 바와 같이 모두 똑같지 않다.

이의 경문은 2단락으로 나뉜다.

앞부분은 비유의 체제를 총체로 들어 말하였다.

經

佛子여 如無熱大池 於四口中에 流出四河하야 入於大海인달하야 菩薩摩訶薩도 亦復如是하야 從四辯才로 流出諸行하야 究竟入於一切智海니라

如恒伽大河 從銀色象口로 流出銀沙인달하야 菩薩摩訶薩도 亦復如是하야 以義辯才로 說一切如來所說一切義門하야 出生一切淸淨白法하야 究竟入於無礙智海니라

如私陀大河 從金剛色師子口로 流出金剛沙인달하야 菩薩摩訶薩도 亦復如是하야 以法辯才로 爲一切衆生하야 說佛金剛句하고 引出金剛智하야 究竟入於無礙智海니라

如信度大河 從金色牛口로 流出金沙인달하야 菩薩摩訶薩도 亦復如是하야 以訓辭辯說로 隨順世間緣起方便하야 開悟衆生하야 令皆歡喜調伏成熟하야 究竟入於緣起方便海라

如縛芻大河 於瑠璃色馬口에 流出瑠璃沙인달하야

菩薩摩訶薩도 亦復如是하야 以無盡辯으로 雨百千億那由他不可說法하야 令其聞者로 皆得潤洽하야 究竟入於諸佛法海니라

불자여, 무열뇌 용왕의 연못에서 네 어귀로 네 줄기 강물이 흘

293

러 바다에 들어가는 것처럼, 보살마하살 또한 그와 같다. 네 가지 변재에서 여러 행이 흘러나와 결국 일체 지혜 바다로 들어가도록 하는 것이다.

마치 항가하가 은빛 코끼리 어귀에서 은모래가 흘러내리는 것처럼, 보살마하살 또한 그와 같다. 뜻을 잘 아는 변재로 일체 여래가 말씀하신 일체 이치를 말하여 일체 청정한 법을 내고, 결국 걸림 없는 지혜 바다에 들어가도록 하는 것이다.

마치 사타하가 금강빛 사자 어귀에서 금강모래가 흘러내리는 것처럼, 보살마하살 또한 그와 같다. 법을 잘 아는 변재로 일체중생을 위하여 부처님의 금강 구절을 말하여 금강의 지혜를 끌어내고, 결국 걸림 없는 지혜 바다에 들어가도록 하는 것이다.

마치 신도하가 황금빛 소 어귀에서 금모래가 흘러내리는 것처럼, 보살마하살 또한 그와 같다. 훈고를 잘 아는 변재로 세간의 인연을 따라 일어나는 방편을 따라 중생을 깨닫게 하여, 모두 기쁘게 하고 조복하고 성숙하여 결국 인연으로 일어나는 방편 바다에 들어가도록 하는 것이다.

마치 박추하가 유리빛 말 어귀에서 유리모래가 흘러내리는 것처럼, 보살마하살 또한 그와 같다. 그지없는 변재로 백천억 나유타 말할 수 없는 법을 내려, 듣는 이로 하여금 모두 윤택하게 하여 결국 부처님 법 바다에 들어가도록 하는 것이다.

● 疏 ●

後는 對喩別合이라 有十三門하니 各 先喩後合이라 一은 合流沙入海喩中에 先은 總明이니 喩合에 雖擧四河나 意在四口出沙라 故下第九에 別明四河라 後는 別明四辯이니 卽喩四口오 所說은 卽喩四沙니 若開四辯하야 總別爲五면 則有十七門이라

뒷부분은 비유를 상대하여 개별로 종합하였다. 13부분인데, 각각 앞은 비유이고, 뒤는 종합이다.

(1) 모래가 흘러내려 바다로 들어가는 비유에 종합하였다.

그 가운데 앞은 총체로 밝혔다. 비유로 종합한 부분에서 비록 네 강하를 들어 말했으나, 비유의 본의는 네 어귀에서 모래가 흘러내린 데에 있다. 따라서 아래 (9)에서 네 강하를 개별로 밝혔다.

뒤에서는 4가지 변재를 개별로 밝혔다. 이는 곧 네 강하의 어귀를 비유하였고, 설법한 바는 바로 4가지 모래를 비유하였다. 만일 4가지 변재를 나누어서 총체와 개별로 5를 삼으면 곧 17부분[3]이 된다.

經

如四大河 隨順圍遶無熱池已에 四方入海인달하야 菩薩摩訶薩도 亦復如是하야 成就隨順身業과 隨順語業과 隨順意業하며 成就智爲前導身業과 智爲前導語業과 智爲

----

[3] 17부분: 四辯의 4곱인 16과 전체를 총괄한 하나를 더하여 17이 된다.

前導意業하야 四方流注하야 究竟入於一切智海니라
佛子여 何者 名爲菩薩四方고
佛子여 所謂見一切佛하고 而得開悟하며 聞一切法하고 受持不忘하며 圓滿一切波羅蜜行하며 大悲說法하야 滿足衆生이니라

　마치 네 줄기 큰 강물이 무열뇌 연못을 따라 둘러 흐르고 사방으로 바다에 들어가는 것처럼, 보살마하살 또한 그와 같다. 몸의 업을 따라, 말의 업을 따라, 뜻의 업을 따라 성취하고, 지혜가 앞잡이가 된 몸의 업, 지혜가 앞잡이가 된 말의 업, 지혜가 앞잡이가 된 뜻의 업을 성취하여, 사방으로 흐르다가 결국 일체 지혜 바다에 들어가는 것이다.

　불자여, 무엇을 보살의 사방이라 하는가?

　불자여, 일체 부처님을 보고서 깨침을 얻으며, 일체 법을 듣고서 기억하여 잊지 않으며, 일체 바라밀 행이 원만하며, 대비의 마음으로 설법하여 중생을 만족케 하는 것이다.

◉ 疏 ◉

二는 合繞池入海喩니 於中에 先喩오 後合이라 合中에 先合遶池니 菩提心志를 名之爲池라하고 三業이 隨順智慧 卽爲遶義라 後 佛子下는 合其四方이라

　(2) 연못을 둘러 바다로 들어가는 비유에 종합하였다.

　그 가운데 앞은 비유이고, 뒤는 종합이다.

종합 부분 가운데, 앞은 연못을 둘러 흐르는 비유에 종합한 것이다. 보리심의 마음을 연못이라 말하고, 삼업이 지혜를 따름이 바로 강물이 둘러 흐른다는 뜻이다.

뒤의 '佛子' 이하는 사방으로 흐르는 강줄기의 비유에 종합하였다.

經

如四大河 圍遶大池어든 於其中間에 優鉢羅華와 波頭摩華와 拘物頭華와 芬陀利華 皆悉徧滿인달하야 菩薩摩訶薩도 亦復如是하야 於菩提心中間에 不捨衆生하고 說法調伏하야 悉令圓滿無量三昧하야 見佛國土莊嚴淸淨이니라

마치 네 줄기 큰 강물이 용궁의 연못을 둘러 흐르는데, 그 중간에 청련화, 홍련화, 황련화, 백련화가 가득 피어나는 것처럼, 보살마하살 또한 그와 같다.

보리심의 가운데 중생을 버리지 않고 설법하여 그들을 조복함으로써 한량없는 삼매를 모두 원만케 하여 부처님 국토의 장엄이 청정함을 보게 하였다.

◉ 疏 ◉

三은 合池間寶華喩니 說法은 有開敷之義요 三昧는 有感果之能이니 莊嚴淸淨은 皆華上之別義라

(3) 연못 사이 연꽃의 비유에 종합하였다. 설법은 연꽃이 피어나는 뜻이 있고, 삼매는 감득 과보의 주체이니, 장엄과 청정은 모두 연꽃의 또 다른 의의이다.

經

如無熱大池에 **寶樹圍遶**인달하야 **菩薩摩訶薩**도 **亦復如是**하야 **現佛國土莊嚴圍遶**하야 **令諸衆生**으로 **趣向菩提**니라

마치 무열뇌 연못에 보배 나무가 둘러 있는 것처럼, 보살마하살 또한 그와 같다.

부처님 국토에 둘러 있는 장엄을 나타내어 중생으로 하여금 보리에 나아가게 하였다.

◉ 疏 ◉

四는 合寶樹遶池喩라

(4) 보배 나무가 연못에 둘러 있는 비유에 종합하였다.

經

如無熱大池 其中縱廣이 **五十由旬**이오 **清淨無濁**인달하야 **菩薩摩訶薩**도 **亦復如是**하야 **菩提之心**이 **其量無邊**하야 **善根充滿**하야 **清淨無濁**이니라

마치 무열뇌 연못이 너비와 길이가 오십 유순인데 청정하여

혼탁하지 않은 것처럼, 보살마하살 또한 그와 같다.

보리심의 한량이 그지없어 선근이 충만하여 청정하고 혼탁하지 않다.

● 疏 ●

五는 合大池淸淨喩니 卽是池體라

(5) 대지 청정의 비유에 종합하였다. 이는 연못의 본체이다.

經

如無熱大池 以無量寶로 莊嚴其岸하고 散栴檀香하야 徧滿其中인달하야 菩薩摩訶薩도 亦復如是하야 以百千億十種智寶로 莊嚴菩提心大願之岸하야 普散一切衆善妙香이니라

마치 무열뇌 연못이 한량없는 보배로 그 언덕을 장엄하고 전단향을 뿌려 가운데 가득한 것처럼, 보살마하살 또한 그와 같다.

백천억이 되는 열 가지 지혜 보배로 보리심의 큰 서원 언덕을 장엄하여, 일체 선하고 미묘한 향을 널리 뿌렸다.

● 疏 ●

六은 合栴檀香岸喩라 十種智寶에 有二義하니 一은 卽離世間中 十種如寶智오 二는 卽他心等 十種智也라

(6) 전단향 언덕의 비유에 종합하였다.

'10가지 지혜 보배'에는 2가지 의의가 있다.
① 제38 이세간품에서 말한 10가지 보배와 같은 지혜이고,
② 他心通 등 10가지 지혜[十明, 또는 十通]이다.

經

如無熱大池 底布金沙하고 **種種摩尼**로 **間錯莊嚴**인달하야 **菩薩摩訶薩**도 **亦復如是**하야 **微妙智慧**로 **周徧觀察**하며 **不可思議菩薩解脫種種法寶**로 **間錯莊嚴**하며 **得一切法無礙光明**하며 **住於一切諸佛所住**하며 **入於一切甚深方便**이니라

마치 무열뇌 연못의 밑바닥에 황금모래가 깔렸고 가지가지 마니주로 사이사이 장엄한 것처럼, 보살마하살 또한 그와 같다.

미묘한 지혜로 두루 관찰하고,

헤아릴 수 없는 보살의 해탈인 가지가지 법보로 사이사이 장엄하고,

일체 법에 걸림 없는 광명을 얻고, 일체 부처님의 머문 바에 머물고,

일체 매우 깊은 방편에 들어갔다.

● 疏 ●

七은 合底布金寶喩니 妙智는 合金沙요 解脫은 合摩尼요 無礙光明은 合二種放光이오 住佛所住 入於甚深은 合布其底라 上四段은

各以無熱大池爲首이니라

(7) 밑바닥에 황금이 깔려 있는 비유에 종합하였다. 미묘한 지혜는 황금모래에, 해탈은 마니주에, 걸림 없는 광명은 2가지 放光에, 부처님의 머문 바에 머물고, 매우 깊은 방편에 들어감은 그 밑바닥에 깔려 있음에 종합하였다.

위의 4단락은 각기 무열뇌 연못으로 첫머리를 삼았다.

經

如阿那婆達多龍王이 永離龍中의 所有熱惱인달하야 菩薩摩訶薩도 亦復如是하야 永離一切世間憂惱하야 雖現受生이나 而無染着이니라

아나파달다용왕이 여느 용들이 가지고 있는 극심한 마음의 번뇌를 길이 여읜 것처럼, 보살마하살 또한 그와 같다.

일체 세간의 번뇌와 근심을 길이 여의어, 비록 현세에 몸을 받아 태어났지만 물듦이 없다.

● 疏 ●

八은 合龍王無惱喩니 卽合池名이니 名因龍得故니라

(8) 번뇌가 없는 용왕의 비유에 종합하였다. 이는 무열뇌라는 연못의 이름에 종합하였다. 연못의 이름을 용으로 인하여 얻었기 때문이다.

如四大河 潤澤一切閻浮提地하고 **旣潤澤已**에 **入於大海**인달하야 **菩薩摩訶薩**도 **亦復如是**하야 **以四智河**로 **潤澤天人沙門婆羅門**하야 **令其普入阿耨多羅三藐三菩提智慧大海**하야 **以四種力**으로 **而爲莊嚴**하나니

何者 爲四오

一者는 **願智河**니 **救護調伏一切衆生**하야 **常不休息**이오

二者는 **波羅蜜智河**니 **修菩提行**하야 **饒益衆生**하야 **去來今世**에 **相續無盡**하야 **究竟入於諸佛智海**오

三者는 **菩薩三昧智河**니 **無數三昧**로 **以爲莊嚴**하야 **見一切佛**하고 **入諸佛海**오

四者는 **大悲智河**니 **大慈自在**하야 **普救衆生**호되 **方便攝取**하야 **無有休息**하며 **修行秘密功德之門**하야 **究竟入於十力大海**니라

　마치 네 줄기 큰 강물이 일체 염부제를 적셔주고, 모두 적셔준 뒤에 큰 바다에 흘러가는 것처럼, 보살마하살 또한 그와 같다.

　네 가지 지혜의 강으로 하늘, 사람, 사문, 바라문을 적셔주어, 그들로 하여금 아뇩다라삼먁삼보리의 지혜 바다에 들게 하며, 열 가지 힘으로 장엄하였다.

　무엇이 네 가지 지혜인가?

　첫째는 서원 지혜의 강이다. 일체중생을 구호하고 조복하느라 항상 멈추지 않고,

둘째는 바라밀다 지혜의 강하이다. 보리행을 닦아 중생에게 이익을 베풀어 전세, 내세, 현세에 그지없이 이어오면서 끝내는 여러 부처님의 지혜 바다에 들어가며,

셋째는 보살 삼매 지혜의 강하이다. 무수한 삼매로 장엄하여 일체 부처님을 뵈옵고 여러 부처님 바다에 들어가고,

넷째는 대자비 지혜의 강하이다. 대자비의 마음이 자재하여 널리 중생을 구제하되 방편으로 받아들여 멈춤이 없으며, 비밀스러운 공덕의 법문을 수행하여 끝내는 부처님의 열 가지 힘인 큰 바다에 들어가는 것이다.

● 疏 ●

九는 合四河潤澤喩라
(9) 네 줄기 강하가 온 누리를 적셔주는 비유에 종합하였다.

經

如四大河 從無熱池로 旣流出已에 究竟無盡하야 入於大海인달하야 菩薩摩訶薩도 亦復如是하야 以大願力으로 修菩薩行하야 自在知見이 無有窮盡하야 究竟入於一切智海니라

마치 네 줄기 큰 강물이 무열뇌 연못에서 흘러나와 끝내는 그지없이 큰 바다에 들어가는 것처럼, 보살마하살 또한 그와 같다.

큰 서원의 힘으로 보살행을 닦아, 자재한 지견이 다함이 없어

일체 지혜의 바다에 들어가는 것이다.

◉ 疏 ◉

十은 合四河無盡喩라

⑽ 네 줄기 강물이 그지없는 비유에 종합하였다.

經

如四大河 入於大海에 無能爲礙하야 令不入者인달하야 菩薩摩訶薩도 亦復如是하야 常勤修習普賢行願하야 成就一切智慧光明하며 住於一切佛菩提法하야 入如來智호되 無有障礙니라

마치 네 줄기 큰 강물이 바다에 들어가는 것을 가로막아 들어가지 못하게 할 이가 없는 것처럼, 보살마하살 또한 그와 같다.

보현의 행원을 부지런히 닦아 일체 지혜의 광명을 이루고 일체 부처님의 보리에 머물러 여래의 지혜에 들어가는 것을 가로막을 이가 없다.

◉ 疏 ◉

十一은 合入海無障喩라

⑾ 바다에 들어가는 것을 가로막을 이가 없는 비유에 종합하였다.

經

如四大河 奔流入海에 經於累劫호되 亦無疲厭인달하야 菩薩摩訶薩도 亦復如是하야 以普賢行願으로 盡未來劫토록 修菩薩行하야 入如來海호되 不生疲厭이니라

　　마치 네 줄기 큰 강물이 세차게 흘러 바다에 들어가는데 여러 겁을 지내면서도 고달픔을 모르는 것처럼, 보살마하살 또한 그와 같다.

　　보현의 행원으로 미래 세월이 다하도록 보살행을 닦아 여래의 바다에 들어가되 고달픈 생각을 내지 않는다.

● **疏** ●

十二는 合入海無厭喩라 上之四喩는 各以如四大河而爲喩首니 上之十喩 皆以菩薩而爲合初니라

　　⑿ 바다에 들어가는 데 고달픔이 없는 비유에 종합하였다.

　　위의 4가지 비유는 각각 '네 줄기 큰 강물'로 비유의 첫머리를 삼았다.

　　위의 10가지 비유가 모두 보살로 첫 비유에 종합하였다.

經

佛子여 如日光出時에 無熱池中金沙銀沙金剛沙瑠璃沙와 及餘一切種種寶物에 皆有日影이 於中顯現하며 其金沙等一切寶物도 亦各展轉而現其影하야 互相鑒徹하

야 無所妨礙인달하야

菩薩摩訶薩도 亦復如是하야 住此三昧에 於自身一一毛孔中에 悉見不可說不可說佛刹微塵數諸佛如來하며 亦見彼佛所有國土道場衆會하야 一一佛所에 聽法受持하고 信解供養하야 各經不可說不可說億那由他劫호되 而不想念時節長短하며 其諸衆會도 亦無迫隘하나니

何以故오 以微妙心으로

入無邊法界故며

入無等差別業果故며

入不思議三昧境界故며

入不思議思惟境界故며

入一切佛自在境界故며

得一切佛所護念故며

得一切佛大神變故며

得諸如來難得難知十種力故며

入普賢菩薩行圓滿境界故며

得一切佛無勞倦神通力故니라

　불자여, 마치 태양이 솟아오를 적에 무열뇌 연못에 있는 금모래, 은모래, 금강모래, 유리모래, 그리고 나머지 일체 가지가지 보물마다 태양의 영상이 나타나고, 금모래 등의 모든 보물 또한 각기 차츰차츰 영상이 나타나 서로 사무쳐 비추기에 방해가 없는 것처럼, 보살마하살 또한 그와 같다.

이런 삼매에 머물 적에 제 몸의 하나하나 모공마다 말할 수 없이 말할 수 없는 세계의 티끌 수처럼 수많은 부처님을 친견하고, 또한 그 부처님의 국토와 도량에 모인 대중도 보며, 하나하나 부처님 계신 도량에서 법을 듣고 받아 지니고, 믿고 이해하고 공양하면서 말할 수 없이 말할 수 없는 억 나유타 겁을 지낼지라도, 시간의 길고 짧은 것을 생각지 않고, 그 여러 대중법회 또한 비좁지 않다.

무슨 까닭일까?

미묘한 마음으로 그지없는 법계에 들어가기 때문이며,

똑같을 이 없는 각기 다른 업과 과보에 들어가기 때문이며

불가사의한 삼매 경계에 들어가기 때문이며,

불가사의한 사유의 경계에 들어가기 때문이며,

일체 부처님의 자재한 경계에 들어가기 때문이며,

일체 부처님의 가호를 받기 때문이며,

일체 부처님의 큰 신통변화를 얻기 때문이며,

일체 여래의 얻기 어렵고 알기 어려운 열 가지 힘을 얻기 때문이며,

보현보살의 행이 원만한 경계에 들어가기 때문이며,

일체 부처님의 피곤함이 없는 신통의 힘을 얻기 때문이다.

● 疏 ●

十三은 合衆寶交影喩니 先喩 後合이라

(13) 수많은 보배가 서로 비추는 비유에 종합하였다. 앞은 비유

이고, 뒤는 종합이다.

第四 總結雙行
4. 쌍행을 총체로 끝맺다

經
佛子여 菩薩摩訶薩이
雖能於定에 一念入出이나 而亦不廢長時在定하고 亦無所着하며
雖於境界에 無所依住나 而亦不捨一切所緣하며
雖善入刹那際나 而爲利益一切衆生하야 現佛神通하야 無有厭足하며
雖等入法界나 而不得其邊하며
雖無所住無有處所나 而恒趣入一切智道하야 以變化力으로 普入無量衆生衆中하야 具足莊嚴一切世界하며
雖離世間顚倒分別하야 超過一切分別之地나 亦不捨於種種諸相하며
雖能具足方便善巧나 而究竟淸淨하며
雖不分別菩薩諸地나 而皆已善入하나니
佛子여 譬如虛空이 雖能容受一切諸物이나 而離有無인달하야 菩薩摩訶薩도 亦復如是하야

雖普入一切世間이나 而離世間想하며
雖勤度一切衆生이나 而離衆生想하며
雖深知一切法이나 而離諸法想하며
雖樂見一切佛이나 而離諸佛想하며
雖善入種種三昧나 而知一切法自性皆如하야 無所染着하며
雖以無邊辯才로 演無盡法句나 而心恒住離文字法하며
雖樂觀察無言說法이나 而恒示現淸淨音聲하며
雖住一切離言法際나 而恒示現種種色相하며
雖敎化衆生이나 而知一切法畢竟性空하며
雖勤修大悲하야 度脫衆生이나 而知衆生界 無盡無散하며
雖了達法界 常住不變이나 而以三輪으로 調伏衆生하야 恒不休息하며
雖常安住如來所住나 而智慧淸淨하야 心無怖畏하고 分別演說種種諸法하야 轉於法輪하야 常不休息이니라
佛子여 是爲菩薩摩訶薩의 第九法界自在大三昧善巧智니라

불자여, 보살마하살이

비록 선정삼매에 대하여 한 생각의 찰나에 들고 나면서도 오랫동안 선정에 있는 일을 버리지도 않고, 또 집착한 바도 없다.

비록 경계에 대하여 의지한 바 없지만, 또한 일체 반연한 바를 버리지 않는다.

비록 '찰나의 시간이라는 그 자체조차 없는 즈음'에 잘도 들어가지만, 일체중생의 이익을 위하여 부처님의 신통을 나타내어 싫어함이 없다.

비록 법계에 평등하게 들어가지만, 그 끝을 찾을 수 없다.

비록 머무는 데도 없고 처소도 없지만, 항상 일체 지혜의 도에 들어가 변화하는 힘으로 한량없는 중생 가운데 들어가 일체 세계를 두루 장엄하였다.

비록 세간의 전도분별을 여의어 일체 분별하는 자리에서 벗어났지만, 또한 가지가지 모든 모양을 버리지 않는다.

비록 방편과 뛰어남을 두루 갖췄으나 결국은 청정하였다.

비록 보살의 여러 지위를 분별하지 않지만, 모두 이미 잘 들어갔다.

불자여, 마치 허공이 비록 일체 사물을 포용하여 받아들이지만, 있다와 없다는 데에서 벗어난 것처럼, 보살마하살 또한 그와 같다.

비록 일체 세간에 널리 들어가지만, 세간이라는 생각을 여의었다.

비록 일체중생을 부지런히 제도하지만, 중생이라는 생각을 여의었다.

비록 일체 법을 깊이 알지만, 법이란 생각을 여의었다.

비록 일체 부처님의 친견을 좋아하지만, 부처님이란 생각을 여의었다.

비록 가지가지 삼매에 잘 들어갔지만, 일체 법의 자성이 모두 진여이기에 물든 바 없음을 알았다.

비록 그지없는 변재로 다함없는 법문을 연설하지만, 마음은 항상 문자를 떠난 법에 머물렀다.

비록 말이 없는 법을 살펴보기를 좋아하지만, 청정한 음성을 항상 나타냈다.

비록 일체 언어를 떠난 법에 머물지만, 가지가지 모양을 항상 나타냈다.

비록 중생을 교화하지만 일체 법의 자성이 끝까지 공한 줄을 알고 있다.

비록 부지런히 대자비를 닦아 중생을 제도하지만, 중생세계가 다하지도 않고 흩어지지도 않음을 알았다.

비록 법계가 항상 머물러 변하지 않는 줄을 알지만, 세 가지 법륜으로 중생을 조복하여 멈추지 않았다.

비록 여래의 머무신 바에 항상 머물지만, 지혜가 청정하여 마음에 두려움이 없으며, 가지가지 법을 분별하여 연설하면서 법륜을 언제나 멈추지 않고 굴렸다.

불자여, 이를 보살마하살의 제9. 법계에 자재한 큰 삼매의 훌륭한 지혜라고 한다.”

● 疏 ●

謂權實定散 無障礙故니 於中 三이라 先은 法이오 次 佛子 下는 喩오

後菩薩下는 合이라 然法中에 明卽寂而用하고 喩合은 乃明卽用而寂이니 文影畧耳라

방편과 실상, 선정과 분산에 걸림이 없기 때문이다.

이는 3부분으로 나뉜다. 앞에는 법이고, 다음 '佛子' 이하는 비유이며, 뒤의 '菩薩' 이하는 종합이다. 그러나 앞의 법에서는 적멸과 하나가 된 작용을 밝혔고, 비유와 종합에서는 작용과 하나가 된 적멸을 밝혔다. 경문의 일부분을 생략하여 그 뜻을 밝히고 있다.

◉ 論 ◉

第九는 法界自在三昧者는 明此菩薩이 於自身一一毛孔中에 入三昧하야 自然能知諸世間하며 及知世間法하며 及十方虛空界中一切世間法을 悉皆知盡하며 乃至佛菩薩大衆도 亦皆知盡이니 何以故오 以智稱法界故에 以智無中邊大小量故며 如虛空故며 智體性이 明白故로 於一毛孔中虛空이 無大小量하야 卽等虛空界하야 悉能徧知十方世界一切境界니 此는 不可以情識籌量으로 知오 當以亡思方便定으로 顯發之後에 理智現前하야사 方可堪爲니 此乃定盡想亡에 無思無心하야 以無作智印으로 方會일새 故名法界自在三昧며 不在情作하고 任智徧知일새 故名法界自在니라 此經에 云如蟲食芥子孔中에 虛空이 無損減이라하니 以無思之智로 可見이오 以思知之者는 卽乖니 身邊見盡에 卽十方與身이 量同一性하야 無表裏故오 情存卽隔이니라

제9. 법계에 자재한 삼매란 보살이 자신의 하나하나의 모공에

서 삼매에 들어가 자연스럽게 일체 세간 및 세간법을 알며, 그리고 시방 허공계의 일체 세간법을 모두 다 알며, 내지 불보살대중 또한 모두 다 알고 있다.

무엇 때문일까?

그 지혜가 법계에 하나이기 때문이며, 그 지혜가 중앙이나 끝이나 크고 작은 분량이 없기 때문이며, 허공과 같기 때문이며, 지혜의 체성이 명백한 까닭에 하나의 모공 가운데 허공이 크고 작은 한량이 없어 곧 허공세계와 같다.

이는 모두 시방세계 일체 경계를 두루 안 것이다. 이는 情識과 헤아림으로 알 수 없고, 생각이 없는 방편의 선정으로 나타난 理智가 앞에 나타나야만 비로소 이를 감당할 수 있다.

이는 선정이 다하고 생각이 사라짐에 생각도 없고 마음도 없어, 작위 없는 지혜 도장[無作智印]으로만 바야흐로 회통할 수 있기에 그 이름을 '법계에 자재한 삼매'라 하며, 情識으로 조작하는 데 있지 않고 지혜에 맡겨 두루 알기에 그 이름을 '법계에 자재함'이라 밝힌 것이다.

이 경문에 이르기를 "벌레 먹은 저 개자 구멍 속에 허공이 줄어듦이 없다."고 하니, 이는 생각이 없는 지혜만이 볼 수 있다. 생각으로 아는 자는 곧 어긋나게 된다. 身邊의 견해가 다하면 바로 시방과 몸의 한량이 하나의 성품과 같아 안팎이 없기 때문이며, 情識이 있으면 바로 막히게 된다.

如無熱惱大龍王宮에 流出四河者는 準經說컨댄 香山頂上에 有

阿耨達池하야 其池四方에 各流出一河니 東面私陁河는 師子口
中에 流出金剛沙하야 東入震旦國에 便入東海하고 南面恒伽河는
從象口流出銀沙하야 流入南印度하야 便入南海하고 西面信度河
는 從牛口流出黃金沙하야 流入信度國하야 便入西海하고 北面縛
蒭河는 從琉璃馬口 流出琉璃沙하야 入波斯拂林國하야 便入北
海하며 其池縱廣은 五十由旬이오 隨方面口 各一由旬이니 於中表
法은 經自具明이니라

優鉢羅華는 此云靑蓮華오 波頭摩華는 此云赤蓮華오 拘物頭華
는 此云小白華니 其華未開時에 華葉이 郁蹙然일새 因立其名이오
芬陁利華는 此云百葉白蓮華라 如阿那婆達多龍王者는 阿者는
無也며 那婆達多者는 熱惱也니 言此龍이 永離龍中之熱惱故라
於中文義表法은 一一如經自具니라

저 무열뇌 대용왕궁에서 흘러나오는 네 줄기 강물이란 경문에
서 말한 바에 준하면, 香山의 정상에 阿耨達池가 있는데, 그 연못
의 네 어귀에서 각각 한 줄기 강물이 흘러나온다.

동쪽의 사타하는 사자 입에서 금강모래가 흘러나오는데, 동쪽
진단국으로 흘러 곧 동해로 들어가고, 남쪽의 항가하는 코끼리 입
에서 은모래가 흘러나오는데, 남쪽 인도로 흘러 곧 남해로 들어가
며, 서쪽의 신도하는 소 입에서 황금모래가 흘러나오는데, 信度國
으로 흘러 곧 서해로 들어가고, 북쪽의 박추하는 말 입에서 유리모
래가 흘러나오는데, 바사불림국으로 흘러 곧 북해로 들어간다.

그 연못의 길이와 너비는 50유순이며, 방위를 따라 어귀의 크

기가 각각 1유순이다. 그 경문에서 상징하는 법은 경문에 스스로 잘 갖춰져 있어 그 뜻이 분명하다.

　우발라화는 중국에서는 청련화를, 바두마화는 중국에서는 적련화를, 구물두화는 중국에서는 小白華를 말한다. 그 연꽃이 아직 활짝 피지 않을 때에 꽃잎이 무성하게 움츠려 있기에 그로 인하여 그런 명칭을 붙인 것이다. 분타리화는 중국에서는 百葉白蓮華라 한다.

　阿那婆達多龍王의 阿는 없음을, 那婆達多란 熱惱를 말한다. 이 용왕은 여느 용들이 매우 고뇌하는 마음을 길이 여의었기 때문이다. 그 명제에서 말한 문장의 의의와 상징된 법은 하나하나 경문에서 말한 바와 같이 스스로 갖추고 있다.

십정품 제27-2 十定品 第二十七之二
화엄경소론찬요 제75권 華嚴經疏論纂要 卷第七十五

화엄경소론찬요 제76권
華嚴經疏論纂要 卷第七十六

●

십정품 제27-3
十定品 第二十七之三

第十無礙輪三昧

亦初徵 次釋 後結이라 釋中에 三이니 初는 明入時方便이오 二는 明入已智用이오 三은 定滿成益이라 今은 初라

제10. 걸림 없는 법륜 삼매

첫 부분은 물음이고, 다음은 해석이며, 뒤는 결론이다.

해석 부분은 다시 3단락으로 나뉜다.

가. 선정에 드는 때의 방편을 밝혔고,

나. 선정에 든 뒤의 지혜 작용을 밝혔으며,

다. 선정이 원만하여 이익을 성취하였다.

이는 '가. 선정에 드는 때의 방편' 부분이다.

經

佛子여 云何爲菩薩摩訶薩의 無礙輪三昧오

佛子여 菩薩摩訶薩이 入此三昧時에 住無礙身業과 無礙語業과 無礙意業하며 住無礙佛國土하며 得無礙成就衆生智하며 獲無礙調伏衆生智하며 放無礙光明하며 現無礙光明網하며 示無礙廣大變化하며 轉無礙淸淨法輪하며 得菩薩無礙自在하야

普入諸佛力하며 普住諸佛智하며 作佛所作하며 淨佛所淨하며 現佛神通하며 令佛歡喜하며 行如來行하며 住如來道하며 常得親近無量諸佛하며 作諸佛事하며 紹諸佛

種이니라

불자여, 어떤 것을 보살마하살의 걸림 없는 법륜 삼매라 하는가?

불자여, 보살마하살이 이런 삼매에 들 적에

걸림 없는 몸의 업, 걸림 없는 말의 업, 걸림 없는 뜻의 업에 머물고,

걸림 없는 부처님 국토에 머물며,

걸림 없이 중생을 성취하는 지혜를 얻고,

걸림 없이 중생을 조복하는 지혜를 얻으며,

걸림 없는 광명을 쏟아내고,

걸림 없는 광명 그물을 나타내며,

걸림 없이 광대한 변화를 보이고,

걸림 없이 청정한 법륜을 굴리며,

보살의 걸림 없이 자재함을 얻어,

부처님의 힘에 널리 들어가고,

부처님의 지혜에 널리 머물며,

부처님이 지었던 일을 짓고,

부처님의 청정하셨던 바를 청정하게 하며,

부처님의 신통을 나타내고,

부처님을 기쁘게 하며,

여래의 행을 행하고,

여래의 도에 머물며,

한량없는 부처님을 항상 가까이하여 불사를 지으며,

부처님의 종성을 잇는다.

● 疏 ●

有二十二句니 兼顯定名이라 初十一句는 因用無礙니 是無礙義오 後'普入'下에 有十一句는 住果圓滿이니 卽是輪義니라
今初段中에 卽此無礙 無所不摧니 亦卽輪義라 初三句는 三業無礙오 次句는 器世間無礙오 次二句는 衆生世間無礙오 餘句는 智正覺無礙니라
後住果中에 二는 智通權實이라 故云普住오 三은 作利樂事오 四는 淨二障種이오 七은 智契佛境이라 餘七은 可知니라【鈔_'二智通'者는 此有十一句니 但指二·三·四·七 四句釋之라 故云餘七可知라 하니라】

　22구이다. 선정의 명칭을 겸하여 밝혔다.
　첫 11구는 원인의 작용이 걸림 없음이니, 이는 걸림이 없다는 의의이고,
　뒤 '普入諸佛力' 이하의 11구는 결과의 원만에 머문 것이니, 바로 그것은 법륜이라는 의의이다.
　이의 첫 단락 가운데, 이처럼 걸림 없는 바가 꺾지 못할 게 없으니, 이 또한 곧 법륜이라는 의의이다. 첫 3구는 三業에 걸림이 없고, 다음 구절[住無礙佛國土]은 器世間에 걸림이 없고, 다음 2구[得無礙成就衆生智, 獲無礙調伏衆生智]는 중생세간에 걸림이 없고, 나머지 구절은 지혜의 正覺에 걸림이 없다.

뒤 '결과의 원만에 머문' 부분 가운데,

제2구[普住諸佛智]는 지혜로 방편과 실상을 통달하였기에 "부처님의 지혜에 널리 머문다." 말하였고,

제3구[作佛所作]는 일체중생에게 이익과 즐거운 일을 마련함이며,

제4구[淨佛所淨]는 번뇌장과 소지장의 종자를 말끔히 없앰이고,

제7구[行如來行]는 지혜가 부처님의 경계에 하나가 됨이다.

나머지 7구는 설명하지 않아도 알 수 있다.【초_ 方便智와 如實智를 통달한 자는 여기에서 말한 11구이다. 그러나 제2·제3·제4·제7 4구만을 들어 해석하였다. 따라서 "나머지 7구는 설명하지 않아도 알 수 있다."고 말하였다.】

第二는 入已智用中四니 第一은 攝佛功德이오 二는 證入諸法이오 三은 普德無盡이오 四는 結示勸修라 初中은 卽攝如來二十一種殊勝功德이니 以此位等佛故니라 其間에 或全同佛相하고 或有約因相似니 而次第無差니라
於中三이니 初는 總明妙悟皆滿이오 次는 別顯二十一德이오 後는 顯德勝能이라 今初는 十句라

나. 선정에 든 뒤의 지혜 작용

이 부분은 4단락으로 나뉜다.

1. 부처님의 공덕을 받아들이고,

2. 모든 법을 증득하여 들어가며,

3. 광대한 공덕이 그지없고,

4. 수행의 권면을 끝맺었다.

'1. 부처님의 공덕' 부분은 여래의 21가지 훌륭한 공덕을 받아들였다. 이 지위가 부처님과 같기 때문이다. 그 사이에 혹은 부처님의 상호와 전체가 똑같거나 혹은 원인을 들어 서로 유사한 점으로 말하여 차례에 어긋남이 없다.

이는 다시 3부분으로 나뉜다.

1) 미묘한 깨달음이 모두 원만함을 총체로 밝혔고,

2) 21가지 공덕을 개별로 밝혔으며,

3) 공덕의 수승한 능력을 밝혔다.

이는 '1) 미묘한 깨달음'에 대한 10구이다.

經

佛子여 菩薩摩訶薩이 住此三昧已에
觀一切智호되 總觀一切智하고 別觀一切智하며
隨順一切智호되 顯示一切智하고 攀緣一切智하며
見一切智호되 總見一切智하고 別見一切智하니라

　불자여, 보살마하살이 이런 삼매에 머물면서

　일체 지혜를 살펴보되, 일체 지혜를 총체로 살펴보고, 일체 지혜를 따로 살펴보며,

　일체 지혜를 따르되, 일체 지혜를 나타내고, 일체 지혜를 반연하며,

일체 지혜를 보되, 일체 지혜를 총체로 보고, 일체 지혜를 따로 보았다.

● 疏 ●

初句는 標滿時오 餘九는 顯滿相이라 然一切智를 若對種智면 卽是根本이어니와 若直語佛智면 則通權實이니 今此顯通이라

於中에 初三句는 始觀이니 言觀一切智者는 標也라 云何觀고 觀有二種하니 一은 總觀이니 謂權實齊觀故오 二는 別觀이니 此是實이며 此是權이라 權中에 有多差別을 皆審照了故니라

次三句中 順이니 亦初句는 標라 次云何隨順고 由前總觀故로 頓能顯示하고 由前別觀故로 各各攀緣이라

後三句는 終契니 釋同前觀호되 但由前觀察하야 今證見分明耳라

【鈔_ '初三句'者는 以妙悟皆滿은 是佛이니 今就等覺일새 故云觀順이라 據觀據順일새 故名菩薩이오 據三句見이면 卽名爲佛耳니 皆等覺之義라】

첫 구절은 원만한 시간을 내세웠고, 나머지 9구는 원만한 모습을 밝혔다. 그러나 一切智를 種智에 상대로 말하면 이는 근본이라 하지만, 만일 직접 佛智를 말하면 방편지와 여실지에 모두 통한다. 여기에서 이는 모두 통하는 것을 밝혔다.

그 가운데, 첫 3구[觀一切智~別觀一切智]는 처음 살펴보는 것이다. 일체 지혜를 살펴본다고 말한 것은 표장이다.

어떻게 살펴보는가? 살펴보는 데에 2가지가 있다.

첫째는 총체로 살펴보는 것이다. 方便智와 如實智를 똑같이 살펴보기 때문이다.

둘째는 개별로 살펴보는 것이다. 이는 여실지며, 이는 방편지다. 방편지 가운데 많은 차별을 모두 살펴보고 비춰보기 때문이다.

다음 3구 부분[隨順一切智~攀緣一切智]은 따르는 것이다. 이 또한 첫 구절은 표장이다. 다음은 어떻게 이를 따라야 하는가? 앞에서 일체 지혜를 총체로 살펴봄에 의하여 단번에 일체 지혜를 나타내고, 앞에서 일체 지혜를 따로 살펴봄에 의하여 각각 일체 지혜를 반연하였다.

뒤의 3구[見一切智~別見一切智]는 끝내 깨달음이다. 해석은 앞에서 살펴봄과 같되 다만 앞의 일체 지혜를 살펴봄에 의하여, 여기에서 증득하여 봄이 분명하다.【초_ '初三句'란 미묘한 깨달음이 모두 원만함은 부처님임을 말한다. 여기에서는 等覺으로 말한 까닭에 살펴보고 따른다[觀·順]고 말하였다. 觀察과 隨順을 근거로 보살이라 말하고, 3구의 '見, 總見, 別見一切智'를 근거로 그 이름을 佛이라 하니 모두 等覺의 의의이다.】

▬

二 別明二十一種功德은 分二十段이니 後二合故니라
今初第一은 明二行永絶이니 卽於所知에 一向無障轉功德이라 然有二義하니 謂不同凡夫 現行生死로 起諸雜染하고 不同二乘 現行涅槃으로 棄利樂事오 世尊無彼일세 今菩薩 亦無니라 文中 廣顯

325

利樂은 卽不同二乘이오 皆與智俱는 卽不同凡夫니라
就文分二니 先은 總明大用常恒이오 二 '佛子此菩薩有一蓮華'下
는 別顯一用이라 前中二니 先은 法說이오 後는 喩明이라
今은 初라

2) 21가지 공덕을 개별로 밝히다

이 부분은 20단락으로 나뉜다. 이는 맨 끝의 2가지를 하나의 단락으로 합했기 때문이다.

(1) 見行과 愛行이 아주 끊어짐을 밝혔다.

이는 아는 바에 하나같이 걸림과 전변이 없는 공덕이다.

그러나 여기에는 2가지 뜻이 있다. 現行生死로 온갖 雜染을 일으키는 범부와 똑같지 않으며, 現行涅槃으로 이익과 즐거움을 버리는 二乘과 똑같지 않다. 세존은 그러한 것이 없기에 여기에서 보살 또한 그러한 것이 없다. 따라서 경문에서 이익과 즐거움을 자세히 밝힌 것은 이승과 똑같지 않고, 모두 지혜와 함께함은 범부와 똑같지 않음을 말한다.

경문에 따라 2부분으로 나누고자 한다.

(ㄱ) 공덕의 큰 작용이 언제나 떳떳함을 총체로 밝혔고,

(ㄴ) 뒤의 '佛子此菩薩有一蓮華' 이하는 하나의 작용을 개별로 밝혔다.

(ㄱ) 공덕의 큰 작용 부분은 다시 2단락으로 나뉜다.

① 앞은 법으로 말하였고, ② 뒤는 비유로 밝혔다.

이는 '① 법으로 말한' 부분이다.

於普賢菩薩의 廣大願과 廣大心과 廣大行과 廣大所趣와 廣大所入과 廣大光明과 廣大出現과 廣大護念과 廣大變化와 廣大道에 不斷不退하며 無休無替하며 無倦無捨하며 無散無亂하야 常增進恒相續하나니
何以故오 此菩薩摩訶薩이 於諸法中에 成就大願하고 發行大乘하야 入於佛法大方便海하며 以勝願力으로 於諸菩薩所行之行에 智慧明照하야 皆得善巧하며 具足菩薩神通變化하야 善能護念一切衆生을 如去來今一切諸佛之所護念하야 於諸衆生에 恒起大悲하야 成就如來不變異法이니라

　　보현보살의 광대한 서원, 광대한 마음, 광대한 행, 광대하게 나아가는 바, 광대하게 들어가는 바, 광대한 광명, 광대한 출현, 광대한 호념, 광대한 변화, 광대한 도에 끊지 않고 물러나지 않으며, 쉬지 않고 바꾸지 않으며, 게으르지 않고 버리지 않으며, 흩어지지 않고 어지럽지 않아, 항상 나아가고 항상 계속하였다.

　　무슨 까닭일까? 이 보살마하살이 여러 가지 법에서 큰 서원을 성취하고, 대승을 행하여 불법의 큰 방편 바다에 들어가며, 훌륭한 원력으로 보살이 수행한 바의 행을 지혜로 비추어 모두 잘하고, 보살의 신통변화를 두루 갖추어 일체중생을 잘 호념하기를 과거·미래·현재의 부처님들이 호념하였던 바와 같이 하여, 모든 중생에게 언제나 가엾이 여기는 마음을 일으켜, 여래의 변하지 않는 법을 성

취하였기 때문이다.

● 疏 ●

法說中二니 先은 正明이오 後는 徵釋이라
今初는 先明行體오 後'不斷'下는 辨常恒이라
二徵釋中에 徵意는 云何以得此智滿行常가 釋意云願行善成하고 智慧善巧故니라

법으로 말한 부분은 2단락으로 나뉜다. 앞은 바로 밝혔고, 뒤는 묻고 해석하였다.

이의 첫 부분은 앞의 行體를 밝혔고, 뒤의 '不斷不退' 이하는 언제나 떳떳함을 논변하였다.

뒤의 묻고 해석한 부분에서 물음의 뜻은 "어떻게 해야 지혜가 원만하고 행이 떳떳할 수 있는가?"이며,

이에 대한 해석의 뜻은 "願行이 잘 성취되고, 지혜가 뛰어나기 때문이다."고 하였다.

第二 喩顯
② 비유로 밝히다

佛子여 譬如有人이 以摩尼寶로 置色衣中에 其摩尼寶

雖同衣色이나 不捨自性인달하야 菩薩摩訶薩도 亦復如是하야 成就智慧로 以爲心寶하야 觀一切智하야 普皆明現이나 然不捨於菩薩諸行하나니

何以故오 菩薩摩訶薩이 發大誓願하야 利益一切衆生하며 度脫一切衆生하며 承事一切諸佛하며 嚴淨一切世界하며 安慰衆生하며 深入法海하며 爲淨衆生界하야 現大自在하며 給施衆生하며 普照世間하며 入於無邊幻化法門하야 不退不轉하며 無疲無厭이니라

佛子여 譬如虛空이 持衆世界호되 若成若住에 無厭無倦하며 無贏無朽하며 無散無壞하며 無變無異하며 無有差別하야 不捨自性하나니

何以故오 虛空自性이 法應爾故인달하야 菩薩摩訶薩도 亦復如是하야 立無量大願하야 度一切衆生호되 心無厭倦이니라

佛子여 譬如涅槃이 去來現在無量衆生이 於中滅度호되 終無厭倦하나니

何以故오 一切諸法의 本性淸淨이 是謂涅槃이어니 云何於中에 而有厭倦인달하야 菩薩摩訶薩도 亦復如是하야 爲欲度脫一切衆生하야 皆令出離하야 而現於世어니 云何而起疲厭之心이리오

佛子여 如薩婆若 能令過去未來現在一切菩薩로 於諸佛家에 已現當生하며 乃至令成無上菩提호되 終無疲厭

하나니

何以故오 一切智 與法界無二故며 於一切法에 無所着故인달하야 菩薩摩訶薩도 亦復如是하야 其心平等하야 住一切智어니 云何而有疲厭之心이리오

불자여, 어떤 사람이 마니주를 무색옷에 넣어두면 그 마니주가 비록 옷 색깔과 같지만 자성을 버리지 않는 것처럼, 보살마하살 또한 그와 같다. 지혜를 성취하여 마음의 보배를 삼고 일체 지혜를 관찰하면 분명히 나타나지만 보살의 모든 행을 버리지 않는다.

무슨 까닭일까? 보살마하살이 큰 서원을 내어 일체중생에게 이익을 주고, 일체중생을 제도하며, 일체 부처님을 섬기고, 일체 세계를 청정하게 하며, 중생을 위로하고, 깊이 법 바다에 들게 하며, 중생세계를 청정히 하고자 크게 자재함을 나타내고, 중생들에게 베풀어 주며, 세간을 두루 비추고, 그지없이 요술 같은 변화의 법문에 들어가 물러서지 않고 변하지 않으며, 고달파하거나 싫어함도 없기 때문이다.

불자여, 마치 허공이 많은 세계를 감싸고서 이뤄주거나 머물거나 싫은 마음도 없고 게으르지도 않으며, 수척하지도 않고 노후하지도 않으며, 흩어지지도 않고 파괴되지도 않으며, 변하지도 않고 달라지지도 않으며, 차별도 없어 자성을 버리지 않는다.

무슨 까닭일까? 허공 자성의 법이 으레 그런 것처럼, 보살마하살 또한 그와 같다. 한량없는 큰 서원을 세워 일체중생을 제도하되 게으른 마음이 없기 때문이다.

불자여, 마치 열반은 과거·미래·현재의 한량없는 중생이 그 가운데서 사라지지만 끝내 게으름이 없다.

무슨 까닭일까? 일체 모든 법의 본성이 청정한 것을 열반이라 말한다. 어찌 그 가운데 게으름이 있겠는가. 보살마하살 또한 그와 같다. 일체중생을 제도하여 모두 삼계에서 벗어나게 해주고자, 이 세상에 몸을 나타냈다. 어찌 싫어하는 마음을 내겠는가.

불자여, 일체 지혜[薩婆若]가 과거·미래·현재의 일체 보살로 하여금 부처님 가문에 이미 나셨고 지금 나오셨고 미래에 나오실 것이며, 위없는 보리를 이루게 하되 끝까지 싫어하는 마음이 없다.

무슨 까닭일까? 일체 지혜와 법계가 둘이 아닌 까닭이며, 일체 법에 집착이 없는 것처럼, 보살마하살 또한 그와 같다. 그 마음이 평등하여 일체 지혜에 머물렀는데 어찌 싫어하는 마음이 있겠는가.

● 疏 ●

喩顯中四니 初喩 二合 三徵 四釋이라

今은 初라 摩尼寶置色衣中은 卽總喩菩薩心智置佛智中이라 雖同衣色은 喩前智滿十句라 故合云觀一切智等이라하고 不捨自性은 喩前行常二十句라 二合은 如喩辨이오 三徵은 意云何得已能滿智而不斷行耶아 四釋은 意云菩薩無障礙願이 法應爾故로 窮盡生界하야 益無疲故니라

文中二니 先 法說은 可知오 後는 轉以喩況이라 於中三喩는 皆喩利生無厭이니 各有法合이라 一 虛空持刹喩는 喩大願法爾故無厭이

오二.涅槃普滅喩는 喩爲淨衆生故無厭이니 上二는 喩悲라 三.佛智普成喩는 喩能所不二故無厭이니 此一은 喩智라 旣非愛見之悲어니 何有厭乎아

비유로 밝힌 부분은 4단락으로 나뉜다.

㉠ 비유, ㉡ 종합, ㉢ 물음, ㉣ 해석이다.

'㉠ 비유'에 마니주를 무색옷 속에 둔다는 것은 보살 마음의 지혜를 부처님의 지혜 속에 둠을 총체로 비유하였다. "비록 옷 색깔과 같지만"이란 앞서 말한 지혜 원만 10구를 비유한 까닭에 이를 종합하여 '일체 지혜를 살펴본다.' 등이라 말하였고, "자성을 버리지 않는다."는 것은 앞서 말한 '행이 언제나 떳떳하다.'는 20구를 비유하였다.

'㉡ 종합'은 비유의 논변과 같다.

'㉢ 물음'의 뜻은 '어찌하여 이미 지혜가 원만하여 끊임이 없는 行을 얻는 것일까?'를 말한다.

'㉣ 해석'의 뜻은 보살의 장애 없는 서원의 법이 응당 그러하므로 중생세계에 모두 끝까지 이익을 베푸는 데에 힘들어함이 없기 때문이다.

이의 경문은 2단락으로 나뉜다.

앞은 법으로 말하였다. 이는 설명하지 않아도 알 수 있다.

뒤는 차츰차츰 비유를 들어 말하였다. 그 가운데 3가지 비유는 모두 중생에게 이익을 베푸는 데에 싫어하는 마음이 없음을 비유하였다. 각기 법에 맞춰 말하였다.

첫째, 허공이 세계를 부지해 주는 비유는 큰 서원의 법이 그러하기에 싫어하는 마음이 없음을 비유하였다.

둘째, 열반으로 널리 사라짐의 비유는 중생을 청정하게 하기 위해서 싫어하는 마음이 없음을 비유하였다. 위의 2가지는 大悲를 비유하였다.

셋째, 부처님의 지혜를 널리 성취한 비유는 주체와 대상이 둘이 아닌 까닭에 싫어하는 마음이 없음을 비유하였다. 이는 大智를 비유하였다. 이미 愛見의 자비가 아닌데 어찌 싫어하는 마음이 있겠는가.

第二는 別顯一用中二니 初는 明依果殊勝이오 後는 正報自在니라 今은 初라

(ㄴ) 하나의 작용을 개별로 밝힌 부분은 2단락으로 나뉜다.
① 依報 결과가 훌륭함을 밝혔고, ② 正報가 자재함이다.
이는 '① 의보 결과' 부분이다.

經

佛子여 此菩薩摩訶薩이 有一蓮華호되 其華廣大 盡十方際하야 以不可說葉과 不可說寶와 不可說香으로 而爲莊嚴하고 其不可說寶 復各示現種種衆寶하야 淸淨妙好하야 極善安住하며 其華 常放衆色光明하야 普照十方

一切世界하야 無所障礙하며 眞金爲網하야 彌覆其上하고 寶鐸徐搖하야 出微妙音호되 其音이 演暢一切智法하며 此大蓮華 具足如來淸淨莊嚴하니 一切善根之所生起며 吉祥爲表하니 神力所現이며 有十千阿僧祇淸淨功德하니 菩薩妙道之所成就며 一切智心之所流出이며 十方佛影이 於中顯現하야 世間瞻仰을 猶如佛塔하고 衆生見者 無不禮敬하니 從能了幻正法所生이라 一切世間이 不可爲喩러라

　불자여, 보살마하살에게 한 송이 연꽃이 있다. 그 연꽃 송이의 크기가 시방의 끝까지 다하였고, 말할 수 없는 연잎, 말할 수 없는 보배, 말할 수 없는 향으로 장엄하였는데, 말할 수 없는 보배에서는 또한 각각 가지가지 수많은 보배를 나타내어 청정하고 아름다워 최선에 머물렀으며, 연꽃 송이에서는 여러 빛깔의 광명이 항상 쏟아져 시방세계에 걸림 없이 두루 비쳤으며, 진금으로 그물을 삼아 그 위를 덮었고 보배 풍경이 서서히 흔들리면서 미묘한 음성이 울려 나왔는데, 그 음성은 일체 지혜의 법을 연설하였다.

　이 큰 연꽃은 여래의 청정한 장엄을 두루 갖추었는데, 이는 일체 선근으로 생겨난 것이며,

　연꽃의 모습이 길하고 상서로운 것은 보살의 신통력으로 나타난 바이며,

　십천 아승기 청정한 공덕이 있는 것은 보살의 미묘한 도로 이뤄지고, 일체 지혜의 마음에서 흘러나온 바이며,

시방 부처님의 그림자가 그 가운데 나타나 세간 중생이 부처님 탑을 우러러보듯이 하고, 이를 본 중생마다 경건한 마음으로 절을 올리지 않은 이가 없었다. 이는 요술 같은 줄을 아는 바른 법에서 나온 바라, 일체 세간의 그 어떤 언어문자로도 비유할 수 없다.

◉ 疏 ◉

前中二니 先은 明相嚴이니 過前十地일세 故窮十方際니라【鈔_ '過前十地'者는 十地花에 云量等百萬三千大千世界故라 今盡十方은 知是過也니라 上十信과 及十地蓮華는 亦不言葉數어늘 今葉等皆不可說이라하니 明是等覺之依報也니라】

앞부분은 2단락으로 나뉜다.

앞에서는 상호의 장엄을 밝혔다. 앞의 十地보다 더 뛰어난 까닭에 시방의 끝까지 다하였다.【초_ "앞의 十地보다 더 뛰어나다."는 것은 십지의 연꽃에서는 그 크기가 백만 삼천대천세계와 똑같았다. 따라서 여기에서 "시방의 끝까지 다하였다."고 말한 것은 십지의 연꽃보다 더 뛰어남을 알 수 있다. 위에서 말한 十信 및 十地의 연꽃에서는 또한 연잎의 수효를 말하지 않았는데, 여기에서는 연잎 등에 대해 모두 '말할 수 없다[不可說].'고 하였다. 이는 분명 等覺의 依報이다.】

後'此大蓮華'下는 辨德嚴이니 自內而觀이면 量周法界오 自外而觀이면 許衆生見이니 此乃卽小之大也니라

뒤의 '此大蓮華' 이하는 공덕의 장엄을 말하였다. 내면으로 살

펴보면 그 크기가 법계에 두루 하고, 바깥으로 살펴보면 중생이 모두 볼 수 있다. 이는 작은 것과 하나가 된 큰 것이다.

二는 正報中에 二니 初는 明身量大小니라
② 正報 자재 부분은 다시 2단락으로 나뉜다.
앞은 몸의 크기를 밝혔다.

經

菩薩摩訶薩이 於此華上에 結跏趺坐하니 其身大小 與華相稱하야

보살마하살이 그 연꽃 위에 가부좌하고 앉으니, 그 몸의 크기가 연꽃과 똑같았는데,

後는 明佛加放光이라
뒤는 부처님의 가피로 광명이 쏟아졌다.

經

一切諸佛神力所加로
令菩薩身一一毛孔에 各出百萬億那由他不可說佛刹微塵數光明하며

一一光明에 現百萬億那由他不可說佛刹微塵數摩尼寶하니 其寶 皆名普光明藏이라 種種色相으로 以爲莊嚴하니 無量功德之所成就며 衆寶及華로 以爲羅網하야 彌覆其上하고 散百千億那由他殊勝妙香하야 無量色相으로 種種莊嚴하며 復現不思議寶莊嚴蓋하야 以覆其上하고

一一摩尼寶에 悉現百萬億那由他不可說佛刹微塵數樓閣하며

一一樓閣에 現百萬億那由他不可說佛刹微塵數蓮華藏師子之座하며

一一師子座에 現百萬億那由他不可說佛刹微塵數光明하며

一一光明에 現百萬億那由他不可說佛刹微塵數色相하며

一一色相에 現百萬億那由他不可說佛刹微塵數光明輪하며

一一光明輪에 現百萬億那由他不可說佛刹微塵數毘盧遮那摩尼寶華하며

一一華에 現百萬億那由他不可說佛刹微塵數臺하며

一一臺에 現百萬億那由他不可說佛刹微塵數佛하며

一一佛에 現百萬億那由他不可說佛刹微塵數神變하며

一一神變에 淨百萬億那由他不可說佛刹微塵數衆生衆하며

一一衆生衆中에 現百萬億那由他不可說佛刹微塵數 諸佛自在하며
一一自在에 雨百萬億那由他不可說佛刹微塵數佛法하며
一一佛法에 有百萬億那由他不可說佛刹微塵數脩多羅하며
一一脩多羅에 說百萬億那由他不可說佛刹微塵數法門하며
一一法門에 有百萬億那由他不可說佛刹微塵數金剛智所入法輪하야 差別言辭로 各別演說하며
一一法輪에 成熟百萬億那由他不可說佛刹微塵數衆生界하며
一一衆生界에 有百萬億那由他不可說佛刹微塵數衆生하야 於佛法中에 而得調伏하나라

일체 부처님이 신통한 힘으로 가피를 내려

보살 몸의 모공마다 백만억 나유타 말할 수 없는 세계의 티끌 수처럼 수많은 광명이 나오고,

하나하나 광명에서 백만억 나유타 말할 수 없는 세계의 티끌 수처럼 수많은 마니 보배를 나타내니, 보배 이름은 보광명장이다.

가지가지 빛으로 장엄한 것은 보살이 닦아온 한량없는 공덕으로 성취되었으며,

수많은 보배와 연꽃으로 그물을 삼아 위를 덮었고,

백천억 나유타 수승한 향을 뿌려 한량없는 색상으로 장엄하였으며,

또한 헤아릴 수 없는 보배 일산으로 그 위에 덮었다.

하나하나 마니 보배에서는 백만억 나유타 말할 수 없는 세계의 티끌 수처럼 수많은 누각이 나타나고,

하나하나 누각에는 백만억 나유타 말할 수 없는 연화장 사자좌가 나타나며,

하나하나 사자좌에서는 백만억 나유타 말할 수 없는 세계의 티끌 수처럼 수많은 광명이 나타나고,

하나하나 광명에서는 백만억 나유타 말할 수 없는 세계의 티끌 수처럼 수많은 빛깔이 나타나며,

하나하나 색상에서는 백만억 나유타 말할 수 없는 세계의 티끌 수처럼 수많은 광명 바퀴가 나타나고,

하나하나 광명 바퀴에서는 백만억 나유타 말할 수 없는 세계의 티끌 수처럼 수많은 비로자나 마니 보배 꽃이 나타나며,

하나하나 꽃에는 백만억 나유타 말할 수 없는 세계의 티끌 수처럼 수많은 꽃받침이 나타나고,

하나하나 꽃받침에는 백만억 나유타 말할 수 없는 세계의 티끌 수처럼 수많은 부처님이 나타나며,

하나하나 부처님은 백만억 나유타 말할 수 없는 세계의 티끌 수처럼 수많은 신통변화를 나타내고,

하나하나 신통변화는 백만억 나유타 말할 수 없는 세계의 티

끌 수처럼 수많은 중생을 청정하게 하고,

하나하나 중생 가운데에 백만억 나유타 말할 수 없는 세계의 티끌 수처럼 수많은 부처님의 자재하심이 나타나며,

하나하나 자재함에서 백만억 나유타 말할 수 없는 세계의 티끌 수처럼 수많은 불법을 내려주고,

하나하나 불법에는 백만억 나유타 말할 수 없는 세계의 티끌 수처럼 수많은 수다라가 있으며,

하나하나 수다라는 백만억 나유타 말할 수 없는 세계의 티끌 수처럼 수많은 법문을 연설하고,

하나하나 법문에서는 백만억 나유타 말할 수 없는 세계의 티끌 수처럼 수많은 금강 지혜로 들어갈 수 있는 법륜을 각기 다른 말로 따로따로 연설하며,

하나하나 법륜은 백만억 나유타 말할 수 없는 세계의 티끌 수처럼 수많은 중생세계를 성숙시켜 주고,

하나하나 중생세계에 백만억 나유타 말할 수 없는 세계의 티끌 수처럼 수많은 중생이 있는데, 불법 가운데서 조복하였다.

● 疏 ●

有二十重하니 後後重中에 皆倍前前百萬億那由他不可說佛刹微塵數倍하니 則數難量矣라

20층이다. 뒤의 뒤로 갈수록 모두 앞의 앞보다 백만억 나유타 말할 수 없는 세계의 티끌 수처럼 수많은 수효가 곱이 된다. 이는

그 수효를 헤아리기 어렵기 때문이다.

第二는 明達無相法이니 卽同諸如來하야 於最淸淨眞如에 能入功德이라

(2) 형상이 없는 법의 통달을 밝혔다.

이는 모든 여래와 같아 가장 청정한 진여에 들어갈 수 있는 공덕이다.

經

佛子여 菩薩摩訶薩이 住此三昧에 示現如是神通境界 無量變化호되 悉知如幻하야 而不染着하며 安住無邊한 不可說法과 自性淸淨과 法界實相과 如來種性의 無礙際中하야 無去無來며 非先非後라 甚深無底하니 現量所得일세 以智自入이오 不由他悟며 心不迷亂하고 亦無分別하니라

불자여, 보살마하살이 이런 삼매에 머물 적에 이처럼 신통한 경계와 한량없는 변화를 나타내지만 모두 요술과 같음을 알고서 물들지 않으며,

그지없이 말로 표현할 수 없는 법, 자성의 청정, 법계의 실상, 여래의 종성인 걸림 없는 자리에 안주하여, 가는 것도 없고 오는 것도 없으며, 앞도 아니고 뒤도 아니며, 깊고 깊어 밑이 없다. 있는

현상 그대로 받아들여 증득할 대상이기에 나의 지혜로 들어갈 뿐, 다른 이의 힘을 빌려 깨달음이 아니며, 마음이 혼미하거나 산란하지도 않고 또한 분별심도 없다.

● 疏 ●

初는 結前生後니 達無相故로 不染이라 後'安住'下는 正顯安住니 卽是入義라 謂此眞如는 非有非無라 故云無邊이오 定有定無는 卽是邊故니라 '不可說法'은 卽離言眞如오 其法界實相과 及無礙際는 皆眞如異名이어늘 而云如來種性者는 諸佛이 以無性眞如而爲性故니 出現品에 云 '皆同一性이니 所謂無性'이라 하고 法華에 云 '知法常無性이니 佛種從緣起'라 하니라 無去來等은 重顯眞如니 卽是中道일세 故深無底니라 '現量'已下는 別明能入之義라

앞부분은 이전의 문장을 끝맺으면서 뒤의 문장을 일으켰다. 형상이 없음을 통달한 까닭에 물듦이 없다.

뒤의 '安住無邊' 이하는 바로 안주할 대상을 밝힌 것이다. 이는 증득하여 들어갈 의의이다. 이 진여는 있는 것도 아니고 없는 것도 아니기에 그지없다[無邊]고 말한다. 반드시 있는 것과 반드시 없는 것은 끝이 있기 때문이다.

"말로 표현할 수 없는 법[不可說法]"은 언어에서 벗어난 진여이며, 法界實相 및 無礙際는 모두 진여의 다른 이름이지만, 如來種性이라 말한 것은 여러 부처님이 자성이 없는 진여로 자성을 삼기 때문이다. 제37 여래출현품에서는 "모두 하나의 자성과 같다. 이른

바 자성이 없다."고 하며, 법화경에서는 "법이 언제나 자성이 없음을 알고 있다. 부처의 種性은 인연을 따라 일어난다."고 하였다.

"가는 것도 없고 오는 것도 없다."는 등은 진여를 거듭 밝힌 것이다. 이는 중도이기에 깊고 깊어 밑이 없다.

'現量' 이하는 증득하여 들어갈 수 있는 주체의 의의를 개별로 밝힌 것이다.

第三은 明住於佛住德이니 謂佛無功用하야 常住聖天梵住故니라

(3) 부처님이 머문 자리에 머문 공덕을 밝혔다.

부처님은 하는 일 없이 聖天의 梵住에 언제나 머물기 때문이다.

經

爲去來今一切諸佛之所稱讚이며 從諸佛力之所流出이라 入於一切諸佛境界하야 體性如實하며 淨眼現證하고 慧眼普見하야 成就佛眼하야 爲世明燈하며 行於智眼의 所知境界하야 廣能開示微妙法門하나라

과거·미래·현재 일체 모든 부처님의 칭찬하신 바이며, 모든 부처님의 힘으로 생겨난 것이기에 일체 모든 부처님의 경계에 들어가, 체성이 실상과 같으며, 청정한 눈으로 있는 그대로 증득하고, 지혜의 눈으로 두루 보아 부처님의 눈을 성취하여 세간 중생의 등불이 되고, 지혜로운 눈으로 알아야 할 경계에 나아가 미묘한 법문

343

을 널리 열어 보여주는 것이다.

◉ 疏 ◉

文中에 先三世佛讚은 文通前後二段이라
'從諸佛力'下는 正顯其義니 謂入一切佛境이 卽聖天等所住境也라
'淨眼現證'下는 明能住相이니 十眼圓明而安住故니라
文有五眼하니 餘但義含이라

경문에서 먼저 삼세 부처님의 찬탄한 문장은 전후 2단락에 모두 통한다. '從諸佛力' 이하는 그 의의를 바로 밝히고 있다. 일체 모든 부처님의 경계에 들어감이 바로 성인과 諸天 등이 머문 경계임을 말한다.

'淨眼現證' 이하는 머무는 주체의 형상을 밝힘이니, 10가지 눈이 원만하고 밝아 안주한 까닭이다.

이의 경문에는 5가지의 눈[五眼][4]이 있다. 나머지는 단 그 의의를 함축하고 있을 뿐이다.

----

4 5가지의 눈[五眼]: pañca akṣūṃṣi, (1) 肉眼(māṃsa-cakṣua), 육신에 지닌 눈. (2) 天眼(divya-cakṣus), 色界天의 사람이 선정을 닦은 데에서 얻은 눈, 이 눈은 원근과 전후, 내외 · 주야 · 상하를 모두 볼 수 있다. (3) 慧眼(prajñā-cakṣus), 二乘의 눈, 眞空이 無相임을 아는 눈, 또는 일체 현상이 모두 空相이요 定相임을 쉽게 아는 눈. (4) 法眼(dharma-cakṣus), 보살이 일체중생을 제도하기 위해 일체 법문을 비춰보는 눈. (5) 佛眼(buddha-cakṣus), 위의 4가지 눈을 두루 갖춘 부처님의 눈, 이 눈은 보고 알지 못하는 게 없고, 어떤 일이든 모르거나 듣지 못함이 없어, 청각과 시각이 서로 작용하여 생각하지 않아도 모든 것을 다 보는 눈.

第四는 明得佛平等德이니 謂佛佛相望에 有三平等故니라

(4) 부처님의 평등을 얻은 공덕을 밝혔다.

이는 부처님과 부처님이 서로 바라봄에 3가지 평등이 있기 때문이다.

經

成菩提心하고 **趣勝丈夫**하야 **於諸境界**에 **無有障礙**하며 **入智種性**하야 **出生諸智**하며 **離世生法**호되 **而現受生**하며 **神通變化**와 **方便調伏**하는 **如是一切無非善巧**하니라

보리심을 성취하고 훌륭한 대장부가 되어 모든 경계에 걸림이 없고, 지혜의 종성에 들어가 모든 지혜를 내며, 세간에서 태어나는 법을 여의었지만 생을 받아 태어나고, 신통과 변화, 방편으로 조복하는, 이처럼 모든 것이 뛰어나지 않은 게 없다.

◉ **疏** ◉

文卽爲三이니

初는 明所依平等이니 諸佛皆依淸淨智故니라 文中에 始發菩提心과 終成種智와 出生智用은 皆所依也라

次'離世生法'下는 明意樂平等이니 同以調生爲意樂故니라

後'神通變化'下는 作業平等이니 同作受用變化業故니라

이의 경문은 3부분으로 나뉜다.

첫째는 의지한 바의 평등을 밝혔다. 모든 부처님이 모두 청정한 지혜를 의지하기 때문이다. 이의 경문에서 처음 보리심을 일으킴과 끝에서 일체종지를 성취함과 지혜의 작용을 일으킴이 모두 의지한 바이다.

다음 '離世生法' 이하는 좋아하는 마음의 평등을 밝혔다. 똑같이 중생의 조복으로 좋아하는 마음을 삼기 때문이다.

뒤의 '神通變化' 이하는 하는 일이 평등함을 밝혔다. 똑같이 受用身과 變化身의 일을 일으키기 때문이다.

第五는 明到無障處德이니 以修一切障對治故로 福智皆淨하야 離於二障이라

(5) 장애가 없는 곳에 이른 공덕을 밝혔다.

일체 장애를 다스리는 수행을 닦아온 까닭에 복덕과 지혜가 모두 청정하여 번뇌장과 소지장을 여의었다.

經

功德解欲이 悉皆淸淨하야 最極微妙하야 具足圓滿하며 智慧廣大 猶如虛空하야 善能觀察衆聖境界하며 信行願力이 堅固不動하야 功德無盡하야 世所稱歎이며 於一切佛所觀之藏과 大菩提處와 一切智海에 集衆妙寶하야 爲大智者 猶如蓮華의 自性淸淨하야 衆生見者

皆生歡喜하야 **咸得利益**하며 **智光普照**하야 **見無量佛**하고 **淨一切法**하나라

공덕과 이해와 욕망이 모두 청정하고 가장 미묘하여 두루 갖추고 원만하였으며,

지혜가 넓고 커서 허공과 같기에 많은 성인의 경계를 잘 살펴보았으며,

믿음의 행과 서원의 힘이 견고하여 흔들리지 않기에, 공덕이 그지없어 세간 중생이 칭찬하는 바이며,

일체 부처님이 관찰하는 법장, 큰 보리가 있는 자리, 일체 지혜의 바다에 수없는 미묘한 보배를 모아 큰 지혜를 지닌 이가 되었다.

그는 자성이 청정한 연꽃과 같아, 이를 본 중생은 모두 기뻐하는 마음으로 이익을 얻으며, 지혜광명이 널리 비춰 한량없는 부처님을 뵈옵고 일체 모든 법을 청정하게 하였다.

● **疏** ●

文中에 初二句는 功德이오 次二句는 智慧니 各上句는 障淨이오 下句는 德滿이라 次二句는 重顯功德이오 餘四句는 重顯智慧니라

경문의 제1, 2구는 공덕을, 다음 제3, 4구는 지혜를 말하였다. 각각 위의 구절은 장애를 청정하게 하고, 아래 구절은 공덕이 원만함이다.

다음 제5, 6구는 공덕을 거듭 밝혔고,

나머지 4구는 지혜를 거듭 밝혔다.

一

第六는 明不可轉法德이니 謂敎證二法을 他不能轉이라

(6) 전변하지 않는 공덕을 밝혔다.

이는 가르침과 증득 2가지 법을 다른 이들이 전변하지 못함을 말한다.

經

所行寂靜하야
於諸佛法에 究竟無礙하며
恒以方便으로 住佛菩提功德行中하야 而得出生하야
具菩薩智하고 爲菩薩首하며
一切諸佛의 共所護念으로 得佛威神하고 成佛法身하며
念力難思하야 於境一緣호되 而無所緣하며
其行廣大하야 無相無礙하며
等於法界하야 無量無邊하며
所證菩提 猶如虛空하야
無有邊際하고 無所縛着하니라

　　행하는 바 고요하고 고요하여

　　모든 부처님의 법에 끝까지 걸림이 없고,

　　항상 방편으로 부처님의 보리와 공덕의 행에 머물면서 세간에 나오며,

　　보살의 지혜를 갖추어 상수보살이 되고,

일체 모든 부처님의 가호와 염려를 받아 부처님 위신력을 얻고 부처님의 법신을 이루며,

생각하는 힘이 불가사의하여 모든 경계를 하나같이 반연하되 반연한 바 없고,

그 행하는 일이 넓고 커서 형상도 없고 장애가 없으며,

법계와 같아서 한량없고 끝이 없으며,

증득한 보리는 허공과 같아서 가장자리가 없고 속박도 없다.

● 疏 ●

文中에 初二句는 畧標敎證이니 謂寂靜은 證也오 諸佛法은 敎也라 '恒以'下는 別顯敎이오 '念力'下는 重顯證이라 旣如空無著等이어니 他安能轉耶아

경문의 첫 2구는 가르침과 증득을 간단하게 들어 말하였다. 寂靜은 증득이고, 諸佛法은 가르침이다.

'恒以方便' 이하는 가르침을 개별로 밝혔고, '念力難思' 이하는 증득을 다시 밝혔다.

이미 허공처럼 집착하는 바가 없이 똑같은데, 어떻게 그를 전변할 수 있겠는가.

第七은 明所行無礙德이니 謂雖於世間에 作利樂事나 世間八法이 不能礙故니라

(7) 행하는 바에 걸림 없는 공덕을 밝혔다.

세간에서 이익과 즐거움을 주는 일을 베풀지만, 세간의 8가지 법[利衰·譽毀·稱譏·苦樂]이 장애가 되지 않기 때문이다.

經
於諸世間에 **普作饒益**호되
一切智海善根所流로
悉能通達無量境界하야
已善成就淸淨施法하며
住菩薩心하고
淨菩薩種하야
能隨順生諸佛菩提하며
於諸佛法에 **皆得善巧**하야
具微妙行하고
成堅固力하니라

　　많은 세간에서 널리 이익되는 일을 하지만,
　　일체 지혜의 바다는 선근에서 흘러나온 것이기에,
　　한량없는 경계를 모두 통달하여,
　　이미 청정하게 보시하는 법을 잘 성취하였으며,
　　보살의 마음에 머물고,
　　보살의 종성을 청정케 하여,
　　모든 부처님의 보리를 따라서 내며,

모든 불법에 모두 훌륭함을 얻어,
미묘한 행을 갖추고,
견고한 행을 이루었다.

◉ 疏 ◉

文中에 住菩薩心·成堅固力等은 卽不礙之因也니라

경문에서 말한 "보살의 마음에 머물고", "견고한 행을 이루었다." 등은 걸림이 없는 원인이다.

第八은 明立不思議德이니 謂安立正法을 凡愚不能思故니라

(8) 세운 바가 불가사의한 공덕을 밝혔다.
안립한 正法을 어리석은 이로서는 생각할 수 없기 때문이다.

經

一切諸佛의 自在威神을
衆生이 難聞이어늘
菩薩이 悉知하며
入不二門하고
住無相法하야
雖復永捨一切諸相이나
而能廣說種種諸法하며

隨諸眾生의 心樂欲解하야
悉使調伏하야
咸令歡喜하나라

    일체 모든 부처님의 자재한 위엄과 신통력을
    중생은 듣기 어렵지만,
    보살은 모두 알고서
    둘이 아닌 법문에 들어가고,
    형상이 없는 법에 머물렀다.
    비록 일체 모든 모양을 아주 버렸으나
    가지가지 모든 법을 자세히 연설하고,
    중생이 좋아하는 마음과 욕망을 따라서
    모두 조복하여
    그들을 모두 기쁘게 하였다.

● 疏 ●

文中에 初는 總顯一切敎法이 皆是如來威力之所建立이라 菩薩能知는 反顯凡夫不思니라
'入不二'下는 別顯安立難思之相이니 謂依無相而廣說故며 隨欲解之多端일새 故立難思也니라【鈔_ 經中難聞은 合是難思니라】

    경문의 첫 구절[一切諸佛自在威神]은 모든 가르침이 모두 일체 모든 부처님의 자재한 위엄과 신통력으로 세운 바임을 총체로 밝힌 것이며, '보살만이 알 수 있다.'는 것은 범부로서는 생각할 수 없

다는 점을 거꾸로 밝힌 것이다.

 '入不二門' 이하는 바른 법을 세움이 불가사의한 형상을 개별로 밝혔다. 이는 형상이 없는 근본 자리에 의하여 자세히 설법한 까닭이며, 중생이 원하고 아는 바가 많음을 따르기에 아울러 불가사의하다.【초_ 경문에서 "중생은 듣기 어렵다."는 것은 불가사의함에 맞춰 말하였다.】

第九는 明普見三世니 以身心 等於法界일세 故於三世事에 記別無差니라

(9) 널리 삼세에 나타난 공덕을 밝혔다.
 몸과 마음이 법계와 같기에 삼세의 일에 기별이 어긋남이 없다.

經

法界爲身하야 無有分別하며
智慧境界를 不可窮盡이며
志常勇猛하고 心恒平等하며
見一切佛의 功德邊際하며
了一切劫의 差別次第하니라

　　법계로 몸을 삼아 차별이 없고,
　　지혜의 경계를 다할 수 없으며,
　　뜻은 항상 용맹하고 마음은 항상 평등하며,

353

일체 부처님 공덕의 끝을 보고,
일체 겁의 차별과 차례를 알고 있다.

◉ 疏 ◉

在文可見이라

경문의 뜻은 설명하지 않아도 볼 수 있다.

第十은 明身恒充滿一切國土니 謂爲開法故로 示現受用變化之身하야 徧諸世界而爲利樂이라

⑽ 몸이 항상 일체 국토에 충만한 공덕을 밝혔다.
법문을 열어주기 위하여 수용신과 변화신을 나타내어 모든 세계에 두루 중생을 위해 이익과 즐거움을 주는 것을 말한다.

經

開示一切法하며
安住一切刹하며
嚴淨一切諸佛國土하며
顯現一切正法光明하며
演去來今一切佛法하며
示諸菩薩所住之處하며
爲世明燈하야

生諸善根하며
永離世間하고
常生佛所하니라

  일체 법을 열어 보여주고,

  일체 세계에 편안히 머물며,

  일체 모든 부처님의 국토를 장엄 청정케 하고,

  일체 바른 법의 광명을 나타내며,

  과거·미래·현재 일체 부처님의 법을 연설하고,

  보살이 머문 곳을 보여주며,

  세상의 등불이 되어

  모든 선근을 내어주며,

  영원히 세간을 떠나고,

  부처님 계신 곳에 항상 태어나는 것이다.

● 疏 ●

文相亦顯이라

  문맥의 뜻 또한 분명하다.

第十一은 明智恒明達一切諸法이니 謂於境善決에 能斷他疑故니라

  (11) 일체 모든 법을 언제나 밝게 아는 지혜의 공덕을 밝혔다.
  모든 경계를 잘 결단하여 다른 의심을 잘 끊기 때문이다.

> **經**
>
> 得佛智慧하야 明了第一이며
> 一切諸佛이 皆共攝受하며
> 已入未來諸佛之數하며
> 從諸善友하야 而得出生하며
> 所有志求를 皆無不果하며

    부처님 지혜를 얻어 밝게 앎이 으뜸이며,

    일체 부처님이 모두 거둬주시고,

    이미 미래세의 부처님 수에 들어갔으며,

    여러 선지식을 따라 태어났고,

    구하는 일을 성취하지 못함이 없으며,

● 疏 ●

文相亦顯이라

    문맥의 뜻 또한 분명하다.

第十二는 明了一切行이니 謂具增上意樂하고 能了有情意樂性行하야 如其所應而爲現身일세 卽有威德이라

    ⑿ 일체 행을 아는 공덕을 밝혔다.

    더욱 하고자 하는 뜻[增上意樂]을 갖추고 중생의 마음에 좋아하는 성품을 잘 알고서 그들에게 알맞게 응해야 할 바를 따라 몸을

나타내기에 곧 위엄과 공덕이 있다.

經

具大威德하야 **住增上意**하며
隨所聽聞하야 **咸能善說**하며

> 큰 위력을 갖추고 위로 나아가려는 뜻에 머물고,
> 들은 바를 따라 모두 잘 연설하며,

● 疏 ●

文相亦顯이라

> 문맥의 뜻 또한 분명하다.

第十三은 明除一切疑니 謂聲聞人은 言其全無少分善根일세 今能開示하야 令其知當生如來妙智故로 心無障礙니라

(13) 모든 의심을 없애주는 공덕을 밝혔다.
성문의 사람은 적은 선근마저도 전혀 없기에 여기에서는 열어 보여주어, 그들에게 여래의 미묘한 지혜를 내어야 함을 알려주고자 마음에 장애가 없다고 말하였다.

經

亦爲開示聞法善根하야 **住實際輪**하며

於一切法에 心無障礙하며
不捨諸行하고 離諸分別하니라

　　또한 법을 들을 수 있는 선근을 열어 보여주기 위하여 진실한 법륜에 머물게 하고,

　　일체 모든 법에 장애가 없는 마음을 지니며,

　　모든 행을 버리지 않고 많은 분별심을 여의도록 하였다.

◉ 疏 ◉

文相亦顯이라

　　문맥의 뜻 또한 분명하다.

第十四는 明無能測身이라

　　⒁ 헤아릴 수 없는 몸의 공덕을 밝혔다.

經

於一切法에 心無動念하며
得智慧明하야 滅諸癡闇하며
悉能明照一切佛法하며
不壞諸有하고 而生其中하야 了知一切諸有境界하며
從本已來로 無有動作하야 身語意業이 皆悉無邊하니라

　　일체 모든 법에 대하여 생각이 흔들리지 않고,

밝은 지혜를 얻어 모든 어두움을 없애며,

일체 불법을 모두 밝게 비추고,

삼계의 모든 것을 무너뜨리지 않고 그 속에 살면서도 일체 삼계의 모든 경계를 분명히 알며,

본래 무시(無始) 이래로부터 움직이지 않으면서도 봄과 입과 뜻으로 짓는 업이 모두 끝이 없다.

● 疏 ●

然有二義하니
一은 謂其身非虛妄分別所起며 無煩惱業生하야 離染故不可測이니 初一行經에 顯之오
二는 其身 雖無分別이 如摩尼珠나 然由佛增上과 及衆生勝解力하야 見金色等호되 而佛無有分別하니 卽不壞諸有下 經文에 顯之니라

그러나 2가지 의의가 있다.

① 그 몸이 허망과 분별에 의하여 일어난 바가 아니며, 번뇌의 업으로 태어남이 없어 오염을 여의었기에 헤아릴 수 없다. 이는 경문의 첫 줄[於一切法~悉能明照一切佛法]에서 이를 밝혔다.

② 그 몸이 비록 분별이 없는 것이 마니주와 같으나, 부처님의 增上 및 중생의 뛰어난 이해의 힘에 의하여 金色 등을 보되 부처님은 분별심이 없다. 이는 곧 "삼계의 모든 것을 무너뜨리지 않는다[不壞諸有]." 이하의 경문에서 이런 점을 밝혔다.

一

第十五는 明一切菩薩等所求智니 謂菩薩 以無量文字로 調伏有情호되 要依佛所 聞法爲先하야 獲得妙智라 故諸菩薩等皆求也니라

(15) 일체 보살 등이 구하는 바의 지혜 공덕을 밝혔다.

보살이 한량없는 문자로 중생을 조복하되 부처님께 들었던 법문을 따르는 것으로 우선을 삼아야 미묘한 지혜를 얻을 수 있기에 모든 보살 등이 모두 구함을 말한다.

經

雖隨世俗하야 演說種種無量文字나 而恒不壞離文字法하며
深入佛海하야 知一切法이 但有假名하야 於諸境界에 無繫無着하며

세속을 따라 가지가지 한량없는 문자를 연설하지만 문자에서 벗어난 진리의 법을 무너뜨리지 않고,

부처의 지혜 바다에 깊이 들어가 일체 법이 빌린 이름뿐임을 알아, 모든 경계에 얽매이지도 않고 집착하지도 않으며,

◉ 疏 ◉

文相甚顯이라

문맥의 뜻이 매우 분명하다.

第十六은 明到佛無二究竟彼岸이니 謂了一切法空法界等은 卽佛無二法身이니 依此法身하야 修波羅蜜多等行하야 而得圓滿이 爲從法界生이라

⑯ 부처님의 둘이 없는 최상의 피안에 이르는 공덕을 밝혔다.

일체 법이 공한 법계 등을 아는 것은 곧 부처님의 둘이 없는 법신이다. 이러한 법신에 의하여 바라밀다 등의 행을 닦아 원만함을 얻음이 법계에서 나오는 것이다.

經

了一切法의 空無所有하야 所修諸行이 從法界生하며

일체 법이 공하여 있는 바가 아님을 알아, 닦는 바의 모든 행이 법계에서 나오며,

● 疏 ●

可知니라

이는 설명하지 않아도 알 수 있다.

第十七은 明具足如來平等解脫이라

⑰ 여래의 평등한 해탈이 두루 갖춰져 있는 공덕을 밝혔다.

猶如虛空이 無相無形하야 深入法界하며
隨順演說하야 於一境門에 生一切智하며

> 마치 허공이 모양도 없고 형상도 없어 법계에 깊이 들어가고,
> 따라서 연설하여 하나의 경계에서 일체 지혜를 내며,

◉ 疏 ◉

謂一一如來의 所現身土 皆徧法界는 猶如虛空無相無形하야 不相障礙而不相雜하야 隨其化緣하야 現各別故니라 故文云'隨順演說 於一境門 生一切智慧'라하니 各順一一境故니라

하나하나의 여래가 나타내는 身土가 모두 법계에 두루 가득함이 마치 허공이 모양도 없고 형상도 없어 서로 장애가 되지 않고 서로 혼잡하지 않듯이, 그 중생의 교화하는 인연을 따라 나타냄이 각기 다름과 같기 때문이다.

그러므로 경문에서 "따라서 연설하여 하나의 경계에서 일체 지혜를 낸다."고 말하니, 각각 하나하나의 경계를 따르기 때문이다.

第十八은 卽證無中邊佛平等地라

⒅ 중앙도 변두리도 없는 평등한 곳을 바로 증득한 공덕을 밝혔다.

觀十力地하야 **以智修學**하고
智爲橋梁하야 **至薩婆若**하며
以智慧眼으로 **見法無礙**하야 **善入諸地**하며

열 가지 힘을 살펴보고서 지혜로 학문을 닦아가고,

지혜로 다리를 삼아 일체 지혜에 이르며,

지혜의 눈으로 일체 법을 보는 데에 걸림이 없어 모든 지위에 잘 들어가며,

● 疏 ●

謂三種佛身이 平等徧滿하야 無有中邊之異故니라 至薩婆若는 卽自受用이오 智爲橋梁은 卽通變化오 見法無礙는 卽是法身이라 結云'善入諸地'者는 卽佛十地也라

3가지 佛身이 평등하고 두루 원만하여 중앙과 변두리의 차이가 없기 때문이다.

"일체 지혜에 이른 것[至薩婆若]"은 곧 自受用身이며,

"지혜로 다리를 삼음"은 곧 變化身에 통하고,

"일체 법을 보는 데에 걸림이 없음"은 法身이다.

위의 문장을 끝맺으면서 "모든 지위에 잘 들어간다."는 것은 부처님의 十地이다.

■
第十九는 明盡於法界라
⑴⑼ 법계에 다한 공덕을 밝혔다.

經
知種種義하야 一一法門에 **悉得明了**하며
가지가지 이치를 알고서 하나하나 법문을 모두 분명히 알며,

◉ 疏 ◉

謂此法界 最淸淨故로 能起等流契經等法이 極此法界하야 於當來世에 作諸有情隨應利樂이니 今文에 但有所起오 畧無能起니라

이 법계가 가장 청정한 까닭에 等流의 契經 등 법을 일으킴이 이 법계를 다하여 현세와 내세에 모든 중생을 따라 감응하면서 이익과 즐거움을 마련해 주는 것이다. 이의 경문에서는 일으키는 대상만 말했을 뿐, 일으키는 주체에 대해서는 생략하여 언급하지 않았다.

■
第二十은 卽等虛空界오 窮未來際하야 無有盡故로 方云成就니라
⑵⑳ 곧 허공 세계와 같고 미래 시간을 다하여 다함이 없기 때문에 바야흐로 '성취'라 말하였다.

經
所有大願을 靡不成就니라

지닌 큰 서원을 성취하지 못함이 없다.

● 疏 ●

上來는 畧辨이니 若廣引諸論인댄 如升兜率品이라

위에서는 간단하게 논변하였다. 만일 모든 논을 자세히 인용하여 말한다면, 제23 승도솔천궁품에서 말한 바와 같다.

第三 顯德勝能
3) 공덕의 수승한 능력을 밝히다

經
佛子여 菩薩摩訶薩이 以此開示一切如來無差別性하나니
此是無礙方便之門이며
此能出生菩薩衆會며
此法이 唯是三昧境界며
此能勇進入薩婆若며
此能開顯諸三昧門이며
此能無礙普入諸刹이며
此能調伏一切衆生이며

此能住於無衆生際며
此能開示一切佛法이며
此於境界에 皆無所得이라
雖一切時에 演說開示나 而恒遠離妄想分別하며
雖知諸法이 皆無所作이나 而能示現一切作業하며
雖知諸佛이 無有二相이나 而能顯示一切諸佛하며
雖知無色이나 而演說諸色하며
雖知無受나 而演說諸受하며
雖知無想이나 而演說諸想하며
雖知無行이나 而演說諸行하며
雖知無識이나 而演說諸識하야 恒以法輪으로 開示一切하며
雖知法無生이나 而常轉法輪하며
雖知法無差別이나 而說諸差別門하며
雖知諸法이 無有生滅이나 而說一切生滅之相하며
雖知諸法이 無麤無細나 而說諸法麤細之相하며
雖知諸法이 無上中下나 而能宣說最上之法하며
雖知諸法이 不可言說이나 而能演說淸淨言辭하며
雖知諸法이 無內無外나 而說一切內外諸法하며
雖知諸法이 不可了知나 而說種種智慧觀察하며
雖知諸法이 無有眞實이나 而說出離眞實之道하며
雖知諸法이 畢竟無盡이나 而能演說盡諸有漏하며

雖知諸法이 無違無諍이나 然亦不無自他差別하며
雖知諸法이 畢竟無師나 而常尊敬一切師長하며
雖知諸法이 不由他悟나 而常尊敬諸善知識하며
雖知法無轉이나 而轉法輪하며
雖知法無起나 而示諸因緣하며
雖知諸法이 無有前際나 而廣說過去하며
雖知諸法이 無有後際나 而廣說未來하며
雖知諸法이 無有中際나 而廣說現在하며
雖知諸法이 無有作者나 而說諸作業하며
雖知諸法이 無有因緣이나 而說諸集因하며
雖知諸法이 無有等比나 而說平等不平等道하며
雖知諸法이 無有言說이나 而決定說三世之法하며
雖知諸法이 無有所依나 而說依善法하야 而得出離하며
雖知法無身이나 而廣說法身하며
雖知三世諸佛無邊이나 而能演說唯有一佛하며
雖知法無色이나 而現種種色하며
雖知法無見이나 而廣說諸見하며
雖知法無相이나 而說種種相하며
雖知諸法이 無有境界나 而廣宣說智慧境界하며
雖知諸法이 無有差別이나 而說行果種種差別하며
雖知諸法이 無有出離나 而說淸淨諸出離行하며
雖知諸法이 本來常住나 而說一切諸流轉法하며

雖知諸法이 無有照明이나 而恒廣說照明之法이니라

불자여, 보살마하살이 이것으로 일체 여래의 차별이 없는 성품을 열어 보여주었다.

이는 걸림 없는 방편 법문이며,

이는 보살 대중법회의 도량을 내며,

이 법이 오직 삼매의 경계이며,

이는 일체 지혜에 용맹하게 들어가며,

이는 모든 삼매 법문을 열어 밝혔으며,

이는 장애 없이 여러 세계에 널리 들어가며,

이는 일체중생을 조복하며,

이는 중생이 없는 경계에 머물며,

이는 일체 불법을 열어 보이며,

이는 경계에 대하여 모두 얻은 바 없다.

비록 모든 시간에 연설하지만 언제나 망상분별을 멀리 여의었으며,

비록 모든 법이 모두 지은 바 없음을 알지만 일체의 모든 업을 나타내며,

비록 모든 부처님이 두 모양이 없음을 알지만 일체 모든 부처님을 나타내 보이며,

비록 물질[色]이 없는 줄 알지만 여러 가지 물질을 연설하며,

비록 느낌이 없는 줄 알지만 여러 가지 느낌을 말하며,

비록 생각이 없는 줄 알지만 여러 가지 생각을 말하며,

비록 행이 없는 줄 알지만 모든 행을 말하며,

비록 모든 의식이 없는 줄 알지만 여러 가지 의식을 말하여, 항상 법륜으로 일체중생을 위해 열어 보여주며,

비록 법은 생겨남이 없음을 알지만 항상 법륜을 굴리며,

비록 법은 차별이 없음을 알지만 모든 차별 법문을 말하며,

비록 모든 법은 생멸이 없음을 알지만 일체 생멸의 모양을 말하며,

비록 모든 법은 거칠고 미세함이 없음을 알지만 모든 법의 거칠고 미세한 모양을 말하며,

비록 모든 법은 상중하가 없음을 알지만 가장 으뜸가는 법을 말하며,

비록 모든 법은 말할 수 없음을 알지만 청정한 말을 연설하며,

비록 모든 법은 안팎이 없음을 알지만 안팎의 모든 법을 말하며,

비록 모든 법은 알 수 없음을 알지만 가지가지 지혜로 관찰함을 말하며,

비록 모든 법은 진실이 없는 허망임을 알지만 허망을 벗어난 진실한 도를 말하며,

비록 모든 법은 결국 다함이 없음을 알지만 모든 번뇌를 모두 다 연설하며,

비록 모든 법은 어김도 없고 다툼도 없음을 알지만 또한 나와 남의 차별이 없지 않으며,

비록 모든 법은 결국 스승 없이 깨달음을 알지만 언제나 일체 스승을 존경하며,

비록 모든 법은 다른 이의 도움으로 깨닫는 게 아님을 알지만 언제나 선지식을 존경하며,

비록 법은 굴릴 수 없음을 알지만 법륜을 굴리며,

비록 법은 일어남이 없음을 알지만 모든 인연을 보여주며,

비록 모든 법은 앞 시절이 없음을 알지만 과거를 자세히 말하며,

비록 모든 법은 뒤 시절이 없음을 알지만 미래를 자세히 말하며,

비록 모든 법은 중간이 없음을 알지만 현재를 자세히 말하며,

비록 모든 법은 지은 이가 없음을 알지만 업을 짓는 모든 것을 말하며,

비록 모든 법은 인연이 없음을 알지만 원인이 모인 모든 것을 말하며,

비록 모든 법은 비등할 이가 없음을 알지만 평등하고 평등하지 않은 도를 말하며,

비록 모든 법은 말이 없음을 알지만 반드시 삼세의 법을 말하며,

비록 모든 법은 의지할 데 없음을 알지만 선한 법을 의지하여 삼계를 벗어남을 말하며,

비록 법은 몸이 없음을 알지만 법신을 자세히 말하며,

비록 삼세 모든 부처님이 그지없음을 알지만 오직 한 부처님만을 말하며,

비록 법은 색상이 없음을 알지만 가지가지 색상을 나타내며,

비록 법은 소견이 없음을 알지만 여러 소견을 자세히 말하며,

비록 법은 모양이 없음을 알지만 가지가지 모양을 말하며,

비록 모든 법은 경계가 없음을 알지만 지혜의 경계를 자세히 말하며,

비록 모든 법은 차별이 없음을 알지만 수행한 결과가 가지가지 다름을 말하며,

비록 모든 법은 벗어남이 없음을 알지만 청정하게 벗어나는 행을 말하며,

비록 모든 법은 본래 항상 머묾을 알지만 일체 모든 변하는 법을 말하며,

비록 모든 법은 비춤이 없음을 알지만 언제나 비치는 법을 자세히 말하였다.

● 疏 ●

文二니 初는 總明이오 後 '雖一切'下는 別顯이라
今初에 先標니 謂用此會事之德하야 開示佛平等性者는 同有 二十一種功德故니라
後 '此是'下는 總歎前德이라
二別顯中에 餘九는 不言이오 且廣初無礙之義 自有四十一句니 初句는 有不礙無니 以有是無之有故오 後四十句는 明無不礙有 니 以無是有之無故니라 又前是 二而不二오 後是 不二而二와 及 寂用相卽等이니 竝顯可知니라

第一 攝佛功德 竟하다

　경문은 2부분으로 나뉜다.

　(1) 총체로 밝혔고,

　(2) '雖一切時' 이하는 개별로 밝혔다.

　'(1) 총체로 밝힌 부분'의 앞은 명제의 표장이다. 이에 일을 아는 공덕을 인용하여 부처님의 평등한 자성을 열어 보여준 것은 똑같이 21가지의 공덕이 있기 때문이다.

　'(1) 총체로 밝힌 부분'의 뒤 '此是無礙方便之門' 이하는 앞의 공덕을 총체로 찬탄하였다.

　'(2) 개별로 밝힌 부분'에서 나머지 9가지 부분은 말하지 않았고, 또한 제1구의 '걸림 없는 방편 법문'의 의의를 자세히 말한 부분은 그 나름 41구이다.

　41구 가운데 첫 구절[雖一切時~而恒遠離妄想分別]은 有가 無에 걸림이 없음이니, 有가 無의 有이기 때문이다.

　그 뒤의 40구는 無가 有에 걸림이 없음을 밝혔다. 이는 無가 有의 無이기 때문이다.

　또한 앞의 첫 구절은 둘이지만 둘이 아니고, 뒤의 40구는 둘이 아니지만 둘이며 寂滅과 妙用이 서로 하나가 되는 등이다. 이는 모두 그 뜻이 분명하여 설명하지 않아도 알 수 있다.

第二 證入諸法用中四니 初는 明證入이오 二는 離證相이오 三은 徵

이오 四는 釋이라 今은 初라

2. 모든 법의 작용을 증득하여 들어가다

이 부분은 4단락으로 나뉜다.

1) 증득하여 들어감을 밝힌 것이고,

2) 증득한 모양을 여읨이며,

3) 묻고,

4) 해석함이다.

이는 '1) 증득하여 들어간' 부분이다.

經

佛子여 菩薩摩訶薩이
入如是大威德三昧智輪에
則能證得一切佛法하며
則能趣入一切佛法하며
則能成就하며
則能圓滿하며
則能積集하며
則能淸淨하며
則能安住하며
則能了達하야
與一切法自性相應이니라

    불자여, 보살마하살이

이와 같은 큰 위덕의 '지혜법륜 삼매'에 들어갈 적에,
일체 불법을 증득하고,
일체 불법에 들어가며,
일체 불법을 성취하고,
일체 불법이 원만하며,
일체 불법을 쌓아가고,
일체 불법을 청정케 하며,
일체 불법에 안주하고,
일체 불법을 통달하여
일체 법의 자성과 상응하였다.

● 疏 ●

十句니 初句는 明能證之定이라 三昧智輪는 尙順梵語니 若正인댄 應云智輪三昧니 因定最勝일새 名大威德이라
'則能'下는 顯所證法이니 謂證佛果法이라 初句는 總이니 無爲果爲證이오 有爲果曰得이라 餘句는 別이니 趣入은 釋證이오 成就는 釋得이오 圓滿은 通二라 積集은 約因圓이오 淸淨은 謂障盡이라 定能安住오 慧能了達이오 定慧兩亡이면 則自性相應하나니 爲證入也니라

10구이다.

제1구는 증득의 주체가 되는 보살의 선정을 밝혔다.

'三昧智輪'은 오히려 범어의 어순을 그대로 따른 것이다. 이를 바르게 말한다면 당연히 '智輪三昧'라 말했어야 한다.

因定이 가장 훌륭하기에 그 이름을 '大威德'이라 한다.

'則能' 이하는 증득의 대상이 되는 불법을 밝혔다. 이는 부처님의 果法을 증득함을 말한다.

첫 구절[則能證得一切佛法]은 총체로 말하였다. 無爲果를 '證', 有爲果를 '得'이라 말한다.

나머지 구절은 개별로 말하였다.

趣入은 證을 해석하였고,

成就는 得을 해석하였으며,

圓滿은 證·得 2가지에 모두 통한다.

積集은 因圓으로 말하고,

淸淨은 장애가 다함을 말하며,

定은 安住를, 慧는 了達을 말하고,

定·慧가 모두 사라지면 자성이 상응하게 되니, 이것이 바로 모든 법에 증득하여 들어가는 것이다.

二. 明離證相
    2) 증득한 모양을 여의다

經

而此菩薩摩訶薩이 **不作是念**호되 **有若干諸菩薩**과 **若干菩薩法**과 **若干菩薩究竟**과 **若干幻究竟**과 **若干化究竟**

과 若干神通成就와 若干智成就와 若干思惟와 若干證入과 若干趣向과 若干境界라하나니

하지만 보살마하살은 이런 생각을 하지 않는다.

얼마의 보살이 있을까?

얼마의 보살 법이 있을까?

얼마의 보살의 끝이 있을까?

얼마의 요술의 끝이 있을까?

얼마의 변화의 끝이 있을까?

얼마의 신통 성취가 있을까?

얼마의 지혜 성취가 있을까?

얼마의 생각이 있을까?

얼마의 증득이 있을까?

얼마의 나아감이 있을까?

얼마의 경계가 있을까?

● 疏 ●

以無念方證故니라 尙不念無礙慧境이온 況所證法有若干耶아

생각이 없어야 비로소 증득할 수 있기 때문이다. 오히려 걸림 없는 지혜의 경계도 생각지 않는데, 하물며 증득할 대상의 법이 얼마나 있을까를 생각하랴.

一

三徵 四釋

   3) 묻고, 4) 해석하다

經

何以故오

菩薩三昧 如是體性이며 如是無邊이며 如是殊勝故며

此三昧 種種境界며 種種威力이며 種種深入이니

所謂入不可說智門하며

入離分別諸莊嚴하며

入無邊殊勝波羅蜜하며

入無數禪定하며

入百千億那由他不可說廣大智하며

入見無邊佛勝妙藏하며

入於境界不休息하며

入清淨信解助道法하며

入諸根猛利大神通하며

入於境界心無礙하며

入見一切佛平等眼하며

入積集普賢勝志行하며

入住那羅延妙智身하며

入說如來智慧海하며

入起無量種自在神變하며
入生一切佛無盡智門하며
入住一切佛現前境界하며
入淨普賢菩薩自在智하며
入開示無比普門智하며
入普知法界一切微細境界하며
入普現法界一切微細境界하며
入一切殊勝智光明하며
入一切自在邊際하며
入一切辯才法門際하며
入徧法界智慧身하며
入成就一切處徧行道하며
入善住一切差別三昧하며
入知一切諸佛心이니라

　　무엇 때문일까?

　　보살의 삼매는 이러한 체성이고, 이처럼 그지없고 이처럼 훌륭한 까닭이며,

　　이 삼매는 가지가지 경계이고, 가지가지 위엄과 힘이며, 가지가지 깊이 들어가는 것이다.

　　이른바 말할 수 없는 지혜의 문에 들어가고,

　　분별을 여읜 모든 장엄에 들어가며,

　　그지없이 훌륭한 바라밀다에 들어가고,

수없는 선정에 들어가며,

백천억 나유타 말할 수 없는 광대한 지혜에 들어가고,

그지없는 부처님을 보는 기묘한 법장에 들어가며,

모든 경계에 쉬지 않는 데 들어가고,

청정한 믿음과 이해로 도를 돕는 법에 들어가며,

모든 감관이 영리한 큰 신통에 들어가고,

경계에 대하여 걸림이 없는 마음에 들어가며,

일체 부처님의 평등함을 보는 눈에 들어가고,

보현의 훌륭한 뜻과 행을 쌓아가는 데 들어가며,

나라연의 미묘한 지혜의 몸에 머무는 데 들어가고,

여래의 지혜 바다를 말하는 데 들어가며,

한량없이 가지가지 자재한 신통변화를 일으키는 데 들어가고,

일체 부처님의 다함이 없는 지혜를 내는 데 들어가며,

일체 부처님이 앞에 나타나는 경계에 머무는 데 들어가고,

보현보살의 자재한 지혜를 청정히 하는 데 들어가며,

견줄 데 없는 여러 법문의 지혜를 보여주는 데 들어가고,

법계의 일체 미세한 경계를 널리 아는 데 들어가며,

법계의 모든 미세한 경계를 널리 나타내는 데 들어가고,

일체 훌륭한 지혜의 광명에 들어가며,

일체 자재한 경계에 들어가고,

일체 변재의 법문 경계에 들어가며,

법계에 두루 한 지혜의 몸에 들어가고,

일체 모든 곳에 두루 다니는 도를 성취하는 데 들어가며,

일체 각기 다른 삼매에 잘 머무는 데 들어가고,

일체 모든 부처님의 마음을 아는 데 들어가는 것이다.

● 疏 ●

徵意 有三하니 一은 何以證而無念耶아 二는 何以一定多果耶아 三은 何以因定得果法耶아 釋中二니 初는 畧別釋이오 後 '此三昧' 下廣以通釋

 3) 물음의 뜻에는 3가지가 있다.

 (1) 무엇 때문에 증득했음에도 無念인 것일까?

 (2) 무엇 때문에 하나의 선정에 많은 佛果가 있는 것일까?

 (3) 무엇 때문에 因定이 佛果의 법을 얻는 것일까?

 4) 해석 부분은 2단락으로 나뉜다.

 (1) 앞은 간단하게 개별로 해석하였고,

 (2) 뒤의 '此三昧種種境界' 이하는 전반적으로 자세히 해석하였다.

今初는 別釋三徵이니 一은 體性離念故오 二는 定體雖一이나 用無邊故오 三은 以殊勝故로 因得果法이라

後廣通釋者는 謂文廣義通이니 通明上三句라

於中二니 先은 總標니 境은 是定之所緣이오 深入은 是定證契오 威力은 是定之用이니 三皆定體라 皆言種種일세 故上云無邊이오 具三又多일세 故云殊勝이라

後'所謂'下는 別顯이니 有二十八句라 句皆有上三義하니 如初句 入은 卽深入義오 不可說等은 卽無邊義오 智門은 卽境界義니 其間或有闕無邊義는 蓋文畧耳라 知智在說일세 說爲智門이라 二는 入功德智慧不二之莊嚴이오 六은 入不空如來藏이오 七은 悲智之境 觀度無休라 餘可知니라

第二 證入諸法 竟하다

(1) 해석의 앞부분은 3가지 물음을 개별로 해석하였다.

① 삼매의 체성이 생각을 여읜 때문이며,

② 삼매의 체성이 하나이지만 작용은 그지없기 때문이며,

③ 훌륭하기 때문에 因이 佛果의 법을 얻은 것이다.

(2) 뒤의 '전반적으로 자세히 해석하였다.'는 것은 경문의 범주가 광대하고 의의가 상통함을 말한다. 위에서 3구의 해석을 전체로 밝혔다.

이는 다시 2부분으로 나뉜다.

① 총체로 밝혔다. 경계[種種境界]는 선정의 반연 대상이며, 깊이 들어감[種種深入]은 선정의 증득이며, 威力[種種威力]은 선정의 작용이다. 이 3가지는 모두 선정의 체성이다. 모두 種種이라 말한 까닭에 위에서 '無邊'이라 말하였고, 3가지와 또한 많은 것을 갖추고 있기에 위에서 '殊勝'이라 말하였다.

② '所謂' 이하는 개별로 해석하였으며, 28구이다. 구절마다 모두 위에서 말한 3가지의 뜻이 있다.

예컨대 첫 구절에서 말한 '入不可說智門'의 入은 곧 種種深入

의 뜻이며, '不可說' 등은 곧 種種無邊의 뜻이며, '智門'은 곧 種種境界의 뜻이다. 하지만 그 사이에 간혹 種種無邊의 뜻이 빠진 것은 대체로 생략한 문장이다. 지혜를 알 수 있는 것은 설법하는 데에 있다. 따라서 설법을 '지혜의 법문[智門]'이라 한다.

제2구[入離分別諸莊嚴]는 공덕과 지혜가 둘이 아닌 장엄에 들어감이며,

제6구[入見無邊佛勝妙藏]는 공이 아닌 여래장에 들어감이며,

제7구[入於境界不休息]는 大悲大智의 경계를 살펴보고서 중생의 제도를 멈추지 않음이다.

나머지는 설명하지 않아도 알 수 있다.

2. 모든 법을 증득하여 들어간 부분을 끝마치다.

第三 普德無盡

於中三이니 一은 正顯無盡이라

3. 광대한 공덕이 그지없다

이는 3부분으로 나뉜다.

1) 바로 그지없음을 밝혔다.

經

佛子여 此菩薩摩訶薩이 住普賢行하야 念念入百億不可說三昧나 然이나 不見普賢菩薩三昧와 及佛境界莊嚴前

際하나니

불자여, 이 보살마하살이 보현행에 머물러서 한 생각 한 생각의 찰나에 백억 가지 말할 수 없는 삼매에 들어가지만, 보현보살의 삼매와 부처님의 경계 장엄과 그 이전의 시절은 볼 수 없다.

◉ 疏 ◉

正顯無盡은 謂非唯上列諸用이라 又能念念入多三昧도 亦不能盡이라

바로 그지없음을 밝힌 것은 위에서 나열한 많은 작용뿐만 아니라, 또한 한 생각 한 생각의 찰나에 수많은 삼매에 들어가는 것도 역시 다할 수 없음이다.

二 徵釋

2) 묻고 해석하다

經

何以故오
知一切法究竟無盡故며
知一切佛刹無邊故며
知一切衆生界不思議故며
知前際無始故며

知未來無窮故며

知現在盡虛空徧法界無邊故며

知一切諸佛境界不可思議故며

知一切菩薩行無數故며

知一切諸佛辯才所說境界不可說無邊故며

知一切幻心所緣法無量故니라

무슨 까닭일까?

일체 법은 최종에 그지없음을 알기 때문이며,

일체 부처님 세계가 끝이 없음을 알기 때문이며,

일체중생의 세계가 불가사의함을 알기 때문이며,

과거 시절이 시작이 없음을 알기 때문이며,

미래 세월이 다함없음을 알기 때문이며,

현재의 온 허공과 법계가 그지없음을 알기 때문이며,

일체 부처님의 경계가 불가사의함을 알기 때문이며,

일체 보살의 행이 수없음을 알기 때문이며,

일체 부처님의 변재로 말한 경계가 말할 수 없고 끝이 없음을 알기 때문이며,

일체 요술 같은 마음으로 반연하는 법이 한량없음을 알기 때문이다.

◉ 疏 ◉

徵意에 云旣念念入多이어늘 何以不盡가 釋意에 云此三昧緣境이

究竟無盡故니라
文有十句니 初는 總이오 餘는 別이니 並可知니라

"이미 한 생각 한 생각의 찰나에 말할 수 없는 삼매에 들어갔는데, 어찌 끝이 아니겠는가?"라는 물음에 따라서 다음과 같이 해석한 것이다.

"이 삼매의 반연 경계가 결국 끝이 없기 때문이다."

이의 경문은 10구이다. 첫 구절은 총체로, 나머지 9구는 개별로 말하였다.

이는 모두 설명하지 않아도 알 수 있다.

三 喩況

3) 비유

經

佛子여 如如意珠 隨有所求하야 一切皆得일세 求者無盡에 意皆滿足호되 而珠勢力은 終不匱止인달하야 菩薩摩訶薩도 亦復如是하야 入此三昧에 知心如幻호되 出生一切諸法境界하야 周徧無盡하야 不匱不息하나니

何以故오 菩薩摩訶薩이 成就普賢無礙行智하야 觀察無量廣大幻境이 猶如影像하야 無增減故니라

불자여, 마치 여의주는 구하는 대로 모두 얻게 하는데, 구하는

이들이 그지없지만 그들의 마음을 모두 만족시켜 주되 여의주의 힘은 다하지 않은 것처럼, 보살마하살 또한 그와 같다. 이런 삼매에 들어갈 적에 마음이 요술처럼 일체 모든 법을 내어 두루두루 이뤄줌이 끝이 없어 다함도 없고 멈추지도 않는다.

무슨 까닭일까? 보살마하살이 보현의 걸림 없는 행과 걸림 없는 지혜를 성취하여, 한량없고 광대한 요술 경계를 관찰함이 마치 영상처럼 더하거나 줄어듦이 없기 때문이다.

● 疏 ●

於中에 凡有三喩니 喩前無盡이니 各有喩合이라 前二合中에 復加徵釋하니 一은 如意隨求喩니 喩定心隨應하야 出法無盡이라 徵意에 云 何以出法無盡不匱息耶아 釋意에 云了多幻境이 皆同影像이라 緣至則生이어니 何有盡耶아 體無增減이어니 何有匱息耶아

여기에는 모두 3가지의 비유가 있다. 앞서 말한 '그지없음[無盡]'을 비유한 것이다.

3가지는 각각 비유와 종합이 있다. 앞의 2가지 종합에는 다시 물음과 해석을 더하였다.

(1) 구하는 대로 이루어지는 여의주의 비유이다. 이는 선정의 마음은 응하는 바를 따라 그지없는 법이 나타남을 비유하였다.

"어찌하여 그지없는 법을 내어 다함도 멈춤도 없는 것일까?"라는 물음에 대한 해석의 뜻은 다음과 같다.

"수많은 요술 같은 경계가 모두 영상과 같음을 알기 때문이다.

인연이 이르면 생겨나니 어찌 끝이 있겠는가. 본체는 더하거나 줄어듦이 없으니 어찌 다하거나 멈춤이 있겠는가."

經

佛子여 **譬如凡夫** **各別生心**호되 **已生現生**과 **及以當生**에 **無有邊際**하며 **無斷無盡**하야 **其心流轉**하야 **相續不絶**이 **不可思議**인달하야 **菩薩摩訶薩**도 **亦復如是**하야 **入此普幻門三昧**에 **無有邊際**하야 **不可測量**이니
何以故오 **了達普賢菩薩**의 **普幻門無量法故**니라

불자여, 마치 범부가 제각기 마음을 내되, 이미 내었고 지금 내고 장차 내게 될 것이 끝이 없으며, 간단이 없고 다함이 없이 그 마음이 차츰차츰 흘러가면서 계속 끊이지 않음이 헤아릴 수 없는 것처럼, 보살마하살 또한 그와 같다. 이 요술처럼 드넓은 법문의 삼매에 들어가면 그지없어 헤아릴 수 없다.

무슨 까닭일까? 보현보살의 요술처럼 드넓은 법문의 한량없는 법을 잘 알기 때문이다.

● 疏 ●

二는 生心各別喩니 喩緣境無盡이니 可知니라

(2) 각기 다른 마음을 낸다는 비유이다. 이는 경계에 반연함이 그지없음을 비유한 것이니, 설명하지 않아도 알 수 있다.

佛子여 譬如難陀跋難陀摩那斯龍王과 及餘大龍이 降
雨之時에 滴如車軸하야 無有邊際라 雖如是雨나 雨終不
盡이니 此是諸龍의 無作境界인달하야 菩薩摩訶薩도 亦
復如是하야 住此三昧에

入普賢菩薩諸三昧門과 智門과 法門과 見諸佛門과 往
諸方門과 心自在門과 加持門과 神變門과 神通門과 幻
化門과 諸法如幻門과 不可說不可說諸菩薩充滿門하며

親近不可說不可說佛刹微塵數如來正覺門하며

入不可說不可說廣大幻網門하며

知不可說不可說差別廣大佛刹門하며

知不可說不可說有體性無體性世界門하며

知不可說不可說衆生想門하며

知不可說不可說時劫差別門하며

知不可說不可說世界成壞門하며

知不可說不可說覆住仰住諸佛刹門하야

불자여, 마치 난타용왕, 발난타용왕, 마나사용왕과 나머지 대용왕들이 비를 내릴 적에 수레바퀴처럼 굵은 빗방울을 그지없이 퍼붓는다. 비록 이처럼 퍼붓지만, 비는 끝내 다하지 않는다. 이는 모든 용왕의 작위 없는[無作] 경계처럼, 보살마하살 또한 그와 같다.

이런 삼매에 머물 적에 보현보살의 일체 삼매의 법문, 일체 지혜의 법문, 일체 법의 법문, 일체 부처님을 보는 법문, 모든 곳을 찾아가는 법문, 마음이 자재한 법문, 일체 가피의 법문, 일체 변화의 법문, 일체 신통 법문, 일체 요술 변화의 법문, 일체 모든 법이 요술 같은 법문, 말할 수 없이 말할 수 없는 보살이 가득한 법문에 들어가고,

말할 수 없이 말할 수 없는 세계의 미진수처럼 수많은 여래의 바른 깨달음의 문을 가까이하며,

말할 수 없이 말할 수 없는 광대한 요술 그물의 법문에 들어가고,

말할 수 없이 말할 수 없는 각기 다른 광대한 부처 세계의 법문을 알며,

말할 수 없이 말할 수 없는 체성이 있거나 체성이 없는 세계의 법문을 알고,

말할 수 없이 말할 수 없는 중생 생각의 법문을 알며,

말할 수 없이 말할 수 없는 시간과 겁이 다른 법문을 알고,

말할 수 없이 말할 수 없는 세계가 이뤄지고 무너지는 법문을 알며,

말할 수 없이 말할 수 없는 엎어지고 잦혀진 모든 세계의 법문을 알고 있다.

● 疏 ●

三은 龍王降雨喩니 喩入法無盡이라 於中에 初喩 後合이니 合中은 分三이니 初는 正明入法이니 合滴如車軸이니 謂入廣大法故니라 初

句는 總이오 '智門' 下는 別이라 皆云門者는 自他遊入故오 幻網者는 一切皆幻이니 互爲緣起하야 相交映故니라 世界性空故無體오 隨緣染淨故有體며 又法性土故有體오 事土從緣故無體며 又淨刹은 順理故有體오 染刹은 妄成故無體니라 餘可知니라

(3) 용왕이 비를 내린 비유이다. 이는 그지없는 법에 들어감을 비유하였다.

이 부분은 앞은 비유이고, 뒤는 종합이다.

뒤의 종합은 다시 3부분으로 나뉜다.

(ㄱ) 바로 법에 들어감을 밝혔다. 이는 수레바퀴처럼 큰 빗방울에 맞춰 말하였다. 광대한 법에 들어감을 말하기 때문이다.

첫 구절[諸三昧門]은 총체이고,

'智門法門' 이하 구절은 개별로 말하였다.

모두 門이라 말한 것은 나와 남이 모두 출입하기 때문이며,

幻網이란 일체가 모두 요술이다. 서로 인연으로 일어나 서로가 서로를 비춰주기 때문이다.

세계의 체성이 空한 까닭에 체성이 없고, 반연을 따라 오염되고 청정한 까닭에 체성이 있으며,

또한 法性土인 까닭에 체성이 있고, 事土가 반연을 따른 까닭에 체성이 없으며,

또한 청정세계는 진리를 따른 까닭에 체성이 있고, 오염세계는 허망을 이룬 까닭에 체성이 없다.

나머지는 설명하지 않아도 알 수 있다.

經

於一念中에 **皆如實知**하나니

한 생각의 찰나에 모두 이런 경계를 진실하게 안다.

◉ **疏** ◉

二는 入法時分이니 合前降雨之時라

(ㄴ) 법에 들어가는 시분이다. 앞서 말한 비를 내린 시간에 맞춰 말하였다.

經

如是入時에 **無有邊際**하며 **無有窮盡**하며 **不疲不厭**하며 **不斷不息**하며 **無退無失**하며 **於諸法中**에 **不住非處**하며 **恒正思惟**하야 **不沈不擧**하며

　　이처럼 보환문 삼매에 들어갈 적에 끝이 없고 다함이 없으며,
　　고달프지도 않고 싫어하지도 않으며,
　　끊어지지도 않고 멈추지도 않으며,
　　물러나지도 않고 잃지도 않으며,
　　모든 법에 있어 잘못된 곳에 머물지도 않으며,
　　항상 바르게 생각하여 혼침하지도 않고 들뜨지도 않으며,

◉ **疏** ◉

三은 明入時相用이니 合前無邊無盡無作境界라

於中三이니 初十句는 明其相狀이오 次'求一切智'下는 明其業用이오 三은 徵釋所由라

今은 初라 初二句는 合雲無邊 雨無盡이오 '不疲'下는 合無作境이니 無作은 卽無功用故로 身不疲 心不厭 不永斷 不暫息이오 未入常 入故不退오 已入永常故不失이라 無法은 非所入門일세 故不住非處오 無心不契일세 故恒正思惟오 不沉不舉는 正是入相이라

㈐ 삼매에 들 때의 모양과 작용을 밝혔다. 이는 앞서 말한 끝이 없고 다함이 없고 작위가 없는 경계에 맞춰 말하였다.

이는 다시 3부분으로 나뉜다.

① 10구는 삼매의 모양을 밝혔고,

② '求一切智' 이하는 삼매의 業用을 밝혔으며,

③ 삼매의 유래가 되는 바를 묻고 해석하였다.

이는 '① 삼매의 모양' 부분이다.

첫 2구[無有邊際, 無有窮盡]는 구름이 끝없고 비가 그지없음에 맞춰 말하였다.

'不疲不厭' 이하는 작위가 없는 경계에 맞춰 말하였다. 작위가 없는 것은 곧 하는 일이 없기 때문에 몸이 고달프지 않고 마음에 싫증도 없으며, 아주 끊어지지도 않고 잠시 멈추지도 않는다.

들어가지 않아도 항상 들어가 있기에 물러서지 않고[無退], 이미 들어가 영원히 변함이 없기에 잃지 않는다[無失].

법이 없는 데는 들어가야 할 문이 아니기에 "잘못된 곳에 머물지도 않음"이다.

마음으로 깨닫지 못한 곳이 없기에 "항상 바르게 생각함"이다.
"혼침하지도 않고 들뜨지도 않음"은 바로 삼매에 들어 있는 모양이다.

經

求一切智하야 常無退捨하며
爲一切佛刹의 照世明燈하야 轉不可說不可說法輪하며
以妙辯才로 諸問如來호되 無窮盡時하며
示成佛道호되 無有邊際하며
調伏衆生호되 恒無廢捨하며
常勤修習普賢行願하야 未曾休息하며
示現無量不可說不可說色相身하야 無有斷絶이니라

　　일체 지혜를 구하여 언제나 물러서거나 버리지 않고,
　　일체 부처님 세계에서 세상을 비추는 등불이 되어 말할 수 없이 말할 수 없는 법륜을 굴리며,
　　미묘한 변재로 여래께 묻는 일이 다하지 않고,
　　부처님 도를 이루는 일을 보여줌이 끝이 없으며,
　　중생을 조복하여 언제나 그만두지 않고,
　　언제나 보현보살의 행원을 닦아 멈추지 않으며,
　　한량없고 말할 수 없이 말할 수 없는 육신을 나타내어 끊어진 적이 없다.

◉ 疏 ◉

二業用者는 隨入一一門하야 皆有斯業用이니 門卽不可盡이라 文顯可知니라

② 삼매의 業用이란 하나하나의 문을 따라 모두 이러한 업용이 있기에 문이 다함이 없다.

경문의 뜻이 분명하여 설명하지 않아도 알 수 있다.

經

何以故오

譬如燃火에 隨所有緣하야 於爾所時에 火起不息인달하야 菩薩摩訶薩도 亦復如是하야 觀察衆生界法界世界 猶如虛空하야 無有邊際하며 乃至能於一念之頃에 往不可說不可說佛刹微塵數佛所하야 一一佛所에 入不可說不可說一切智種種差別法하야 令不可說不可說衆生界로 出家爲道하야 勤修善根하야 究竟淸淨하며 令不可說不可說菩薩이 於普賢行願에 未決定者로 而得決定하야 安住普賢智慧之門하야 以無量方便으로 入不可說不可說三世成住壞廣大差別劫하야 於不可說不可說成住壞世間差別境界에 起於爾所大悲大願하야 調伏無量一切衆生하야 悉使無餘하나니

何以故오 此菩薩摩訶薩이 爲欲度脫一切衆生하야 修普賢行하며 生普賢智하며 滿足普賢의 所有行願이니라

무슨 까닭일까?

마치 타는 불이 불탈 수 있는 물건의 인연에 따라 그런 인연이 있을 때에는 불이 꺼지지 않는 것처럼, 보살마하살 또한 그와 같다.

중생계, 법계, 세계가 허공처럼 끝이 없음을 살펴보고, 내지 한 생각 찰나에 말할 수 없이 말할 수 없는 세계의 티끌 수처럼 수많은 부처님 계신 도량에 이르며, 하나하나 부처님 계신 도량에 말할 수 없이 말할 수 없는 일체 지혜의 가지가지 다른 법에 들어가 말할 수 없이 말할 수 없는 중생계의 중생으로 하여금 출가하여 도를 위해 부지런히 선근을 닦아 끝내 청정케 하였으며, 말할 수 없이 말할 수 없는 보살로 하여금 보현보살의 행과 원을 결정하지 못한 이들에게 결정하여 보현보살의 지혜 법문에 안주하여, 한량없는 방편으로 말할 수 없이 말할 수 없는 삼세의 이루고 머물고 무너지는 엄청난 차별의 겁에 들어가, 말할 수 없이 말할 수 없는 이루고 머물고 무너지는 세간의 각기 다른 경계에서 그처럼 수많은 대자대비와 큰 서원의 마음을 일으켜, 한량없는 일체중생을 조복하여 한 사람도 남음이 없게 하였다.

무슨 까닭일까? 이 보살마하살이 일체중생을 제도하기 위하여 보현의 행을 닦고 보현의 지혜를 내며, 보현보살이 지닌 행원을 만족케 하려는 것이다.

● *疏* ●

三徵釋中에 徵意有二하니 一云菩薩이 豈無行滿成佛이며 何以業

用無際限耶아 二云說橫인댄 顯無盡은 可爾어니와 何以一一門中에 用卽無盡가 後釋意도 亦二니 一云菩薩은 本爲衆生이라 生無盡故로 用亦無盡이며 二釋後意에 云生及世界旣如虛空이라 故隨一門하야 卽用無盡이 如芥子中空이라 由此不但一門成多라 一念亦能成多事矣니라

文中三이니 初는 喩明이니 火隨薪緣하야 薪多火在니 喩菩薩 生界緣廣하야 用無有涯오 次合은 可知오 後는 轉徵釋이니 徵意에 云 菩薩이 何以起多業用가 釋意에 云爲普度生하야 滿普願故니라

第三 普德無盡 竟하다

③ 묻고 해석한 가운데,

물음의 뜻에는 2가지가 있다.

㉠ 보살에게 어찌 행이 원만하여 성불함이 없으며, 어찌 하는 일이 끝이 없는 것일까?

㉡ 공간으로 말하면 '그지없다[無盡].'고 밝히는 것은 옳지만, 어떻게 하나하나의 모든 법문에 작용이 그지없다고 할 수 있을까?

뒤의 해석한 뜻 또한 2가지이다.

㉠ 보살은 본래 중생을 위한 터라, 중생이 그지없기 때문에 작용 또한 그지없다.

㉡ 공간으로 말한 뜻을 해석하여 말하였다. 중생과 세계가 이미 허공과 같다. 때문에 하나하나의 법문에 따라 그 작용이 그지없음이 개자의 구멍과 같다. 이에 의하여 하나의 법문이 많은 법문을 이룰 뿐 아니라, 시간으로 한 생각의 찰나 또한 많은 일을 이루는

것이다.

이의 경문은 3부분으로 나뉜다.

첫째, 비유로 밝혔다. 불이란 섶과의 인연에 따른다. 섶이 많은 데에는 불씨가 있다. 이는 보살이 중생계와의 인연이 많기에 작용 또한 끝이 없음을 비유하였다.

둘째, 비유와 종합 부분은 설명하지 않아도 알 수 있다.

셋째, 차츰차츰 묻고 해석하였다. 물음의 뜻은 "보살이 어떻게 수많은 일과 작용을 일으키는 것일까?"이다. 이에 대한 해석의 뜻은 다음과 같다.

"널리 중생을 제도하여 큰 서원을 원만하게 성취하기 위한 까닭이다."

3. 광대한 공덕이 그지없는 부분을 끝마치다.

第四 結示勸修中二니 初는 結勸勤修요 三은 總結顯示라 今은 初라

4. 수행의 권면을 끝맺다

이는 2부분으로 나뉜다.

1) 부지런히 수행하기를 권면한 부분을 끝맺었고,

2) 보여준 바를 총체로 끝맺었다.

이는 '1) 수행의 권면' 부분이다.

是故로 諸菩薩이 應於如是種類와 如是境界와 如是威
德과 如是廣大와 如是無量과 如是不思議와 如是普照
明과 如是一切諸佛現前住와 如是一切如來所護念과
如是成就往昔善根과 如是其心無礙不動三昧之中에
勤加修習하야 離諸熱惱하며
無有疲厭하야 心不退轉하며
立深志樂하야 勇猛無怯하며
順三昧境界하야 入難思智地하며
不依文字하고 不着世間하며
不取諸法하고 不起分別하며
不染着世事하고 不分別境界하야
於諸法智에 但應安住하고 不應稱量이니
所謂親近一切智하야 悟解佛菩提하며
成就法光明하야 施與一切衆生善根하며
於魔界中에 拔出衆生하야 令其得入佛法境界하며
令不捨大願하고 勤觀出道하야 增廣淨境하며
成就諸度하야 於一切佛에 深生信解하며
常應觀察一切法性하야 無時暫捨하며
應知自身이 與諸法性으로 普皆平等하며
應當明解世間所作하야 示其如法智慧方便하며
應常精進하야 無有休息하며

應觀自身의 善根鮮少하며
應勤增長他諸善根하며
應自修行一切智道하며
應勤增長菩薩境界하며
應樂親近諸善知識하며
應與同行으로 而共止住하며
應不分別佛하며
應不捨離念하며
應常安住平等法界하며
應知一切心識如幻하며
應知世間諸行如夢하며
應知諸佛의 願力出現이 猶如影像하며
應知一切諸廣大業이 猶如變化하며
應知言語 悉皆如響하며
應觀諸法이 一切如幻하며
應知一切生滅之法이 皆如音聲하며
應知所往一切佛刹이 皆無體性하며
應爲請問如來佛法호되 不生疲倦하며
應爲開悟一切世間호되 勤加敎誨하야 而不捨離하며
應爲調伏一切衆生호되 知時說法하야 而不休息이니라

　그러므로 여러 보살이 당연히 이러한 종류, 이러한 경계, 이러한 위덕, 이처럼 광대함, 이처럼 한량없음, 이처럼 불가사의함, 이처럼 널리 비침, 이처럼 일체 모든 부처님이 앞에 나타남, 이처럼 일체 모든 여래의 호념, 이처럼 과거의 선근 성취, 이처럼 그 마음이 걸림 없고 동하지 않는 삼매 가운데서

 부지런히 더욱 닦아 극심한 고뇌를 여의고,

 마음이 고달프지도 않고 물러서지도 않으며,

 뜻을 굳건히 세워 용맹으로 겁냄이 없고,

 삼매의 경계를 따라 헤아릴 수 없는 지혜에 들어가며,

 문자에 의지하지도 않고 세간에 집착하지도 않으며,

 법을 취하지도 않고 분별을 일으키지도 않으며,

 세간의 일에 물들지도 않고 경계를 분별하지도 않아,

 모든 법을 아는 지혜에 그저 편안히 머물 뿐 헤아려서는 안 된다.

 이른바 일체 지혜에 가까이하여 부처님의 보리를 깨닫고,

 법의 광명을 성취하여 일체중생에게 선근을 베풀며,

 마군의 경계에서 중생을 건져내어 그들로 하여금 불법의 경계에 들어가게 하고,

 큰 서원을 버리지 않고 삼계에서 벗어나는 도를 부지런히 살펴 청정한 경계를 더욱 키워나가며,

 여러 바라밀다를 성취하여 일체 모든 부처님께 깊은 신심과 이해를 내게 하고,

 항상 일체 법성을 관찰하여 잠시도 버리는 때가 없어야 하며,

 자기의 몸이 모든 법성과 모두 평등한 줄을 알아야 하고,

세간에서 하는 일을 분명히 알고서 법과 같은 지혜 방편을 보여야 하며,

　　항상 꾸준히 정진하여 멈추지 않아야 하고,
　　내 몸의 선근이 적은 줄을 살펴보아야 하며,
　　다른 이의 선근을 부지런히 키워줘야 하고,
　　일체 지혜의 도를 스스로 수행해야 하며,
　　보살의 경계를 더욱 부지런히 키워야 하고,
　　선지식 가까이하기를 좋아해야 하며,
　　함께 수행하는 이들과 같이 머물러야 하고,
　　일체 부처님을 분별하지 않아야 하며,
　　불·법·승(佛法僧)에 대한 생각을 버리지 않아야 하고,
　　평등한 법계에 항상 머물러야 하며,
　　일체 마음과 의식이 요술과 같음을 알아야 하고,
　　세간의 모든 일이 꿈과 같음을 알아야 하며,
　　부처님이 원력으로 나타나심이 영상과 같음을 알아야 하고,
　　일체 모든 광대한 사업이 변화와 같음을 알아야 하며,
　　모든 말이 모두 메아리와 같음을 알아야 하고,
　　모든 법이 모두 요술과 같음을 알아야 하며,
　　일체 생겨나고 사라지는 법이 모두 음성과 같음을 알아야 하고,
　　가는 곳마다 부처님의 세계가 모두 체성이 없음을 알아야 하며,
　　여래께 불법을 여쭈되 고달픈 생각을 내지 않아야 하고,
　　일체 세간의 중생을 깨우치기 위하여 부지런히 가르쳐 그들을

버리지 않아야 하며,

　일체중생을 조복하되 시기를 맞춰 설법하여 멈추지 않아야 한다.

● 疏 ●

謂菩薩心窮生界하야 定用無涯라 故應修習이라 文中에 一은 初擧所修之法하고 後는 示勸修相이라

今은 初라 '是故諸菩薩' 五字는 該下二段이라 其所修法은 有十一句오 末後一句는 擧定名體라 前之十句는 別明無礙輪之業用이니 於中에 倒牒前來諸文이라

初 '種類'者는 業用非一故니 如合龍喩中에 入法衆多니 是種類義오

二 '境界'者는 卽定所緣이니 如前妄念緣境喩오

三 '威德'者는 卽通顯定用이니 如前珠能出生喩오

四 此上三種은 皆悉廣大하야 一一無涯니 如前不見三昧前際故오

五는 數不可極이니 如前入不可說智門等이니 卽無邊故오

六은 竝絶心言이니 如前不作是念有若干菩薩等故오

七은 皆與智俱니 如前雖知諸法無作이나 而能示現一切作業이니 是權實明照故오

八은 體用齊於佛境하야 則諸佛現前이니 如前觀十力地하야 至薩婆若故오

九는 如來護念이니 如前諸佛攝受已에 入未來諸佛數故오

十은 非但現用自在라 亦成昔善이니 如前功德解欲悉淸淨故니라

第二'勤加修習'下는 示修相中二니 初는 畧示離過進德이오 後'不依'下는 別示離過進德이라 於中에 先은 離過오 後'於諸法'下는 進德이라 文竝可知니라

보살의 마음이 중생계에 다하여 선정의 작용이 끝이 없기에 이처럼 닦아야 함을 말한다.

이의 경문은 2부분으로 나뉜다.

(1) 처음 닦아야 할 법을 들어 말하였고,

(2) 수행을 권면하는 모양을 보여주었다.

이는 '(1) 처음 닦아야 할 법' 부분이다. '是故諸菩薩' 5자는 아래의 2단락을 포괄하고 있다. 그 닦아야 할 법은 11구인데, 맨 끝 구절[如是其心無礙不動三昧之中]은 선정의 명제에 대한 자체를 들어 말하였다. 앞의 10구는 걸림 없는 법륜의 작용을 개별로 밝히고 있는데, 여기에는 앞서 말한 모든 문장을 거꾸로 이어 쓰고 있다.

제1구, '種類'라 하는 것은 하는 일과 작용이 한 가지가 아니기 때문이다. 예컨대 용왕의 비유에 맞춰 말한 부분에서 법문에 들어감이 많음과 같다. 이것이 '종류'라는 의의이다.

제2구, '境界'라 하는 것은 곧 선정의 반연 대상이다. 이는 앞서 말한 "妄念이 경계를 따라 일어난다."는 비유와 같다.

제3구, '威德'이라 하는 것은 선정의 작용을 전반적으로 밝힌 것이다. 이는 앞서 말한 "여의주가 모든 것을 내어준다."는 비유와 같다.

제4구[如是廣大], 위에서 말한 3가지는 모두가 광대하여 하나하

나가 끝이 없다. 이는 앞서 말한 "삼매의 이전을 볼 수 없기 때문"이라는 것과 같다.

제5구[如是無量], 그 수효가 끝이 없다. 이는 앞서 말한 "말할 수 없는 지혜 법문에 들어간다."는 등과 같다. 이는 '끝이 없기[無邊]' 때문이다.

제6구[如是不思議], 아울러 모두 마음과 언어가 끊어짐이다. 이는 앞서 말한 "얼마의 보살 등이 있다는 생각을 일으키지 않기 때문"이라는 것과 같다.

제7구[如是普照明], 이는 모두 지혜와 함께하는 것이다. 이는 앞서 말한 "비록 모든 법은 작위가 없으나 일체 모든 일을 보여준다."는 것과 같다. 이는 방편과 실상을 밝게 비춰주기 때문이다.

제8구[如是一切諸佛現前住], 본체와 작용이 부처님의 경계와 똑같기에 부처님이 앞에 나타난 것이다. 이는 앞서 말한 "十力의 지위를 관찰하여 일체 지혜에 이르렀기 때문"이라는 것과 같다.

제9구[如是一切如來所護念], 여래의 가호와 염려이다. 이는 앞서 말한 "여러 부처님이 받아들여 미래 여러 부처님의 수효에 들어갔기 때문"이라는 것과 같다.

제10구[如是成就往昔善根], 현재의 작용이 자재할 뿐 아니라, 또한 과거의 선근도 성취하였다. 이는 앞서 말한 "전세의 공덕 이해를 모두 청정하게 하고자 한 때문"이라는 것과 같다.

(2) '勤加修習' 이하는 수행을 권면하는 모양을 보여주었다. 이 부분은 다시 2단락으로 나뉜다.

① 허물을 여의고 덕으로 나아감을 간단하게 보여주었고,
② '不依文字' 이하는 허물을 여의고 덕으로 나아감을 개별로 보여주었다. 이 가운데 다시 2부분으로 나눈다.

앞은 허물을 여읨이며,

뒤의 '於諸法智' 이하는 덕으로 나아감이다.

나머지 경문은 모두 설명하지 않아도 알 수 있다.

第二 總結顯示

2) 보여준 바를 총체로 끝맺다

經

佛子여 菩薩摩訶薩이
如是修行普賢之行하며
如是圓滿菩薩境界하며
如是通達出離之道하며
如是受持三世佛法하며
如是觀察一切智門하며
如是思惟不變異法하며
如是明潔增上志樂하며
如是信解一切如來하며
如是了知佛廣大力하며

如是決定無所礙心하며
如是攝受一切衆生이니라

    불자여, 보살마하살이
    이처럼 보현의 행을 닦고,
    이처럼 보살의 경계가 원만하며,
    이처럼 삼계에서 벗어나는 도를 통달하고,
    이처럼 삼세 부처님의 법을 받아 지니며,
    이처럼 일체 지혜 법문을 관찰하고,
    이처럼 변하지 않는 법을 생각하며,
    이처럼 더욱 올라가는 뜻을 깨끗이 하고,
    이처럼 일체 여래를 믿으며,
    이처럼 부처님의 광대한 힘을 알고,
    이처럼 걸림 없는 마음을 결정하며,
    이처럼 일체중생을 받아들이는 것이다.

◉ 疏 ◉

總結顯示者는 遠亦通結前來諸段이오 近則逆結上來進德之文이라 欲一一配屬인댄 恐厭繁文이라
第四 結示勸修 竟하다

    보여줌을 총체로 끝맺은 것은 멀리는 또한 앞의 여러 단락을 전반적으로 끝맺고, 가까이는 역으로 위에서 말한 덕으로 나아감을 끝맺은 문장이다. 이를 하나하나 짝지어 귀속시키고자 하면 번

잡한 문장을 싫어할까 싶다.

4. 수행의 권면을 끝맺은 부분을 끝마치다.

大文 第三은 定滿成益이라 文屬此定이나 意兼前九라 於中四니 一은 外感佛加益이오 二는 內德圓滿益이오 三은 上攝佛果益이오 四는 正同佛果益이라 今은 初라

다. 선정이 원만하여 이익을 성취하다

경문은 이 선정에 속하지만, 뜻은 앞의 9가지를 모두 겸하고 있다.

이는 4부분으로 나뉜다.

1. 밖으로 부처님의 가피를 얻는 이익,
2. 내면의 덕이 원만한 이익,
3. 위로 佛果를 받아들이는 이익,
4. 바로 불과와 같은 이익이다.

이는 '1. 부처님의 가피' 부분이다.

經

佛子여 菩薩摩訶薩이 入普賢菩薩所住如是大智慧三昧時에
十方各有不可說不可說國土어든 一一國土에 各有不可說不可說佛刹微塵數如來名號하며 一一名號에 各

有不可說不可說佛刹微塵數諸佛이 而現其前하사
與如來念力하사 令不忘失如來境界하며
與一切法究竟慧하사 令入一切智하며
與知一切法種種義決定慧하사 令受持一切佛法하야 趣
入無礙하며
與無上佛菩提하사 令入一切智하야 開悟法界하며
與菩薩究竟慧하사 令得一切法光明하야 無諸黑闇하며
與菩薩不退智하사 令知時非時善巧方便하야 調伏衆生
하며
與無障礙菩薩辯才하사 令悟解無邊法하야 演說無盡하며
與神通變化力하사 令現不可說不可說差別身의 無邊色
相이 種種不同하야 開悟衆生하며
與圓滿言音하사 令現不可說不可說差別音聲의 種種言
辭하야 開悟衆生하며
與不唐捐力하사 令一切衆生으로 若得見形이어나 若得
聞法에 皆悉成就하야 無空過者니라
佛子여 菩薩摩訶薩이 如是滿足普賢行故로 得如來力
하고 淨出離道하고 滿一切智하야 以無礙辯才와 神通變
化로 究竟調伏一切衆生하며 具佛威德하고 淨普賢行하
고 住普賢道하야 盡未來際토록 爲欲調伏一切衆生하야
轉一切佛微妙法輪하나니
何以故오 佛子여 此菩薩摩訶薩이 成就如是殊勝大願

諸菩薩行하면
則爲一切世間法師하며
則爲一切世間法日하며
則爲一切世間智月하며
則爲一切世間須彌山王하야 嶷然高出하야 堅固不動하며
則爲一切世間無涯智海하며
則爲一切世間正法明燈하야 普照無邊하야 相續不斷하며
爲一切衆生하야 開示無邊淸淨功德하야 皆令安住功德善根하며
順一切智大願平等하야 修習普賢廣大之行하며
常能勸發無量衆生하야 住不可說不可說廣大行三昧하야 現大自在니라

불자여, 보살마하살이 보현보살이 머물렀던 이와 같은 큰 지혜 삼매에 들어갔을 적에, 시방에 각각 말할 수 없이 말할 수 없는 국토가 있는데, 하나하나 국토마다 말할 수 없이 말할 수 없는 세계의 티끌 수처럼 수많은 여래의 이름이 있고, 하나하나 이름마다 말할 수 없이 말할 수 없는 세계의 티끌 수처럼 수많은 부처님이 앞에 나타나,

여래의 기억하는 힘을 내려주어 여래의 경계를 잊지 않도록 하고,

일체 법에 끝까지 이르는 지혜를 내려주어 일체 지혜에 들어가도록 하며,

일체 법과 가지가지 이치를 아는 결정한 지혜를 내려주어 일체 불법을 받아 걸림 없이 들어가도록 하고,
위가 없는 부처님의 보리를 내려주어 일체 지혜에 들어가 법계를 깨닫도록 하며,
보살의 최상의 지혜를 내려주어 일체 법의 광명을 얻어 모든 어둠이 없도록 하고,
보살의 물러서지 않는 지혜를 내려주어 때인지 때가 아닌지를 아는 뛰어난 방편으로 중생을 조복하도록 하며,
걸림이 없는 보살의 변재를 내려주어 그지없는 법을 깨달아 그지없이 연설하도록 하고,
신통변화의 힘을 내려주어 말할 수 없이 말할 수 없는 각기 다른 몸의 그지없는 모양이 가지가지 같지 않음을 나타내어 중생을 깨우치도록 하며,
원만한 음성을 내려주어 말할 수 없이 말할 수 없는 각기 다른 음성의 가지가지 언어를 구사하여 중생을 깨우치도록 하고,
버리지 않는 힘을 내려주어 일체중생들이 그 모습을 보거나 법을 들으면 모두 성취하여 헛되이 지나간 이가 없도록 하였다.
불자여, 보살마하살이 이처럼 보현의 행을 원만하게 갖추었기에 여래의 힘을 얻고, 삼계에서 벗어나는 도를 청정히 하고, 일체 지혜가 원만하여 걸림 없는 변재와 신통변화로 일체중생을 끝까지 조복하며, 부처님의 위엄과 공덕을 갖추고, 보현의 행을 청정히 하고, 보현의 도에 머물면서 미래 세월이 다하도록 일체중생을 조

복하기 위하여 일체 부처님의 미묘한 법륜을 굴려 왔다.

무슨 까닭일까?

불자여, 보살마하살이 이처럼 여래의 수승한 큰 서원과 여러 보살의 수행을 성취하면,

일체 세간의 법사가 되고,

일체 세간의 법 태양이 되며,

일체 세간의 지혜 달이 되고,

일체 세간의 수미산왕이 되어 우뚝하게 높이 솟아 견고하여 흔들리지 않으며,

일체 세간의 끝없는 지혜 바다가 되고,

일체 세간의 바른 법의 등불이 되어 그지없이 널리 비추되 끊임없이 이어지며,

일체중생을 위하여 그지없이 청정한 공덕을 열어 보여주어 모두 공덕과 선근에 안주하도록 하고,

일체 지혜와 큰 서원을 따라 모두 평등하게 보현의 광대한 행을 닦으며,

한량없는 중생에게 발심하기를 권하여 말할 수 없이 말할 수 없는 광대한 행인 삼매에 머물면서 큰 자재함을 나타내 주었다.

● 疏 ●

初中五니 一은 辨加所依니 謂在定時故요 二 '十方'下는 顯能加者오 三 '與如來'下는 正顯加相이오 四 '佛子菩薩'下는 加以成用이니

文立可知오 五'何以'下는 徵釋所由니 徵意에 云 普行旣滿인댄 何須盡未來際토록 行調生行耶아 釋意에 云 無障礙願이 法應爾故오 已成大願이 眞能調故니라

 1. 부처님의 가피 부분은 5단락으로 나뉜다.

 (1) 가피의 의지한 바를 말하였다. 선정에 있는 시기이기 때문이다.

 (2) '十方' 이하는 가피의 주체를 밝혔고,

 (3) '與如來' 이하는 바로 가피의 모양을 밝혔으며,

 (4) '佛子菩薩' 이하는 가피로 작용을 이루었다. 경문은 모두 설명하지 않아도 알 수 있다.

 (5) '何以' 이하는 가피의 유래를 묻고 해석하였다. 물음의 뜻은 "보현행이 이미 원만한데 어찌하여 미래의 시절이 다하도록 중생을 조복하는 행을 행하는 것일까?" 이에 대한 해석은 다음과 같다.

 "걸림 없는 서원의 법이 당연히 그러하기 때문이며, 이미 큰 서원을 성취함이 진정 중생을 조복함이기 때문이다."

第二. 內德圓滿益

 2. 내면의 덕이 원만한 이익

經

佛子여 此菩薩摩訶薩이 獲如是智하며 證如是法하야 於

如是法에 審住明見하며 得如是神力하며 住如是境界하며 現如是神變하며 起如是神通하야 常安住大悲하며 常利益衆生하야 開示衆生安穩正道하며 建立福智大光明幢하며 證不思議解脫하며 住一切智解脫하며 到諸佛解脫彼岸하며 學不思議解脫方便門하야 已得成就하며 入法界差別門하야 無有錯亂하며 於普賢不可說不可說三昧에 遊戲自在하며 住師子奮迅智하야 心意無礙하야
其心이 恒住十大法藏하나니 何者 爲十고
所謂住憶念一切諸佛하며
住憶念一切佛法하며
住調伏一切衆生大悲하며
住示現不思議淸淨國土智하며
住深入諸佛境界決定解하며
住去來現在一切佛平等相菩提하며
住無礙無着際하며
住一切法無相性하며
住去來現在一切佛平等善根하며
住去來現在一切如來法界無差別身語意業先導智하며
住觀察三世一切諸佛의 受生出家와 詣道場成正覺과 轉法輪般涅槃이 悉入刹那際니라
佛子여 此十大法藏이 廣大無量하야 不可數며 不可稱이며 不可思며 不可說이며 無窮盡이며 難忍受니 一切世智

로 無能稱述이니라

佛子여 此菩薩摩訶薩이 已到普賢諸行彼岸에 證淸淨法하야 志力廣大하야 開示衆生無量善根하며 增長菩薩一切勢力하야 於念念頃에 滿足菩薩一切功德하며 成就菩薩一切諸行하며 得一切佛陀羅尼法하며 受持一切諸佛所說하며 雖常安住眞如實際나 而隨一切世俗言說하야 示現調伏一切衆生하나니

何以故오 菩薩摩訶薩이 住此三昧에 法如是故니라

　불자여, 이 보살마하살이 이러한 지혜를 얻었고, 이러한 법을 증득하여 이러한 법에 자세히 머물러 분명하게 보았으며, 이러한 신통력을 얻고, 이러한 경계에 머물며, 이러한 신통변화를 나타내고, 이러한 신통을 일으켜 항상 큰 자비에 안주하며, 항상 중생에게 이익을 베풀어 중생에게 평안한 바른 도를 보여주고, 복덕과 지혜의 대광명의 당기를 세우며, 불가사의한 해탈을 증득하고, 일체 지혜의 해탈에 머물며, 여러 부처님의 해탈 피안에 이르고, 불가사의한 해탈의 방편문을 배워 이미 성취하였으며, 법계의 각기 다른 법문에 들어가 어긋나거나 어지럽지 않고, 말할 수 없이 말할 수 없는 보현의 삼매에 유희하고 자재하며, 사자의 힘차고 빠른 지혜에 머물러 마음에 걸림이 없어, 그 마음이 항상 열 가지 큰 법장에 머물고 있다.

　무엇이 열 가지 큰 법장인가?

　이른바 일체 부처님을 생각하는 데 머물고,

일체 부처님의 법을 생각하는 데 머물며,

일체중생을 조복하는 큰 자비의 마음에 머물고,

불가사의의 청정국토를 나타내는 지혜에 머물며,

부처님의 경계에 깊이 들어가는 결정된 지혜에 머물고,

과거·미래·현재의 일체 부처님의 평등한 보리에 머물며,

걸림 없고 집착함이 없는 경계에 머물고,

모든 법이 모양이 없는 성품에 머물며,

과거·미래·현재의 일체 부처님의 평등한 선근에 머물고,

과거·미래·현재의 일체 여래께서 법계와 다름없는 몸과 말과 뜻으로 짓는 업으로 앞서 지도하는 지혜에 머물며,

삼세 일체 모든 부처님이 태어나고 출가하고 도량에 나아가 바른 깨달음을 이루고 법륜을 굴리고 열반에 드심을 관찰함이 모두 '찰나의 시간이라는 그 자체조차 없는 즈음'으로 들어가는 데 머무는 것이다.

불자여, 이 열 가지 큰 법장이 한량없이 광대하여, 셀 수 없고 일컬을 수 없으며, 생각할 수 없고 말할 수 없으며, 다할 수 없고 그대로 받아들이기 어렵다. 일체 세간의 지혜로는 도저히 말할 수 없다.

불자여, 이 보살마하살은 보현행의 피안에 이르러, 청정한 법을 증득하여 뜻과 힘이 광대하여 중생의 한량없는 선근을 열어 보여주었고, 보살의 모든 세력을 키워주어 한 생각 한 생각의 찰나에 보살의 일체 공덕을 만족케 하고, 보살의 모든 행을 성취하며, 일체 부처님의 다라니 법을 얻고, 모든 부처님의 말씀하신 바를 받아

지니며, 비록 진여의 실제에 안주하면서도 일체 세속의 말을 따라 일체중생의 조복을 보여주었다.

무슨 까닭일까? 보살마하살이 이런 삼매에 머물 적에 법이 으레 그러하기 때문이다.

◉ 疏 ◉

圓滿益中四니

初牒前住定之因圓하야 通牒上文이니 竝顯可知니라

二'其心恒住'下는 別示所滿하야 十表無盡이오

三'佛子此菩薩至已到普賢'下는 總結究竟이오

四'何以'下는 徵釋所由니 徵意에 云 菩薩何以能滿爾所德耶아 釋意可知니라

내면의 덕이 원만한 이익 부분은 4단락으로 나뉜다.

(1) 앞서 말한 선정에 안주한 원인의 원만함을 이어서 위의 문장을 전반적으로 이어 말하였다. 모두 그 뜻이 분명하기에 설명하지 않아도 알 수 있다.

(2) '其心恒住' 이하는 개별로 원만한 바를 보여, 열 가지 법장의 그지없음을 밝혔다.

(3) '佛子此菩薩至已到普賢' 이하는 최종의 도리를 총체로 끝맺었다.

(4) '何以' 이하는 유래되는 바를 묻고 해석하였다. 물음의 뜻은 "보살이 어떻게 그러한 공덕이 원만한 것일까?"이다. 이에 대한 해

석의 뜻은 설명하지 않아도 알 수 있다.

第三 上攝佛果益中三이니 初는 正明이라

3. 위로 佛果를 받아들이는 이익

이는 3부분으로 나뉜다.

1) 바로 밝혔다.

經

佛子여 菩薩摩訶薩이 以此三昧로
得一切佛廣大智하며
得巧說一切廣大法自在辯才하며
得一切世中最爲殊勝淸淨無畏法하며
得入一切三昧智하며
得一切菩薩善巧方便하며
得一切法光明門하며
到安慰一切世間法彼岸하며
知一切衆生時非時하며
照十方世界一切處하며
令一切衆生得勝智하며
作一切世間無上師하며
安住一切諸功德하며

開示一切衆生淸淨三昧하야 令入最上智하나니

　　불자여, 보살마하살이 이 삼매로써

　　일체 부처님의 광대한 지혜를 얻었고,

　　일체 광대한 법을 잘 말하는 자재한 변재를 얻었으며,

　　일체 세계의 가장 훌륭하고 청정하고 두려움이 없는 법을 얻었고,

　　일체 삼매에 들어가는 지혜를 얻었으며,

　　일체 보살의 뛰어난 방편을 얻었고,

　　일체 법의 광명 법문을 얻었으며,

　　일체 세간을 위로하는 법의 피안에 이르렀고,

　　일체중생의 때와 때 아닌 것을 알며,

　　시방세계의 모든 곳을 비춰주고,

　　일체중생으로 훌륭한 지혜를 얻게 하며,

　　일체 세간의 위없는 스승이 되고,

　　일체 모든 공덕에 안주하며,

　　일체중생에게 청정한 삼매를 보여주어 최상의 지혜에 들어가게 하였다.

次는 徵釋이라 徵意에 云 上是佛德이어늘 何能攝耶아 後 '菩薩' 下는 釋意에 云 住此三昧에 能所作無餘 同如來故니라
於中三이니 初는 正顯無餘之業이라

2) 묻고 해석하였다. 물음의 뜻은 "위에서 말한 부처님의 공덕인데, 어떻게 이를 받아들일 수 있겠는가?"이다. 뒤의 '菩薩' 이하는 해석의 뜻으로 다음과 같다.

"이런 삼매에 머물 적에 하는 일이 남은 바 없어 여래와 같기 때문이다."

뒤의 해석 부분은 다시 3단락으로 나뉜다.

⑴ 바로 남음이 없는 일을 밝혔다.

經
何以故오 菩薩摩訶薩이 如是修行하면
則利益衆生하며
則增長大悲하며
則親近善知識하며
則見一切佛하며
則了一切法하며
則詣一切刹하며
則入一切方하며
則入一切世하며
則悟一切法平等性하며
則知一切佛平等性하며
則住一切智平等性하야

무슨 까닭일까?

보살마하살이 이와 같이 수행하면,

중생에게 이익을 주고,

큰 자비심을 키워가며,

선지식을 가까이하고,

일체 부처님을 친견하며,

일체 법을 알고,

일체 세계에 나아가며,

일체 방위에 들어가고,

일체 세상에 들어가며,

일체 법의 평등한 성품을 깨닫고,

일체 부처님의 평등한 성품을 알며,

일체 지혜의 평등한 성품에 머물러,

● 疏 ●

正顯無餘之業일세 故皆云一切니라

바로 남음이 없는 작업을 밝힌 까닭에 모두 '일체'라 말하였다.

二 明作業行相

(2) 작업의 행상을 밝히다

經

於此法中에 **作如是業**하고 **不作餘業**하나니
住未足心하며 **住不散亂心**하며 **住專一心**하며 **住勤修心**하며 **住決定心**하며 **住不變異心**하야 **如是思惟**하며 **如是作業**하며 **如是究竟**이니라

　이러한 법 가운데, 이처럼 청정한 일만을 할 뿐, 나머지 오염된 일은 하지 않는다.

　법을 위해 부족하게 생각하는 마음에 머물고,

　산란하지 않은 마음에 머물며,

　오롯한 마음에 머물고,

　부지런히 수행하는 마음에 머물며,

　결정한 마음에 머물고,

　변하지 않는 마음에 머물면서 이처럼 생각하며,

　이처럼 일하고,

　이처럼 극점에 이르렀다.

● 疏 ●

初句는 總顯이니 依前而作이오 更不作餘不足之業이라 住未足等은 顯其作義오 '如是'已下는 總結前作이라

　첫 구절은 총체로 밝혔다. 앞서 말한 부분을 따라 행할 뿐, 다시는 나머지 부족한 업을 행하지 않는다. "법을 위해 부족하게 생각하는 마음에 머문다." 등은 그 해야 할 의의를 밝힌 것이며, '如是

思惟' 이하는 앞에서 하는 일을 총체로 끝맺었다.

三. 逐難重釋이니 謂廣前作如是業이오 不作餘業이라

(3) 논란을 따라 거듭 해석하였다.

앞서 말한 "이처럼 청정한 일만을 할 뿐, 나머지 오염된 일은 하지 않는다."는 점을 자세히 말하였다.

經

佛子여 菩薩摩訶薩이 無異語異作하고 有如語如作하나니라

何以故오 譬如金剛이 以不可壞로 而得其名이라 終無有時에 離於不壞인달하야 菩薩摩訶薩도 亦復如是하야 以諸行法으로 而得其名이라 終無有時에 離諸行法하며

불자여, 보살마하살은 법과 다른 말과 법과 다른 일이 없고, 법과 같은 말과 법과 같은 일만이 있을 뿐이다.

무슨 까닭일까?

마치 금강은 깨뜨릴 수 없기에 금강이라는 이름을 얻었다. 따라서 끝까지 깨뜨릴 수 없는 데서 벗어날 수 없는 것처럼, 보살마하살 또한 그와 같다.

육도만행의 법을 닦았기에 보살이라는 그 이름을 얻었다. 따라서 끝까지 육도만행의 법에서 떠날 때가 없다.

● 疏 ●

文中三이니

初는 畧標擧니 其中如作은 通身及意라

次는 徵이니 徵意에 云 何以不作餘耶아

後는 廣釋이니 釋意에 云 若作異前이면 非菩薩故니라

文有十喩하니 卽爲十段이라 各自有合이니

一은 金剛不壞喩니 喩行體堅牢니라

이의 경문은 3단락으로 나뉜다.

(ㄱ) [佛子~有如語如作], 간단하게 핵심만을 들어 말하였다. 그 가운데서 말한 "법과 같은 일[如作]"은 몸과 뜻에 모두 통한다.

(ㄴ) [何以故], 물음이다. 물음의 뜻은 "어찌하여 나머지 일을 하지 않는가?"를 말한다.

(ㄷ) [譬如金剛~離諸行法], 자세히 해석하였다. 해석의 뜻은 다음과 같다.

"만약 이전과 달리한다면 보살이 아니기 때문이다."

경문은 10가지 비유에 따라 곧 10단락으로 나뉜다. 각기 비유에 맞춰 말하였다.

① 금강은 깨뜨릴 수 없다는 비유이다. 수행의 자체가 견고함을 비유하였다.

經

譬如眞金이 以有妙色으로 而得其名이라 終無有時에 離

於妙色인달하야 **菩薩摩訶薩**도 **亦復如是**하야 **以諸善業**으로 **而得其名**이라 **終無有時**에 **離諸善業**하며

　　마치 황금은 미묘한 빛깔이 있기에 황금이라는 그 이름을 얻었다. 따라서 끝까지 미묘한 빛깔에서 떠날 때가 없는 것처럼, 보살마하살 또한 그와 같다.

　　선업을 닦았기에 보살이라는 그 이름을 얻었다. 따라서 끝까지 선업에서 떠날 때가 없다.

◉ 疏 ◉

二는 眞金妙色喩니 喩善業外餙이라

　　② 진짜 황금의 미묘한 색상의 비유이다. 선업으로 바깥을 단장함을 비유하였다.

經

譬如日天子 **以光明輪**으로 **而得其名**이라 **終無有時**에 **離光明輪**인달하야 **菩薩摩訶薩**도 **亦復如是**하야 **以智慧光**으로 **而得其名**이라 **終無有時**에 **離智慧光**하며

　　마치 태양은 광명의 바퀴로 태양이라는 그 이름을 얻었다. 따라서 끝까지 광명의 바퀴에서 떠날 때가 없는 것처럼, 보살마하살 또한 그와 같다.

　　지혜광명으로 보살이라는 그 이름을 얻었다. 따라서 끝까지 지혜광명에서 떠날 때가 없다.

◉ 疏 ◉

三은 日輪光明喩니 喩智慧圓明이라

③ 태양의 찬란한 광명의 비유이다. 지혜가 두루 밝음을 비유하였다.

經

譬如須彌山王이 以四寶峯으로 處於大海하야 逈然高出로 而得其名이라 終無有時에 捨離四峯인달하야 菩薩摩訶薩도 亦復如是하야 以諸善根으로 處在於世하야 逈然高出로 而得其名이라 終無有時에 捨離善根하며

마치 수미산은 드높이 솟은 네 봉우리가 바다 한가운데 우뚝 솟았다고 하여 수미산이라는 그 이름을 얻었다. 따라서 끝까지 네 봉우리에서 떠날 때가 없는 것처럼, 보살마하살 또한 그와 같다.

모든 선근으로 세상에 있을 적에 유달리 우뚝하다 하여 보살이라는 그 이름을 얻었다. 따라서 끝까지 선근에서 떠날 때가 없다.

◉ 疏 ◉

四는 須彌四峯喩니 喩善根超出이라 不合四峯이오 若合인댄 可以四菩薩行合也라

④ 수미산 네 봉우리의 비유이다. 선근이 뛰어남을 비유하였다. 이는 네 봉우리의 비유에 맞지 않는다. 굳이 맞춰 말한다면 4가지의 보살행에 종합하여 말할 수 있다.

經

**譬如大地 以持一切로 而得其名이라 終無有時에 捨離
能持인달하야 菩薩摩訶薩도 亦復如是하야 以度一切로
而得其名이라 終無有時에 捨離大悲하며**

　마치 대지는 일체 만물을 실어주는 것으로 대지라는 그 이름을 얻었다. 따라서 끝까지 실어주는 데서 떠날 때가 없는 것처럼, 보살마하살 또한 그와 같다.

　일체중생을 제도한 것으로 보살이라는 그 이름을 얻었다. 따라서 끝까지 대비의 마음에서 떠날 때가 없다.

● 疏 ●

<small>五는 大地能持喩니 喩大悲荷負니라</small>

　⑤ 만물을 실어주는 대지의 비유이다. 대비의 마음으로 짊어짐을 비유하였다.

經

**譬如大海 以含衆水로 而得其名이라 終無有時에 捨離
於水인달하야 菩薩摩訶薩도 亦復如是하야 以諸大願으로
而得其名이라 終不暫捨度衆生願하며**

　마치 대해는 수많은 강물을 받아들여 대해라는 그 이름을 얻었다. 따라서 끝까지 강물을 버릴 때가 없는 것처럼, 보살마하살 또한 그와 같다.

여러 큰 서원으로 보살이라는 그 이름을 얻었다. 따라서 끝까지 잠시도 중생 제도의 서원을 버릴 때가 없다.

◉ 疏 ◉

六은 大海含水喩니 喩大願普育이라

⑥ 모든 강물을 받아들이는 바다의 비유이다. 큰 서원으로 일체중생을 두루 길러줌을 비유하였다.

經

譬如軍將이 以能慣習戰鬪之法으로 而得其名이라 終無有時에 捨離此能인달하야 菩薩摩訶薩도 亦復如是하야 以能慣習如是三昧로 而得其名이라 乃至成就一切智智히 終無有時에 捨離此行하며

마치 장군이 전투를 잘한다는 것으로 장군이라는 그 이름을 얻었다. 따라서 전투의 능력을 버릴 때가 없는 것처럼, 보살마하살 또한 그와 같다.

이런 삼매를 잘 닦는다는 것으로 보살이라는 그 이름을 얻었다. 따라서 일체 지혜의 지혜에 이르기까지 끝내 이런 삼매의 행을 버릴 때가 없다.

◉ 疏 ◉

七은 軍將明戰喩니 喩習定防寃이라

⑦ 전투에 밝은 장군의 비유이다. 선정에 익숙하고 원수를 막음에 비유하였다.

經

如轉輪王이 **馭四天下**에 **常勤守護一切衆生**하야 **令無橫死**하고 **恒受快樂**인달하야 **菩薩摩訶薩**도 **亦復如是**하야 **入如是等諸大三昧**에 **常勤化度一切衆生**하야 **乃至令其究竟淸淨**하며

마치 전륜왕이 사천하를 통치하면서 항상 부지런히 일체중생을 수호하여, 중생이 횡사하는 일이 없고 항상 즐거움을 받는 것처럼, 보살마하살 또한 그와 같다.

이런 모든 삼매를 들어 언제나 부지런히 일체중생을 교화하고 제도하여 그 최고의 청정에 이르도록 하였다.

● 疏 ●

八은 輪王護世喩니 喩定淸物惑이라

⑧ 세계를 수호하는 전륜왕의 비유이다. 선정으로 중생의 미혹을 청정하게 해줌을 비유하였다.

經

譬如種子를 **植之於地**에 **乃至能令莖葉增長**인달하야 **菩薩摩訶薩**도 **亦復如是**하야 **修普賢行**하야 **乃至能令一切**

衆生으로 善法增長하며

  마치 씨앗을 땅에 뿌리면 줄기와 잎이 무럭무럭 자라나는 것처럼, 보살마하살 또한 그와 같다.

  보현행을 닦아 일체중생으로 하여금 선한 법을 잘 키워나가도록 하였다.

◉ 疏 ◉

九는 植種生長喩니 喩行增物善이라

  ⑨ 씨앗을 뿌려 길러주는 비유이다. 보현행으로 중생의 선한 법을 잘 키워줌을 비유하였다.

經

譬如大雲이 於夏暑月에 降霔大雨하야 乃至增長一切種子인달하야 菩薩摩訶薩도 亦復如是하야 入如是等諸大三昧에 修菩薩行하야 雨大法雨하야

乃至能令一切衆生으로 究竟淸淨하며 究竟涅槃하며 究竟安穩하며 究竟彼岸하며 究竟歡喜하며 究竟斷疑하며 爲諸衆生의 究竟福田하며

令其施業으로 皆得淸淨하며

令其皆住不退轉道하며

令其同得一切智智하며

令其皆得出離三界하며

令其皆得究竟之智하며
令其皆得諸佛如來究竟之法하며
置諸衆生一切智處니라
何以故오 菩薩摩訶薩이 成就此法에 智慧明了하야 入法
界門하야 能淨菩薩不可思議無量諸行하나니
所謂能淨諸智하야 求一切智故며
能淨衆生하야 使調伏故며
能淨刹土하야 常廻向故며
能淨諸法하야 普了知故며
能淨無畏하야 無怯弱故며
能淨無礙辯하야 巧演說故며
能淨陀羅尼하야 於一切法에 得自在故며
能淨親近行하야 常見一切佛興世故니라
佛子여 菩薩摩訶薩이 住此三昧에 得如是等百千億那
由他不可說不可說淸淨功德하나니
於如是等三昧境界에 得自在故며
一切諸佛의 所加被故며
自善根力之所流故며
入智慧地大威力故며
諸善知識의 引導力故며
摧伏一切諸魔力故며
同分善根의 淳淨力故며

廣大誓願欲樂力故며

所種善根成就力故며

超諸世間無盡之福無對力故니라

    마치 큰 구름이 무더위 여름에 큰 비를 내려 일체 종자를 무럭무럭 자라게 하는 것처럼, 보살마하살 또한 그와 같다. 이런 큰 삼매에 들어 보살의 행을 닦고 법비를 내려,

    일체중생으로 하여금 가장 최상의 청정, 가장 최상의 열반, 가장 최상의 평온, 가장 최상의 피안, 가장 최상의 환희, 가장 최상의 의심 단절에 이르게 하고, 모든 중생의 가장 최상의 복전이 되며,

    그들로 하여금 보시하는 일로 모두 청정함을 얻게 하고,

    그들로 하여금 모두 물러서지 않는 도에 머물게 하며,

    그들로 하여금 똑같이 일체 지혜의 지혜를 얻게 하고,

    그들로 하여금 삼계에서 벗어나게 하며,

    그들로 하여금 모두 가장 최상의 지혜를 얻게 하고,

    그들로 하여금 모든 부처님의 가장 최고의 법을 얻게 하며,

    중생을 일체 지혜가 있는 곳에 머물게 하였다.

    무슨 까닭일까? 보살마하살이 이런 법을 성취할 적에 지혜가 밝아 법계의 문에 들어가 보살의 헤아릴 수 없고 한량없는 모든 행이 청정하기 때문이다.

    이른바 모든 지혜가 청정하여 일체 지혜를 구하기 때문이며,

    중생을 청정하게 하여 그들을 조복하기 때문이며,

    국토를 청정하게 하여 항상 회향하기 때문이며,

모든 법을 청정하게 하여 두루 알기 때문이며,

두려움 없음을 청정하게 하여 겁약함이 없기 때문이며,

걸림 없는 변재를 청정하게 하여 뛰어나게 연설하기 때문이며,

다라니를 청정하게 하여 일체 법에 자재하기 때문이며,

친근하는 행을 청정하게 하여 일체 부처님이 세상에 나심을 보았기 때문이다.

불자여, 보살마하살이 이런 삼매에 머물 적에 이처럼 백천억 나유타 말할 수 없이 말할 수 없는 청정한 공덕을 얻었다.

이러한 삼매의 경계에 자재하기 때문이며,

일체 부처님이 가피를 입기 때문이며,

자신의 선근의 힘에서 나오기 때문이며,

지혜 있는 지위에 들어간 큰 위엄 때문이며,

여러 선지식의 인도하는 힘 때문이며,

모든 마군을 꺾는 힘 때문이며,

똑같이 선근의 순박하고 청정한 힘 때문이며,

광대한 서원과 욕망의 힘 때문이며,

심어놓은 선근이 성취된 힘 때문이며,

세간을 초월한 그지없는 복에 상대가 없는 힘 때문이다.

◉ 疏 ◉

十은 時雨生種喩니 喩法雨普成이라 先喩 後合이니 合中二니 先正合이오 後徵釋이라

⑩ 단비를 내려 씨앗을 낳아주는 비유이다. 법비로 중생을 널리 성취하여 줌을 비유하였다.

앞은 비유이고, 뒤는 종합이다.

종합 부분은 다시 2단락으로 나뉜다.

㉠ 바로 종합하였고,

㉡ 묻고 해석하였다.

前中云'乃至'者는 越初生種하야 直合終成故니라 由應時而降일새 故獲斯十四種益이니 一은 得智果니 淨二障故오 二는 得斷果니 達無相法故오 三은 得恩果니 住大悲故오 四는 得所依清淨究竟彼岸果니 上四는 自利오 餘皆利他라 五는 了有情行하야 令他歡喜니 自離十怖면 則自歡喜오 六은 得斷疑오 七은 成應供이오 次下諸句는 由此而成이니 文並可知니라

㉠ 종합 부분에서 '乃至能令一切衆生'이라 말한 것은 처음 씨앗에서 돋아난 것을 건너뛰어 곧장 끝내 성취하였기 때문이다. 때에 맞춰 비를 내려준 까닭에 이러한 14가지의 이익을 얻은 것이다.

제1 이익[究竟淸淨], 지혜의 결과를 얻음이다. 번뇌장과 소지장을 말끔히 없앴기 때문이며,

제2 이익[究竟涅槃], 생사를 끊은 결과를 얻음이다. 형상이 없는 법을 통달하였기 때문이며,

제3 이익[究竟安穩], 은혜의 결과를 얻음이다. 大悲에 안주하였기 때문이며,

제4 이익[究竟彼岸], 의지의 대상인 청정하고 가장 최상의 피안

의 결과를 얻었기 때문이다.

위의 4가지 이익은 自利이고, 나머지는 모두 利他이다.

제5 이익[究竟歡喜], 중생의 行을 알고서 그들을 기쁘게 함이다. 스스로 10가지의 두려움을 버리면 스스로 기쁘고,

제6 이익[究竟斷疑], 의심을 끊은 결과를 얻음이며,

제7 이익[究竟福田], 應供 성취의 결과를 얻음이다.

다음 아래의 나머지 7구는 이에 의해 이루어진 것이다. 경문은 모두 설명하지 않아도 알 수 있다.

後徵釋中에 徵意에 云 菩薩은 依何行力說法하야 成斯大益가 釋意에 云 由成大智하야 證法界故니 尙能淨無量行이온 豈止成衆生耶아

文中二니 初는 標오 後'所謂'下는 釋이니 二釋中三이니 初는 列所淨功德이오 二'佛子'下는 結其廣多니 以別說難盡故오 三'於如是等'下는 顯能淨因이라

'同分善根'者는 一一善根이 廻向法界하야 成主伴故오

'超諸世間'等者는 法性相應所修之福일새 故超於世오 法性不竝眞일새 故無有對니라 餘竝易了니라

㉡ 묻고 해석한 부분에서 물은 뜻은 다음과 같다.

"보살은 어떤 행의 힘에 의해 설법하여 이런 큰 이익을 이루는 것일까?"

따라서 해석한 뜻은 다음과 같다.

"큰 지혜의 성취에 의해 법계를 증득하였기 때문이다. 한량없

는 행도 청정하게 하는데, 어찌 중생의 성취에 그치겠는가."

경문은 2부분으로 나뉜다.

앞은 표장이고,

뒤의 '所謂' 이하는 해석이다.

뒤의 해석 부분은 다시 3단락으로 나뉜다.

첫째, 청정케 한 공덕을 나열하였고,

둘째, '佛子' 이하는 청정공덕의 광대하고 많음을 끝맺었다. 이는 개별로 모두 설명하기 어렵기 때문이다.

셋째, '於如是等' 이하는 청정 주체의 원인을 밝혔다.

'同分善根'이란 하나하나의 선근이 법계에 회향하여 주체와 객체를 이루었기 때문이다.

'超諸世間' 등이란 법성에 상응하게 닦아야 할 복덕이기에 세간을 초월하고, 법성은 함께할 수 없는 진리의 자리이기에 상대가 없다.

나머지 경문은 모두 쉽게 알 수 있다.

第四 正同佛果益

於中二니 初正顯同이니 有標·徵及列이라

4. 바로 佛果와 같은 이익

이의 경문은 2부분으로 나뉜다.

1) 바로 佛果와 같음을 밝혔다.

여기에는 표장과 물음, 그리고 나열이 있다.

經
佛子여 菩薩摩訶薩이 住此三昧에 得十種法이 同去來今一切諸佛하나니
何者 爲十고
所謂得諸相好種種莊嚴이 同於諸佛하며
能放淸淨大光明網이 同於諸佛하며
神通變化로 調伏衆生이 同於諸佛하며
無邊色身과 淸淨圓音이 同於諸佛하며
隨衆生業하야 現淨佛國이 同於諸佛하며
一切衆生의 所有語言을 皆能攝持하야 不忘不失이 同於諸佛하며
無盡辯才로 隨衆生心하야 而轉法輪하야 令生智慧 同於諸佛하며
大師子吼 無所怯畏하야 以無量法으로 開悟群生이 同於諸佛하며
於一念頃에 以大神通으로 普入三世 同於諸佛하며
普能顯示一切衆生諸佛莊嚴과 諸佛威力과 諸佛境界 同於諸佛이니라

　불자여, 보살마하살이 이런 삼매에 머물 적에 열 가지 법을 얻어 과거·미래·현재의 부처님들과 똑같다.

무엇이 열 가지 법으로 삼세의 부처님과 같은 것일까?

이른바 여러 가지 몸매의 가지가지 장엄이 삼세 부처님과 같고,

청정한 광명 그물을 펼쳐놓음이 삼세 부처님과 같으며,

신통변화로 중생을 조복함이 삼세 부처님과 같고,

그지없는 몸과 청정 원만한 음성이 삼세 부처님과 같으며,

중생의 업을 따라 청정한 국토를 나타냄이 삼세 부처님과 같고,

일체중생이 소유한 언어를 모두 지니고서 잊지 않고 잃지 않음이 삼세 부처님과 같으며,

그지없는 변재로 중생의 마음을 따라 법륜을 굴려 중생의 지혜가 나도록 함이 삼세 부처님과 같고,

큰 사자후로 두려움이 없어 한량없는 법으로 중생을 깨우침이 삼세 부처님과 같으며,

한 생각의 찰나에 큰 신통으로 삼세에 두루 들어감이 삼세 부처님과 같고,

일체중생에게 모든 부처님의 장엄, 부처님의 위력, 부처님의 경계를 널리 나타내어 보여줌이 삼세 부처님과 같다.

● 疏 ●

等覺之名이 由此而立이라

제불의 깨달음과 동등하다는 명칭이 이에 의해 성립된 것이다.

● 論 ●

第十은 無礙輪大三昧는 輪者는 譬如輪王의 千輻金剛輪이 轂輻輞輒이 悉圓滿하야 明壞生死行圓이니 表此菩薩의 智悲萬行과 神通道力이 滿衆生界하야 斷衆生惑하야 悉圓滿故니 明自己佛果已成에 菩薩智悲願行이 無有休息하야 不離一念코 滿三世劫하며 不離毛孔코 等周十方法界衆生界하야 悲智行雲이 一時普覆일새 是故로 名無礙輪三昧라 摩那斯龍王者는 摩那者는 意也오 斯云慈니 謂此龍王의 興雲降雨 從慈心起故라

제10. 걸림 없는 바퀴의 큰 삼매에서, '바퀴[輪]'란 비유하면 전륜왕의 '1천 바큇살로 이루어진 금강륜[千輻金剛輪]'이 그 바퀴·바큇살·바퀴 테·쐐기 나무가 모두 원만한 것처럼, 생사를 무너뜨리는 행이 원만함을 밝혔다. 이는 보살의 大智大悲 萬行과 신통의 道力이 중생계에 가득하여 중생의 의혹을 끊어 모두 원만하게 함을 나타낸 까닭이다.

자신의 佛果가 이미 이뤄짐에 보살의 대지대비 願行이 멈춤이 없어 한 생각의 찰나도 여의지 않고 三世劫이 가득하며, 모공을 여의지 않고 시방 법계와 중생계에 평등하게 두루 가득하여 悲智行의 구름이 일시에 널리 덮이기에 그 이름을 '걸림 없는 바퀴의 삼매'라 함을 밝힌 것이다.

摩那斯龍王의 摩那는 뜻을, 斯는 자비를 말한다. 용왕이 구름을 일으키고 비를 내림이 자비의 마음으로 일으키기 때문임을 말한다.

二 問答料揀

於中에 先問 後答이라 今은 初라

    2) 문답으로 분별하고 선택하다

    (1) 앞은 물음이고, (2) 뒤는 대답이다.

    이는 '(1) 물음'이다.

經

爾時에 普眼菩薩이 白普賢菩薩言하사대
佛子여 此菩薩摩訶薩이 得如是法하야 同諸如來인댄
何故로 不名佛이며
何故로 不名十力이며
何故로 不名一切智이며
何故로 不名一切法中得菩提者며
何故로 不得名爲普眼이며
何故로 不名一切境中無礙見者며
何故로 不名覺一切法이며
何故로 不名與三世佛로 無二住者며
何故로 不名住實際者며
何故로 修行普賢行願을 猶未休息이며
何故로 不能究竟法界에 捨菩薩道니잇고

    그때, 보안보살이 보현보살에게 말하였다.

"불자여, 이 보살마하살이 이러한 법을 얻어 여래와 같다면,
어찌하여 부처라 부르지 않고,
어찌하여 열 가지 힘이라 말하지 않으며,
어찌하여 일체 지혜라 말하지 않고,
어찌하여 모든 법에서 보리를 얻은 이라 부르지 않으며,
어찌하여 드넓은 눈이라 말하지 않고,
어찌하여 일체 경계를 걸림 없이 보는 이라 말하지 않으며,
어찌하여 일체 법을 깨달았다 말하지 않고,
어찌하여 삼세 부처님과 둘이 없이 머문 이라 말하지 않으며,
어찌하여 실제 근본 자리에 머문 이라 말하지 않고,
어찌하여 보현행원의 수행을 멈추지 않으며,
어찌하여 법계를 다하도록 보살의 도를 버리지 않은 것입니까?"

● 疏 ●

問中에 先은 牒前同佛이오 後'何故'下는 陳已所疑라 於中에 初疑不名爲果오 後問不捨於因이라

물음은 2부분으로 나뉜다.

앞은 앞서 말한 '부처님과 같다.'는 부분을 뒤이어 말하였고,

뒤의 '何故' 이하는 자기의 의심되는 바를 말하였다. 여기에는 앞에서는 佛果로 부르지 않음을 의심하였고, 뒤에서는 因行을 버리지 않음에 대해 물었다.

後答中二니 初는 讚問牒疑오 後'佛子此菩薩'下는 正答所問이니 於中三이라 一은 法說이오 二는 喩況이오 三은 法合이라 今은 初라

(2) 대답은 2부분으로 나뉜다.

앞은 물음을 찬탄하면서 의문을 이어 말하였고,

뒤의 '佛子此菩薩' 이하는 바로 물은 바를 답하였다.

이는 다시 3부분으로 나뉜다.

(ㄱ) 법으로 말하였고,

(ㄴ) 비유로 말하였으며,

(ㄷ) 법으로 종합하였다.

이는 '(ㄱ) 법으로 말한' 부분이다.

經

爾時에 普賢菩薩이 告普眼菩薩言하사대
善哉라 佛子여 如汝所言하야 若此菩薩摩訶薩이 同一切佛인댄 以何義故로 不名爲佛이며 乃至不能捨菩薩道오
佛子여 此菩薩摩訶薩이 已能修習去來今世一切菩薩種種行願하야 入智境界일세 則名爲佛이오
於如來所에 修菩薩行하야 無有休息일세 說名菩薩이며
如來諸力에 皆悉已入일세 則名十力이오
雖成十力이나 行普賢行하야 而無休息일세 說名菩薩이며
知一切法하야 而能演說일세 名一切智오

雖能演說一切諸法이나 於一一法에 善巧思惟하야 未嘗
止息일세 說名菩薩이며
知一切法이 無有二相일세 是則說名悟一切法이오
於二不二一切諸法差別之道에 善巧觀察하야 展轉增勝
하야 無有休息일세 說名菩薩이며
已能明見普眼境界일세 說名普眼이오
雖能證得普眼境界나 念念增長하야 未曾休息일세 說名
菩薩이며
於一切法에 悉能明照하야 離諸闇障일세 名無礙見이오
常勤憶念無礙見者일세 說名菩薩이며
已得諸佛智慧之眼일세 是則說名覺一切法이오
觀諸如來正覺智眼하야 而不放逸일세 說名菩薩이며
住佛所住하야 與佛無二일세 說名與佛無二住者오
爲佛攝受하야 修諸智慧일세 說名菩薩이며
常觀一切世間實際일세 是則說名住實際者오
雖常觀察諸法實際나 而不證入하고 亦不捨離일세 說名
菩薩이며
不來不去하고 無同無異하야 此等分別을 悉皆永息일세
是則說名休息願者오
廣大修習하야 圓滿不退일세 則名未息普賢願者며 了知
法界의 無有邊際와 一切諸法의 一相無相일세 是則說名
究竟法界에 捨菩薩道오

雖知法界無有邊際나 **而知一切種種異相**하야 **起大悲心**하야 **度諸衆生**호되 **盡未來際**토록 **無有疲厭**일세 **是則說名普賢菩薩**이니라

그때, 보현보살이 보안보살에게 말하였다.

"착하다. 불자여, 그대가 말한 것처럼 '이 보살마하살이 이러한 법을 얻어 여래와 같다면, 어찌하여 부처라 부르지 않으며, 내지 보살의 도를 버리지 않는가?'라고 하지만….

불자여, 이 보살마하살이 이미 과거·미래·현재 일체 보살의 가지가지 행원을 닦아 지혜의 경계에 들어갔기에 부처라 부르고,

부처님 계신 도량에서 보살의 행을 닦아 멈추지 않으면 보살이라 말하며,

여래의 모든 힘에 모두 들어갔기에 열 가지 힘이라 말하고,

비록 열 가지 힘을 성취하였으나 보현행을 닦아 멈추지 않으면 보살이라 말하며,

일체 모든 법을 알고서 잘 연설하기에 일체 지혜라 말하고,

일체 모든 법을 잘 연설할지라도 하나하나의 법에 잘 생각하여 멈추지 않으면 보살이라 말하며,

일체 모든 법의 두 모양이 없음을 알기에 일체 모든 법을 깨달았다 말하고,

둘이며 둘이 아닌 일체 모든 법의 각기 다른 도를 잘 관찰하여, 차츰차츰 더욱 훌륭하게 멈추지 않으면 보살이라 말하며,

이미 드넓은 눈의 경계를 분명하게 보았기에 드넓은 눈이라

하고,

　드넓은 눈의 경계를 증득하였으나 순간순간마다 더욱 커나가면서 멈추지 않으면 보살이라 말하며,

　일체 법을 모두 밝게 비추어 어둠이 없기에 걸림 없이 보는 이라 말하고,

　언제나 걸림 없이 보는 일을 부지런히 생각하면 보살이라 말하며,

　이미 모든 부처님의 지혜 눈을 얻었기에 일체 법을 깨달은 이라 말하고,

　여래의 바른 깨달음의 지혜 눈을 관찰하여 방일하지 않으면 보살이라 말하며,

　부처님의 머문 자리에 머물러 부처님과 둘이 아니기에 부처님과 둘이 없이 머문 이라 말하고,

　부처님이 거둬주어 모든 지혜를 닦으면 보살이라 말하며,

　언제나 일체 세간의 실제 자리를 관찰하기에 실제에 머문 이라 말하고,

　비록 모든 법의 실제를 항상 관찰하면서 증득하지도 못하고, 또한 버리지도 않으면 보살이라 말하며,

　오지도 않고 가지도 않으며, 같지도 않고 다르지도 않아서 이러한 분별이 아주 끊어졌기에 서원이 사라진 이라 말하고,

　널리 닦아 원만하고 물러서지 않기에 보현의 서원을 버리지 않은 이라 말하며,

법계가 그지없음과 일체 모든 법이 한 모양이며 모양이 없음을 알기에 법계가 다하도록 보살의 도를 버리지 않는다 말하고,

법계가 그지없음을 알면서도 일체 가지가지 다른 모양임을 알고서 가없이 여기는 마음을 내어 중생을 제도하되 미래 세월이 다하도록 싫어하지 않으면 그를 보현보살이라고 부른다.

● 疏 ●

有十一段이니 次第答前十一問이니 在文易了로되 意猶難見이라 謂何得已入十力而普行無息耶아 今總以喩顯이라 如人習誦에 雖已得通하야 而數溫習이라도 不如久精이라 下香象喩는 顯相雖相似나 而體不同일새 故瓔珞에 云 '等覺은 照寂이오 妙覺은 寂照라'하니 亦似功用滿位니 比無功用也오 亦顯得果不捨因이라 盡未來際는 皆位後普賢故니라

11단락이다. 차례에 따라 11가지의 물음에 답하였다. 경문은 쉽게 이해할 수 있으나 그 뜻은 오히려 보기 어렵다. 어떻게 이미 10가지 힘에 들어가 보현행이 멈춤이 없는 것일까? 여기에서 총괄하여 비유로 밝히고 있다. 예컨대 어느 사람이 익히 외워 이미 통달했을지라도 오랫동안 정밀하게 탐색하는 것만 못하다.

아래의 香象 비유는 형상을 보여줌이 비록 근사하지만 본체는 똑같지 않다. 따라서 영락경에 이르기를 "등각은 照寂이고, 묘각은 寂照이다."라고 하였다. 또한 功用이 원만한 지위와 같은 바, 공용이 없음을 비유하였고, 또한 결과를 얻을지라도 원인을 버리

지 않음을 밝혔다. '盡未來際'는 모두 그 지위가 보현의 뒤이기 때문이다.

第二 喩況

(ㄴ) 비유

經

佛子여 譬如伊羅鉢那象王이 住金脇山七寶窟中에 其窟周圍 悉以七寶로 而爲欄楯하고 寶多羅樹 次第行列하며 眞金羅網으로 彌覆其上하며 象身潔白이 猶如珂雪이어든 上立金幢하야 金爲瓔珞하며 寶網覆鼻하고 寶鈴垂下하며 七支成就하고 六牙具足하며 端正充滿하야 見者欣樂하며 調良善順하야 心無所逆이라

불자여, 마치 이라발나 코끼리가 금협산 칠보굴 속에 사는데, 굴의 주위는 모두 칠보로 난간을 만들었고, 보배 다라수가 차례로 줄 이었고, 황금 그물로 그 위를 덮었으며, 코끼리 몸은 눈처럼 하얀데, 위에 황금 당기를 세워 금으로 영락을 만들었고, 보배 그물로 코를 덮고 보배 풍경을 드리웠으며, 일곱 부분[四足·頭·陰·尾]을 이루고 여섯 어금니를 두루 갖추었으며, 단정하고 충만하여 보는 이마다 기뻐하며, 길이 잘 들고 순하여 거슬리려는 마음이 없다.

◉ 疏 ◉

喩中三이니 一은 擧象王依正勝嚴이라 伊羅鉢那는 此云香葉이니 常居第一金山之脇이라

비유는 3가지이다.

① 코끼리의 依報와 正報가 훌륭하고 장엄함을 비유하였다. 伊羅鉢那는 중국에서는 香葉이라는 뜻이다. 코끼리는 언제나 제1 金山의 옆구리에 살았다.

經

若天帝釋이 將欲遊行하면 爾時象王이 卽知其意하고 便於寶窟에 而沒其形하야 至忉利天釋主之前하야 以神通力으로 種種變現하야 令其身으로 有三十三頭하며 於一一頭에 化作七牙하며 於一一牙에 化作七池하며 一一池中에 有七蓮華하며 一一華中에 有七婇女하야 一時俱奏百千天樂이어든 是時帝釋이 乘玆寶象하고 從難勝殿으로 往詣華園에 芬陀利華 徧滿其中이라

是時 帝釋이 至華園已에 從象而下하야 入於一切寶莊嚴殿하야 無量婇女로 以爲侍從하고 歌詠伎樂으로 受諸快樂이러라

爾時 象王이 復以神通으로 隱其象形하고 現作天身하야 與三十三天과 及諸婇女로 於芬陀利華園之內에 歡娛戲樂하니 所現身相과 光明衣服과 往來進止와 語笑觀瞻

447

이 皆如彼天하야 等無有異라 無能分別此象此天하야 象之與天이 更互相似하니

　제석천왕이 밖을 나가려면, 그때 코끼리는 바로 그 마음을 알고서 곧 칠보굴에서 그 모습을 감추고 도리천 제석천왕 앞에 이르러 신통력으로 가지가지로 변하여, 그 몸에 서른세 개의 머리가 있는데, 하나하나의 머리마다 일곱 개의 어금니가 있으며, 하나하나의 어금니마다 일곱 연못이 있고, 하나하나의 연못마다 일곱 송이의 연꽃이 있으며, 하나하나의 연꽃에는 아름답게 단장한 일곱 여인이 있어 한꺼번에 백천 가지 하늘 음악을 연주하였다.

　그때, 제석천왕은 이 코끼리를 타고 난승전에서 꽃동산에 이르면 하얀 연꽃이 동산에 가득 피었다.

　그때, 제석천왕이 꽃동산에 이르러 코끼리에서 내려 일체보장엄전(一切寶莊嚴殿)에 들어가 한량없는 아름다운 여인으로 시종을 삼고 노래와 풍류로 즐거움을 누렸다.

　그때, 코끼리는 다시 신통으로 그 몸을 숨기고 하늘 사람의 몸으로 변하여 삼십삼천 사람, 그리고 아름다운 여인들과 함께 하얀 연꽃이 만발한 동산에서 즐겁게 놀았다.

　코끼리가 변신한 몸매, 빛나는 의복, 오고 가는 거동, 말하고 웃고 바라보는 모습이 모두 그 하늘 사람들과 똑같아 조금도 다름이 없기에, 코끼리인지 하늘 사람인지 분별할 수 없으리만큼 코끼리와 하늘 사람이 서로 똑같았다.

● 疏 ●

二는 明象王神變自在라 言七牙者는 準賢首品컨댄 但有六牙니 或是譯者類後三七하야 便言七耳라 若作表義인댄 千何不可니라 無能分別此象此天者는 正意取此하야 以喩菩薩等佛之義니라

② 코끼리의 자재한 신통변화를 밝혔다.

'7개의 어금니[七牙]'라 말한 것은 제12 현수품에 준하여 보면, 6개의 어금니가 있을 뿐이다. 이는 혹시 번역한 자가 뒤이어 말한 3가지의 7개[七池, 七蓮華, 七媒女]처럼 '7개의 어금니'로 말한 것이라 생각된다. 만약 '7개의 어금니'가 그 어떤 의의를 나타낸 것이라 한다면 그 어떤 것과도 아무런 관련이 없다.

"코끼리인지 하늘 사람인지 분별할 수 없다."는 正意는 이를 취하여, 보살이 부처님과 똑같다는 의의를 비유한 것이다.

經

佛子여 彼伊羅鉢那象王이 於金脇山七寶窟中에 無所變化하고 至於三十三天之上하야 爲欲供養釋提桓因하야 化作種種諸可樂物하야 受天快樂이 與天無異인달하니라

불자여, 저 이라발나 코끼리가 금협산의 칠보굴 속에서는 변화하는 일이 없다가 삼십삼천에 이르러 제석환인을 공양하기 위하여 가지가지 즐거운 것들을 변화하여 하늘의 쾌락을 누림이 하늘의 사람들과 다름이 없는 것처럼,

● 疏 ●

三은 明不壞本而能現이라

③ 근본을 무너뜨리지 않고서 변신을 나타냄을 밝혔다.

第三 法合

㈐ 법으로 종합하다

經

佛子여 菩薩摩訶薩도 亦復如是하야 修習普賢菩薩行願과 及諸三昧로 以爲衆寶莊嚴之具하며 七菩提分으로 爲菩薩身하며 所放光明으로 以之爲網하며 建大法幢하며 鳴大法鐘하며 大悲爲窟하며 堅固大願으로 以爲其牙하며 智慧無畏 猶如師子하며 法繒繫頂하야 開示秘密하며 到諸菩薩行願彼岸하나라

불자여, 보살마하살 또한 그와 같다.

보현보살의 행원과 삼매를 닦는 것으로 수많은 보배의 장엄거리를 삼고,

일곱 가지 보리 부분[擇法·精進·喜·輕安·念·定·行捨]으로 보살의 몸을 삼으며,

방광의 광명으로 그물을 삼고,

큰 법당을 세우며,

큰 법종을 울리고,

대비의 마음으로 굴을 삼으며,

견고한 서원으로 어금니를 삼고,

지혜와 두려움이 없음이 마치 사자와 같으며,

법의 비단으로 정수리를 묶고,

비밀을 열어 보여주며,

보살 행원의 피안에 이르는 것이다.

● 疏 ●

法合中에 分四니

一은 具衆行嚴이니 合前依正이오

二'爲欲安處'下는 明因果無礙니 合前神變自在오

三'佛子菩薩摩訶薩本身'下는 結成不壞因而現果니 合前不壞本而能現이오

四'何以故'下는 徵釋重合이라

初中은 可知니라

　　법으로 종합한 부분은 4단락으로 나뉜다.
　　① 수많은 행원의 장엄을 두루 갖추었다. 이는 앞서 말한 의보와 정보에 맞춰 말하였고,
　　② '爲欲安處' 이하는 인과에 걸림이 없음을 밝혔다. 이는 앞서 말한 자재한 신통변화에 맞춰 말했으며,
　　③ '佛子菩薩摩訶薩本身' 이하는 원인을 파괴하지 않고 결과

를 나타냄을 끝맺었다. 이는 앞서 말한 근본을 파괴하지 않고 몸을 나타내는 데에 맞춰 말하였고,

④ '何以故' 이하는 묻고 해석하면서 거듭 종합하였다.

'① 수많은 행원의 장엄을 두루 갖춘' 부분은 설명하지 않아도 알 수 있다.

經

爲欲安處菩提之座하야 成一切智하야 得最正覺하며 增長普賢廣大行願하야 不退不息하고 不斷不捨하며 大悲精進하야 盡未來際토록 度脫一切苦惱衆生하며 不捨普賢道하고 現成最正覺하며 現不可說不可說成正覺門하며 現不可說不可說轉法輪門하며 現不可說不可說住深心門하며 於不可說不可說廣大國土에 現涅槃變化門하며 於不可說不可說差別世界에 而現受生하야 修普賢行하며 現不可說不可說如來 於不可說不可說廣大國土菩提樹下에 成最正覺이어든 不可說不可說菩薩衆이 親近圍遶하며 或於一念頃에 修普賢行하야 而成正覺하며 或須臾頃과 或於一時와 或於一日과 或於半月과 或於一月과 或於一年과 或無數年과 或於一劫과 如是乃至不可說不可說劫에 修普賢行하야 而成正覺하며 復於一切諸佛刹中에 而爲上首하야 親近於佛하야 頂禮供養하고 請問觀察如幻境界하야 淨修菩薩의 無量諸行과 無

量諸智와 **種種神變**과 **種種威德**과 **種種智慧**와 **種種境界**와 **種種神通**과 **種種自在**와 **種種解脫**과 **種種法明**과 **種種敎化調伏之法**이니라

보리의 자리에 앉아 일체 지혜를 이루고 가장 바른 깨달음을 얻기 위하여, 보현의 광대한 행과 원을 더욱 키워나가면서 물러서지 않고 쉬지 않으며, 끊이지 않고 버리지 않으며, 큰 자비로 정진하여 미래 세월이 다하도록 모든 고뇌에 빠진 중생을 제도하며,

보현의 도를 버리지 않고 가장 바른 깨달음의 성취를 보여주고,

말할 수 없이 말할 수 없는 바른 깨달음을 성취하는 법문을 나타내며,

말할 수 없이 말할 수 없는 법륜을 굴리는 법문을 나타내고,

말할 수 없이 말할 수 없는 깊은 마음에 머무는 법문을 나타내며,

말할 수 없이 말할 수 없는 광대한 국토에 열반 변화의 법문을 나타내고,

말할 수 없이 말할 수 없는 각기 다른 세계에 태어나 보현행을 닦으며,

말할 수 없이 말할 수 없는 여래가 말할 수 없이 말할 수 없는 넓은 국토의 보리수 아래에서 가장 바른 깨달음을 이루면 말할 수 없이 말할 수 없는 보살 대중이 가까이 둘러앉음을 나타내고,

혹은 한 생각의 찰나에 보현행을 닦아 바른 깨달음을 이루며,

혹은 잠깐의 사이, 혹은 한 시간, 혹은 하루, 혹은 반달, 혹은 한 달, 혹은 일 년, 혹은 수없는 해, 혹은 한 겁, 이처럼 말할 수 없이 말

할 수 없는 겁까지 보현행을 닦아 바른 깨달음을 성취하고,

또한 일체 모든 부처님 세계에서 으뜸가는 보살이 되어 부처님을 가까이하여 예배하고 공양하며, 요술 같은 경계를 묻고 관찰하며, 보살의 한량없는 행, 한량없는 지혜, 가지가지 신통변화, 가지가지 위덕, 가지가지 지혜, 가지가지 경계, 가지가지 신통, 가지가지 자재, 가지가지 해탈, 가지가지 법의 밝음, 가지가지로 교화하고 조복하는 법을 청정하게 닦았다.

● 疏 ●

二因果無礙中二니
一은 明修無礙行所爲니 於中에 先爲果오 後'增長'下는 爲因이며
二'不捨普賢'下는 正顯無礙行相이니
於中에 先總明이니 以法界因果無障礙故오
後'現不可說'下는 別顯이니 於中分三이니 初는 顯因門果行이니 文中有四果니 一智果오 二說法果오 三般若相應果오 四斷果라
次'於不可說至而現受生'下는 顯果從因行과 及說得時不同은 隨物現故오 後'復於一切'下는 顯果門因行이니 竝可知니라

'② 인과에 걸림이 없음을 밝힌' 부분은 다시 2단락으로 나뉜다.

㉠ 걸림 없는 행을 닦는 목적을 밝혔는데, 이는 다시 2부분으로 나뉜다. 앞은 결과를 위함이고, 뒤의 '增長' 이하는 원인을 위함이다.

㉡ '不捨普賢' 이하는 바로 걸림 없는 행의 모습을 밝혔는데,

이는 다시 2부분으로 나뉜다.

앞은 총체로 밝혔다. 법계의 인과는 장애가 없기 때문이다.

뒤의 '現不可說' 이하는 개별로 밝혔다. 이는 다시 3부분으로 나뉜다.

첫째, 因門의 果行을 밝혔다. 여기에는 四果가 있다. 1. 智果, 2. 說法果, 3. 般若相應果, 4. 斷果이다.

둘째, '於不可說至而現受生' 이하는 결과가 因行을 따른다는 것과 정각 성취의 시간을 각기 달리 말한 것은 중생에 따라 나타나기 때문임을 밝혔다.

셋째, '復於一切' 이하는 果門의 因行을 밝혔다. 이는 모두 설명하지 않아도 알 수 있다.

經

佛子여 菩薩摩訶薩이 本身不滅하고 以行願力으로 於一切處에 如是變現하나니라

불자여, 보살마하살의 본래 몸은 사라지지 않고, 행과 서원의 힘으로 일체 모든 곳에서 이처럼 변화하여 몸을 나타내는 것이다.

● 疏 ●

第三은 明不壞因而現果中에 '本身不滅'은 卽因不壞니 合在窟無變이오 '一切處變現'은 卽能現果니 合在天神變이라

'③ 원인을 파괴하지 않고 결과를 나타낸' 부분에서,

"본래 몸은 사라지지 않는다."는 것은 앞서 말한 원인을 파괴하지 않음이니, 코끼리가 금협산 칠보굴에 있을 적에 변신하지 않은 부분에 종합하여 말하였고,

"일체 모든 곳에서 이처럼 변화하여 몸을 나타낸다."는 것은 곧 결과를 나타냄이니, 코끼리가 하늘에서 신통변화를 부리는 데에 종합하여 말하였다.

經

何以故오
欲以普賢自在神力으로
調伏一切諸衆生故며
令不可說不可說衆生으로 得淸淨故며
令其永斷生死輪故며
嚴淨廣大諸世界故며
常見一切諸如來故며
深入一切佛法流故며
憶念三世諸佛種故며
憶念十方一切佛法과 及法身故며
普修一切菩薩諸行하야 使圓滿故며
入普賢流하야 自在能證一切智故니라
佛子여 汝應觀此菩薩摩訶薩의 不捨普賢行하며 不斷菩薩道하고 見一切佛하며 證一切智하야 自在受用一切智

法하라

如伊羅鉢那象王이 不捨象身하고 往三十三天하야 爲天所乘하며 受天快樂하며 作天遊戲하야 承事天主하고 與天婇女로 而作歡娛호되 同於諸天하야 無有差別인달하야 佛子여 菩薩摩訶薩도 亦復如是하야 不捨普賢大乘諸行하며 不退諸願하고 得佛自在하야 具一切智하며 證佛解脫하야 無障無礙하며 成就淸淨하야 於諸國土에 無所染着하고 於佛法中에 無所分別하며 雖知諸法이 普皆平等하야 無有二相이나 而恒明見一切佛土하며 雖已等同三世諸佛이나 而修菩薩行하야 相續不斷하나니

佛子여 菩薩摩訶薩이 安住如是普賢行願廣大之法하면 當知是人은 心得淸淨하리라

무슨 까닭일까?

보현의 자재한 신통의 힘으로 일체중생을 조복하려 함이며,

말할 수 없이 말할 수 없는 중생으로 하여금 청정함을 얻게 하려 함이며,

그들로 하여금 생사의 윤회를 끊게 하려 함이며,

광대한 모든 세계를 청정하게 장엄하려 함이며,

일체 여래를 항상 친견하려 함이며,

일체 불법의 흐름에 깊이 들어가려 함이며,

삼세제불의 종성을 생각하려 함이며,

시방의 모든 부처님이 말씀하신 법과 법신을 생각하려 함이며,

일체 보살의 모든 행을 닦아 육도만행을 원만케 하려 함이며,

보현의 법성의 흐름에 들어가서 자재하게 일체 지혜를 증득하려 함이다.

불자여, 그대는 이런 보살마하살이 보현행을 버리지 않고 보살의 도를 끊지 않고서 일체 부처님을 보며, 일체 지혜를 증득하여 일체 지혜의 법을 자재하게 받아 지닌 것을 살펴보아야 한다.

마치 이라발나 코끼리가 제 몸을 버리지 않고 삼십삼천에 올라 제석천왕을 태워주는 자리가 되고, 하늘의 즐거움을 누리며, 하늘에서 유희하면서 천왕을 섬기고, 아름다운 하늘의 여인들과 함께 즐기는 것이 여러 하늘의 사람들과 똑같아 차별이 없다.

불자여, 보살마하살 또한 그와 같다. 보현의 대승행을 버리지 않고 서원에서 물러나지 않고서 부처님의 자재함을 얻어 일체 지혜를 갖추며, 부처님의 해탈을 증득하여 막힘도 걸림도 없고, 청정함을 성취하여 모든 국토에서 물든 바 없으며, 부처님이 말씀하신 법에 분별하는 바가 없고, 비록 모든 법이 평등하여 두 모양이 없음을 알지만 언제나 일체 부처님 국토를 분명히 보며, 비록 이미 삼세 부처님과 대등하지만 보살의 행을 끊임없이 줄곧 닦았다.

불자여, 보살마하살이 이와 같이 보현의 행원인 광대한 법에 안주하면, 그의 마음에 청정함을 얻게 됨을 알아야 한다.

● 疏 ●

四 徵釋重合中에 先徵意에 云因果相違인댄 云何因門現果하고 果

復爲因가 釋意에 云調衆生法이 應如是故니라

文中二니 初는 釋果作因意니 十句可知오 後'佛子汝應'下는 釋因現果意니 於中四니 一은 法說이니 謂不捨因而現果오 二'如伊羅'下는 擧前喩顯이오 三'佛子'下는 重以法合이니 於中에 初明不捨因而現果오 後'雖知諸法普皆平等'下는 不壞果而現因이오 四'佛子至安住'下는 歎勝이라 上來釋相 竟하다

'④ 묻고 해석하면서 거듭 종합한' 부분 가운데, 앞 물음의 뜻은 "인과가 서로 어긋난다면 어떻게 因門에서 결과가 나타나고, 결과는 다시 원인이 되는 것일까?"이다. 이에 대한 해석의 뜻은 다음과 같다.

"중생을 조복하는 법이 이와 같기 때문이다."

이의 경문은 2부분으로 나뉜다.

앞은 결과가 원인이 된다는 뜻을 해석하였다. 10구는 설명하지 않아도 알 수 있다.

뒤의 '佛子汝應' 이하는 원인에 의해 결과가 나타난다는 뜻을 해석하였다.

이는 다시 4부분으로 나뉜다.

㉠ 법으로 말하였다. 원인을 버리지 않고 결과를 나타냄을 말한다.

㉡ '如伊羅' 이하는 앞서 말한 비유를 들어 밝혔다.

㉢ '佛子' 이하는 거듭 법으로 종합하였다. 이는 다시 2부분으로 나뉜다.

앞은 원인을 버리지 않고 결과를 나타냄을 밝혔고,

뒤의 '雖知諸法普皆平等' 이하는 결과를 파괴하지 않고 원인이 나타남을 밝혔다.

㉣ '佛子至安住' 이하는 훌륭함을 찬탄하였다.

위의 [2] 삼매 양상에 대한 해석 부분을 끝마치다.

經

佛子여 此是菩薩摩訶薩의 第十無礙輪大三昧殊勝心廣大智니라

불자여, 이를 보살마하살의 제10. 걸림 없는 바퀴 큰 삼매의 수승한 마음과 광대한 지혜라 한다.

◉ **疏** ◉

第三은 結名이니 可知라

上來別釋十定 竟하다

[3] 삼매의 명제를 끝맺다

이는 설명하지 않아도 알 수 있다.

위에서 개별로 해석한 10가지 선정을 끝마치다.

經

佛子여 此是菩薩摩訶薩의 所住普賢行十大三昧輪이니라

불자여, 이를 보살마하살이 머무는 보현행의 열 가지 큰 삼매
법륜이라 한다."

● 疏 ●

最後佛子는 卽大文第三總結十數니라

맨 끝에서 말한 '불자'는 곧 [3]을 총체로 끝맺은 10수이다.

● 論 ●

已上十定에 有十一段文은 意明從初發心으로 成道始終과 出生
入涅槃이 總以此刹那際로 爲體며 乃至古今一切諸佛도 亦總同
時成佛故니 有情에 延促生이오 約眞에 無終始라 又明此一會十一
品經은 總明至隨位佛果 不壞方便 行普賢之道니 如十信已來
로 乘如來根本智하야 起普賢行願과 幷敎化衆生과 及自資自智
하야 轉令明淨이 如作十度鍊眞金喩者 是니 亦不離此定體며 今
至十一地已去는 自智鍊磨已終에 卽乃純是利益衆生하는 普賢
之行故라 此十定品은 和會從初發心來와 及無始來諸佛成佛이
時劫不遷하야 佛果及普賢方便行이 無始終時劫하며 身心作用
이 滿十方호되 不出毛孔하야 時不離刹那不遷故로 一切古今三世
歲劫이 皆以此十定品으로 該收어늘 衆生이 迷之하야 妄作延促하나니
迷解還源에 此十定爲本體하야 不延促之常道 本來如是니라
十定品 竟이라

이상 10가지 선정삼매에 11단락의 경문에서 말한 뜻은 初發

心으로부터 成道의 시작과 끝, 그리고 출생으로부터 열반에 듦이 모두 이 '찰나의 시간이라는 그 자체조차 없는 즈음[刹那際]'으로 본체를 삼으며, 내지 고금의 일체 제불 또한 모두 동시에 성불함을 밝힌 까닭이다. 情이 있으매 오래 걸리거나 빨리 되는 차이가 생겨나지만, 진리 자리로 말하면 시작과 끝이 없다.

또한 보광명전 제2차 법회의 한 자리에서 11품(제27 십정품~제37 여래출현품)을 밝힌 것은 총체로 지위에 따라 이른 佛果가 방편행인 보현의 도를 파괴하지 않음을 밝힌 것이다. 十信 이후로 여래의 根本智를 토대로 보현행원을 일으킴과 아울러 중생을 교화하고, 스스로 자신의 지혜를 힘입어 더욱더 밝고 청정케 함이 마치 십바라밀의 진금 단련 비유와 같다는 것이 바로 이것이다. 또한 이런 선정의 본체를 여의지 않으며, 이제 11地 이후에 이르러서는 자신의 지혜 연마가 이미 다하여, 곧 순전히 중생에게 이익을 베푸는 보현행이기 때문이다.

이 십정품은 초발심으로부터 유래함과 無始 이래의 모든 부처님의 성불이 時劫의 변천이 없다. 따라서 佛果 및 보현방편행이 시작과 끝의 시간이 없으며, 몸과 마음의 작용이 시방에 충만하되 하나의 모공에서 벗어나지 않는다. 시간이 변천하지 않은 찰나에서 벗어나지 않기에 일체 고금 삼세의 세월이 모두 십정품에 포괄되어 있다. 하지만 중생이 혼미하여 부질없이 오래 걸리느니 빨리 되느니 생각하는 것이다. 혼미가 풀어져 본원으로 돌아오면 이 10가지 선정으로 본체를 삼아 오래거나 빠르거나 하는 것이 없는 영원한 도가 본래 이와 같음을 이해하게 된다.

제27 십정품을 끝마치다.

십정품 제27-3 十定品 第二十七之三

화엄경소론찬요 제76권 華嚴經疏論纂要 卷第七十六

화엄경소론찬요 제77권
華嚴經疏論纂要 卷第七十七

●

십통품 제28
十通品 第二十八

一 初 來意

　1. 유래한 뜻

◉ 疏 ◉

來意者는 爲答第二會中十通問故니 以二品 明業用廣大이니 前定此通이 義次第故며 亦由依定發通일세니라

유래한 뜻은 제2 법회에서 十通의 물음에 대한 답이기 때문이다. 십정품과 십통품은 하는 일의 작용이 광대함을 밝혔다. 앞의 십정품을 이어서 이의 십통품을 말한 것은 의의의 차례를 따른 것이며, 또한 선정에 의해 신통이 일어남을 따른 것이다.

二 釋名

　2. 품명의 해석

◉ 疏 ◉

釋名者는 通卽神通이니 謂妙用難測曰神이오 自在無擁曰通이라 妙用無極이어늘 寄十顯圓이라 晉經本業에 俱稱十明者는 委照無遺故니라 然通與明은 經論皆異라 故智度第三에 云'直知過去宿命之事 爲通이오 若知過去因緣行業 爲明等'이라 今以此經은 通卽委照니 亦得稱明이니 如文廣說이라 故下經에 云'非諸菩薩通

467

明境界라하니 晉經은 意存順義어늘 今譯은 務不違文이라【鈔_ 言務不違文者는 文有十通이 同六通故오 明但有三이니 十無從故니라】

　'품명의 해석'이란 通은 신통이다. 헤아리기 어려운 미묘한 작용을 神이라 하고, 자재하여 걸림이 없음을 通이라 말한다. 미묘한 작용은 끝이 없지만 10가지에 붙여 원만함을 밝히고 있다.

　晉經과 본업경에서는 十通을 모두 '十明'으로 말하고 있다. 이는 빠뜨림 없이 자세히 비춰주기 때문이다. 그러나 通과 명이란 엄연히 경론에서 모두 달리 말하였다. 지도론 제3에서는 "바로 과거 숙명의 일을 아는 것을 通이라 하고, 과거의 인연과 행업을 아는 것을 明이라 한다."는 등이다.

　이 화엄경에서는 通이 곧 빠뜨림 없이 자세히 비춰주는 것을 말하기에 또한 명이라고 말할 수 있다. 이는 경문에서 자세히 말한 바와 같다. 이 때문에 아래의 경문에서 "여러 보살의 通明한 경계가 아니다."고 말하였다. 晉經에서는 본의를 보존하면서 뜻에 따라 말했지만, 이의 번역은 원문에서 벗어나지 않고자 힘썼다.【초_ "원문에서 벗어나지 않고자 힘썼다."는 것은 경문에서 말한 10가지 신통이 6가지 신통과 같기 때문이며, 명이란 단 3가지가 있을 뿐, 10가지를 채울 수 없기 때문이다.】

三 宗趣

3. 종취

◉ 疏 ◉

宗趣者는 智用自在로 爲宗이오 爲滿等覺無方攝化로 爲趣니라

　종취란 지혜 작용이 자재한 것으로 종지를 삼고, 등각의 원만을 위해 일정한 지방에 국한 짓지 않고 모든 중생을 받아들이고 교화하는 것으로 나아갈 바를 삼는다.

◉ 論 ◉

將釋此品에 兩門分別호리니 一은 釋品來意오 二는 隨文釋義라
一은 釋品來意者는 爲明前有十定品일새 此明以定起用에 卽有十種神通이라
二는 隨文釋義者는 卽明定有十種神通이라 其十通者는 具如下列니 如文具明하니라

　장차 이 품을 해석함에 있어 2부분으로 나누고자 한다.

　(1) 본 품의 유래한 뜻을 해석하고,

　(2) 경문을 따라 그 뜻을 해석한다.

　'(1) 본 품의 유래한 뜻을 해석한다.'는 것은 앞에 십정품이 있음을 밝히기 위함이다. 여기에서는 선정으로 작용을 일으키는데, 곧 10가지 신통이 있음을 밝힌 것이다.

　'(2) 경문을 따라 그 뜻을 해석한다.'는 것은 선정에 10가지 신통이 있음을 밝힌 것이다. 10가지 신통이란 구체적으로 아래에 나

열한 바와 같다. 해당 경문에서 구체적으로 밝히고 있다.

四 正釋文

長分爲四니 一은 擧數標告오 二는 徵數列釋이오 三은 總歎勝能이오 四는 結數辨果라 今은 初라

4. 경문의 해석

크게 4단락으로 나뉜다.

제1. 10가지 수를 들어 표장하여 말하였고,

제2. 10가지 수를 물으면서 해석을 나열하였으며,

제3. 훌륭한 점을 총체로 찬탄하였고,

제4. 10가지 수를 끝맺으면서 결과를 말하였다.

經

爾時에 普賢菩薩摩訶薩이 告諸菩薩言하사대 佛子여 菩薩摩訶薩이 有十種通하니

그때, 보현보살마하살이 여러 보살에게 말하였다.

"불자여, 보살마하살이 열 가지 신통이 있다.

⊙ 疏 ⊙

言十者는 一은 他心이오 二는 天眼이오 三은 知過去劫宿住오 四는 盡未來際劫이오 五는 無礙淸淨天耳오 六은 無體性無動作往一切

佛刹이오 七은 善分別一切言辭오 八은 無數色身이오 九는 一切法
智오 十은 入一切法滅盡三昧니라
此十에 皆言智通者는 皆以大智爲體性故니라 若隨相說인댄 前八
은 量智오 後二는 理智어니와 據實인댄 唯一無礙大智니라
此十은 亦是開彼六通이니 天眼 天耳 神足 漏盡에 各分二故니 天
眼은 約見現未하야 分成二四오 天耳는 約音聲言辭하야 分出五七
이니 亦是約聞聖敎와 及諸類言辭故니라 神足은 約業用及色身하야
分成六八하고 漏盡은 約慧定하야 分成九十이오 一三은 不分일세 故
六爲十이라 然小乘六通은 智用有分이오 三乘은 平徧호되 亦非曲
盡이어니와 今一乘十通은 智用重重하야 徧周法界 猶如帝網하야 念
劫圓融故로 尙越彼明이온 況於通用에 爲顯圓旨하야 開成十通가

대문 제1. 10가지 신통의 수효를 들어 말하다

제1. 남들의 생각을 아는 능력인 타심통,

제2. 미래를 예지하거나 육안으로 볼 수 없는 것을 보는 천안통,

제3. 전생의 일을 자유자재로 아는 숙명통,

제4. 미래 겁이 다할 때까지 앞서 미리 아는 지혜의 신통,

제5. 걸림 없이 청정한 천이통,

제6. 자체 성품이 없고 움직임이 없이 일체 부처님 세계에 찾아가는 신통,

제7. 일체 언어를 잘 분별하는 신통,

제8. 무수히 많은 색신을 성취하는 신통,

제9. 일체 법을 아는 지혜의 신통,

제10. 일체 모든 법이 사라져 없어지는 삼매에 들어가는 지혜의 신통이다.

이 10가지를 모두 '지혜 신통[智通]'이라 말한 것은 모두 큰 지혜로 체성을 삼기 때문이다. 만일 그 양상을 따라 말하면 앞의 8가지 신통은 '근본지에 의하여 진리를 깨달은 뒤에 얻는, 개별적인 사안에 관한 구체적인 지혜[如量智]'이고, 뒤의 2가지 신통은 '절대적이고 둘이 아니어서 평등한 진리에 부합하는 부처와 보살의 지혜[如理智]'로 나뉜다. 하지만 실상의 근본 자리에 의거하여 말하면, 오직 하나의 걸림이 없는 큰 지혜[一無礙大智]이다.

이 10가지 신통은 또한 6가지 신통을 나눈 것이다. 천안통, 천이통, 신족통, 누진통을 각각 2가지로 나눴기 때문이다.

천안통은 현재를 보는 것과 미래를 보는 것으로, '제2 천안통'과 '제4 진미래제겁통'으로 나눴고,

천이통은 음성과 언어에 따라 '제5 무애청정천이통'과 '제7 선분별일체언사통'으로 나눴으며, 또한 이는 성인의 가르침 및 모든 유의 언어를 들은 것으로 말한 까닭이다.

신족통은 業用 및 색신에 따라 '제6 무체성무동작왕일체불찰통'과 '제8 무수색신'으로 나눴고,

누진통은 지혜와 선정에 따라 '제9 일체법지통'과 '제10 입일체법멸진삼매통'으로 나눴다.

'제1 타심통'과 '제3 지과거겁숙주통'은 구분하지 않고 그대로이기에, 6가지 신통이 10가지 신통으로 이루어진 것이다.

그러나 소승의 6가지 신통은 지혜의 작용에 한계가 있고, 삼승의 6가지 신통은 공평하게 두루 갖추었지만, 또한 극진하지는 못하다. 그러나 여기에서 말한 一乘의 10가지 신통은 지혜 작용이 거듭거듭 법계에 두루 가득하여 마치 제석천의 그물과 같다. 한 생각의 찰나와 영겁이 하나로 구별이 없기에 오히려 소승과 삼승의 밝음보다 훨씬 뛰어나다. 더욱이 신통을 사용하는 데에 원만한 종지를 밝히기 위하여 10가지 신통으로 나눈 것이야 오죽하겠는가.

第二 徵數列釋中에 先은 總徵이오 後 '佛子' 下는 別釋이니 十通이 卽
爲十段이라 段各有三하니 謂標釋結이라
今初는 他心智通이라

대문 제2. 10가지 신통의 수효를 물으면서 해석을 나열하다

앞은 10가지 신통을 총체로 물었고,

뒤의 '佛子' 이하는 개별로 해석하였으니, 10가지 신통이 바로 10단락이다.

단락마다 각각 3가지로 구성되어 있다. 표장·해석·끝맺음을 말한다.

이는 '제1. 남들의 생각을 아는 지혜 신통'이다.

經

何者 爲十고

佛子여 菩薩摩訶薩이 以他心智通으로

무엇이 열 가지 신통인가?

불자여, 보살마하살이 남들의 생각을 아는 지혜 신통으로,

● 疏 ●

他心智通이니 初는 標라 標云他心者는 智以他心爲所緣故니라 若直就所緣인댄 應名心差別通이니 若所若王의 種類多種을 皆能知故니라 並依主受名이라 然智緣他心은 諸說不同이라 安慧論師云 '佛智緣他心에 緣得本質이오 餘皆變影이라'하고 護法論師는 '則佛亦變影이니 若緣本質인댄 得心外法이라 壞唯識故라'하니 但極似本質이라 有異因人하니 依唯識宗컨대 護法爲正이어니와 以今經으로 望前이면 亦未失이니 以攝境從心이나 不壞境故며 能所兩亡이나 不礙存故니라 第一義와 唯心이 非一非異니 正緣他時에 卽是自故니라 以卽佛心之衆生心과 非卽衆生心之佛心으로 爲所緣이며 以卽衆生心之佛心과 非卽佛心之衆生心으로 爲能緣하야 如是鎔融이라 故非一非異니 若離佛外에 別有衆生이라하야 更須變影이면 却失眞唯識義니라【鈔_ '以卽佛心'下는 示法性他心之相이니 此有兩對하니 前對는 明所緣이오 後對는 明能緣이라 今은 初라 言'卽佛心之衆生心'者는 明所緣이오 衆生心이 卽是佛心은 此明不異니라

次云'非卽衆生心之佛心'者는 明衆生心與佛心非卽이니 非卽故로 有所緣義오 非異故로 不壞唯心義니라

言'爲所緣'者는 結成所緣이오 揀非能緣也라

次辨能緣云‘以卽衆生心之佛心’者는 此明能緣이니 佛心이 卽是 衆生心이니 此明非異니라

次云‘非卽佛心之衆生心’者는 此明佛心與衆生心이 有非一義 니 非一일세 故爲能緣이오 非異일세 故不壞唯識之義니라

言‘爲能緣’者는 結成能緣이니 揀非所緣也라

更以喩況컨대 如水和乳니 乳爲所和는 喩衆生心是所緣이오 水爲 能和는 喩佛心爲能緣이라 以此二和合에 如似一味로되 鵝王啑之 에 乳盡水存이니 則知非一이라 然此水名은 卽乳之水오 又此乳名 은 卽水之乳니 二雖相卽이나 而有不一之義라 故應喩之니라 以卽 水之乳는 非卽乳之水爲所和오 以卽乳之水는 非卽水之乳爲能 和니 義可知矣니라

‘若離佛外’下는 結彈護法이오 言‘却失眞唯識’者는 不知外質이 卽 佛心故니라】

이는 남들의 생각을 아는 지혜 신통이다.

(1) 신통의 명제를 밝혔다. 표장에서 '남들의 생각[他心]'이라 말한 것은 나의 지혜가 남들의 생각으로 반연의 대상을 삼기 때문이다. 만일 반연의 대상으로 바로 말한다면 당연히 '각기 다른 마음을 아는 신통[心差別通]'이라 명명해야 한다. 심리작용[心所]과 심리작용의 주체인 心王의 수많은 종류를 모두 잘 알기 때문이다.

이는 아울러 依主釋으로 붙인 명제이다. 그러나 지혜가 남의 생각을 반연함에 대한 여러 설은 똑같지 않다. 安慧論師는 "부처님의 지혜로 남의 생각을 반연함에 반연이 본질이고 나머지는 모

두 변질된 영상이다."고 하였고, 護法論師는 "부처님 또한 변질된 영상이다. 만일 반연이 본질이라면 마음 밖의 법이라, 唯識을 파괴하기 때문이다."고 하였다. 단 極處[佛]는 본질과 같은 터라, 因人[수행자]과는 다르다.

유식종을 따르면 호법논사의 논지가 정설이라 하겠지만, 화엄종의 논지를 들어서 앞의 안혜논사 설과 대조하여 보면 그 또한 잘못된 말이 아니다. 경계를 받아들여 마음을 따르는 것으로 말했지만 그렇다고 경계를 파괴하는 일이 아니며, 주체와 대상이 모두 사라졌으나 주체와 대상이 있다 하여 걸림이 없기 때문이다.

근본 진리의 第一義諦와 唯心은 하나도 아니고 다른 것도 아니다. 바로 다른 것을 반연할 때에 곧 그 자체 그대로이기 때문이다. '부처의 마음과 하나가 된 중생의 마음'과 '중생의 마음과 하나가 되지 않은 부처의 마음'으로 반연의 대상을 삼고, '중생의 마음과 하나가 된 부처의 마음'과 '부처의 마음과 하나가 되지 않은 중생의 마음'으로 반연의 주체를 삼아 이처럼 한 덩어리로 녹아내린 까닭에 하나도 아니고 다른 것도 아니다.

만일 부처를 떠난 그 밖의 자리에 별도로 중생이 있다 하여, 다시 변질된 영상을 굳이 구한다면 도리어 참다운 유식의 의의를 잃은 것이다.【초_ '以卽佛心' 이하는 법성과 他心의 양상을 보여준 것이다. 여기에는 2가지 대구가 있다. 앞의 대구는 반연의 대상을 밝혔고, 뒤의 대구는 반연의 주체를 밝혔다.

이는 앞의 대구로 말한 부분이다.

"부처의 마음과 하나가 된 중생의 마음"이라 말한 것은 반연의 대상을 밝힌 것이며, 중생의 마음이 곧 부처의 마음이라는 것은 다르지 않음을 밝힌 것이다.

다음으로 "중생의 마음과 하나가 되지 않은 부처의 마음"이라 말한 것은 중생의 마음과 부처의 마음이 하나가 아님을 밝힌 것이다. 하나가 아니기 때문에 반연의 대상이라는 의의가 있고, 다르지 않기 때문에 唯心의 의의를 파괴하지 않는다.

"반연의 대상을 삼는다."는 것은 반연의 대상임을 끝맺음이다. 반연의 주체가 아님을 밝힌 것이다.

다음으로 반연의 주체를 논변하면서 "중생의 마음과 하나가 된 부처의 마음"이라 말한 것은 반연의 주체를 밝힌 것이다. 부처의 마음이 곧 중생의 마음이니, 이는 다르지 않음을 밝힌 것이다.

다음으로 "부처의 마음과 하나가 되지 않은 중생의 마음"이라 말한 것은 부처의 마음과 중생의 마음이 하나가 아니라는 뜻이다. 하나가 아니기에 반연의 주체가 되고, 다르지 않기에 유식의 의의를 파괴하지 않는다.

"반연의 주체를 삼는다."고 말한 것은 반연의 주체임을 끝맺음이다. 이는 반연의 대상이 아님을 밝힌 것이다.

다시 비유를 들어 말하면, 물을 우유에 섞는 것과 같다. 우유가 섞음의 대상이 되는 것은 중생의 마음이 반연의 대상임을 비유한 것이며, 물이 섞음의 주체가 되는 것은 부처의 마음이 반연의 주체임을 비유한 것이다. 이처럼 물과 우유를 한데 섞어놓으면 하나의 맛처럼 보이지만, 거위[鵝王]가 이를 빨아 마실 적에는 모조리 우유만을 마실 뿐, 물은 그대로 남아 있다. 이로 보면 물과 우유는 분명 하나가 아니다. 그러나 이런 물의 이름은 곧 우유 속의 물이요, 또한 우유의 이름은 곧 물속의 우유라 한다. 물과 우유 2가지는 서로 하나이면서도 하나가 아니라는 의의이다. 따라서 이처럼 비유한 것이다. 물과 하나가 된 우유는 우유와 하나가 아닌 물로 섞는 대상을 삼으며, 우유와 하나가 된 물은 물과 하나가 아닌 우유로 섞음의 주체를 삼는다. 이런 비유의 의의를 알 수 있다.

"만일 부처를 떠난 그 밖의 자리에" 이하는 호법논사의 설에 대한 반박을 끝맺음이며, "도리어 참다운 유식의 의의를 잃는다."고 말한 것은 밖의 바탕이 곧 부처의 마음임을 알지 못하였기 때문이다.】

二釋相中二니 初는 知一刹이오 後'如一'下는 以少類多라 今은 初라

(2) 신통의 양상을 해석한 가운데, 이 부분은 2단락으로 나뉜다.
① 앞은 하나의 세계를 앎이며,
② 뒤의 '如一世界' 이하는 하나의 적은 세계로 수많은 세계가 같음을 말하였다.

經

知一三千大千世界衆生心差別하나니
所謂善心과 不善心과 廣心과 狹心과 大心과 小心과 順

生死心과 背生死心과 聲聞心과 獨覺心과 菩薩心과 聲聞行心과 獨覺行心과 菩薩行心과 天心과 龍心과 夜叉心과 乾闥婆心과 阿修羅心과 迦樓羅心과 緊那羅心과 摩睺羅伽心과 人心과 非人心과 地獄心과 畜生心과 閻魔王處心과 餓鬼心과 諸難處衆生心이라
如是等無量差別種種衆生心을 悉分別知하며

하나의 삼천대천세계에 있는 중생의 마음이 각기 다름을 아는 것이다.

이른바 착한 마음, 나쁜 마음, 드넓은 마음, 비좁은 마음, 크나 큰 마음, 작은 마음, 생사를 따르는 범부의 마음, 생사를 저버리는 성인의 마음, 성문의 마음, 독각의 마음, 보살의 마음, 성문의 수행하는 마음, 독각의 수행하는 마음, 보살의 수행하는 마음, 하늘의 마음, 용의 마음, 야차의 마음, 건달바의 마음, 아수라의 마음, 가루라의 마음, 긴나라의 마음, 마후라가의 마음, 사람의 마음, 사람 아닌 이의 마음, 지옥의 마음, 축생의 마음, 염마왕 있는 데의 마음, 아귀의 마음, 온갖 고난을 겪는 중생의 마음이다.

이처럼 한량없이 각기 다른 가지가지 중생의 마음을 모두 분별하여 아는 것이다.

● 疏 ●

前中三이니 初는 總이오 次'所謂'下는 別이오 後'如是'下는 結이라
別中에 有三十類心이어늘 闕'第三無記'로되 晉經에 具有라

於中에 前十은 約相總顯이오 後二十心은 約人別顯이라 前中 初二는 約性이니 總該諸心이오 次二는 約行이니 兼濟獨善故오 次二는 約報니 天大人小故오 上四는 唯善이어니와 次二는 約向背어늘 而順通三性이니 善은 唯有漏오 背는 唯是善이니 通漏無漏라 約人辨中에 初六은 約乘이니 前三은 是果오 後三은 是因이니 即前背生死心과 及廣狹心이오 次八部는 約類니 即前順生死와 及大小心이오 地獄等은 約趣니 亦順生死니 是不善心이라 餘竝可知니라

① 하나의 세계를 아는 부분은 3단락으로 나뉜다.

㉠ 총체로 말하였고,

㉡ '所謂善心' 이하는 개별로 말하였으며,

㉢ '如是等' 이하는 끝맺었다.

'㉡ 개별로 말한' 부분에는 30가지 마음이 있는데, 그 가운데 '제3 無記'의 마음이 누락되었지만, 晉經에는 모두 갖춰져 있다.

30가지 마음 가운데, 앞의 10가지 마음은 마음의 양상을 들어 총체로 밝혔고, 뒤의 20가지 마음은 사람에 따라 개별로 밝혔다.

앞의 10가지 마음 가운데,

첫째, 2가지 마음[善心, 不善心]은 성품으로 말하였다. 여러 가지의 마음을 총괄하였다.

다음 2가지 마음[廣心, 狹心]은 行으로 말하였다. 일체중생을 모두 제도함과 홀로 제 한 몸만을 닦는 차이 때문이다.

다음 2가지 마음[大心, 小心]은 과보로 말하였다. 하늘의 마음은

크고, 사람의 마음은 작기 때문이다. 위의 廣心, 狹心, 大心, 小心 4가지 마음은 오직 선할 뿐이다.

그러나 다음 2가지 마음[順生死心, 背生死心]은 向背로 말하였다. 3가지 자성[三性: 善性, 惡性, 無記性]에 따라 통하니, 善은 오직 유루이고, 背는 오직 선이니 유루와 무루에 모두 통한다.

사람에 따라 개별로 밝힌 20가지 마음 가운데,

첫째, 6가지 마음[聲聞心, 獨覺心, 菩薩心, 聲聞行心, 獨覺行心, 菩薩行心]은 삼승으로 말하였다. 앞의 3가지 마음[聲聞心, 獨覺心, 菩薩心]은 결과이고, 뒤의 3가지 마음[聲聞行心, 獨覺行心, 菩薩行心]은 원인이다. 이는 곧 앞에서 말한 생사를 저버린 마음 및 드넓고 비좁은 마음이다.

다음 八部의 마음[天心, 龍心, 夜叉心, 乾闥婆心, 阿修羅心, 迦樓羅心, 緊那羅心, 摩睺羅伽心]은 부류로 말하였다. 이는 곧 앞에서 말한 생사를 따르는 마음 및 크고 작은 마음이다.

지옥 등의 마음은 중생이 윤회하는 길로 말하였다. 이 또한 생사를 따르는 마음이니, 나쁜 마음[不善心]이다.

나머지는 모두 설명하지 않아도 알 수 있다.

二 以少類多

② 하나의 적은 세계로 수많은 세계가 같음을 말하다

如一世界하야 如是百世界와 千世界와 百千世界와 百千億那由他世界와 乃至不可說不可說佛刹微塵數世界中에 所有衆生心을 悉分別知하나니 是名菩薩摩訶薩의 第一善知他心智神通이니라

하나의 세계와 같이 이처럼 1백 세계, 1천 세계, 1백천 세계, 1백천억 나유타 세계 내지 말할 수 없이 말할 수 없는 세계의 티끌 수처럼 수많은 세계 가운데 살고 있는 중생들의 마음을 모두 분별하여 아는 것이다.

이를 보살마하살의 제1. 남들의 생각을 잘 아는 지혜 신통이라 말한다.

第二 天眼智通

제2. 걸림 없는 하늘눈의 지혜 신통

經

佛子여 菩薩摩訶薩이 以無礙淸淨天眼智通으로 見無量不可說不可說佛刹微塵數世界中衆生의 死此生彼하는 善趣惡趣와 福相罪相과 或好或醜와 或垢或淨한 如是品類의 無量衆生하나니
所謂天衆과 龍衆과 夜叉衆과 乾闥婆衆과 阿修羅衆과

迦樓羅衆과 緊那羅衆과 摩睺羅伽衆과 人衆과 非人衆과 微細身衆生衆과 廣大身衆生衆과 小衆과 大衆이라
如是種種衆生衆中을 以無礙眼으로 悉皆明見호되 隨所積集業하며 隨所受苦樂하며 隨心하며 隨分別하며 隨見하며 隨言說하며 隨因하며 隨業하며 隨所緣하며 隨所起하야 悉皆見之하야 無有錯謬하나니 是名菩薩摩訶薩의 第二 無礙天眼智神通이니라

불자여, 보살마하살이 걸림 없는 청정한 하늘눈의 지혜 신통으로 한량없고 말할 수 없이 말할 수 없는 부처님 세계의 티끌 수처럼 수많은 세계에 있는 중생들이 여기서 죽어 저기서 태어나는, 좋은 길[天道·人道·阿修羅道]과 나쁜 길[畜生·餓鬼·地獄], 복 받은 모양과 죄 받은 모양, 아름다운 몸과 추악한 몸, 더러운 형상과 청정한 형상, 이처럼 여러 부류의 한량없는 중생을 보는 것이다.

이른바 하늘의 무리, 용의 무리, 야차 무리, 건달바 무리, 아수라 무리, 가루라 무리, 긴나라 무리, 마후라가 무리, 사람의 무리, 사람이 아닌 무리, 미세한 몸집의 중생 무리, 광대한 몸집의 중생 무리, 몸집이 왜소한 무리, 몸집이 우람한 무리 들이다.

이처럼 가지가지 중생의 무리들을 걸림 없는 눈으로 모두 분명히 보되,

그들이 쌓아온 업을 따르고,

받는 괴로움과 즐거움을 따르며,

마음을 따르고 분별을 따르며,

소견을 따르고 말을 따르며,

원인을 따르고 업을 따르며,

반연한 바를 따르고 일어남을 따라서 모두 보는 데 오류가 없다.

이를 보살마하살의 제2. 걸림 없는 하늘눈의 지혜 신통이라 말한다.

● 疏 ●

標云無礙者는 見自在故오 淸淨者는 離障故라 天眼은 卽通이라
二'見無量'下는 釋中分三이니
初는 總明多界相殊니 其善惡趣等을 後後展開 如問明品이라
次'所謂'下는 別名多類非一이니 隨一一類하야 有前罪等이라
三'如是種種'下는 委照分明이니 前但覩其現相이오 此則照其因緣이니 十明之目이 由此而立이라 於中에 初는 能見分明이오 次'隨所'下는 所見委悉이니 言'隨所'者는 所知非一故오 後'悉皆'下는 結其無謬니 文並可知니라

명제의 표장에 '無礙'라 말한 것은 보는 것이 자재하기 때문이며, '淸淨'이라 말한 것은 장애에서 벗어났기 때문이다. 天眼이 바로 신통이다.

(2) '見無量' 이하의 해석 부분은 3단락으로 나뉜다.

① 많은 세계의 다른 모습을 총체로 밝혔다. 그 좋은 길과 나쁜 길 등을 뒤에 뒤로 갈수록 전개함이 제10 보살문명품에서 말한 바와 같다.

② '所謂天衆' 이하는 많은 부류가 하나가 아님을 개별로 밝혔다. 하나하나의 유를 따라 이전에 지은 죄업 등이 있었기 때문이다.

③ '如是種種' 이하는 자세히 비춰 분명하게 본 것이다. 앞에서는 보이는 현상만을 보았을 뿐이지만, 여기에서는 그 인연을 비춰보는 것이다. 10가지 밝은[十明: 隨所積集業~隨所起] 안목이 이를 따라 세워지는 것이다.

그 가운데 첫 부분[如是種種~悉皆明見]은 분명하게 봄이며,

다음 '隨所積集業' 이하는 보는 바가 자세히 다함이다. '…한 바를 따른다[隨所].'고 말한 것은 알아야 할 대상이 하나가 아니기 때문이다.

뒤의 '悉皆見之' 이하는 그 잘못 봄이 없음을 끝맺었다.

경문은 모두 설명하지 않아도 알 수 있다.

第三 宿住通

제3. 전생의 일을 아는 지혜 신통

經

佛子여 菩薩摩訶薩이 以宿住隨念智通으로 能知自身과 及不可說不可說佛刹微塵數世界中一切衆生의 過去 不可說不可說佛刹微塵數劫宿住之事하나니

所謂某處生에 如是名과 如是姓과 如是種族과 如是飮

食과 如是苦樂과 從無始來로 於諸有中에 以因以緣으로 展轉滋長하며 次第相續하야 輪廻不絕하는 種種品類와 種種國土와 種種趣生과 種種形相과 種種業行과 種種 結使와 種種心念과 種種因緣과 受生差別의 如是等事를 皆悉了知하나니라

又憶過去爾所佛刹微塵數劫의 爾所佛刹微塵數世界 中에 有爾所佛刹微塵數諸佛이어든 一一佛의 如是名號 와 如是出興과 如是衆會와 如是父母와 如是侍者와 如 是聲聞과 如是最勝二大弟子와 於如是城邑에 如是出 家와 復於如是菩提樹下에 成最正覺과 於如是處에 坐 如是座하야 演說如是若干經典하야 如是利益爾所衆生 과 於爾所時에 住於壽命하야 施作如是若干佛事와 依無 餘依般涅槃界하야 而般涅槃과 般涅槃後法住久近하야 如是一切를 悉能憶念하나니라

又憶念不可說不可說佛刹微塵數諸佛名號 一一名號 에 有不可說不可說佛刹微塵數佛이 從初發心으로 起願 修行하야 供養諸佛과 調伏衆生과 衆會說法과 壽命多少 와 神通變化와 乃至入於無餘涅槃과 般涅槃後法住久 近과 造立塔廟하야 種種莊嚴하야 令諸衆生으로 種植善 根하야 皆悉能知하나니 是名菩薩摩訶薩의 第三知過去 際劫宿住智神通이니라

　　불자여, 보살마하살이 전생의 일을 따라 모두 기억하는 지혜

486

신통으로, 자신과 말할 수 없이 말할 수 없는 세계의 티끌 수 세계에 있는 일체중생의 말할 수 없이 말할 수 없는 세계의 티끌 수처럼 수많은 겁 이전의 전생 일을 잘 알고 있다.

이른바 어느 곳에 태어나 이런 이름, 이런 성씨, 이런 종족, 이런 음식, 이런 괴로움과 즐거움을 받았으며, 시작도 없는 옛적부터 3계 25유 가운데 무슨 인과 연으로 자라왔고, 차례차례 계속하여 끊이지 않은 생사의 윤회로 가지가지 종류, 가지가지 국토, 가지가지 길에서 태어남, 가지가지 형상, 가지가지 업행, 가지가지 번뇌, 가지가지 마음, 가지가지 인연과 각기 달리 생을 받아 태어났던, 이런 등등의 일들을 모두 분명하게 아는 것이다.

또한 과거 그러한 세계의 티끌 수처럼 수많은 겁 이전, 그러한 세계의 티끌 수처럼 수많은 세계에 나셨던 그러한 세계의 티끌 수처럼 수많은 부처님들을 기억하고 있다. 하나하나 부처님의 이러한 명호, 이렇게 나오심, 이러한 대중의 법회, 이러한 부모, 이러한 시자, 이러한 성문, 이렇게 가장 훌륭한 두 제자, 그리고 이러한 성읍에서 이렇게 출가하던 일, 또 이렇게 보리수 아래서 바른 깨달음을 이루었던 일, 이러한 곳에서 이런 법좌에 앉아서 이런 경전을 연설하여, 이렇게 그 법회에 모인 중생들에게 이익을 주었던 일, 그러한 세월에 사시면서 이러한 얼마의 불사를 하셨던 것, 남은 의지함이 없는 열반으로 열반했던 일, 열반 이후 불법이 얼마 동안 머물렀던 일들을 모두 기억하는 것이다.

또한 말할 수 없이 말할 수 없는 세계의 티끌 수처럼 수많은 부처님의 명호가 있는데, 하나하나의 명호마다 말할 수 없이 말할 수 없는 세계의 티끌 수처럼 수많은 부처님이 계셔 처음 발심으로부터 서원을 세우고 행을 닦으면서 여러 부처님께 공양하고 중생을 조복하며, 대중법회에서의 설법, 얼마 동안 사셨던 일, 신통변화 내지 남음이 없는 열반에 들었던 일, 열반 이후 법이 머물렀던 기간, 탑과 법당을 조성하여 가지가지로 장엄하여, 여러 중생으로 하여금 선근을 심게 하던 일을 기억하여 모두 다 알고 있다.

이를 보살마하살의 제3. 과거 전생의 일을 아는 지혜 신통이라 말한다.

◉ 疏 ◉

標中에 謝往之事를 名宿住니 在過去라 明了記憶 爲隨念이니 卽宿住之隨念이 宿住隨念之通이라

二'能知'下는 釋相中二니 一은 知凡事니 於中에 先은 總이오 '所謂'下는 別이라 二'又憶過去'下는 知佛事니 於中에 亦二니 先은 約界顯多니 但知其果오 後'又憶念'下는 約人顯多니 兼知其因이라 皆以菩薩得九世眼으로 如見現在故니라 若不爾者인댄 過去之法이 若不落謝면 不名過去오 若已落謝인댄 無法可知니라 若但曾經이면 心中有種하야 影現前故니라 說'憶知'者는 是則但見自心이오 不見彼法이며 又曾不經事면 應不憶知오 又但見現在오 非是過去니 何名宿住리오 餘文 可知니라【鈔_ '皆以'已下는 此釋知義어늘 而云'見'者는 是知見也라 此上은 正明이라 二'若不爾'下는 反難成立이오 三

【'若但'下는 遮救니 謂恐救云昔曾見事니 事則雖滅이나 見種猶存이라 故得知耳니라 '是則'已下는 爲遮此救니 文有三破라 一은 奪破니 謂但見心이오 不見法故로 所見不同이니 豈見現心名宿住智리오 二 '又曾'下는 縱許有種이나 能知見者는 昔不經事런들 應不知見이니 謂昔爲人에 何能普見이리오마는 今得宿智하야 廣遠皆知니라 三 '又但見'下는 結成이니 卽乖名破니라】

(1) 신통의 명제를 밝힌 가운데 사라진 지난 일들을 '宿住'라 말한다. 이는 과거에 있었던 일들이며, 분명하고 또렷하게 기억한 것을 '隨念'이라 한다. 지난 과거의 일들을 또렷하게 기억함이 바로 전생의 일을 기억하는 신통이다.

(2) '能知自身' 이하는 전생의 일을 기억하는 신통의 양상을 해석한 부분으로, 이는 다시 2단락으로 나뉜다.

① 모든 일들을 아는 것이다. 그 가운데 앞은 총체이고, '所謂' 이하는 개별로 말하였다.

② '又憶過去' 이하는 佛事를 아는 것이다. 이 또한 2부분으로 나뉜다.

㉠ 세계를 들어 불사가 많았음을 밝혔다. 단 그 佛果만을 알 뿐이다.

㉡ '又憶念不可說' 이하는 사람을 들어 불사가 많았음을 밝혔고, 겸하여 그 원인을 앎이다.

모두 보살이 '삼세를 다시 삼세로 나눈 九世'를 살펴보는 안목을 얻어 현재 세계를 보는 것과 같기 때문이다. 만일 그렇지 않을 경우, 과거의 법이 만일 사라지지 않았다면 그것은 '과거'라 이름 붙일 수 없고, 이미 사라진 일이라면 그 법을 알 수 없다. 단 일찍이 과거에 그 일을 경험했다면 마음속에 그 종자가 남아 있어 그 그림자가 앞에 나타나기 때문이다.

기억하고 안다고 말한 것은 단 자기의 마음만을 볼 뿐, 그 법을 보지 못함이며, 또한 일찍이 그 일을 경험하지 않았으면 당연히 기억하거나 알지 못할 것이며, 또한 현재만을 볼 수 있을 뿐, 과거는 아니다. 어떻게 전생의 일이라 이름 붙일 수 있겠는가. 나머지 문장은 설명하지 않아도 알 수 있다.【초_ '皆以菩薩得九世眼' 이하는 알다[知]의 뜻을 해석한 것인데, '如見現在'라 하여 '見'으로 말한 것은 知見을 말한다. 이상은 바로 밝힘이다.

(2) '若不爾者' 이하는 反說의 논란이 성립함이며,

(3) '若但曾經' 이하는 비호하는 말을 차단함이다. 그들의 잘못된 비호가 두렵기 때문으로, 아래와 같다.

"옛적에 일찍이 보았던 일이기에, 그 일은 비록 사라졌지만 보았던 종자는 그대로 남아 있다. 따라서 알 수 있는 것이다."

'是則但見自心' 이하는 이처럼 잘못된 비호의 논변을 다시 차단한 것이다. 이의 문장은 3가지로 타파하였다.

① 비판[奪破]이다. 단 마음만을 보았을 뿐, 법을 보지 못하였기 때문에 보았던 대상이 똑같지 않다. 어떻게 현재의 마음을 본 것으로 전생의 일을 아는 지혜 신통이라 말할 수 있겠는가.

② '又曾不經事' 이하는 설령 종자가 있을지라도 알고 볼 수

있었던 것은 옛적에 그런 일을 경험하지 않았더라면 당연히 알거나 볼 수 없다. 옛적에 사람으로 태어났을 적에는 어떻게 널리 볼 수 있었겠는가. 그러나 이제는 전생의 일을 아는 지혜를 얻어 널리 멀리 모두 아는 것을 말한다.

③ '又但見現在' 이하는 끝맺음이다. 이는 곧 전생의 일을 아는 신통이라는 명제에 어긋난다는 점으로 타파한 것이다.】

第四 知劫通
亦從境受名이라

제4. 미래를 아는 지혜 신통

이 또한 경계를 따라 그 명칭을 붙였다.

經

佛子여 菩薩摩訶薩이 以知盡未來際劫智通으로 知不可說不可說佛刹微塵數世界中所有劫에 一一劫中所有衆生의 命終受生에 諸有相續하는 業行果報의 若善과 若不善과 若出離와 若不出離와 若決定과 若不決定과 若邪定과 若正定과 若善根與使俱와 若善根不與使俱와 若具足善根과 若不具足善根과 若攝取善根과 若不攝取善根과 若積集善根과 若不積集善根과 若積集罪法과 若不積集罪法하야 如是一切를 皆能了知하니라

又知不可說不可說佛刹微塵數世界에 **盡未來際**토록 **有不可說不可說佛刹微塵數劫**이어든 **一一劫**에 **有不可說不可說佛刹微塵數諸佛名號**하며 **一一名號**에 **有不可說不可說佛刹微塵數諸佛如來**하사 **一一如來 從初發心**으로 **起願立行**하야 **供養諸佛**과 **教化衆生**과 **衆會說法**과 **壽命多少**와 **神通變化**와 **乃至入於無餘涅槃**과 **般涅槃後法住久近**과 **造立塔廟**하고 **種種莊嚴**하야 **令諸衆生**으로 **種植善根**하야 **如是等事**를 **悉能了知**하나니 **是名菩薩摩訶薩**의 **第四知盡未來際劫智神通**이니라

불자여, 보살마하살이 미래 세월이 다하는 날까지를 아는 지혜의 신통으로, 말할 수 없이 말할 수 없는 세계의 티끌 수처럼 수많은 세계에 있는 겁을 알며, 하나하나 겁마다 있는 중생들이 목숨이 다하여 죽었다가 다시 태어나면서 3계 25유의 세계에서 생사가 차례차례 이어지는데,

    짓는 업으로 받는 과보가 좋은 과보와 나쁜 과보,

    삼계를 벗어난 자와 벗어나지 못한 자,

    벗어남이 결정된 자와 결정되지 못한 자,

    삿된 선정과 바른 선정,

    선근이 열 가지 번뇌[十使: 貪, 瞋, 癡, 慢, 疑, 有身見, 邊執見, 邪見, 見取見, 戒禁取見]와 함께한 자와 선근이 열 가지 번뇌와 함께하지 못한 자,

    선근이 구족한 자와 선근이 구족하지 못한 자,

선근을 받아들인 자와 선근을 받아들이지 못한 자,
선근을 쌓아가는 자와 선근을 쌓아가지 못한 자,
일체 모든 죄를 모으는 자와 일체 모든 죄를 모으지 않은 자,
이와 같은 일체중생을 죄다 아는 것이다.

또한 말할 수 없이 말할 수 없는 세계의 티끌 수처럼 수많은 세계에 미래 세월이 다하도록 말할 수 없이 말할 수 없는 세계의 티끌 수처럼 수많은 겁이 있는데,

하나하나의 겁에 말할 수 없이 말할 수 없는 세계의 티끌 수처럼 수많은 부처님의 명호가 있고,

하나하나의 명호마다 말할 수 없이 말할 수 없는 세계의 티끌 수처럼 수많은 부처님 여래가 있으며,

하나하나의 여래가 처음 발심으로부터 서원을 세우고 행을 닦으면서 여러 부처님께 공양하고 중생을 교화하며, 대중법회에서의 설법, 얼마 동안 사셨던 일, 신통변화 내지 남음이 없는 열반에 들었던 일, 열반 이후 법이 머물렀던 기간, 탑과 법당을 조성하여 가지가지로 장엄하여, 여러 중생으로 하여금 선근을 심게 하던 일을 기억하여 모두 다 알고 있다.

이를 보살마하살의 제4. 미래 세월이 다하는 날까지를 아는 지혜 신통이라고 말한다.

◉ 疏 ◉

二'知不可說'下는 釋相中 二니 先은 知凡이오 後'又知'下는 知佛이라

前中亦二니

先은 明所依劫이니 但寄多界하야 以顯多劫 非有際限이라 名及後段에 皆盡未來는 此位所知同於佛故니라

後 '一一' 下는 顯能依事니 義如十地中辨이라 然大乘宗에 未來世法이 體用俱無어늘 今云何知오 依方便敎컨대 但見現在因種하야 知當果相이오 非見未來法體어니와 若一乘宗인댄 於九世中에 未來中現在에 體用俱有일새 今稱實而知니라 然非現在之現在라 故稱未來니라【鈔_ '然大乘'下는 總徵知義니 謂小乘이 或說三世俱有로되 未來는 但未有用이오 或縱可見이라도 而未有體라하니 大乘에 體用俱無인댄 則無可知見이라 '依方便敎'下는 答中有二니 初는 依權敎立理答이니 謂見因知果니 如見色相하고 知後吉凶이며 '若一乘' 下는 二通妨이니 謂問云若爾인댄 何名見未來耶아 答意可知니라】

(2) '知不可說' 이하는 신통의 양상을 해석한 부분이다. 이는 2단락으로 나뉜다.

앞은 갖가지 모든 일을 아는 것이며,

뒤의 '又知' 이하는 불사를 아는 것이다.

갖가지 모든 일을 아는 앞부분은 또한 2단락으로 나뉜다.

① 의지의 대상이 되는 劫을 밝혔다. 단 많은 세계에 붙여 많은 시간의 끝이 없음을 밝혔다. 신통의 명칭 및 뒤의 단락에서 모두 '미래 세월이 다하는 날까지[盡未來]'라고 말한 것은 이 지위에서 아는 바가 부처님과 같기 때문이다.

② '一一' 이하는 의지의 주체가 되는 사람의 일을 밝혔다. 그

의의는 제26 십지품에서 말한 바와 같다.

그러나 대승종에서는 미래세의 법에 본체와 작용이 모두 없는 것인데, 오늘날 여기에서 어떻게 알 수 있는 것일까? 방편의 가르침을 따르면, 단 현재의 원인종자[因種]를 살펴보면서 해당 결과의 양상을 아는 것일 뿐, 미래의 法體를 본 것이 아니지만, 만일 一乘宗으로 말한다면, 삼세를 다시 삼세로 나누어 보는 九世에는 미래 가운데 현재의 체용이 모두 있기에, 이제는 그 실상의 근본 자리에 맞춰 아는 것이다. 그러나 현재의 현재가 아닌 까닭에 미래라고 말한다.【초_ '然大乘' 이하는 알게 되는 의의를 총괄하여 물었다. 소승의 어떤 이는 "삼세가 모두 있다고 말하지만, 미래는 단 작용이 있는 게 아니며, 설령 본다고 할지라도 본체가 있는 것이 아니다."고 말한다. 대승에서 본체와 작용이 모두 없다고 한다면, 도저히 알거나 볼 수 없는 것이다.

'依方便敎' 이하는 대답 가운데 2가지 뜻이 있다.

① 방편의 가르침을 따라 이치로 답하였다. 원인을 보고서 결과를 아는 것으로 말한다. 마치 사람의 모습을 보고서 훗날의 길흉을 아는 것과 같다.

'若一乘' 이하는 ② 물음에 답한 것이다. 묻기를 "만약 그렇다면 어떻게 미래를 본다고 말하는 것일까?"라고 하였다. 대답의 뜻은 말하지 않아도 알 수 있다.】

此有 若是性有인댄 卽同小乘이오 若是緣有인댄 緣今未會어니 云何言有리오 若今時看이면 緣性俱無어니 以是現在未來 定非有故

니라 若逐未來時看이면 以是未來之現在故로 還如今有니라【鈔_ '此有若是'下는 三 立理重難이니 縱其性有緣有라도 二俱有過니라 '若今時看'下는 四 以理會通이니 謂不向今時看未니 若向今時看 未면 此未卽是現在未來어니 如何得有리오
'若逐未'下는 向未來看未來면 是未之現在矣라 故不異於今이니라】

이처럼 있는 것이 만일 본성에 의해 있는[性有] 것이라 말하면 그것은 소승의 말과 같고, 만일 반연으로 있는[緣有] 것이라 말하면 지금 반연을 만나지 않았는데, 어떻게 有라 말할 수 있겠는가. 만일 지금의 시간으로 본다면 반연의 자체[緣性]가 전혀 없다. 이는 현재와 미래가 반드시 있는 게 아니기 때문이다. 만일 미래의 시간에서 본다면, 이는 미래의 현재인 까닭에 또한 지금 있는 것과 같다.【초_ '此有若是' 이하는 ③ 논리를 세워 다시 논란을 벌인 것이다. 비록 그것은 性有이거나 緣有이거나 2가지 모두 잘못이 있다.

'若今時看' 이하는 ④ 이치로 모두 회통하였다. 현재 지금의 시간에서 미래를 볼 수 없다. 만일 지금의 시간에서 미래를 본다면 그것은 바로 현재의 미래일 뿐이다. 어떻게 있다고 말할 수 있겠는가.

'若逐未' 이하는 미래의 시간에서 미래를 보면, 이는 미래의 현재일 뿐이다. 따라서 현재의 지금과는 다른 것이다.】

第五天耳通
 제5. 하늘 귀의 지혜 신통

佛子여 菩薩摩訶薩이 成就無礙淸淨天耳하야 圓滿廣大하며 聰徹離障하며 了達無礙하며 具足成就하며 於諸一切所有音聲에 欲聞不聞을 隨意自在하나니

佛子여 東方에 有不可說不可說佛刹微塵數佛이어든 是諸佛의 所說所示와 所開所演과 所安立과 所敎化와 所調伏과 所憶念과 所分別인 甚深廣大種種差別과 無量方便과 無量善巧의 淸淨之法인 於彼一切를 皆能受持하며 又於其中에 若義若文과 若一人과 若衆會에 如其音辭하며 如其智慧하며 如所了達하며 如所示現하며 如所調伏하며 如其境界하며 如其所依하며 如其出道하야 於彼一切를 悉能記持하야 不忘不失하며 不斷不退하며 無迷無惑하야 爲他演說하야 令得悟解하야 終不忘失一文一句하며

如東方하야 南西北方과 四維上下도 亦復如是하나니 是名菩薩摩訶薩의 第五無礙淸淨天耳智神通이니라

불자여, 보살마하살이 걸림 없이 청정한 하늘 귀를 성취하여, 원만하고 광대하며, 밝은 귀로 철저하게 듣고 막힘을 여의었으며, 분명히 통달하고 걸림이 없으며, 구족하고 성취하였으며, 일체 모든 음성을 듣고자 하거나 듣지 않고자 함을 마음대로 자유자재하였다.

불자여, 동방에 말할 수 없이 말할 수 없는 부처님 세계의 티끌 수처럼 수많은 부처님이 계시는데, 그 모든 부처님이 말씀하신 계

497

율, 보여주신 경계, 열어주신 법문, 연설하신 법, 세워주신 도량, 교화하신 중생, 조복하신 중생, 기억하신 부처님, 분별하신 모든 법의 매우 깊고 넓고 크고 가지가지 다른 분별, 한량없는 방편, 한량없이 뛰어난 청정한 법들…. 그런 일체 모든 것을 모두 받아 지녔다.

또한 그 가운데 뜻이나 글이나 한 사람이거나 대중이 모인 법회에서 그들의 음성처럼, 그들의 지혜처럼, 그들의 아는 것처럼, 그들에게 맞춰 보여줘야 할 것으로, 그들을 조복할 수 있는 것으로, 그들의 경계처럼, 그들의 의지한 바처럼, 그들에게 알맞은 삼계에서 벗어날 수 있는 도…. 그런 일체 모든 것을 모두 기억하여, 잊거나 잃지 않으며, 끊지 않고 물러나지 않으며, 혼미함도 없고 의혹도 없이 그들을 위해 법을 연설하여, 그들로 하여금 깨닫고 이해하게 하여 끝내 한 글자 한 구절도 잊지 않도록 하였다.

동방에서와 같이 남방·서방·북방과 네 간방과 위아래 역시 그처럼 하였다.

이를 보살마하살의 제5. 걸림 없이 청정한 하늘 귀로 듣는 지혜 신통이라 말한다.

● 疏 ●

初는 標名이니 畧無智通이라 若直云天耳면 卽當體受名이오 若取無礙淸淨之天耳면 卽依有德業受稱이라
二'圓滿'下는 釋相中三이니 初는 總顯德業自在오 二'佛子'下는 別示一方業用이오 三'如東方'下는 擧一例餘라

今初九句는 皆約用辨德이니 前之標名은 卽是總句니라 一圓滿者
는 能互用故오 二는 徧聞十方及九世故오 三은 一時領攬通其源
故오 四는 離二障故오 五는 明了所知故오 六은 緣不能礙故오 七은
非如權小聞有分限 不盡重重故오 八은 已證得故오 九는 於一切
皆自在故니라 謂欲聞則細遠無逃오 欲不聞則近大不撓일새 故
云自在니라

第二 別示一方業用中二니 初는 擧多佛하야 欲顯聞廣이오 二'是
諸佛'下는 顯聞憶持라

於中二니 先은 聞持敎法이니 隨釋可知오 後'又於'下는 顯持圓滿이
니 卽能持之相이라

於中二니 先은 擧所持니 上文通顯佛所說法이오 今은 辨所說差別
이며 後'於彼'下는 辨能持相하고 兼明轉化니라 餘文 可知니라

(1) 첫머리에서 天耳라는 명제를 밝혔는데, 지혜 신통이 조금
도 없다. 바로 天耳라고만 말하면 그것은 해당 신체 부분으로 붙여
진 이름이지만, 만일 '걸림 없이 청정한 하늘 귀'라고 말하면 그것
은 덕업을 지님에 따라 붙여진 명칭이다.

(2) '圓滿' 이하는 신통의 양상을 해석한 부분으로 다시 3단락
으로 나뉜다.

① 덕업이 자재함을 총괄하여 밝혔고,

② '佛子' 이하는 한 방위 세계의 業用을 개별로 보여주었으며,

③ '如東方' 이하는 하나의 방위를 들어 나머지 방위를 예시하
였다.

'① 덕업 자재' 부분의 9구는 모두 작용으로 공덕을 말하였다.

앞의 신통 명제[成就無礙淸淨天耳]의 표장은 바로 총체로 말한 구절이다.

제1구 '원만'은 서로 작용하기 때문이며,

제2구[廣大]는 시방 및 九世를 두루 듣기 때문이며,

제3구[聰徹]는 일시에 들어 그 본원을 통하기 때문이며,

제4구[離障]는 번뇌장과 소지장을 여의었기 때문이며,

제5구[了達]는 알아야 할 대상을 분명하게 알기 때문이며,

제6구[無礙]는 반연이 장애가 되지 못하기 때문이며,

제7구[具足]는 방편 소승의 들음에 한계가 있는 것과는 달리, 그지없이 거듭거듭 듣기 때문이며,

제8구[成就]는 이미 증득했기 때문이며,

제9구[欲聞不聞]는 일체에 모두 자재하기 때문이다. 듣고자 하면 미세하거나 멀리 있는 소리도 그의 귀에서 벗어날 수 없고, 듣지 않으려 하면 아무리 가깝거나 큰 소리도 그를 흔들지 못하기에 '자재'하다고 말한다.

② 한 방위 세계의 業用을 개별로 보여준 부분은 다시 2단락으로 나뉜다.

앞은 많은 부처님을 들어 들음이 광대함을 밝히고자 하였고,

뒤의 '是諸佛所說' 이하는 들었던 바를 기억하고 있음을 밝혔다. 이는 다시 2부분으로 나뉜다.

㉠ 가르침을 듣고 지님이다. 이는 해석을 따라 알 수 있다.

ⓛ '又於其中' 이하는 가르침을 듣고 지님이 원만함을 밝혔다. 곧 지니고 있는 주체의 모습이다. 이는 다시 2부분으로 나뉜다.

첫째, 지녀야 할 대상을 들어 말하였다. 위의 경문에서는 부처님이 말씀하신 법을 전체로 밝혔고, 여기에서는 부처님이 설법하신 대상을 논변하였다.

둘째, '於彼一切' 이하는 듣고 지니는 주체의 모습을 말하였고, 겸하여 법륜을 굴려 교화함을 밝혔다.

나머지 문장은 설명하지 않아도 알 수 있다.

第六 無體性智通
제6. 자체 성품이 없는 지혜 신통

經

佛子여 菩薩摩訶薩이 住無體性神通과 無作神通과 平等神通과 廣大神通과 無量神通과 無依神通과 隨念神通과 起神通과 不起神通과 不退神通과 不斷神通과 不壞神通과 增長神通과 隨詣神通하야

此菩薩이 聞極遠一切世界中諸佛名하나니 所謂無數世界와 無量世界와 乃至不可說不可說佛刹微塵數世界中諸佛名이라 聞其名已에 卽自見身이 在彼佛所하나라

彼諸世界의 或仰或覆한 各各形狀과 各各方所와 各各

差別과 無邊無礙와 種種國土와 種種時劫과 無量功德과 各別莊嚴에 彼彼如來 於中出現하사 示現神變과 稱揚名號 無量無數하야 各各不同이어든 此菩薩이 一得聞彼諸如來名에 不動本處하고 而見其身이 在彼佛所하야 禮拜尊重하며 承事供養하고 問菩薩法하며 入佛智慧하야 悉能了達諸佛國土의 道場衆會와 及所說法하야 至於究竟하야 無所取着하며

如是經不可說不可說佛刹微塵數劫토록 普至十方호되 而無所往이라 然이나 詣刹觀佛하야 聽法請道를 無有斷絶하며 無有廢捨하며 無有休息하며 無有疲厭하야 修菩薩行하야 成就大願호되 悉令具足하야 曾無退轉은 爲令如來廣大種性으로 不斷絶故니

是名菩薩摩訶薩의 第六住無體性無動作하야 往一切佛刹智神通이니라

불자여, 보살마하살이 자체 성품이 없는 신통, 조작이 없는 신통, 평등한 신통, 광대한 신통, 한량없는 신통, 의지함이 없는 신통, 생각대로 되는 신통, 일어나는 신통, 일어나지 않는 신통, 물러서지 않는 신통, 끊이지 않는 신통, 깨뜨리지 못하는 신통, 커나가는 신통, 뜻대로 나아가는 신통에 머물면서, 이 보살이 아무리 먼 일체세계의 모든 부처님 명호까지도 모두 듣는다.

이른바 수없는 세계, 한량없는 세계 내지 말할 수 없이 말할 수 없는 세계의 티끌 수처럼 수많은 세계에 있는 부처님 명호들이다.

그처럼 수많은 명호를 들은 후에 자기의 몸이 그 부처님 세계에 머물고 있음을 보게 된다.

그처럼 수많은 여러 세계가 잦혀 있기도 하고 엎어져 있기도 하여, 가지각색의 형상, 가지가지의 방소, 제각각의 다른 것, 그지없고 걸림이 없는 것, 가지가지 국토, 가지가지 시간, 한량없는 공덕, 제각기 다른 장엄이 있는데, 그러그러한 여래께서 그 가운데 나타나시어 신통변화를 보이고, 명호를 일컬음이 한량없고 수없이 제각기 다르다.

이 보살이 한 번 그 모든 여래의 명호를 듣고서, 본래 있는 곳에서 몸을 일으키지 않고서도 그 몸은 저 부처님들의 도량에 찾아가 예배하고 존중하며, 받들고 공양함을 보았으며, 보살의 법을 묻고 부처님의 지혜에 들어가, 그 모든 부처님 국토의 도량에 대중법회, 그리고 말씀하는 법을 모두 통달하여 최상의 도에 이르렀지만 집착한 바 없었다.

이와 같이 말할 수 없이 말할 수 없는 세계의 미진수 겁을 다하도록 널리 시방세계에 찾아갔지만 정작 본래의 몸은 찾아가는 바가 없었다. 그러나 세계에 나아가 부처님을 뵈면서 법을 듣고 도를 청함이 끊이지 않았고 그만두지도 않았으며, 멈추지도 않았고 고달파하지도 않았으며, 보살의 행을 닦아 큰 서원을 이루되 모두 구족하여 일찍이 물러서지 않았다. 이는 여래의 광대한 종성을 끊이지 않도록 하기 위함이다.

이를 보살마하살의 제6. 자체 성품이 없고 움직임이 없이 일체 모든 부처님 세계에 찾아가는 지혜 신통에 머문 것이라고 말한다.

● 疏 ●

初標名中에 有十四名하니 初一은 總通이니 卽無體性이오 餘는 皆別이라 別中一은 無功作用이오 二는 同理平等이오 三은 能普徧이오 四는 量難知오 五는 非謂依體起用이오 六은 但隨念卽形이오 七은 現有作用이오 八은 不動本處오 九는 作必究竟이오 十은 用無間歇이오 亦不斷佛種이며 十一은 他不能壞오 十二는 能生善根이오 十三은 隨何所詣니라 於十三中에 初二五八은 是無體性義오 餘는 卽神通義니 此二無礙일새 故受斯名이라

二'此菩薩'下는 釋相中三이니 一은 明廣大니 謂聞多刹佛名에 卽見身在彼多刹故오 二'彼諸世界'下는 明無量不起等義니 謂又於彼佛에 重聞佛名하고 便往敬事하야 受道無著故오 三'如是經'下는 明不斷義니 謂於多時에 體用無礙故니라

(1) 명제를 밝힌 가운데, 14가지 신통의 명제가 있다.

첫 구절[住無體性神通]은 총체의 신통으로 곧 자체 성품이 없는 신통이며,

나머지는 모두 개별의 신통이다. 개별 부분의 13구는 아래와 같다.

제1구[無作神通]는 작용이 없는 신통이고,

제2구[平等神通]는 같은 이치로 평등한 신통이며,

제3구[廣大神通]는 널리 두루 가득한 신통이고,

제4구[無量神通]는 한량을 알기 어려운 신통이며,

제5구[無依神通]는 본체에 의해 작용이 일어남이 아닌 신통이고,

제6구[隨念神通]는 단 생각하는 대로 바로 나타나는 신통이며,

제7구[起神通]는 현재에 있는 작용의 신통이고,

제8구[不起神通]는 본래 자리에서 움직이지 않은 신통이며,

제9구[不退神通]는 일을 하면 반드시 최종의 극점까지 다하는 신통이고,

제10구[不斷神通]는 작용에 멈춤이 없고, 또한 佛種이 끊이지 않은 신통이며,

제11구[不壞神通]는 남들이 파괴할 수 없는 신통이고,

제12구[增長神通]는 선근을 낳아주는 신통이며,

제13구[隨詣神通]는 어느 곳이든 찾아가는 신통이다.

13구의 신통 가운데, 제1 無作神通, 제2 平等神通, 제5 無依神通, 제8 不起神通은 자체 성품이 없다는 의의이고, 나머지는 곧 신통이라는 의의이다. 이처럼 2가지가 걸림이 없기에 이런 신통의 명칭을 붙인 것이다.

(2) '此菩薩' 이하는 신통 양상의 해석 부분으로, 이는 다시 3단락으로 나뉜다.

① 신통의 광대함을 밝혔다. 수많은 세계의 부처님 명호를 들으면 바로 그 몸이 그 많은 세계에 가 있음을 찾아볼 수 있기 때문이다.

② '彼諸世界' 이하는 한량없는 신통, 일어나는 신통 등 의의

를 밝혔다. 또한 그 부처님에게서 다른 부처님의 명호를 거듭 듣고서 곧바로 그를 찾아가 공경하는 마음으로 받들어 도를 받아 지니되 집착함이 없기 때문이다.

③ '如是經' 이하는 끊이지 않은 신통의 의의를 밝혔다. 많은 시간 속에 본체와 작용이 걸림이 없기 때문이다.

第七善分別言音通
제7. 언어와 음성을 잘 분별하는 지혜 신통

經

佛子여 菩薩摩訶薩이 以善分別一切衆生言音智通으로 知不可說不可說佛刹微塵數世界中衆生의 種種言辭하나니
所謂聖言辭와 非聖言辭와 天言辭와 龍言辭와 夜叉言辭와 乾闥婆와 阿修羅와 迦樓羅와 緊那羅와 摩睺羅伽와 人及非人과 乃至不可說不可說衆生의 所有言辭 各各表示하야 種種差別인 如是一切를 皆能了知하며 此菩薩이 隨所入世界하야 能知其中一切衆生의 所有性欲하고 如其性欲하야 爲出言辭하야 悉令解了하야 無有疑惑하나니 如日光出現에 普照衆色하야 令有目者로 悉得明見인달하야 菩薩摩訶薩도 亦復如是하야 以善分別一切言辭

智로 深入一切言辭雲하야 所有言辭를 令諸世間聰慧之者로 悉得解了하나니 是名菩薩摩訶薩의 第七善分別一切言辭智神通이니라

불자여, 보살마하살이 일체중생의 말을 잘 분별하는 지혜의 신통으로써, 말할 수 없이 말할 수 없는 세계의 티끌 수처럼 수많은 세계에 있는 중생들의 가지가지 언어를 알고 있다.

이른바 성인의 말, 성인 아닌 이의 말, 하늘의 말, 용의 말, 야차의 말, 건달바의 말, 아수라의 말, 가루라의 말, 긴나라의 말, 마후라가의 말, 사람과 사람 아닌 이의 말, 내지 말할 수 없이 말할 수 없는 중생들이 사용하는 언어를 따라 제각기 표현하고, 가지가지 다른 이런 일체 언어를 모두 다 아는 것이다.

이 보살이 들어가는 세계마다 그 세계에 있는 일체중생이 지닌 성품과 욕망을 알고, 그 성품이나 욕망에 알맞은 언어로 사용하여 그들로 하여금 모두 잘 이해하여 의혹이 없도록 하였다. 이는 마치 햇빛이 나타나 널리 여러 가지 빛을 비춰주어, 눈이 있는 사람이라면 모두 다 밝게 보는 것처럼, 보살마하살 또한 그와 같다.

모든 언어를 잘 분별하는 지혜로 일체 수많은 언어의 세계에 깊이 들어가 일체 언어를 모든 세간의 총명한 사람으로 하여금 모두 다 알게 하였다.

이를 보살마하살의 제7. 일체 언어를 잘 분별하는 지혜 신통이라 말한다.

● 疏 ●

初標名中에 從所了得名은 卽依主立稱이어니와 若從所發得名인댄 卽通持業이라
二'知不可說'下는 釋相中二니 先은 知言辭니 有標列及結이오 後 '此菩薩'下는 明發言辭니 謂隨樂差別而發言說故니 有法喩合이라 文並可知니라

(1) 신통의 명제를 밝혔다. 언어를 아는 대상으로 명제를 얻은 것은 곧 依主釋에 의한 명칭이지만, 발생의 대상으로 명칭을 붙이면 곧 내용에 입각해서 이름 지어진 데[持業釋]에 통한다.

(2) '知不可說' 이하는 신통의 양상을 해석한 부분이다. 이는 2단락으로 나뉜다.

① 언어를 아는 것이다. 언어 종류의 표장, 나열 및 끝맺음이다.

② '此菩薩' 이하는 말을 하는 것을 밝혔다. 이는 각기 좋아하는 바를 따라 달리 말하기 때문이다. 법과 비유와 종합으로 구성되어 있다. 이의 경문은 모두 설명하지 않아도 알 수 있다.

第八 色身莊嚴智通

제8. 색신 장엄의 지혜 신통

經

佛子여 菩薩摩訶薩이 以出生無量阿僧祇色身莊嚴智

通으로 知一切法의 遠離色相과 無差別相과 無種種相과 無無量相과 無分別相과 無靑黃赤白相이니라

　불자여, 보살마하살이 한량없는 아승기 육신의 장엄을 내는 지혜 신통으로써, 일체 법이 빛을 여의었기에 각기 다른 모양이 없고, 가지가지 모양이 없고, 한량없는 모양이 없고, 분별하는 모양이 없고, 푸르고 누르고 붉고 흰 모양이 없음을 아는 것이다.

● 疏 ●

依所現得名이니 卽有財立稱이라
二'知一切'下는 釋相中三이니 初知無色이니 以色卽空故오 二'菩薩如是'下는 明能現色이니 以空卽色故오 三'佛子'下는 雙明無色現色所爲니 不礙悲故니라
今初는 由了法界無定實色이니 擧體卽空이라 非斷空故며 空中無色이라 不礙色故며 存亡隱顯이 皆自在故니라 方能隨樂하야 現種種色일새 故先明之니라【鈔_ 疏文 有二니 先彰大意니 意明此是卽色之空이오 非絶色之眞空이라 故不礙現色이니라 於中에 先明卽色之空이라 故能現色이니 由上無實色故로 卽色是空이오 旣卽色是空일새 故非斷空이오 又無定實이니 則顯非常이며 非是斷空이오 又顯非斷이라 以定有則常이오 定無則斷故로 今非斷常이니 卽眞法界라 從'空中無色'下는 明空不礙色이라 故能現色이라 然此段文은 乃含多意니라
一은 第一謂色空相望이니 總有三義라 一은 相違義라 故云空中無

色이오 二는 不相礙義라 故云不礙色故오 三은 相作義라 故前云'無
定實色이라 擧體卽空이니 非斷空故'라하니 謂此幻色이라 若不擧體
卽空이면 不成幻色이니 亦合云色中無空이라 故色不礙空이오 擧體
卽色이니 非斷滅故니라 以此正說로 了無色義라 故唯說色卽空邊
이오 下第二段은 能現色邊이니 方合明於色無空等이니 此三無礙라
야 方曰眞空이오 亦稱妙有니라

二는 第二此之二句는 遣於地前三空亂意니 謂'無定實色이니 擧
體卽空이라 非斷空故'는 遣第二疑空滅色 取斷滅空이오 以'空中
無色'으로 遣第三疑空是物 謂空爲有니 今明空尙無色이니 豈有
體耶아 況色中無空이니 空定無體니라 次云'不礙色故'는 卽遣第
一疑空異色 取色外空이니 旣云不礙於色인댄 明非色外니 離此
三過라야 方曰眞空淸淨法界니라

三 第三亦含法界觀意니 卽第一眞空絕相觀이니 彼有四門이라 第
一은 會色歸空觀이니 卽今門意오 第二는 明空卽色觀이니 是第二
段 能現色意오 第三은 空色無礙觀이니 卽此第三段 無色現色意
오 第四는 泯絕無寄觀이니 亦在此段之中이라

彼第一會色歸空觀中에 有四句하니 各先標後釋이라 前三은 標語
니 皆同云色不卽空이오

以卽空故로 今云無定實色이오 以擧體卽空이라 非斷空故로 卽彼
第一句니 彼云以色不卽空은 是斷空故로 云不卽空이오 以色擧
體是眞空일세 故云以卽空故라하니라

今云不礙色은 卽彼第二句니 靑黃之相은 非卽眞空之理일세 故

云色不卽空이라 然青黃은 無體니 莫不皆空이라 故云以卽空故니라 良以青黃無體之空이 非卽青黃일세 故云不卽空이니라 要有青黃이라야 方說無體니 明不碍色矣니라

次今云空中無色은 卽彼第三句니 空中無色일세 故不卽空이오 會色無體일세 故云以卽空故니 良由會色歸空이오 空中必無色이라 是故로 由色空故이오 色非空也니라 上三句는 以法揀情이라

第四에 便云色卽是空은 謂凡是色法이 必不異眞空이니 以諸色法이 必無性故니라 是故로 色卽是空이니 此는 卽今疏第一法界無定實色 擧體卽空이 是也니라

存亡隱顯者는 二結成前義니 於中二意하니 一者는 結上空中無色은 亡也오 不碍色故로 存也오 擧體卽空이라 非斷空故는 兼存亡也니라 存亡은 約色이오 隱顯은 約空이니 空理眞常은 不可言亡이로되 而色存則空隱이오 色亡則空顯이니 此唯約會色歸空以說이라 若兼第二不礙現色인댄 是明空卽色觀으로 論存亡隱顯者니 色卽是空은 則色亡空顯이오 空卽是色은 則空隱色存이라 然皆卽亡卽存이오 卽隱卽顯이라 故云自在니라 卽以總結로 爲彼第三空色無礙觀이오 其泯絶無寄는 在下釋文이라】

나타낸 바에 의해 얻어진 명칭이다. 이는 있는 바에 따라 해석[有財釋]하여 명칭을 세운 것이다.

(2) '知一切法' 이하는 신통의 양상을 해석한 부분으로, 3단락으로 나뉜다.

① 색신이 없음을 앎이니, 색이 곧 공이기 때문이며,

② '菩薩如是' 이하는 색신을 나타내는 주체를 밝힌 것이니, 공이 바로 색이기 때문이며,

③ '佛子' 이하는 색이 없는 것과 색을 나타내는 목적을 모두 밝힌 것이니, 걸림 없는 大悲이기 때문이다.

'① 색신이 없음'은 법계에 일정한 실제의 색이 없음을 아는 데서 연유한 것이다. 이는 온통 전체가 곧 공이기에 단멸된 공이 아니기 때문이며, 공 가운데 색이 없음은 색에 걸리지 않기 때문이며, 있는 것과 없는 것, 보이지 않는 것과 나타난 것이 모두 자재하기 때문이다. 바야흐로 일체중생이 좋아하는 바를 따라 가지가지 색을 나타내기에 이를 먼저 밝혔다.【초_ 청량소의 문장은 2부분으로 나뉜다.

(ㄱ) 먼저 큰 뜻을 밝혔다. 큰 뜻은 색과 하나가 된 공이지 색이 끊어진 眞空이 아니기에 색신을 나타내는 데에 걸림이 없음을 밝힌 것이다. 이는 다시 2부분으로 나뉜다.

먼저 색과 하나가 된 공이기에 색신을 나타내는 주체임을 밝혔다. 위에 실제의 색이 없기에 색과 하나가 된 공이다. 이미 색과 하나가 된 공이기에 단멸된 공이 아니며, 또한 일정한 실상이 없으니 떳떳함이 아님을 밝혔으며, 이는 단멸된 공이 아니고 또한 단절이 아님을 밝혔다. 일정하게 있으면 떳떳하고, 일정하게 없으면 단절이다. 따라서 일정하게 '있다 없다'의 단절과 떳떳함이 아니기에 곧 진실한 법계이다.

뒤의 '空中無色'으로부터 이하는 공이 색에 걸리지 않기에 색

을 나타냄을 밝혔다. 그러나 이 단락의 문장에는 많은 뜻을 함축하고 있다.

㉠ 색과 공을 서로 대조함에 모두 3가지 의의가 있다.

첫째, 색과 공이 서로 어긋난다는 의의이다. 따라서 '공 가운데 색이 없다.'고 말하였다.

둘째, 색과 공이 서로 걸리지 않는다는 의의이다. 따라서 '색에 걸리지 않기 때문'이라고 말하였다.

셋째, 색과 공이 서로 만들어 주는 의의이다. 따라서 앞에 이르기를 "법계에 일정한 실제의 색이 없다. 온통 전체가 곧 공이기에 단멸된 공이 아니기 때문"이라 하니, 이는 요술 같은 색을 말한다. 만약 온통 전체가 공이 아니라면 요술 같은 색을 이룰 수 없다. 따라서 또한 당연히 '색 가운데 공이 없다.'고 말했어야 한다. 그러므로 색은 공에 장애가 없고, 온통 전체가 곧 색이기에 단멸이 아니기 때문이다. 이러한 正說로 색이 없다는 의의를 알 수 있다. 이 때문에 오직 색이 곧 공이라는 측면에서만 말한 것이다. 아래의 제2단락은 색을 나타내는 주체의 측면에서 말하였으니 바야흐로 색에 공이 없다는 등에 맞춰 밝혔다. 이러한 3가지에 걸림이 없어야 비로소 진공이라 말할 수 있고, 또한 妙有라 말하는 것이다.

㉡ 이의 2구는 空亂意보살에게 제기한 地前보살의 3가지 의문을 말끔히 떨쳐버린 것이다.

"일정한 실제의 색이 없다. 온통 전체가 곧 空이기에 단멸된 空이 아니기 때문"이라는 구절로 공란의보살에게 제기한, "공이 색을

513

없애는가를 의심함이니, 단멸의 공을 취함이다."는 두 번째 의문을 말끔히 떨쳐버린 것이다.

"공 가운데 색이 없다."는 구절로 "공이 사물인가를 의심함이니, 공을 有로 여김을 말한다."는 세 번째 의문을 말끔히 떨쳐버린 것이다. 여기에서는 공도 오히려 색이 없는데, 어떻게 자체가 있겠는가. 하물며 색 가운데 공이 없으니, 공은 반드시 자체가 없다.

다음 "색에 걸리지 않기 때문이다."는 구절로 "공은 색과 다른가를 의심함이니, 색 이외에 공을 취한 것이다."는 첫 번째 의문을 말끔히 떨쳐버린 것이다. 이처럼 이미 "색에 걸리지 않는다."고 말한 것은 색의 밖이 아님을 밝힌 것이다. 이러한 3가지 잘못에서 벗어나야만 비로소 '진공청정법계'라고 말한다.

ⓒ 또한 '법계를 함축한 觀'이라는 뜻이다. 이는 제1 '眞空에 형상이 끊어진 관점[眞空絕相觀]'이다. 거기에는 4가지 법문이 있다.

제1 법문, 색을 회통하여 공으로 귀결 짓는 관점[會色歸空觀]이다. 이는 곧 이 부분에서 말한 뜻이다.

제2 법문, 공이 바로 색임을 밝힌 관점[明空卽色觀]이다. 이는 제2 단락에서 말한 색신을 나타내는 주체라는 뜻이다.

제3 법문, 공과 색에 걸림이 없는 관점[空色無礙觀]이다. 이는 제3 단락에서 말한 색이 없는 것과 색을 나타내는 뜻이다.

제4 법문, 모든 것이 사라져 전혀 붙어 있지 않은 관점[泯絕無寄觀]이다. 이 또한 이 단락에서 말한 부분에 있다.

그 '제1 법문, 색을 회통하여 공으로 귀결 짓는 관점' 부분에는 4

구가 있다. 모두 각각 앞은 명제의 표장이고, 뒤는 해석이다. 앞의 3구는 표장의 말로, 모두가 똑같이 "색은 곧 공이 아니다."고 하였다.

공과 하나이기에 여기에서는 "일정한 실제의 색이 없다." 하였고, "온통 전체가 곧 空이기에 단멸된 空이 아니기 때문이다."는 구절은 곧 그 제1구에 해당한다. 거기에서 말하기를 '색이 곧 공이 아닌' 것은 단멸된 공이기에 곧 공이라고 말하지 못한다. 색의 전체가 진공이기에 "곧 공이기 때문이다."고 말하였다.

여기에서 "색에 걸리지 않는다."고 말한 것은 곧 거기에서 말한 제2구이다. 청색과 황색의 형상은 진공의 이치가 아니기에 "색은 공이 아니다."고 말한다. 그러나 청색과 황색은 그 자체가 없는 것이니, 모두 공이 아닌 게 없다. 따라서 '공이기 때문'이라고 말한다. 진실로 청색과 황색의 자체가 없는 공이란 청색과 황색이 아니기에 "공이 아니다."고 말한다. 요컨대 청색과 황색이 있어야 비로소 자체가 없다고 말할 수 있다. 이는 "색에 걸리지 않음"을 밝힌 것이다.

다음으로 여기에서 말한 "공 가운데 색이 없다."는 구절은 곧 그 제3구이다. 공 가운데 색이 없기에 공이 아니고, 색을 회통하여 그 자체가 없기에 '공이기 때문'이라고 말한다. 이는 참으로 색을 회통하여 공으로 귀결 지은 데에서 연유한 것이다. 공 가운데는 반드시 색이 없다. 이 때문에 색이 공한 것이지, 색이 공은 아니다. 위의 3구는 법으로 情識과 다름을 밝힌 것이다.

제4구에서 "색이 곧 공이다."는 것은 모든 色法이 반드시 진공이 다르지 않기 때문이다. 이는 모든 色法이 반드시 자성이 없기 때문이다. 이 때문에 색이 곧 공이다. 이는 이의 청량소 제1구에서 "법계에 일정한 실제의 색이 없다. 온통 전체가 곧 공이다."는 것이 바로 이를 말한다.

㈄ "있는 것과 없는 것, 보이지 않는 것과 나타난 것"이란 앞서 말한 뜻을 끝맺은 것으로, 여기에는 2가지 뜻이 있다.

㉠ 위에서 말한 공 가운데에 색이 없음은 '없다[亡]'는 것이며, 색에 걸리지 않음은 '있다[存]'는 것이며, "온통 전체가 공이기에 단멸된 공이 아니기 때문이다."는 '있는 것과 없는 것[存亡]'을 모두 겸한 것이다.

'있는 것과 없는 것'은 색으로 말하고, '보이지 않는 것과 나타난 것[隱顯]'은 공으로 말한다. 공의 이치인 眞常은 없는 것이라 말할 수 없지만, 색이 나타나면 공이 보이지 않고, 색이 사라지면 공이 나타나게 된다. 이는 오직 '색을 회통하여 공으로 귀결 짓는 관점'으로 말하였을 뿐이다.

㉡ 만일 제2구에서 말한 '걸리지 않고 색이 나타난다.'는 점으로 말하면, 이는 '공이 바로 색임을 밝힌 관점'으로 '있는 것과 없는 것, 보이지 않는 것과 나타난 것'을 논한 것이다. '색이 곧 공'이라는 것은 색이 사라지고 공이 나타남이며, '공이 곧 색'이라는 것은 공은 보이지 않고 색만 남아 있음이다. 그러나 모두가 사라지다가 바로 있고, 보이지 않다가 바로 나타나기에 '자재'하다고 말한다. 이는 총체로 끝맺은 것으로 그 제3 법문의 '공과 색에 걸림이 없는 관

점'을 삼은 것이다.

　제4 법문의 '모든 것이 사라져 전혀 붙어 있지 않은 관점'은 아래의 해석 부분에 있다.】

於中六句니 初一은 總知色性離相이니 亦無有法而爲空故며 餘五는 別明이니 離何等相고 一 離差別相은 粗妙長短等이 同一無生體故오 二 種種은 異相虛故오 三 無量은 多相離故오 又無大小하야 絶分量故오 四 但妄分別은 求叵得故니라 色空二見은 皆情取故며 卽與不卽은 斯見絶故이라 上通形顯이라 五 離顯相은 依形有故니라

　이 부분은 6구이다.

　첫 구절[遠離色相]은 색의 자성이 형상을 여의었음을 총체로 아는 것이다. 또한 법이 공이 될 수 없기 때문이다.

　나머지 5구는 개별로 밝혔다. 어떠한 형상을 여의었는가?

　제1구[無差別相]는 각기 다른 차별의 형상을 여의었다. 거칠고 미묘하고 길고 짧음 등이 똑같이 생겨난 그 자체가 없기 때문이며,

　제2구[無種種相]는 가지가지[種種]란 다른 형상들이 공허하기 때문이며,

　제3구[無無量相]는 한량없다[無量]는 것이란 많은 형상을 여의었기 때문이며, 또한 크거나 작은 자체가 없어 부분과 한량이 끊어진 자리이기 때문이며,

　제4구[無分別相]는 허망한 분별은 아무리 구하려 해도 구할 수 없기 때문이며, 색과 공 2가지 소견이 모두 情識의 집착이기 때문이며, 하나인 것과 하나가 아닌 것은 이런 소견이 끊어졌기 때문이다.

이상은 형상을 통하여 밝혔다.

제5구[無青黃赤白相]는 나타난 형상을 여의었다. 형상을 의지하여 있기 때문이다.

經

菩薩이 如是入於法界하야 能現其身하야 作種種色하나니 所謂無邊色과 無量色과 清淨色과 莊嚴色과 普徧色과 無比色과 普照色과 增上色과 無違逆色과 具諸相色과 離諸惡色과 大威力色과 可尊重色과 無窮盡色과 衆雜妙色과 極端嚴色과 不可量色과 善守護色과 能成熟色과 隨化者色과 無障礙色과 甚明徹色과 無垢濁色과 極澄淨色과 大勇健色과 不思議方便色과 不可壞色과 離瑕翳色과 無障闇色과 善安住色과 妙莊嚴色과 諸相端嚴色과 種種隨好色과 大尊貴色과 妙境界色과 善磨瑩色과 清淨深心色과 熾然明盛色과 最勝廣大色과 無間斷色과 無所依色과 無等比色과 充滿不可說佛刹色과 增長色과 堅固攝受色과 最勝功德色과 隨諸心樂色과 清淨解了色과 積集衆妙色과 善巧決定色과 無有障礙色과 虛空明淨色과 清淨可樂色과 離諸塵垢色과 不可稱量色과 妙見色과 普見色과 隨時示現色과 寂靜色과 離貪色과 眞實福田色과 能作安穩色과 離諸怖畏色과 離愚癡行色과 智慧勇猛色과 身相無礙色과 遊行普徧色

과 心無所依色과 大慈所起色과 大悲所現色과 平等出離色과 具足福德色과 隨心憶念色과 無邊妙寶色과 寶藏光明色과 衆生信樂色과 一切智現前色과 歡喜眼色과 衆寶莊嚴第一色과 無有處所色과 自在示現色과 種種神通色과 生如來家色과 過諸譬喩色과 周徧法界色과 衆皆往詣色과 種種色과 成就色과 出離色과 隨所化者威儀色과 見無厭足色과 種種明淨色과 能放無數光網色과 不可說光明種種差別色과 不可思香光明超過三界色과 不可量日輪光明照耀色과 示現無比月身色과 無量可愛樂華雲色과 出生種種蓮華鬘雲莊嚴色과 超過一切世間香焰普熏色과 出生一切如來藏色과 不可說音聲으로 開示演暢一切法色과 具足一切普賢行色이라

　보살이 이와 같이 법계에 들어가 몸을 나타내어 가지각색의 빛을 지녔다.

　이른바 그지없는 빛, 한량없는 빛, 청정한 빛, 장엄한 빛, 두루 가득한 빛, 비길 데 없는 빛, 두루 비치는 빛, 더욱 향상되는 빛, 어기지 않는 빛, 여러 모양을 갖춘 빛,

　나쁜 것을 여읜 빛, 큰 위엄 있는 빛, 존중받을 빛, 다하지 않는 빛, 여러 가지가 섞인 미묘한 빛, 매우 단정한 빛, 헤아릴 수 없는 빛, 잘 수호하는 빛, 성숙케 하는 빛, 교화하는 이를 따르는 빛,

　장애가 없는 빛, 밝게 사무치는 빛, 때가 없는 빛, 매우 청정한 빛, 매우 용맹한 빛, 불가사의 방편의 빛, 깨뜨릴 수 없는 빛, 티가

없는 빛, 막힘이 없는 빛, 잘 머무르는 빛,

　미묘하게 장엄한 빛, 모든 형상이 단정한 빛, 가지가지로 잘생긴 빛, 크게 존귀한 빛, 미묘한 경계의 빛, 잘 연마하여 해맑은 빛, 청정하고 깊은 마음의 빛, 찬란하게 밝은 빛, 가장 엄청난 빛, 끊어지지 않는 빛,

　의지한 데 없는 빛, 비등할 이 없는 빛, 말할 수 없는 세계에 가득한 빛, 더욱 커가는 빛, 견고하게 거둬주는 빛, 가장 훌륭한 공덕 빛, 중생의 마음에 좋아함을 따르는 빛, 청정하게 아는 빛, 여러 가지 미묘한 것을 모은 빛, 잘 결정하는 빛,

　장애가 없는 빛, 허공처럼 맑은 빛, 청정하여 사랑스러운 빛, 모든 티끌을 여읜 빛, 헤아릴 수 없는 빛, 미묘하게 보는 빛, 두루 보는 빛, 때를 따라 나타나는 빛, 고요한 빛, 탐욕을 여읜 빛,

　진실한 복전의 빛, 평안을 만들어 주는 빛, 두려움을 여의는 빛, 어리석은 행을 여의는 빛, 지혜의 용맹한 빛, 신상이 걸림 없는 빛, 널리 다니는 빛, 마음이 의지한 데 없는 빛, 크게 인자함으로 일으킨 빛, 크게 가엾이 여김으로 나타낸 빛,

　평등하게 삼계를 벗어난 빛, 복덕이 구족한 빛, 마음대로 생각하는 빛, 그지없이 미묘한 보배의 빛, 보장의 광명한 빛, 중생이 믿고 좋아하는 빛, 일체 지혜가 앞에 나타나는 빛, 기쁜 눈의 빛, 많은 보배로 장엄함이 제일가는 빛, 처소가 없는 빛,

　자유롭게 나타내는 빛, 가지가지 신통의 빛, 여래의 가문에 태어나는 빛, 모든 비유를 초월한 빛, 법계에 두루 가득한 빛, 중생이

모두 찾아가는 빛, 가지가지 빛, 성취하는 빛, 벗어나는 빛, 교화할 대상에 따라 위의를 갖춘 빛,

보기 싫지 않은 빛, 가지가지 청정한 빛, 무수한 광명을 놓는 빛, 말할 수 없는 광명이 가지가지로 다른 빛, 생각할 수 없는 향기가 삼계를 초월하는 빛, 헤아릴 수 없는 햇빛이 비치는 빛, 비길 데 없는 달을 나타내는 빛, 한량없이 사랑스러운 꽃구름의 빛, 가지가지 연꽃 타래 구름을 내어 장엄하는 빛, 일체 세간을 초월하는 향기가 널리 풍기는 빛, 일체 여래장을 내는 빛, 말할 수 없는 음성으로 모든 법을 연설하는 빛, 일체 보현행을 두루 갖춘 빛이다.

◉ 疏 ◉

二能現色中에 初는 結前標後니 以卽空之色으로 爲妙色故니라 又 色空不二일새 成上眞空이오 不二而二일새 現斯妙色이오 色空融卽일새 爲眞法界오 緣起無盡일새 卽一現多니라

後'所謂'下는 別顯不同이니 有一百三種이라 或從色相立名이오 或 就德用受稱이니 可以意求니라 然皆是稱法界之色이라 不同變礙로되 但隨所顯하야 以立色名이니라

② 색신을 나타내는 주체 가운데, 앞부분은 앞의 문장을 끝맺으면서 뒤의 명제를 내세운 것이다. 공과 하나가 된 색이 미묘한 색이기 때문이다. 또한 색과 공이 둘이 아니기에 위에서 말한 진공을 이루고, 둘이 아니면서도 둘이기에 미묘한 색을 나타내고, 색과 공이 하나로 융합하기에 진실한 법계가 되고, 반연으로 일어남이

그지없기에 바로 하나가 많은 것을 나타내는 것이다.

뒤의 '所謂' 이하는 똑같지 않음을 개별로 밝혔는데, 103가지가 있다. 혹은 색상으로 이름을 붙였고, 혹은 德用으로 이름 지었다. 이는 뜻으로 그 의미를 알 수 있다. 그러나 이는 모두 법계에 부합하는 빛이라, 변하거나 걸리는 바가 똑같지 않으나, 나타낼 대상에 따라 빛의 명칭을 붙인 것이다.

經
佛子여 **菩薩摩訶薩**이 **深入如是無色法界**하야 **能現此等種種色身**은 **令所化者見**하며 **令所化者念**하며 **爲所化者**하야 **轉法輪**하며 **隨所化者時**하며 **隨所化者相**하며 **令所化者**로 **親近**하며 **令所化者**로 **開悟**하며 **爲所化者**하야 **起種種神通**하며 **爲所化者**하야 **現種種自在**하며 **爲所化者**하야 **施種種能事**니 **是名菩薩摩訶薩**의 **爲度一切衆生故**로 **勤修成就第八無數色身智神通**이니라

불자여, 보살마하살이 이처럼 색상이 없는 법계에 깊이 들어가 이런 여러 가지 형상을 나타내는 것은,

교화받을 이로 하여금 보게 하고,

교화받을 이로 하여금 생각하게 하며,

교화받을 이를 위하여 법륜을 굴리고,

교화받을 이의 때를 따르며,

교화받을 이의 형상을 따르고,

교화받을 이로 하여금 친근케 하며,

교화받을 이로 하여금 깨닫게 하고,

교화받을 이를 위하여 가지가지 신통을 일으키며,

교화받을 이를 위하여 가지가지 자재함을 나타내고,

교화받을 이를 위하여 가지가지 잘하는 일을 베푸는 것이다.

이를 보살마하살이 일체중생을 제도하고자 부지런히 닦아 성취한, 제8. 수없는 색신의 지혜 신통이라 한다.

● 疏 ●

三雙明所爲中에 初는 結前이오 後 '令所化'下는 顯其所爲니 有十句하니 並可知니라

③ 색이 없는 것과 색을 나타내는 목적을 모두 밝힌 가운데, 앞부분은 앞의 문장을 끝맺었고, 뒤의 '令所化' 이하는 그 목적을 밝혔다. 10구가 있는데, 이는 모두 설명하지 않아도 알 수 있다.

第九 一切法智通

제9. 일체 법을 아는 지혜 신통

經

佛子여 菩薩摩訶薩이 以一切法智通으로 知一切法의 無有名字와 無有種性과 無來無去와 非異 非不異와 非種

種 非不種種과 非二 非不二와 無我 無比와 不生 不滅과 不動 不壞와 無實 無虛와 一相 無相과 非無 非有와 非法 非非法과 不隨於俗 非不隨俗과 非業 非非業과 非報 非非報와 非有爲 非無爲와 非第一義 非不第一義와 非道 非非道와 非出離 非不出離와 非量 非無量과 非世間 非出世間과 非從因生 非不從因生과 非決定 非不決定과 非成就 非不成就와 非出 非不出과 非分別 非不分別과 非如理 非不如理하니라

불자여, 보살마하살이 일체 법을 아는 지혜 신통으로,

일체 법이 이름이 없는 것,

성품이 없는 것,

오는 것도 없고 가는 것도 없는 것,

다른 것도 아니고 다르지 않은 것도 아닌 것,

가지가지도 아니고 가지가지 아닌 것도 아닌 것,

둘도 아니고 둘 아닌 것도 아닌 것,

'나'라는 것도 없고 견줄 것도 없는 것,

생겨나지도 않고 사라지지도 않는 것,

흔들리지도 않고 무너지지도 않는 것,

진실도 없고 허망도 없는 것,

한 모양이고 모양도 없는 것,

없는 것도 아니고 있는 것도 아닌 것,

법도 아니고 법 아님도 아닌 것,

세속을 따르지도 않고 세속을 안 따르지도 않는 것,

업도 아니고 업 아닌 것도 아닌 것,

과보도 아니고 과보 아닌 것도 아닌 것,

작위가 있는 것도 아니고 작위가 없는 것도 아닌 것,

최고의 진리도 아니고 최고의 진리가 아님도 아닌 것,

도도 아니고 도 아님도 아닌 것,

벗어남도 아니고 벗어나지 않음도 아닌 것,

한량 있는 것도 아니고 한량없는 것도 아닌 것,

세간도 아니고 출세간도 아닌 것,

원인으로 난 것도 아니고 원인으로 나지 않은 것도 아닌 것,

결정된 것도 아니고 결정되지 않은 것도 아닌 것,

이뤄진 것도 아니고 이뤄지지 않은 것도 아닌 것,

나온 것도 아니고 나오지 않은 것도 아닌 것,

분별도 아니고 분별 아님도 아닌 것,

이치와 같은 것도 아니고 이치와 같지 않은 것도 아닌 것임을 아는 것이다.

● 疏 ●

初는 標名이니 從所知眞俗等法受稱이라
二'知一切'下는 釋相中二니 初는 明知法이니 卽內證事理오 後'此
菩薩'下는 明演法이니 卽外益衆生이라 亦是前明卽事常理오 後明
卽理恒事니 用寂寂用이 無障礙故니라

(1) 신통의 명제를 밝혔다. 알아야 할 대상인 眞諦와 俗諦 등의 법에 의해 명칭을 붙인 것이다.

(2) '知一切' 이하는 신통의 양상을 해석한 가운데, 2단락으로 나뉜다.

① 법을 아는 데 대해 밝혔다. 이는 사법계와 이법계를 내면으로 증득함이며,

② '此菩薩' 이하는 법의 연설을 밝혔다. 이는 중생에게 밖에서 이익을 베품이다. 또한 앞에서는 사법계와 하나가 된 떳떳한 이법계를 밝혔고, 뒤에서는 이법계와 하나가 된 떳떳한 사법계를 밝혔다. 작용의 적멸[用寂]과 적멸의 작용[寂用]이 서로 장애가 없기 때문이다.

今初는 又二니 初는 約離言顯實이오 二'無我'下는 約二空顯實이라 今은 初라 初三句는 一向顯實이니 一은 名無得物之功故오 二는 緣成無性故오 三은 體絶去來故며 下有三句는 相對顯實이라 然此三對는 釋有三義하니 一은 唯約顯實인댄 則相待而空故오 異相互無일새 故云不異니 遮異言不異오 亦無不異可得일새 云非不異니라 二는 約雙顯이니 體則不異로되 相非不異오 三은 約雙遮니 相卽性故非異오 性卽相故非不異니라 又相非相故不異오 性非性故非不異니 故離二邊하야 不住中道니라 下二對는 例知니라

① 법을 아는 데 대해 밝힌 부분 또한 다시 2단락으로 나뉜다.

㉠ 언어를 벗어난 도리로 실상의 자리를 밝혔고,

㉡ '無我' 이하는 我空과 法空으로 실상의 자리를 밝혔다.

㉠ 언어를 벗어난 도리 부분의 첫 3구는 하나같이 실상의 자리를 밝혔다.

제1구[無有名字], 名字란 사물의 실체를 얻을 수 있는 공효가 없기 때문이며,

제2구[無有種性], 반연으로 이뤄진 것은 사체의 본성이 없기 때문이며,

제3구[無來無去], 자체가 오고 감이 끊어졌기 때문이다.

아래 3구[非異非不異~非二非不二]는 상대의 입장으로 실상의 자리를 밝혔다. 그러나 3구의 상대에 대한 해석에는 3가지 의의가 있다.

첫째, 오직 실상을 밝히는 것으로 말하면, 상대로 공하기 때문이다. 다른 모양이 서로 없기 때문에 '다르지 않다.'고 말하였다. 다르다는 점을 부정하여 다르지 않다고 말한 것이며, 그렇다고 또한 다르지 않다고도 말할 수 없기에 '다르지 않은 것도 아니다.'고 말하였다.

둘째, 이것저것을 모두 밝힌 것으로 말하였다. 본체는 다르지 않으나 모양은 다르지 않은 것도 아니다.

셋째, 이것저것을 모두 부정한 것으로 말하였다. 모양이 곧 본성이기에 다르지 않고, 본성이 곧 모양이기에 다르지 않은 것도 아니다. 또한 모양이라 해도 모양이 아니기에 다르지 않고, 본성이라 해도 본성이 아니기에 다르지 않은 것도 아니다. 따라서 이것과 저것이라는 양쪽에서 벗어나 중도에도 머물지 않는다.

아래 2가지 상대는 이런 예로 미뤄보면 알 수 있다.

二 '無我'下는 約二空顯中에 亦初三對니 一向顯實이니 無比者는 無有我所與我爲比對故니라 餘二는 可知니라 '無實'下도 亦通三釋이니 準前知之니라 且約顯實以釋인댄 一은 虛實皆緣顯故오 二는 法性不竝眞故一相이오 一亦不爲一故無相이며 有無皆法이나 待對故無니라 法與非法은 但假施設이니 竝就實而求인댄 能治所治 無不雙寂이라 餘皆倣此하다【鈔_ '法性不竝'下는 卽影公云'法性不竝眞이오 聖賢無異道라 由理無異味故'라하니라

'一亦不爲一'者는 卽法句經에 云'森羅及萬象이 一法之所印'이어늘 云何一法中에 而當有差別가하니 卽上一相也라

次云'一亦不爲一'은 爲欲破諸數니 淺智 著諸法하야 見一以爲一이니 卽下句意라

'有無皆法'者는 釋非無非有니 謂有卽有法이오 無卽無法이라 故云'有無皆法'이라하니라

言'待對故無'者는 三論初章中 偈云'若有有可有면 則有無可無라 今無有可有오 亦無無可無'라하니 謂因無立有니 有假無生일세 故非有오 因有說無니 無因有立일세 故非無니라 若躡上起인댄 上云無相은 卽是無義니 今非彼無相일세 故云非無오 無尚不存이어니 有安得立이리오 故云非無非有니 皆待對故無也니라

'法與非法'者는 然法非法에 有其三義하니 一者는 有法爲法이오 無法爲非法이니 上已破有無故로 今非此義오 二者는 惡法爲非法이오 善法爲法이며 三은 以相爲法이오 以性爲非法이어늘 今通此二니

善惡相因도 亦假施設이라 遣相之法은 明性爲非法이라 相旣不存이어니 性不安立일세 故法尙應捨은 何況非法가 性相相因도 亦假設耳라

'竝就實'下는 結成顯實이라 上一一對中에 多以上句爲所治오 下句爲能治니 如虛是所治오 實爲能治며 法是所治오 非法爲能治니 旣竝歸實일세 故皆雙寂이라

'餘皆倣此'者는 釋'不隨於俗非不隨俗'已下經文이라】

ⓛ 아공과 법공을 밝힌 부분에서 말한 첫 3가지 상대[無我無比, 不生不滅, 不動不壞]는 하나같이 실상을 밝히고 있다. '견줄 것도 없다[無比].'는 것은 '나의 것[我所]'이 '나'라는 것과 상대로 견줄 수 없기 때문이다. 나머지 2가지 상대는 설명하지 않아도 알 수 있다.

'無實' 이하 또한 3가지 해석에 통한다. 앞서 말한 부분에 준하면 이를 알 수 있다.

또한 실상을 밝히는 것으로 이를 해석하면 다음과 같다.

첫째, 공허한 것과 실상이 모두 반연에 의해 나타나기 때문이며,

둘째, 법성이 진여와 함께하지 않기에 하나의 모양이며, 하나의 모양 또한 하나의 모양이 아니기에 모양이 없으며, 있는 것과 없는 것이 모두 법이지만 상대이기에 없는 것이다. 법과 법이 아닌 것은 단 임시로 마련된 것일 뿐이다. 아울러 실상의 자리에서 찾아보면 다스림의 주체와 다스림의 대상이 모두 고요하지 않음이 없다.

나머지는 모두 이에 준한다.【초_ "법성이 진여와 함께하지 않기에" 이하는 影公이 말하기를 "법성이 진여와 함께하지 않고 성

인과 현인의 도가 다르지 않다. 이치란 차이가 없는 데 따른 까닭이다."고 하였다.

"하나의 모양 또한 하나의 모양이 아니다."는 것은 법구경에 이르기를 "수많은 만물과 수많은 형상이 하나의 법으로 도장 찍어놓은 것이다. 어찌 하나의 법에 차별이 있다고 말할 수 있을까?"라고 하니, 이는 곧 위에서 말한 '하나의 모양[一相]'이다.

다음으로 "하나의 모양 또한 하나의 모양이 아니다."라 함은 모든 수효를 타파하고자 함이다. 천박한 지혜로 모든 법에 집착한 나머지 하나를 보면 하나라고 생각한다. 이는 아래 구절의 뜻이다.

"있는 것과 없는 것이 모두 법"이라는 것은 "없는 것도 아니고 있는 것도 아니다."는 구절을 해석한 것이다. 있으면 있다는 법이고 없으면 없다는 법을 말한다. 따라서 "있는 것과 없는 것이 모두 법"이라 하였다.

"상대이기에 없다."고 말한 것은 三論 初章의 게송에 이르기를 "있는 것으로 있다고 한다면 없는 것으로 없다고 할 수 있다. 이제는 있는 것으로 있다고 할 수 없고, 없는 것으로 없다고 할 수도 없다."고 하였다. 이는 없다는 것으로 인하여 있다는 것이 성립되니, 있다는 것은 없다는 것에 의해 생겨난 것이기에 있는 것이 아니며, 있다는 것으로 인하여 없다고 말하니, 없다는 것은 있다는 것으로 인하여 성립된 것이기에 없는 것이 아니다. 만일 위의 문장을 뒤이어 말한다면 위에서 말한 '모양이 없다[無相].'는 것은 바로 없다는 의의이다. 지금은 그 '모양이 없다.'는 것이 아니기에 '없는 것이 아니다.'고 말하며, 없다는 것마저 존재하지 않는데 어떻게 성립될 수 있겠는가. 이 때문에 "없는 것도 아니고 있는 것도 아니다."고 말하였다. 이는 모두 상대이기에 없다.

"법과 법이 아닌" 것은 법과 법이 아닌 것에 대해 3가지 의의가 있다.

첫째는 법이 있는 것으로 법이라 하고, 법이 없는 것으로 법이 아니라고 한다. 위에서 이미 '있다 없다'를 타파한 까닭에 여기에서는 이런 의의가 아니다.

둘째는 악법은 법이 아니라 하고, 선법은 법이라 한다.

셋째는 형상으로 법이라 하고, 성품으로 법이 아니라고 말한다.

여기에서는 둘째와 셋째 2가지를 모두 겸하고 있다. 선악이 서로 인하는 것 또한 임시로 마련된 것이다. 형상을 말끔히 떨쳐버리는 법은 성품이 법이 아님을 밝힌 것이다. 형상마저 이미 존재하지 않는다. 따라서 성품은 그 어디에도 성립될 수 없다. 그러므로 법마저도 오히려 버려야 하는데, 하물며 법이 아닌 것이야 오죽하겠는가. 성품과 형상이 서로 인하는 것도 임시로 마련된 것이다.

"아울러 실상의 자리에서 찾아보면" 이하는 실상을 밝힌 부분을 끝맺음이다. 위의 하나하나 상대의 가운데, 대부분 윗 구절로 다스림의 대상을 삼고, 아래 구절로 다스림의 주체를 삼는다. 예컨대 공허한 것은 다스림의 대상이요, 실상은 다스림의 주체이며, 법은 다스림의 대상이요, 법이 아닌 것은 다스림의 주체라는 것과 같다. 이미 모두가 실상으로 귀결되었기에 모두가 고요한 것이다.

"나머지는 모두 이에 준한다."는 것은 "세속을 따르지도 않고 세속을 안 따르지도 않는 것" 이하의 경문을 해석하였다.】

經

此菩薩이 不取世俗諦하고 不住第一義하며 不分別諸法하고 不建立文字하야 隨順寂滅性하며

不捨一切願하고 見義知法하며 興布法雲하고 降霔法雨하며

雖知實相이 不可言說이나 而以方便無盡辯才로 隨法隨義하야 次第開演하야 以於諸法에 言辭辯說이 皆得善巧하고 大慈大悲 悉已淸淨하야 能於一切離文字法中에 出生文字하야 與法與義로 隨順無違하야 爲說諸法이 悉從緣起하며 雖有言說이나 而無所著하며 演一切法에 辯才無盡하야 分別安立하고 開發示導하야 令諸法性으로 具足明顯하며 斷衆疑網하야 悉得淸淨하며 雖攝衆生이나 不捨眞實하며 於不二法에 而無退轉이나 常能演說無礙法門하야 以衆妙音으로 隨衆生心하야 普雨法雨하야 而不失時하나니 是名菩薩摩訶薩의 第九一切法智神通이니라

이 보살이 세속 이치를 취하지도 않고, 제일가는 이치에도 머물지 않으며, 모든 법을 분별하지도 않고, 글자를 세우지도 않고서 고요한 성품을 따르며,

일체 서원을 버리지 아니하고 이치를 보고 법을 알며, 법구름을 펴서 세찬 법비를 내려주는 것이다.

비록 실상의 근본 자리는 말할 수 없음을 알지만, 방편과 다함 없는 변재로 법을 따르고 이치를 따라 차례로 연설하면서도, 모든 법에 대하여 말과 변재가 모두 뛰어나며, 대자대비가 모두 청정하여 일체 글자를 여읜 속에서 문자를 내어 법과 뜻에 따라 어긋남이 없이, 모든 법이 다 반연 따라 일어남을 말하였으며,

비록 설법하면서도 집착한 바 없으며, 일체 법을 연설할 적에 변재가 그지없어 분별하고 정돈하여 열어 보이고 지도하여, 모든 법성이 두루 빠뜨림 없이 밝게 나타나며, 많은 사람의 의심을 끊어 모두 청정케 하며, 비록 중생을 거두어 주면서도 진실을 버리지 않으며,

둘이 아닌 법에서 물러나지 않으나 항상 걸림 없는 법문을 연설하여, 여러 가지 미묘한 음성으로 중생의 마음을 따라 널리 법비를 내려주되 시기를 잃지 않는다.

이를 보살마하살의 제9. 일체 법을 아는 지혜 신통이라고 한다.

● 疏 ●

第二演法外益中三이니 一은 牒前成智니 爲起用所依故오 二 不捨下는 正明演法이오 三 雖知實相下는 寂用無礙니 於中三이라 初는 寂不礙用이오 次 雖有言說下는 用不礙寂이오 後 於不二下는 寂用無二니라

② 법의 연설의 이익 부분은 3단락으로 나뉜다.

㉠ 앞서 말한 성취된 지혜를 이어 말하였다. 작용을 일으키는 의지의 대상이 되기 때문이다.

㉡ '不捨' 이하는 설법을 바로 밝혔다.

㉢ '雖知實相' 이하는 적멸과 작용에 걸림이 없다. 이는 다시 3부분으로 나뉜다.

첫째, 적멸이 작용하는 데에 걸림이 없고,

둘째, '雖有言說' 이하는 작용이 적멸에 걸림이 없으며,

셋째, '於不二' 이하는 적멸과 작용이 둘의 차이가 없다.

第十滅定智通
제10. 모든 법이 사라진 선정의 지혜 신통

經
佛子여 菩薩摩訶薩이 以一切法滅盡三昧智通으로
於念念中에 入一切法滅盡三昧호되 亦不退菩薩道하며
不捨菩薩事하며 不捨大慈大悲心하고 修習波羅蜜하야
未嘗休息하며 觀察一切佛國土하야 無有厭倦하며 不捨
度衆生願하며 不斷轉法輪事하며 不廢敎化衆生業하며
不捨供養諸佛行하며 不捨一切法自在門하며 不捨常見
一切佛하며 不捨常聞一切法하며 知一切法이 平等無礙
하야 自在成就一切佛法하며 所有勝願이 皆得圓滿하며

了知一切國土差別하며 **入佛種性**하야 **到於彼岸**하며 **能於彼彼諸世界中**에 **學一切法**하야 **了法無相**하며 **知一切法**이 **皆從緣起**라 **無有體性**이나 **然隨世俗**하야 **方便演說**하며 **雖於諸法**에 **心無所住**나 **然順衆生**의 **諸根欲樂**하야 **方便爲說種種諸法**이니라

　　불자여, 보살마하살이 일체 법이 모두 사라져 다한 삼매의 지혜 신통으로, 한 생각 한 생각의 찰나에 일체 법이 모두 사라져 다한 삼매에 들어가지만,

　　또한 보살의 도에서 물러서지 않고, 보살의 일을 버리지 않으며, 대자대비의 마음을 버리지 않고, 바라밀다를 잠깐도 쉬지 않고 닦으며, 일체 부처님의 국토를 살펴보면서 게으르지 않고, 중생 제도의 서원을 버리지 않으며, 법륜 굴리는 일이 끊이지 않고, 중생 교화하는 일을 그만두지 않으며, 여러 부처님께 공양하는 행을 버리지 않고, 일체 법에 자재한 법문을 버리지 않으며, 항상 일체 부처님 친견하는 일을 버리지 않고, 항상 일체 법문 들음을 버리지 않으며, 일체 법이 평등하여 걸림 없음을 알고서 일체 불법을 자재하게 성취하고, 모든 훌륭한 서원이 모두 원만하며, 일체 국토의 차별을 분명히 알고, 부처님의 종성에 들어가 피안에 이르며, 저런 여러 세계에서 모든 법을 배워 법이 모양이 없음을 알고, 일체 법이 모두 인연으로 생겨난 터라, 자체와 성품이 없음을 알지만, 세속을 따라서 방편으로 연설하며, 비록 모든 법에 머무름이 없지만 중생의 근성과 욕망을 따라서 가지가지 모든 법을 방편으로 연설

하였다.

◉ 疏 ◉

中三이니 初는 標名이니 云 '一切法滅盡'者는 謂五聚之法이 皆當體寂滅故로 斯卽理滅이니 不同餘宗滅定은 但明事滅이라 唯滅六七心心所法이오 不滅第八等이라【鈔_ '斯卽理'下는 揀定이니 謂對餘宗하야 揀定體用이라 於中有三하니 初는 揀理事니 '斯卽理滅'者는 卽是本宗이 法界體寂故오 '不同'已下는 是法相宗이 但事滅故니 要心不行이라야 方稱爲滅이니라】

이 부분은 3단락으로 나뉜다.

(1) 지혜 신통의 명제를 밝혔다. "일체 법이 모두 사라져 다했다."고 말한 것은 五聚[色, 受, 想, 行, 識]의 법의 그 본체가 모두 사라진 까닭에 이는 곧 理滅이다. 나머지 종파의 滅定은 단 事滅만을 밝혔을 뿐이기에, 오직 제6식, 제7 말나식과 心所法을 없앨 뿐, 제8 아뢰야식을 없애지 못하는 등등의 부류와는 똑같지 않다. 【초_ '斯卽理' 이하는 선정의 차이를 구별한 것이다. 나머지 종파를 상대로 선정의 본체와 작용이 다름을 말하였다. 이는 3부분으로 나뉜다.

첫째는 이법계와 사법계의 차이점이다. "이는 곧 理滅이다[斯卽理滅]."는 것은 이 本宗은 법계의 자체가 고요하기 때문이며, '여타의 부류와는 똑같지 않다.' 이하는 法相宗이란 事滅일 뿐이기 때문이다. 요컨대 마음이 일어나지 않아야 비로소 滅이라 말할 수

있다.】

但事滅故로 不能卽定而用이어니와 證理滅故로 定散無礙니 由卽事而理라 故不礙滅이오 卽理而事라 故不礙用이니 是以로 文云'雖念念入이나 而不廢菩薩道等'이라 亦非心定而身起用하고 亦不獨明定散雙絕이라 但是事理無礙니 故上七地에 云'雖行實際而不作證이오 能念念入이나 亦念念起'라 淨名云'不起滅定코 現諸威儀'라하니 皆斯義也라【鈔_ '亦非心定'下는 三 遮救重揀이니 恐彼救云 '心想雖滅이나 定前加行으로 令身起用'이라 故今揀之오 亦非我宗의 心正在定하야 不能起故니 此遮法相이라

次'亦非獨明定散雙絕'者는 此遮禪宗止觀兩亡하야 不定不亂이니 約理頓明이면 亦頓敎意라 故非經宗이라

後'但是事理'下는 方顯正義니 心契無礙之理일세 故得定散自在라 故七地下에 引二經證이니 竝如前說이라】

　　단 事滅에 그친 까닭에 선정과 하나가 된 작용을 얻지 못하지만, 理滅을 증득한 까닭에 선정에서나 散心에서나 걸림이 없다. 사법계와 하나가 된 이법계이기에 寂滅에 걸림이 없고, 이법계와 하나가 된 사법계이기에 작용에 걸림이 없다. 이 때문에 경문에서 이르기를 "한 생각 한 생각의 찰나에 들어가지만, 또한 보살의 도 등에서 물러서지도 않는다."고 말하였다.

　　또한 마음의 선정이 아니라 몸이 작용을 일으키고, 또한 오직 선정과 散心이 모두 끊어졌음을 밝힐 뿐 아니라 단 사법계와 이법계에 걸림이 없을 뿐이다. 따라서 위의 七地에 이르기를 "비록 실

제의 도리를 행하나 증득이라 생각지 않고, 한 생각 한 생각의 찰나에 들어가지만, 또한 한 생각 한 생각의 찰나에 일어난다."고 하며, 유마경에서 말한 "滅定에서 일어나지 않고서도 모든 위의를 나타낸다."는 것이 모두 이런 의의이다.【초_ '亦非心定' 이하는 셋째, 비호하는 말을 차단하면서 거듭 차이점을 밝힌 것이다. 그들의 비호가 두렵기 때문으로, 아래와 같다.

"마음의 생각은 아무리 사라졌을지라도 선정 이전의 加行으로 몸의 작용을 일으키도록 한 것이다." 따라서 그들의 잘못된 비호를 구별 지은 것이며, 또한 우리의 本宗은 마음이 선정에 있으면서 일어나지 않기 때문이다. 이는 잘못된 비호를 차단하는 법의 양상이다.

다음 "또한 오직 선정과 散心이 모두 끊어졌음을 밝힐 뿐 아니라"는 것은 선종에서 止·觀이 모두 사라져 선정이 아닐지라도 산란하지 않음을 부정한 말이다. 이치가 한꺼번에 밝혀진다는 것으로 말하면, 이 또한 頓敎의 뜻이기에, 화엄경의 종지가 아니다.

뒤의 '但是事理' 이하는 바야흐로 바른 뜻을 밝혔다. 마음에 걸림이 없는 이치의 계합이기에 선정과 산심이 자재하다. 따라서 七地 아래에서 2종의 경문을 증득하였다. 아울러 앞에서 말한 바와 같다.】

事理非一故로 一切法滅盡之神通이오 非異故로 滅盡卽神通이니 通二釋也라

二'於念念'下는 釋相中二니 先은 明卽定體用自在오 後'此菩薩

住三昧時'下는 明入定時分自在라
前中亦二니 先은 標入定이오 二'亦不退'下는 明不礙用이니 於中에
初二句는 總이오 未作不退하고 現作不捨는 正簡事滅하야 以顯眞
滅이라 餘句는 別明이니 文顯可知니라

사법계와 이법계가 하나가 아니기 때문에 "일체 법이 모두 사라져 다한 삼매의 지혜 신통"이며, 다름이 아니기에 모두 사라져 다함이 곧 신통이다. 이는 2가지를 통하여 해석하였다.

(2) '念念' 이하의 신통 양상을 해석한 부분은 2단락으로 나뉜다.

① 선정과 하나가 된, 본체와 작용이 자재함을 밝혔고,

② '此菩薩住三昧時' 이하는 선정에 든 시간이 자재함을 밝혔다.

① 선정과 하나가 된 부분은 또다시 2단락으로 나뉜다.

㉠ 선정에 듦을 밝혔다.

㉡ '亦不退' 이하는 걸림이 없는 작용을 밝혔다. 그 가운데 첫 2구[亦不退菩薩道 不捨菩薩事]는 총체이다. 아직 행하지 않은 '보살의 도'에서는 물러서지 않고, 현재 행하고 있는 '보살의 일'을 버리지 않은 것은 바로 事滅과 다른 점을 구별하여 眞滅을 밝히고자 함이다. 나머지 구절은 개별로 밝혔다. 이는 경문의 뜻이 분명하여 설명하지 않아도 알 수 있다.

經

此菩薩이 住三昧時에 隨其心樂하야 或住一劫하며 或住
百劫하며 或住千劫하며 或住億劫하며 或住百億劫하며

或住千億劫하며 或住百千億劫하며 或住那由他億劫하며 或住百那由他億劫하며 或住千那由他億劫하며 或住百千那由他億劫하며 或住無數劫하며 或住無量劫하며 乃至或住不可說不可說劫하나니라

菩薩이 入此一切法滅盡三昧하야는 雖復經於爾所劫住나 而身不離散하며 不羸瘦하며 不變異하며 非見非不見이며 不滅不壞며 不疲不懈며 不可盡竭이니라

雖於有於無에 悉無所作이나 而能成辦諸菩薩事하나니 所謂恒不捨離一切衆生하고 敎化調伏에 未曾失時하야 令其增長一切佛法하야 於菩薩行에 悉得圓滿하며 爲欲利益一切衆生하야 神通變化 無有休息호미 譬如光影이 普現一切하야 而於三昧에 寂然不動이니 是爲菩薩摩訶薩의 入一切法滅盡三昧智神通이니라

　　이 보살이 삼매에 머물 때에, 그 마음의 좋아함을 따라서
　　한 겁을 머물기도 하고, 백 겁을 머물기도 하고,
　　천 겁을 머물기도 하고, 억 겁을 머물기도 하며,
　　백억 겁을 머물기도 하고, 천억 겁을 머물기도 하고,
　　백천억 겁을 머물기도 하고, 한 나유타 억 겁을 머물기도 하며,
　　백 나유타 억 겁을 머물기도 하고, 천 나유타 억 겁을 머물기도 하고,
　　백천 나유타 억 겁을 머물기도 하고, 수없는 겁을 머물기도 하며,
　　한량없는 겁을 머물기도 하고, 내지 말할 수 없이 말할 수 없는

겁을 머물기도 하였다.

　보살이 이런 일체 법이 모두 사라져 다한 삼매에 들어가서는, 아무리 그러한 겁을 지나면서 머물지라도, 몸이 흩어지지도 않고 여위지도 않으며, 변하여 달라지지도 않으며, 보는 것도 아니고 보지 못하는 것도 아니며, 사라지지도 않고 무너지지도 않으며, 고달프지도 않고 게으르지도 않으며, 다하지도 않는다.

　비록 있는 것이나 없는 것에 모두 조작하는 일이 없으면서도 모든 보살의 일을 이루었다.

　이른바 항상 일체중생을 떠나지 않고, 교화하고 조복하는 시기를 잃은 적이 없어, 그들로 하여금 일체 불법을 더욱 키워나가 보살의 행이 원만케 하고, 일체중생에게 이익을 베풀기 위하여 신통과 변화가 멈추지 않는다. 이는 마치 그림자가 모든 곳에 두루 나타나되 삼매에 고요하여 움직이지 않는 것과 같다.

　이를 보살마하살의 제10. 일체 법이 모두 사라져 다한 삼매의 지혜 신통이라고 한다.

● 疏 ●

第二明入定時分自在中三이니

初는 長短隨心이오

二菩薩入此下는 威儀不忒이오

三雖於有無下는 不礙起用하야 定散雙行이니 於中에 先法後喩니라 光影普現에 寂然無心이니 隨器虧盈하야 體無來去니라

三 '是爲'下는 結名이라

② 선정에 든 시간이 자재함을 밝힌 부분은 3단락으로 나뉜다.

㉠ 길고 짧은 시간을 마음에 따른다.

㉡ '菩薩入此' 이하는 위의에 어긋남이 없다.

㉢ '雖於有無' 이하는 일어난 작용에 걸리지 않아 선정과 산심을 모두 행함인데, 이의 앞은 법이고 뒤는 비유이다. 빛의 그림자가 널리 비침에 고요하여 무심하다. 그릇에 따라 가득 차고 빈 것이 있으나 본체는 오고 감이 없다.

(3) '是爲' 이하는 지혜 신통의 명제를 끝맺었다.

大文 第三 總歎勝能

대문 제3. 훌륭한 점을 총체로 찬탄하다

經

佛子여 菩薩摩訶薩이 住於如是十種神通에 一切天人이 不能思議하며 一切衆生이 不能思議하며 一切聲聞과 一切獨覺과 及餘一切諸菩薩衆이 如是皆悉不能思議라 此菩薩의 身業이 不可思議며 語業이 不可思議며 意業이 不可思議며 三昧自在 不可思議며 智慧境界 不可思議니 唯除諸佛과 及有得此神通菩薩하고 餘無能說此人功德하야 稱揚讚歎이니라

불자여, 보살마하살이 이와 같은 열 가지 신통에 머물면 일체 모든 하늘 사람들이 헤아리지 못하고, 일체중생도 헤아리지 못하며, 일체 성문과 일체 독각과 일체 보살들도 이처럼 헤아리지 못한다.

이 보살의 몸으로 짓는 업을 헤아릴 수 없고, 말로 짓는 업을 헤아릴 수 없고, 뜻으로 짓는 업을 헤아릴 수 없으며, 삼매의 자재함을 헤아릴 수 없고, 지혜의 경계를 헤아릴 수 없다.

오직 여러 부처님과 이런 신통을 얻은 보살을 제외하고, 나머지는 이런 사람의 공덕을 말하여 칭찬하거나 찬탄할 수 없다.

◉ 疏 ◉

歎勝能中二니 一은 形劣顯勝이니 劣不測故오 二 '唯除' 下는 以勝顯勝이니 謂佛等方測故니라

훌륭한 점을 찬탄한 부분은 2단락으로 나뉜다.

(1) 용렬한 자를 나타내어 훌륭한 이를 밝혔다. 용렬한 자는 헤아리지 못하기 때문이다.

(2) '唯除' 이하는 훌륭한 이를 밝혔다. 부처님 등이어야 비로소 헤아려 알 수 있기 때문이다.

大文 第四 結數辨果

대문 제4. 10가지 수를 끝맺으면서 결과를 말하다

佛子여 **是爲菩薩摩訶薩**의 **十種神通**이니 **若菩薩摩訶薩**이 **住此神通**하면 **悉得一切三世無礙智神通**이니라

　불자여, 이를 보살마하살의 열 가지 신통이라 한다. 만일 보살마하살이 이런 신통에 머물면 모두 일체 삼세에 걸림 없는 지혜의 신통을 얻게 된다."

◉ 疏 ◉

文顯可知니라

　경문의 뜻이 분명하여 설명하지 않아도 알 수 있다.

◉ 論 ◉

此已上十通은 皆以不思議無作無礙無限大自在智로 起無限寂用하야 入因陀羅網境界하야 重重自在法門이니 皆不可作三乘의 有限量見故라 如阿那律의 我以天眼으로 見三千大千世界를 如觀掌中菴摩勒果等과 如權敎菩薩의 見自他佛國하고 往來彼此는 皆有量故이와 此約法身無限하야 無表裏中間이니 智身도 亦爾하야 總無限故며 處帝網重重大用故로 總約第一義天과 一切智天이니 非如世間上界諸天의 眼耳通과 及三乘의 聲聞緣覺淨土菩薩通故라 以住無體性神通身으로 恒不離本處로 而十方一切諸佛國土와 一切衆生國土에 皆悉現自在身과 及以毛孔하야 而眼耳鼻舌身心이 無不共同一體一性이니 如因陀羅網이 衆像互

容호되 無往來自他之性이라 此十通體 如是徧周하고 如是通徹일세 名爲神通이며 以智徧通하야 與物同性하야 而知物故로 名爲神通이오 非是往來自他見故니 如此十定 十通 十忍等은 是十地位終에 入於生死하야 利衆生之方便이며 亦是十住 十行 十廻向 十地 十一地五位通修라 餘義는 經文自具니라

　이상의 10가지 신통은 모두 헤아릴 수 없는, 조작이 없고 장애가 없고 한량이 없는 크게 자재한 지혜로, 한량없는 적멸과 작용을 일으켜 인다라망의 경계에 들어가 거듭거듭 자재한 법문이다. 이는 모두 한계가 있는 삼승의 견해로는 할 수 없기 때문이다.

　아나율이 말한 "내가 하늘눈으로 삼천대천세계 보기를 마치 손바닥 위의 암마륵 과일을 보는 것과 같다."는 것과 權敎菩薩이 나와 남들의 부처님 세계를 보고서 이곳저곳을 오가는 것은 모두 한계가 있기 때문이지만, 이 보살은 법신이 한량없어 안팎과 중간이라는 한계가 없다. 지혜의 몸 또한 그처럼 모두 한량없기 때문이며, 인다라망의 거듭된 큰 작용에 있기 때문에 모두 第一義天과 一切智天으로 말한다. 세간의 위 세계인 모든 하늘의 天眼通과 天耳通 및 삼승의 성문, 연각, 정토보살의 신통과는 똑같지 않기 때문이다.

　자체 성품이 없는 신통에 머문 몸으로 언제나 본래의 자리를 여의지 않고서 시방세계의 일체 모든 불국토와 일체중생의 국토에 모두 자재한 몸과 모공을 나타내어, 눈·귀·코·혀·몸·마음이 모두 똑같은 하나의 본체와 하나의 성품이 아닌 게 없다. 이는 마

치 인다라망이 수많은 형상을 모두 용납하되 이곳저곳으로 오가는 자체가 없는 것과 같다.

이러한 10가지 신통의 자체가 이와 같이 두루 가득하고, 이와 같이 통하기에 그 이름을 '신통'이라 하고, 지혜로 두루 통하여 일체중생과 성품이 똑같아 일체중생을 알기 때문에 그 이름을 '신통'이라 한다. 이는 나와 남의 세계에 오가는 견해가 아니기 때문이다. 이와 같은 十定, 十通, 十忍 등은 十地의 지위가 끝나자, 나고 죽는 세계에 들어가 중생에게 이익을 베푸는 방편이며, 또한 十住, 十行, 十廻向, 十地, 十一地의 다섯 지위를 전반적으로 닦은 것이다.

나머지 뜻은 경문에 그 나름 잘 갖춰져 있다.

십통품 제28 十通品 第二十八
화엄경소론찬요 제77권 華嚴經疏論纂要 卷第七十七

화엄경소론찬요 제78권
華嚴經疏論纂要 卷第七十八

●

십인품 제29-1
十忍品 第二十九之一

初 來意

   1. 유래한 뜻

◉ 疏 ◉

來意者는 爲答普光十頂問故라 義如前釋하다 前二는 已明通定用廣이오 今此는 辨其智慧深奧일세 故次來也니라

   유래한 뜻이란 보광보살의 十頂의 물음에 대한 대답이기 때문이다.

   의의는 앞의 해석과 같다.

   앞의 2품에서는 십통과 십정의 광범위한 작용을 밝혔고, 여기에서는 그 지혜의 심오함을 논변한 까닭에 다음으로 이 품을 쓴 것이다.

二 釋名

   2. 품명의 해석

◉ 疏 ◉

釋名者는 忍은 謂忍解印可니 卽智照觀達이니 寄圓顯十이라

   명제의 해석은 忍은 忍解와 印可를 말한다. 곧 지혜로 비춰보고 觀이 통달함이다. 원만한 의의에 따라 이를 10가지로 밝혔다.

三 宗趣
3. 종취

● 疏 ●

宗趣者는 智行深奧로 爲宗이오 爲得佛果無礙無盡으로 爲趣니라 然此忍行은 約位인댄 卽等覺後心이니 爲斷微細無明이오 若約圓融인댄 實通五位니 寄終極說이라 體卽是智니 不同餘宗이라 忍因智果는 雖是一智나 隨義別說이니 二三四五等은 諸敎不同이로되 今此圓敎라 故說十忍이라

종취란 智行이 심오함으로 종지를 삼고, 장애 없고 그지없는 佛果를 얻는 것으로 나아갈 바를 삼는다.

그러나 이의 忍行은 지위로 말하면 等覺 이후의 마음이다. 미세한 無明을 단절하기 위함이며, 원융으로 말하면 실로 五位에 모두 통한다. 종극의 의의를 담아 말한 것이다. 그 본체는 지혜이기에, 여타의 종파와는 같지 않다. '忍因智果'는 비록 하나의 지혜라 하지만 그 의의에 따라 각기 별도로 말한다. 제2, 제3, 제4, 제5 등은 여러 교파에서 말한 바와 똑같지 않지만, 이는 圓敎이기에 十忍을 말한 것이다.

● 論 ●

將釋此品에 約分三門호리니 一은 釋品名目이오 二는 釋品來意오 三은 隨文釋義라

이 품을 해석함에 있어 간추려 3부분으로 나눠 설명하고자 한다.

(1) 품의 명목 해석,

(2) 품의 유래한 뜻의 해석,

(3) 경문에 따른 의의 해석이다.

一은 釋品名目者는 明此品이 通初發心之始로 自位升·進行之門이며 亦通佛果後利衆生成行之方便일세 以隨行之忍으로 依行立名이니

(1) 품의 명목 해석이란 이 품은 초발심의 시초로부터 지위에 따라 위로 올라가는 전반적인 문이며, 또한 전반적으로 佛果 이후에 중생에게 이익을 베푸는 행을 성취하는 방편이기에 따라 행하는 忍으로, 그 행에 의해 붙인 명칭임을 밝힌 것이다.

二는 釋品來意者는 前에 已有十通일세 此乃約通有忍이니 若無神智通達이면 但成伏忍이오 法忍不生일세 以故로 此品이 須來라 此乃 十地已前엔 以忍成通이오 十一地內엔 以通成忍이니 亦是十定十通十忍이 是一德之功用故라

(2) 품의 유래한 뜻의 해석은 앞에 이미 十通이 있기에, 여기에서는 신통을 가지고서 忍이 있게 된 것이다. 만일 신통 지혜의 통달이 없다면 그것은 '五忍의 첫 단계로, 번뇌를 완전히 끊지 못하고 일단 억눌러 일어나지 못하게 하는 수행 단계[伏忍]'를 성취할 뿐, 無生法忍이 나올 수 없기에 십통품의 뒤에 이 품을 이어 쓰게 된 것이다.

이는 十地 이전엔 忍으로 신통을 성취하고, 十一地 내에서는 신통으로 忍을 성취한다. 이 또한 십정, 십통, 십인이 하나의 공덕

에 의한 작용이기 때문이다.

三은 隨文釋義者는 已下에 有十段文하니 明十種忍이니라

    (3) 경문에 따른 의의 해석이란 아래에 10단락이 있다. 이는 10가지 忍을 밝힌 것이다.

四 正釋文

文有長行偈頌이라 前中四니 一은 擧數歎勝이오 二는 列名顯要오 三은 依名廣釋이오 四는 總結其名이라 今初에 先은 擧數니라

    4. 경문의 해석

경문은 산문과 게송이 있다.

앞부분의 산문은 4단락으로 나뉜다.

제1. 10가지 수효를 들어 훌륭함을 찬탄하였고,

제2. 10가지 명제를 나열하여 요지를 밝혔으며,

제3. 명제에 따라 자세히 해석하였고,

제4. 그 명제를 총체로 끝맺었다.

이는 '제1. 10가지 수효를 들어 훌륭함을 찬탄한' 부분이다.

經

爾時에 普賢菩薩이 告諸菩薩言하사대
佛子여 菩薩摩訶薩이 有十種忍하니 若得此忍하면 則得到於一切菩薩無礙忍地하야 一切佛法이 無礙無盡하나니

그때, 보현보살이 여러 보살에게 말하였다.

"불자여, 보살마하살이 열 가지 인(忍)이 있다. 만일 이런 인을 얻으면 일체 보살의 걸림 없는 인에 이르러 일체 불법이 장애가 없고 다함이 없다.

◉ 疏 ◉

後'若得'下는 歎勝이라 到無礙地는 卽自分因圓이오 佛法無礙는 卽勝進果滿이라

뒤의 '若得此忍' 이하는 훌륭함을 찬탄하였다. 장애가 없는 지위에 이름은 자신의 원인이 원만함이며, 불법이 장애가 없음은 곧 잘 닦아나가 결과가 원만함이다.

第二列名顯要

대문 제2. 10가지 명제를 나열하여 요지를 밝히다

經

何者 爲十고
所謂音聲忍과 順忍과 無生法忍과 如幻忍과 如焰忍과 如夢忍과 如響忍과 如影忍과 如化忍과 如空忍이니 此十種忍을 三世諸佛이 已說今說當說이시니라

무엇이 열 가지 인인가?

553

이른바 음성의 인[音聲忍], 따르는 인[順忍], 생사 없는 지혜의 인[無生法忍], 요술 같은 인[如幻忍], 아지랑이 같은 인[如焰忍], 꿈같은 인[如夢忍], 메아리 같은 인[如響忍], 그림자 같은 인[如影忍], 변화 같은 인[如化忍], 허공 같은 인[如空忍]이다.

이 열 가지 인은 삼세 부처님이 이미 말하였고 지금 말하고 장차 말할 것이다.

◉ 疏 ◉

列名顯要中에 初는 徵數오 次는 列名이오 後는 顯要라

名中에 前三은 約法이오 後七은 就喩니라

三中에 初一은 約敎니 謂忍於敎聲이니 從境爲名하야 音聲之忍이오 次一은 約行이니 順諸法故로 順卽是忍이오 三無生忍者는 若約忍無生인댄 理卽無生之忍이오 若約無生之智와 及煩惱不生인댄 則無生이 卽忍이니 通二釋也라

後七은 約喩中에 竝是依主니 謂如幻之忍等故니라 若依攝論第五인댄 八喩는 皆喩依他起性이라 然竝爲遣疑니 所疑不同故로 所喩亦異니

一은 以外人聞依他起相은 但是妄分別有라 非眞實義하고 遂卽生疑云'若無實義면 何有所行境界오' 故說如幻이니 謂幻者 幻作所緣六處 豈有實耶아

二는 疑云'若無實이면 何有心心法轉고' 故說如焰飄動이니 非水似水로되 妄有心轉이라

三은 疑云 '若無實인댄 何有愛非愛受用가' 故說如夢中이니 實無男女로되 而有愛非愛受用이니 覺時 亦爾니라

四는 疑云 '若無實인댄 何有戲論言說가' 故說如響이니 實無有聲이나 聽者謂有니라

五는 疑云 '若無實인댄 何有善惡業果오' 故說如影이니 謂如鏡影像일세 故亦非實이라

六은 疑云 '若無實인댄 何以菩薩作利樂事오' 故說如化니 謂變化者는 雖知不實이나 而作化事니 菩薩亦爾니라 然彼論에 無空喩오 而影喩는 是鏡像이며 更有映質光影喩하니 喩種種識無實을 又有水月喩하니 喩定地境界無實이어니와 今經은 以義類同이라 故合在影中하니 至文當知니라 金剛般若九喩는 亦皆喩有爲니라【鈔_ 言 '九喩'者 羅什譯經에 但有六喩오 九는 依魏經偈에 云 '一切有爲法은 如星翳燈幻과 露泡夢電雲이라'하고 無著論當第十八에 '上求佛地住處는 明流轉不染이라'하고 天親은 當二十七 '說法入寂疑는 謂佛旣涅槃이어니 何能說法가' 故擧此偈하야 爲了有爲 如幻等이오 卽無有爲 是爲大智故로 不住生死라 然非無幻等일세 故不離有爲오 卽是大悲일세 故不住涅槃이오 以是無住涅槃일세 故能入寂而說法也니라】

10가지 명제를 나열하여 요지를 밝힌 부분은 3단락으로 나뉜다.

(1) 10가지 수효를 물었고,

(2) 10가지 명제를 나열하였으며,

(3) 요지를 밝혔다.

'(2) 명제의 나열' 가운데, 앞의 3가지 인[音聲, 順, 無生法忍]은 법으로 말하였고, 뒤의 7가지 인은 비유로 말하였다.

앞의 3가지 인 가운데, 제1 音聲忍은 가르침으로 말하였다. 가르침의 음성을 참고서 받아들임을 말한다. 경계에 의해 명제를 세워 음성의 인이라 하였다.

제2 順忍은 수행으로 말하였다. 모든 법을 따르기에 따르는 그 자체가 바로 참고서 받아들인 것이다.

제3 無生忍은 생멸이 없는 忍으로 말하면, 이치가 바로 생멸이 없는 忍이다. 만일 생멸이 없는 지혜 및 번뇌의 생멸이 없는 것으로 말하면, 생멸이 없는 것이 바로 忍이다. 2가지 해석이 모두 통한다.

비유로 말한, 뒤의 7가지 인은 모두 依主釋이다. 如幻忍 등을 말하기 때문이다.

만일 섭대승론 제5에 따를 경우, 8가지 비유[八喩: 幻事, 陽炎, 所夢, 影像, 光影, 谷響, 水月, 變化喩]로 모두 依他起性에 비유하였다. 그러나 이는 모두 의심을 떨쳐버리기 위함이다. 의심의 대상이 똑같지 않기에 비유의 대상 또한 다르다.

제1 의문, 어느 사람이 '타에 의해 일어난 모양[依他起相]은 허망한 분별일 뿐이다. 진실한 이치가 아니다.'는 말을 듣고 마침내 의심을 품고서 말하였다.

"만일 진실한 이치가 없다면 어떻게 행할 대상의 경계가 있는 것일까?"

이 때문에 요술과 같다고 말하였다. 요술쟁이가 요술로 만들어낸, 반연의 대상인 六處(六境)가 어떻게 실상이라 말할 수 있겠는가.

제2 의문, "만일 실상이 없다면 어떻게 마음과 마음의 법이 전전하여 있는 것일까?"

이 때문에 아지랑이가 날리는 것과 같다고 말하였다. 아지랑이는 분명 물이 아니지만 물처럼 보이기에 부질없이 마음의 생각이 바뀐 것이다.

제3 의문, "만일 실상이 없다면 어떻게 사랑하는 마음과 사랑하지 않는 마음을 수용하는 것일까?"

이 때문에 꿈속과 같다고 말하였다. 꿈속에는 실제 남녀가 없지만 사랑하는 마음과 사랑하지 않는 마음을 수용하듯이 잠을 깬 뒤에도 또한 그와 같다.

제4 의문, "만일 실상이 없다면 어떻게 부질없는 말들이 있는 것일까?"

이 때문에 메아리와 같다고 말하였다. 메아리는 실제 소리가 없으나 듣는 사람들은 있다고 말한다.

제5 의문, "만일 실상이 없다면 어떻게 선업과 악업의 과보가 있는 것일까?"

이 때문에 그림자와 같다고 말하였다. 이는 거울에 비치는 영상과 같기에 또한 실상이 아님을 말한다.

제6 의문, "만일 실상이 없다면 어찌하여 보살이 중생에게 이익과 즐거움이 되는 일을 짓는 것일까?"

이 때문에 변화와 같다고 말하였다. 이리저리 바뀌는 변화는 실상이 아닌 줄 알면서도 변화하는 것이다. 보살 또한 그러하다.

그러나 섭론에는 '허공 같은 인[如空忍]'이라는 비유가 없고, 그림자와 같다는 비유[影像喩]는 거울의 영상과 같다는 비유가 있으며, 또한 영상의 바탕, 빛 그림자의 비유[映質光影喩]가 있다. 실상이 없는 가지가지 識에 대한 '水月의 비유'도 있다. 그 무엇이라 결정한 생각들의 경계는 정작 실상이 없다는 점을 비유하여 말한 것이지만, 이런 '그림자' 등등의 비유는 의지의 대상이 똑같은 부류이기에 화엄경에서는 '그림자 같은 인[如影忍]'에 종합하여 말하였다. 해당 경문 부분에서 이 점을 알아야 한다.

菩提流支가 번역한 금강반야경에서 말한 9가지 비유[九喩: 星, 翳, 燈, 幻, 露, 泡, 夢, 電, 雲] 또한 모두 有爲를 비유하였다.【초_ '9가지 비유'라 말한 것은 구마라습의 번역 금강경에는 6가지 비유[夢, 幻, 泡, 影, 露, 電]가 있을 뿐이며, 9가지 비유는 魏經의 게송에 의하면, "일체 有爲의 법이란 마치 별, 아지랑이, 등불, 요술, 이슬, 물거품, 꿈, 번개, 구름과 같다."고 하였고, 無著의 논 제18에서는 "위로 부처 지위의 머문 곳을 추구하는 것은 流轉하면서도 물들지 않음을 밝힌 것이다."고 하였으며, 天親은 제27에서 "說法入寂의 의심은 부처님이 열반에 들었는데 어떻게 설법할 수 있겠는가?를 말한다."고 하였다. 따라서 이 게송을 들어 有爲의 법이 요술 등과 같음을 알 수 있다. 그러기에 유위가 없음은 큰 지혜이다. 따라서 생사에 머물지 않는다. 그러나 요술과 같은 등이 없지 않기에 유위를 떠날 수 없고, 대비의 마음이기에 열반에 머물지 않고, 이처럼 열반에 머물지 않기에 적멸에 들어서도 설법을 하는 것이다.】

若大品智論인댄 十喩ㅣ 通喩一切니라【鈔_ 十喩者는 一如幻이오 二如餤이오 三如水中月이오 四如虛空이오 五如響이오 六如犍闥婆城이오 七如夢이오 八如影이오 九如鏡中像이오 十如化니라 智論第七에 廣明其相하니 什公有傳하고 叡公有讚이라 下釋文中에 並已含具니라】

대품경과 지도론의 경우는 10가지 비유가 일체 모든 것을 전반적으로 비유하고 있다.【초_ 10가지 비유는 ① 요술과 같고, ② 불꽃과 같고, ③ 물속의 달과 같고, ④ 허공과 같고, ⑤ 메아리와 같고, ⑥ 건달바성과 같고, ⑦ 꿈과 같고, ⑧ 그림자와 같고, ⑨ 거울 속의 영상과 같고, ⑩ 변화와 같다. 지도론 제7에서 비유의 양상을 자세히 밝히고 있다. 구마라습은 傳을 붙였고, 叡公은 讚을 썼다. 아래의 해석 부분에서 아울러 이미 두루 갖추고 있다.】

此'十種'下는 顯要니 要故同說이라

이의 '十種' 이하는 요지를 밝히고 있다. 요지이기에 여기에 함께 말하였다.

大文第三 依名廣釋

卽爲十段이니 前七은 皆三이니 謂徵起 釋義 結名이라 今初는 音聲忍이라

대문 제3. 명제에 따라 자세히 해석하다

이는 10단락이다.

앞의 7가지 인에 대한 해석은 모두 3부분으로 구성되어 있다.

물음의 시작, 의의의 해석, 명제를 끝맺었다.

제1. 음성인

經

佛子여 **云何爲菩薩摩訶薩**의 **音聲忍**고
謂聞諸佛所說之法하고 **不驚不怖不畏**하야 **深信悟解**하며 **愛樂趣向**하며 **專心憶念**하며 **修習安住**니 **是名菩薩摩訶薩**의 **第一音聲忍**이니라

불자여, 어떤 것을 보살마하살의 음성인이라 하는가?

부처님이 말씀하신 법을 듣고서 놀라지 않고 두려워하지 않고 겁내지 않고서, 깊이 믿고 깨달아 이해하며, 즐거운 마음으로 나아가고, 오롯한 마음으로 생각하며, 닦고 익히면서 편안히 머무는 것이다.

이를 보살마하살의 제1. 음성인이라 한다.

● **疏** ●

釋中 十一句니 初一은 總擧所聞이니 謂三無性等法이오 餘는 顯能聞入法이니 謂聞無相不驚이니 以解徧計無所有故며 聞無生不怖니 以解依他 必無生故며 聞無性不畏니 以解眞如無性性故니라

又釋컨대 於眞空法에 聞時 不驚越하고 思時 不續怖하고 修時 不定畏니라
又聞有無所有코 不驚하고 聞空無所有故不畏니 竝如諸般若論說이라
深信者는 聞慧之始오
悟解者는 聞慧之終이니 初信久解故오
愛樂者는 思慧之初니 愛法樂觀故오 趣向爲終이니 久思向修故나라
專心憶念者는 修慧之初니 起加行故오
修習爲終이니 正明造修하야 至定根本故오 安住者는 依定發慧하야 證理相應故나라 具如瑜伽菩薩地中하다

해석 부분은 11구이다.

첫 구절은 들었던 부처님의 설법을 총괄하여 말하였다. 설법하신 바는 '3가지의 자성이 없다.'는 등의 법을 말한다. 나머지는 듣고서 법에 들어감을 밝힌 것이다.

'형상이 없다[無相].'는 법을 듣고서 놀라지 않음이니, 변계소집성이 無所有임을 알기 때문이며,

'생멸이 없다[無生].'는 법을 듣고서 두려워하지 않음이니, 의타기성이 반드시 無生임을 알기 때문이며,

'자성이 없다[無性].'는 법을 듣고서 겁내지 않음이니, 진여란 자성이 없는 성품임을 알기 때문이다.

또 달리 해석하면, 眞空의 법을 들었을 때에 놀라지 않고,

진공의 법을 생각할 때에 두려워하지 않으며,

진공의 법을 닦을 때에 겁내지 않는다.

또한 有가 무소유임을 듣고서 놀라지 않고,

空이 무소유임을 들은 까닭에 두려워하지 않으며, 아울러 여러 반야론에서 말한 바와 같다.

深信이란 聞慧의 시작이요, 悟解란 聞慧의 끝이니, 처음엔 믿고 오래되면 이해하기 때문이다.

愛樂이란 思慧의 시초이다. 법을 사랑하고 觀을 좋아하기 때문이며, 趣向은 思慧의 끝이다. 오랜 사유로 닦아나가기 때문이다.

專心憶念이란 修慧의 시초이다. 加行을 일으키기 때문이며, 修習은 修慧의 끝이다. 바로 닦아나가 선정의 근본에 이르렀음을 밝히기 때문이다.

安住란 선정에 의해 지혜가 일어나 증득한 이치와 상응하기 때문이다. 구체적인 설명은 유가경 菩薩地에서 말한 바와 같다.

第二順忍

제2. 순인

經

佛子여 云何爲菩薩摩訶薩의 順忍고
謂於諸法에 思惟觀察하며 平等無違하며 隨順了知하며
令心淸淨하며 正住修習하며 趣入成就하니 是名菩薩摩

訶薩의 第二順忍이니라

불자여, 어떤 것을 보살마하살의 따르는 인이라 하는가?

모든 법을 생각하고 관찰하며, 평등하고 어김없으며, 모든 법을 따르고 모든 법을 알며, 마음을 청정케 하고, 바르게 머물러 닦으며, 모든 법에 나아가 성취함이다.

이를 보살마하살의 제2. 따르는 인이라 한다.

● 疏 ●

釋中에 有四重止觀하니 一은 創修止觀이니 謂止思一境이오 觀觀事理니라【鈔_ 釋中等者는 旣行順諸法이니 行中之要는 唯止與觀故니라 '止思一境'者는 謂創修之時에 繫緣一境하야 不揀事理니 經云思惟라하니라】

해석 부분에는 4중의 止觀이 있다.

(1) 처음 닦는 止觀이다. 止는 하나의 경계만을 생각하고, 觀은 사리를 널리 보는 것이다.【초_ '해석 부분' 등이란 이미 모든 법을 따라 수행하였다. 수행의 요체는 오직 止와 觀이기 때문이다. "止는 하나의 경계만을 생각한다."는 것은 처음 닦아나갈 때에 하나의 경계에 반연하여 사법계이든 이법계이든 구별하지 않는다. 경문에서 이를 '思惟'라 말하였다.】

二는 漸次止觀이니 謂止安事境하야 順其理故로 名平等無違오 觀達事理 名隨順了知니 偈云 '法有亦順知오 法無亦順知'故니라 【鈔_ '謂止安事境'者는 謂前創修에 事理容別이로되 今漸深入이

라 故卽事入玄이라 上二之止는 皆通'隨緣·體眞止'中停止止也오
二處之觀은 竝通空假니 皆觀達觀也니라】

(2) 차츰차츰 차례대로 닦아가는 지관이다. 사법계의 경계[事境]에 안주하여 그 이치를 따르기에 그 이름을 '平等無違'라 하고, 사법계와 이법계를 관찰하고 통달함을 '隨順了知'라고 말한다. 게송에 이르기를 "법이 있는 것 또한 따라 알아야 하고, 법이 없는 것 또한 따라 알아야 한다."고 말하기 때문이다.【초_ "사법계의 경계에 안주한다."는 것은 앞에서 처음 닦을 때에는 간혹 사법계와 이법계를 분별하지만 이제는 차츰차츰 깊이 들어갔기에, 사법계와 하나가 되어 현묘한 경계에 들어간 것이다. 위의 (1), (2)에서 말한 止는 모두 '隨緣止'·'體眞止'를 통달한 가운데 정지된 止이며, 위의 (1), (2)에서 말한 觀은 아울러 空觀과 假觀에 모두 통하니, 모두 '觀達'의 觀이다.】

三은 純熟止觀이니 謂止惑不生을 名令心淸淨이오 觀徹前境이 爲正住修習이라【鈔_ 謂'止惑不生'者는 卽止息止也니 以妄息名止故오 其'正住修習'者는 卽雙住空有하야 中道不偏일새 故云正住니 義通觀穿 及與觀達이라 故云觀徹前境이라하니라】

(3) 순숙한 지관이다. 미혹을 멈춰 다시 생겨나지 않음을 '마음을 청정케 한다.'고 말하고, 앞의 경계를 사무치게 보는 것을 '바르게 머물러 닦음'이라 한다.【초_ "미혹을 멈춰 다시 생겨나지 않는다."고 말한 止는 止息이라는 止의 뜻이다. 망상분별이 멈춘 것을 止라 명명하기 때문이다. '正住修習'이란 空과 有에 모두 머물러

中道에 치우치지 않기에 '正住'라 말한다. 그 의의는 觀穿와 觀達에 통한다. 이 때문에 "앞의 경계를 사무치게 본다."고 말하였다.】
四는 契合止觀이니 寂冥理境을 名爲趣入이오 智顯於心이라 故云成就니라【鈔_ '寂冥理境'者는 卽不止止니 謂旣與理冥이니 非止·非不止로되 强名曰止라 '智顯於心'者는 卽不觀觀이니 法界洞朗하야 非觀·非不觀이로되 而强名觀耳라】

(4) 계합된 지관이다. 고요히 이법계의 경계[理境]에 보이지 않게 계합하는 것을 '趣入'이라 하고, 지혜가 마음에 나타나기에 이를 '成就'라 말한다.【초_ "고요히 이법계의 경계[理境]에 보이지 않게 계합한다."는 것은 그침이 없는 그침이다. 이미 이법계에 계합되었으니, 그친 것도 아니고 그치지 않은 것도 아니지만 굳이 이름 붙여 '止'라 말한다. "지혜가 마음에 나타난다."는 것은 보는 바가 없이 보는 것이다. 법계를 밝게 통달하여, 보는 것도 아니고 보지 않은 것도 아니지만 굳이 이름 붙여 이를 '觀'이라 말하였다.】

上四는 皆止觀俱行이니 如是라야 方爲眞實順忍이라【鈔_ '上四'等者는 亦容有止觀別修면 則未爲眞實順忍이오 若俱運者라야 方爲眞耳니라】

위의 4가지는 止와 觀을 모두 한꺼번에 행한 것이다. 이처럼 닦아야 바야흐로 진실한 順忍이라 말할 수 있다.【초_ '위의 4가지' 등이란 또한 혹시라도 止와 觀을 별개로 닦으면 그것은 진실한 順忍이라 말할 수 없다. 止와 觀을 모두 한꺼번에 행해야만 비로소 진실한 순인이라 한다.】

一

第三 無生忍

제3. 무생법인

經

佛子여 **云何爲菩薩摩訶薩**의 **無生法忍**고
佛子여 **此菩薩摩訶薩**이 **不見有少法生**하며 **亦不見有少法滅**하나니
何以故오 **若無生則無滅**이오 **若無滅則無盡**이오 **若無盡則離垢**오 **若離垢則無差別**이오 **若無差別則無處所**오 **若無處所則寂靜**이오 **若寂靜則離欲**이오 **若離欲則無作**이오 **若無作則無願**이오 **若無願則無住**오 **若無住則無去無來**니 **是名菩薩摩訶薩**의 **第三無生法忍**이니라

　불자여, 어떤 것을 보살마하살의 생멸이 없는 법의 인이라 하는가?

　불자여, 이 보살마하살이 조그만 법이 나는 것도 보지 않고, 또한 조그만 법이 사라지는 것도 보지 않는다.

　무슨 까닭일까?

　생겨남이 없으면 사라짐이 없고, 사라짐이 없으면 다함이 없으며,

　다함이 없으면 때를 여의고, 때를 여의면 차별이 없으며,

　차별이 없으면 처소가 없고, 처소가 없으면 고요하며,

고요하면 탐욕을 여의고, 탐욕을 여의면 조작이 없고,
조작이 없으면 소원이 없고, 소원이 없으면 머묾이 없으며,
머묾이 없으면 가고 옴이 없다.
이를 보살마하살의 제3. 생멸이 없는 법의 인이라 한다.

◉ 疏 ◉

釋中有二니 先은 總明이니 若具인댄 皆應牒無盡等이라 此二는 總일 세 故畧標之오 釋中具有니 皆此別義니라

後'何以故'下는 徵釋이니 徵意有二하니 一은 云何以得知無生滅耶아 二는 云旣稱無生法忍인댄 何以復言不見法滅가 釋中에 釋初徵意에 云眞法은 本自不生이오 從緣之法은 無性故不生이니 以無生故로 何有於滅이리오 此則以緣集으로 釋無生하고 以無生으로 釋無滅이나 此中에 畧無緣集하고 偈文具有하다

云何無生으로 釋無滅耶아 此有二意하니 一은 云若先是生이면 後必可滅이어니와 本旣不生일세 今則無滅이라 二는 云旣卽緣無性일세 稱曰不生인댄 則不待滅竟方無일세 故次云無滅이니 此二爲總이니 餘可倣之니라【鈔_ '偈文具有'者는 偈云 '菩薩亦如是라 觀察一切法이 悉皆因緣起니 無生故無滅이라'하니라】

해석 부분은 2단락으로 나뉜다.

(1) 총체로 밝혔다. 이를 구체적으로 말한다면 모두 당연히 '無盡' 등을 이어서 해야 한다. 이에 상당하는 2구[不見有少法生, 亦不見有少法滅]는 총체이기에 간단하게 밝혔고, 아래 해석 부분에서 구

체적으로 언급하고 있다. 이는 모두 개별의 의의이다.

⑵ 묻고 해석한 가운데 물음의 뜻에는 2가지가 있다.

① 어떻게 생멸이 없는 줄을 아는가?

② 이미 생멸이 없는 법의 忍과 하나가 되었다면, 어떻게 다시 "법이 사라지는 것도 보지 않는다."고 말한 것일까?

해석한 가운데, ① 물음의 뜻에 대한 해석은 다음과 같다.

"진여의 법은 본래 스스로 생겨나지 않고, 인연을 따르는 법은 자성이 없기 때문에 생겨나지 않는다. 생겨남이 없는데 어찌 사라짐이 있겠는가."

이는 인연이 모인 것으로 생겨남이 없음을 해석하였고, 생겨남이 없는 것으로 사라짐이 없음을 해석했으나, 여기에서는 인연이 모인 부분을 생략하여 언급한 바 없고, 게송에서 구체적으로 읊고 있다.

어찌하여 생겨남이 없는 것으로 사라짐이 없음을 해석하는가?

이 물음에 대한 대답에는 2가지 뜻이 있다.

㉠ 만일 앞서 생겨났다면 뒤에 반드시 사라지지만, 본래부터 생겨남이 없었기에, 이제 사라질 그 자체가 없다.

㉡ 이미 인연이란 자성이 없는 것이기에 생겨남이 없는 것이라 말했다면, 그것은 사라져 모두 다하였을 적에 비로소 없어지는 그런 존재가 아니기에, 다음 구절에서 "사라짐도 없다."고 말한 것이다.

이 2구절은 총체이다. 나머지 구절은 모두 이와 같다.【초_"게송에서 구체적으로 읊고 있다."는 것은 게송에서 다음과 같이 말하였다.

"보살 또한 그와 같다. 일체 모든 법이 모두 인연 따라 일어난 것임을 보았다. 생겨남이 없기에 사라짐도 없다."】

釋第二徵意에 云夫無生忍은 非獨無生이라 必諸法都寂일새 今從初義하야 立無生稱이니 故無滅等이 成無生義라 若從別義인댄 亦可得稱無滅忍等이니 故信力入印度(法)經에 明此忍 能淨初歡喜地호되 云 '一은 謂得無生忍하야 亦令他住'라하고 又云 '無生忍者는 謂證寂滅故'라하고 '二는 得無滅忍하야 亦令他住'라하고 又云 '無滅忍者는 證無生故'라하니 斯文可據니라

又此諸句 各有二義하니 一은 以前前으로 釋後後하고 以後後로 成前前이니 前前有故로 後後有하고 前前無故로 後後無하며 二者는 諸句 一一皆在無生句中일새 正無生時에 諸義頓足이니 以是卽事之理 非斷滅故며 卽理之智 無能所故니라

②의 물음에 대해 다음과 같이 해석하였다.

생멸이 없는 법의 忍은 유독 생겨남이 없을 뿐 아니라, 반드시 모든 법이 다 고요하기에, 여기에서는 첫 구절에서 말한 뜻을 따라서 '無生'의 명칭을 세운 것이다. 따라서 '사라짐도 없다.'는 등이 '無生'의 의의를 끝맺은 것이다.

만약 개별의 의의를 따라 말한다면 또한 '無滅忍' 등으로도 그 명칭을 붙일 수 있다. 이런 이유로 信力入印法經에서는 이 무생인이 初歡喜地를 청정케 함을 다음과 같이 밝히고 있다.

"㉠ 생겨남이 없는 법의 인을 얻어, 또한 남들로 하여금 머물도

록 한다."

"생겨남이 없는 법의 인이란 적멸을 증득하였기 때문이다."

"ⓒ사라짐이 없는 법의 인을 얻어, 또한 남들로 하여금 머물도록 한다."

"사라짐이 없는 법의 인이란 생겨남이 없는 법의 인을 증득하였기 때문이다."

바로 위의 문장들은 '無生忍'을 '無滅忍'으로도 말하고 있음을 증명해 주는 것이다.

또한 모든 구절마다 각각 2가지 의의가 있다.

첫째는 앞의 앞 대상으로 뒤의 뒤 대상을 해석하고, 뒤의 뒤 대상으로 앞의 앞 대상을 끝맺고 있다. 앞의 앞 대상이 있기에 뒤의 뒤 대상이 있고, 앞의 앞 대상이 없기에 뒤의 뒤 대상도 없다.

둘째는 모든 구절 하나하나가 모두 '無生' 구절 속에 있기에 생겨남이 없을 적에 모든 의의가 한꺼번에 두루 갖춰진 것이다. 이는 사법계와 하나가 된 이법계란 斷滅이 아니기 때문이며, 이법계와 하나가 된 지혜는 주체와 대상이 없기 때문이다.

然文旨包含일세 畧爲三釋호리라 一唯約理오 二具理智오 三唯約智니라

今初에 云何前前有故則後後有오 謂生法旣滅이라 滅則終盡하고 盡則是垢染法이오 染則前後別異오 別則方處不同이오 有處則能所非寂이오 不寂則有所欲이오 有欲則有營作이오 作則有所願求오 願則心住願事오 住則有去有來어니와 今由前前無故로 後後

斯寂일세 故以後後로 顯成無生이니 此順長行이라

　그러나 경문의 뜻에는 수많은 의미를 포괄하고 있기에 간추려 3가지로 해석하고자 한다.

　(1) 오직 이치만을 들어 말하였고,

　(2) 이치와 지혜를 모두 들어 말하였으며,

　(3) 오직 지혜만을 들어 말하였다.

　'(1) 오직 이치만을 들어 말하였다.'는 것은 "어찌하여 앞의 앞 대상이 있기에 뒤의 뒤 대상이 있는 것일까?" 생겨나는 법이 이미 사라졌음을 말한다. 사라지면 모두 다하여 끝나고, 다하면 그것은 더러움에 물든 법이요, 더러우면 앞과 뒤가 다르고, 앞뒤가 다르면 있는 처소가 다르고, 처소가 있으면 주체와 대상이 고요하지 않고, 고요하지 않으면 탐욕이 있고, 탐욕이 있으면 조작이 있고, 조작이 있으면 원하고 추구하는 것이 있고, 원하는 게 있으면 마음이 원하는 일에 집착하고, 집착하는 일이 있으면 가고 오는 일이 있지만, 여기에서는 앞의 앞 대상이 없음에 따라 뒤의 뒤 대상이 고요하게 된다. 따라서 뒤의 뒤 대상으로 생겨남이 없음을 밝혀 끝맺었다. 이는 장항의 경문을 따른 것이다.

二'雙約理智'者는 初二는 是總이니 含於理智오 次四는 顯理無生이오 後六은 顯智無生이라 故偈云'其心無染著'等이오 理智契合을 名無生忍이라【鈔_ '次四顯理'者는 以盡是有爲니 垢는 是煩惱오 差別은 是事오 異處는 是方隅라 竝所觀境을 今了卽眞이 爲理無生이라 '後六顯智'者는 以心妄動을 卽名爲生이니 若心寂靜이면 卽智不

571

生이라

'故偈云'下는 引證約智라

'理智契合'下는 結成上義라 偈擧一句니 具云無滅故無盡이오 無盡
故無染이니 釋曰 此卽前四 約理也라 次偈云'於世變異法에 了智
無變異라 無異則無處오 無處則寂靜하야 其心無染著하니 願度諸
衆生이라'하니 釋曰 此卽'後六顯智'어늘 疏擧一句하야 顯智分明이라
'等'言은 等餘皆約智相이라】

'(2) 이치와 지혜를 모두 들어 말하였다.'는 것은 첫 2구[若無生則
無滅, 若無滅則無盡]는 총체로 말하여 이치와 지혜를 모두 포괄하였
고, 다음 4구[若無盡則離垢~若無處所則寂靜]는 이치의 無生을 밝혔
고, 뒤의 6구[若寂靜則離欲~若無住則無去·無來]는 지혜의 無生을 밝
혔다. 이 때문에 게송에 이르기를 "그 마음이 물듦이 없다." 등이라
하니, 이치와 지혜에 하나가 되는 것을 無生忍이라 말한다.【초_
"다음 4구는 이치의 無生을 밝혔다."는 것은 有爲를 다 없앤 것이
다. 垢는 번뇌이며, 차별은 현상의 일이며, 異處는 方隅이다. 관찰
의 대상이 되는 경계를 모두 아울러서 이제 깨달아 진공과 하나가
되는 것을 '이치의 無生'이라 한다.

"뒤의 6구는 지혜의 無生을 밝혔다."는 것은 마음이 부질없이
동하는 것을 '생겨남[生]'이라 한다. 만약 마음이 고요하지 않으면
지혜가 생겨나지 않는다.

"이 때문에 게송에 이르기를" 이하는 지혜의 無生을 말한 부분
을 인증하였다.

"이치와 지혜에 하나가 되는 것" 이하는 위 문장의 의의를 끝맺은 것이다. 게송에서는 1구만을 들어 말하였다. 이를 구체적으로 말하면 "사라짐도 없기에 다함도 없고, 다함도 없기에 물듦도 없다."고 말했어야 한다. 이에 대해 해석하기를 "앞의 4구는 이치의 無生으로 말하였다."고 하였다.

다음 게송에서 말하였다.

"세간의 변하고 달라지는 법에 지혜는 변하고 달라짐이 없음을 알았다. 변함이 없으면 처소가 없고, 처소가 없으면 고요하여 그 마음이 물들지 않는다. 모든 중생 제도를 원한다."

이에 대해 해석하였다.

"뒤의 6구는 지혜의 無生을 밝혔는데, 청량소에서는 1구절만을 들어 지혜를 밝힘이 분명하다."

'其心無染著等'에서 '等'이라 말한 것은 나머지 구절과 똑같이 모두 지혜의 양상을 들어 말하였음을 말한다.】

三唯約智者는 由了從緣無生이면 則智無有起일세 故名無生이오 無生之智 湛然不遷일세 故云無滅이오 無滅故로 用無斷盡이오 次垢念皆離하야 常無差異며 旁無方所며 照而常寂이오 遇境無染이오 雖爲而無作이오 雖悲而無願이오 處世而無住며 等法界而無去來니 皆以前釋後하고 以後成前이라 言亡慮絕하야 寂照湛然일세 名無生忍이니라【鈔_ '三唯約智'下는 初由了從緣하야 成智之由일세 故智無起니 契上理故니라 起卽生義니 湛然不遷하야 體不滅無라 不動은 約理니 無生可滅이니 正同十地義大之中에 無生無滅이니

非一往滅이오 餘皆甚深般若니 無生眞智 妙用不同이로되 但空唯遮諸過니 審須思之어다】

'(3) 오직 지혜만을 들어 말하였다.'는 것은 인연 따라 생겨남이 없는 도리를 아는 데에서 지혜가 일어남이 없기에 그 이름을 無生이라 하고, 무생의 지혜가 담담하여 변천하지 않기에 이를 사라짐이 없다[無滅]고 하고, 사라짐이 없기에 작용이 다함이 없다.

다음으로 때와 오염이 모두 떨어져 언제나 차이가 없고, 사방으로 일정한 곳이 없으며, 비추되 언제나 고요하고, 경계를 만나서도 물듦이 없으며, 비록 作爲가 있으나 작위가 없고, 비록 중생을 가엾이 여기는 마음이 있으나 소원이 없으며, 세상에 거처하면서도 머묾이 없고, 법계와 평등하여 가고 옴이 없다.

이 모두가 앞의 전제로 뒤의 부분을 해석하고, 뒤의 부분으로 앞의 전제를 끝맺었다. 언어가 사라지고 생각이 끊어져 寂·照가 담담하기에 그 이름을 無生忍이라 한다.【초_ "(3) 오직 지혜만을 들어 말하였다." 이하는 첫째, 인연 따라 생겨남이 없는 도리를 앎으로써 지혜를 성취하는 유래가 된다. 따라서 지혜가 일어남이 없다. 위에서 말한 이치와 하나가 되었기 때문이다. 일어난다[起]는 것은 곧 생겨난다[生]는 뜻이다. 담담하여 변천하지 않기에 그 자체가 사라져 없는 것이 아니다. 움직이지 않는다는 것은 진여의 이치로 말하니, 생겨났다가 사라지는 그 자체가 없다. 바로 十地의 큰 의의를 밝힌 가운데 無生無滅이라는 말처럼 한 번 떠나가 사라지는 것이 아니다. 나머지 모두 극히 심오한 반야이다. 無生眞智

의 미묘한 작용이 똑같지 않지만, 단 空이라 함은 모든 잘못을 가로막고자 함이다. 이런 점을 살펴 생각해야 한다.】

若唯約知無生理하야 名無生忍인댄 未足深玄이라【鈔_ '若唯約知'下는 三結彈古義니 卽刊定記 彼中에 但云'諸法從緣故로 各無自生이니 生旣無生이어니 滅依何滅가 故今彈云'若理無生을 知之爲忍인댄 小聖도 亦有라 故非等覺深玄之忍이니라'】

오직 無生의 이치만을 아는 것으로 無生忍이라 이름 붙인다면 이는 심오하거나 현묘하지 못하다.【초_ "오직 無生의 이치만을 아는 것으로" 이하는 셋째, 옛사람이 잘못 말한 뜻을 탄핵하면서 끝맺었다. 이는 곧 刊定記이다. 간정기에서는 단지 "모든 법은 인연을 따른 까닭에 각각 스스로 생겨남이 없다. 생겨나되 이미 생겨남이 없으니 사라짐인들 그 무엇에 의해 사라지겠는가."라고 말하였을 뿐이다. 때문에 여기에서 다음과 같이 탄핵하였다.

"만약 이치의 無生을 아는 것으로 忍이라 한다면 낮은 지위의 성인 또한 지닌 것이다. 따라서 等覺佛의 심오하고 현묘한 忍이 아니다."】

第四 如幻忍

釋中에 二니 先畧 後廣이라 今은 初라

   제4. 여환인

   해석 부분은 2단락으로 나뉜다.

1) 앞부분은 간략하게, 2) 뒷부분은 자세히 말하였다.
이는 '1) 간략하게 말한' 부분이다.

經
佛子여 云何爲菩薩摩訶薩의 如幻忍고
佛子여 此菩薩摩訶薩이 知一切法이 皆悉如幻하야 從因緣起하야 於一法中에 解多法하며 於多法中에 解一法이니 此菩薩이 知諸法如幻已하야는 了達國土하며 了達衆生하며 了達法界하며 了達世間平等하며 了達佛出現平等하며 了達三世平等하야 成就種種神通變化하나니라

　불자여, 어떤 것을 보살마하살의 요술 같은 인이라 하는가?
　불자여, 이 보살마하살이 일체 법이 모두 요술처럼 인연 따라 일어난 줄을 알고서, 하나의 법에서 많은 법을 이해하고, 많은 법에서 하나의 법을 이해하였다.
　이 보살이 모든 법이 요술 같음을 알고서 국토를 분명히 알고, 중생을 분명히 알며, 법계를 분명히 알고, 세간이 평등함을 알며, 부처님 나심이 평등함을 알고, 삼세가 평등함을 알아, 가지가지 신통변화를 성취하는 것이다.

● 疏 ●
文二니 先은 了幻緣相이오 後 '此菩薩' 下는 成就忍行이라
今初 有三이니 初는 指法同喩오 次 從因緣起者는 彰幻所由니 由

緣生不實故오 後'於一法'下는 顯其幻相이라

初 一切法은 卽是所喩니 所喩通局은 已見上文이라 此意는 明通이니 通爲無爲라 故大品云'設有一法過涅槃者라도 我亦說言如夢如幻이라'하니 涅槃雖眞이나 從緣顯故며 遣著心故니라 廣中에 合云'了世如幻이면 則似有爲라'하니 然有法世도 亦通無爲로되 此爲有爲所隱覆故로 所以名世니라 故後云'菩提涅槃도 亦皆不見者'는 了平等故일세니라【鈔_ '涅槃雖眞'下는 釋經妨難이니 謂有難言호디 '妄法緣生을 可許如幻인댄 涅槃眞實이 又不從緣이어늘 如何同幻가' 故牒釋之호디 釋有二意하니 一은 明雖眞이나 而亦從緣顯이오 雖非緣生이나 而是緣顯이라 亦空無性이니라 二는 明涅槃非幻은 爲破著涅槃心하야 云如幻耳로되 是則破心中涅槃이오 亦顯涅槃體卽眞空而成妙有故니 竝如智論하다】

경문은 2부분으로 나뉜다.

(1) 요술의 반연 모양을 앎이며,

(2) '此菩薩' 이하는 忍行을 성취함이다.

'(1) 요술의 반연 모양을 앎'은 다시 3부분으로 나뉜다.

① 법의 같은 비유를 가리키고,

② "인연 따라 일어난다."는 것은 요술의 연유 대상을 나타낸 것이다. 인연 따라 생겨남이 실상이 아닌 데서 연유하기 때문이며,

③ '於一法中' 이하는 그 요술의 모양을 밝히고 있다.

첫 구절의 '一切法'은 바로 비유의 대상이다. 비유 대상의 전체와 부분[通局: 總·別]은 이미 위의 경문에서 밝혔다. 여기에서 말

한 뜻은 전반적으로 밝힌 것이니, 有爲와 無爲에 모두 통한다. 따라서 대품경에 이르기를 "설령 그 어떤 하나의 법이 열반보다 더 훌륭하다 할지라도 나는 또한 꿈과 같고 요술과 같다고 말할 것이다."고 하였다.

열반이 비록 진실하지만 인연 따라 나타나기 때문이며, 집착의 마음을 떨쳐버리기 때문이다.

자세히 말한 부분에서 이를 종합하여, "세계가 요술과 같은 줄을 알면 그것은 곧 有爲와 같다."고 말하였다. 그러나 有爲法의 세계 또한 무위에 통하지만, 이는 유위에 의해 덮여버린 까닭에 世라 명명한 것이다. 이 때문에 뒤의 문장에서 "보리열반 또한 모두 볼 수 없다."고 말한 것은 일체 법이 평등함을 알았기 때문이다. 【초_ "열반이 비록 진실하지만" 이하는 경문의 논란을 해석한 것이다. 어느 사람이 논란하여 물었다.

"허망한 법이 인연 따라 생겨나는 것을 요술과 같다고 한다면, 열반의 진실이란 또한 인연 따라 생겨난 것이 아님에도 어떻게 요술과 같다고 하는 것일까?"

이런 물음에 따라 해석하였다. 해석에는 2가지의 뜻이 있다.

첫째, 열반이 비록 진실하지만 또한 인연 따라 밝혀진 것이며, 열반은 인연 따라 생겨난 것은 아니지만 이 인연으로 나타난 것이기에 또한 공허하여 자성이 없음을 밝힌 것이다.

둘째, 열반이 요술이 아니라고 말한 것은 열반에 집착한 마음을 타파하기 위해서 요술과 같다고 말했지만, 이는 마음속의 열반을 타파하고, 또한 열반의 본체가 곧 眞空으로 妙有를 이루고 있음을 밝히기 위한 까닭이다. 이는 모두 지도론에서 말한 바와 같다.】

就法喩中에 各開五法이 如結一巾하야 幻作一馬니 一은 有所依之巾이오 二는 幻師術法이오 三은 所現幻馬오 四는 馬生 卽是馬死오 五는 愚小謂有니라 初巾은 喩法性이오 二術은 喩能起因緣이니 謂業惑等이오 三은 喩依他起法이니 卽衆生等이오 四는 喩依他無性이니 卽是圓成이라 故廣說皆云非也오 五는 喩取爲人法이니 今菩薩反此일세 故云解了 라하니라

① 법의 비유로 말한 부분에서는 각각 5가지의 법으로 나누어 말하였다. 이는 하나의 수건을 묶어 한 마리의 말을 요술로 만들어 내는 것과 같다.

㉠ 요술 부리는 데 의지 대상인 수건이 있어야 하고,

㉡ 요술사의 요술 기법,

㉢ 요술에 의해 나타난 요술의 말,

㉣ 말이 생겨남이 곧 말의 죽음이며,

㉤ 어리석은 이들이 이를 정말 있다고 말한다.

㉠의 요술을 부리는 수건은 법성을 비유하고,

㉡의 요술은 인연을 일으키는 주체를 비유하니, 業惑 등을 말하며,

㉢의 요술에 의해 나타난 요술의 말이란 타에 의해 일어나는 법[依他起法]을 비유하니, 중생 등을 말하며,

㉣의 말이 생겨남이 곧 말의 죽음이란 타에 의해 일어나는 법이 자성이 없음을 비유하니, 이는 圓成實性이다. 때문에 자세히 말한 부분에서는 모두 '…이 아니다[非].'고 말하였다.

㉤의 어리석은 이들이 이를 정말 있다고 말한다는 것은 없는 것을 취하여 사람의 법으로 삼음을 비유하였다. 여기에서 말한 보살은 이와 반대가 되기에, 경문에서 보살은 '이해[解]'하고 '잘 안다[了].'고 말한 것이다.

今經云'從因緣起'라하니 能起는 卽第二요 所起는 卽第三이니 以第二爲因하야 令悟第三成第四하야 遣第五病하고 歸第一理니라 然緣亦從緣일세 故緣果俱幻이니 中論云'譬如幻化人이 復作幻化人'이라하니 卽斯意也라【鈔_ '然緣亦'下는 三通妨이니 謂有難云'若以第二惑業爲緣하야 令第三依他爲無性者인댄 第二業惑은 應當是實이오 不從緣故'로다 故今釋云亦從緣起니 謂業從惑生이오 惑由虛妄分別하야 卒至無住히 皆託因緣이라 故引中論하야 明因果俱寂이니라 故論合云'如初幻化人'이라하니 是則名爲業이오 幻化人所作은 則名爲業果라 旣未有一法不從緣生으로 爲彰緣起라 故分能所니라】

② 이의 경문에서 "인연 따라 일어난다[從因緣起]."고 말하니, 일으키는 주체는 'ⓛ 요술사의 요술 기법'이요, 일어난 대상은 'ⓒ 요술에 의해 나타난 요술의 말'이다. 'ⓛ 요술사의 요술 기법'으로 원인을 삼아, 'ⓒ 요술에 의해 나타난 요술의 말'임을 깨닫고, '㉣ 말이 생겨남이 곧 말의 죽음'임을 성취하여, '㉤ 어리석은 이들이 이

를 정말 있다고 말한' 병폐를 말끔히 떨쳐버리고서 第一義諦의 法性에 귀의하도록 한 것이다.

그러나 인연 또한 인연을 따른 것이기에 인연과 결과가 모두 요술이다. 중론에 이르기를 "비유하면 요술을 부리는 사람이 또한 요술 부리는 사람을 만들어 내는 것과 같다."고 말함이 바로 이런 뜻이다.【초_ "그러나 인연 또한 인연" 이하는 셋째, 논란의 대답이다. 어느 사람이 논란하였다.

"만약 제2 惑業으로 인연을 삼아 제3 의타기성으로 자성이 없다고 한다면, 제2 혹업은 당연히 실상이다. 이는 인연을 따라 생겨나지 않았기 때문이다."

따라서 이에 대해 다음과 같이 해석하였다.

業이란 惑에 의해 생겨나고 惑은 허망분별로 인하여 마침내 無住히 이르기까지 모두 인연에 의탁하고 있다. 이 때문에 중론을 인용하여 인과가 모두 고요함을 밝혔다. 따라서 논에 이를 종합하여 "처음 요술을 부리는 사람과 같다."고 말하니, 이를 곧 業이라 말하고, 요술쟁이가 만들어 내는 것은 곧 業果라고 말한다. 이처럼 그 어떤 법도 인연 따라 생겨나지 않은 게 없다는 것으로 緣起를 밝히기 위한 까닭에 주체와 대상을 구분 지은 것이다.】

然上五義各具有無하니 一巾은 性有相無니 爲馬所隱故오 二術은 用有體無니 以依巾無體故오 三馬는 相有實無니 以實無而現故오 四는 生卽是無오 死卽是有니 以無礙故오 五는 情有理無니 但妄見故니라

그러나 위에서 말한 5가지 의의는 각각 有·無 2가지 뜻을 가지고 있다.

㉠ 요술 부리는 수건이란 자성은 있으나 모양은 없다. 요술로 만들어진 말에 의해 수건은 보이지 않기 때문이며,

㉡ 요술사의 요술은 작용은 있으나 본체는 없다. 수건에 의해 본체가 없기 때문이며,

㉢ 요술로 만들어진 말은 모양은 있으나 실체는 없다. 실체가 없지만 그 형상이 나타나기 때문이며,

㉣ 말이 생겨남은 곧 無이고, 죽음은 곧 有이다. 이는 생사와 유무에 걸림이 없기 때문이며,

㉤ 어리석은 이들이 이를 정말 있다고 말함이란 실정은 있으나 이치는 없다. 단 妄見이기 때문이다.

後顯幻相은 畧爲二解니 一은 約相類니 謂解一無實이면 則知一切皆然이니 竝從緣故니라 故云一中解多等이라

二는 約圓融이니 復有三義하니

一은 以理從事일세 故說相卽이니 如馬頭之巾이 不異足巾이라 說頭卽足故로 一卽多等이라 無行經에 云'貪欲卽是道'者는 貪欲性故오 '諸法卽貪欲'者는 卽貪實故니라

二는 以理融事일세 一多相卽이니 如馬頭無別有라 卽以巾爲頭니 以巾體圓融故로 令頭卽足일세 故云一中解多等이라

三은 約緣起相由力이면 則法界同一幻網일세 令一多相卽이 如幻師術力이 令多卽一等이니 賢首品에 云'或現須臾作百年'等이니

以幻法虛하야 無障礙故니라 相卽旣爾인댄 相入亦然이며 入則一中
有多等이라 異體旣爾인댄 同體亦然이오 一門旣爾인댄 餘門思準이
라【鈔_ '一約相類'者는 如親一葉落이면 知天下秋며 見一花開면
知天下春矣니라
'二約圓融'下는 疏有三意하니 初는 卽事理無礙義오 '二 以理融事'
下 兩門은 事事無礙義니 前門은 卽法性融通門이오 三은 卽緣起
相由門이라 '一門'已下는 三以門例門이니 如緣起相由門이니 旣爾
인댄 無定性·唯心現等 諸門도 亦然이오 又相卽入이 旣爾인댄 微細
相容安立門等도 亦然이라】

③ 그 요술의 모양을 밝힌 부분은 간략하게 2가지로 해석하고
자 한다.

㉠ 모양의 유로 말하였다. 하나의 실체가 없음을 알면 일체가
모두 그러한 줄을 아는 것이다. 이는 모두 인연 따라 생겨났기 때
문이다. 이 때문에 "하나의 속에서 많은 것을 이해한다." 등을 말하
였다.

㉡ 원융으로 말하였다. 이는 다시 3가지 의의가 있다.

첫째, 이법계로써 사법계를 따르기에 '서로 하나가 된다[相卽: 一
多相卽].'고 말한다. 말 머리의 수건이 발의 수건과 다르지 않기에 머
리를 발이라 말하는 것과 같다. 따라서 하나가 많은 것과 하나가 된
다는 등이다. 무행경에서 "탐욕이 도이다."는 것은 '貪欲性' 때문이
며, "모든 법이 곧 탐욕이다."는 것은 '탐욕의 실상[貪實]' 때문이다.

둘째, 이법계로써 사법계를 원융하게 합하기에 하나와 많음이

583

서로 하나가 된다. 말의 머리가 별개로 있는 것이 아니라, 수건으로 머리를 삼은 것과 같다. 이는 수건의 본체가 원융한 까닭에 머리가 발과 하나가 되기에 "하나의 속에서 많은 것을 이해한다." 등이라 말하였다.

　셋째, 인연으로 일어나 서로 연유하는 힘으로 말하면, 법계가 똑같은 하나의 요술 그물이기에 하나와 많음을 서로 하나가 되게 만드는 것이 마치 요술쟁이가 요술의 힘으로 많은 것을 하나가 되도록 하는 따위와 같다. 제12 현수품에 이르기를 "혹은 잠깐의 시간을 백 년으로 만들어 나타낸다."는 등이다. 이는 요술의 법이란 공허하여 장애가 없기 때문이다. 서로 하나가 되는[相卽] 것이 이미 그러하다면 서로 들어가는[相入] 것 또한 그와 같다. 서로 들어가는 것은 '하나의 속에 많은 것이 있다.' 등이다. 다른 자체가 이미 그처럼 들어가 하나가 된다면 같은 자체 또한 그러하며, 하나의 법문이 이미 그와 같기에 나머지 법문은 이에 준하여 생각하면 된다.【초_ "㉠ 모양의 유로 말하였다."는 것은 하나의 낙엽이 지는 것을 보고서 온 천하에 가을이 오는 줄을 알고, 한 송이 꽃이 피는 것을 보고서 온 천하에 봄이 왔음을 아는 것이다.

　"㉡ 원융으로 말하였다." 이하는 청량소에서 3가지 뜻으로 말하였다.

　첫째, 사법계와 이법계에 걸림이 없다는 뜻이고,

　둘째, "이법계로써 사법계를 원융하였다." 아래의 2가지 법문은 모든 사법계와 사법계가 서로 걸림이 없다는 의의이다. 앞의 법문은 곧 법성 융통의 법문이다.

셋째, 이는 인연 따라 일어남이 서로 연유하는 법문이다.

'一門旣爾' 이하는 셋째, 법문으로 또 다른 법문을 예로 들어 보여줌이다. '인연 따라 일어남이 서로 연유하는 법문'과 같다. 이미 그와 같다면 無定性과 唯心現 등의 여러 법문 또한 그와 같으며, 또한 하나가 되거나 서로 들어가는 것이 이미 그와 같다면 미세하게 서로 용납하여 세워진 법문 등도 또한 그와 같다.】

二는 成忍行中에 由知法幻하야 成二種行이니 一은 忍智現前일새 云了平等이오 二는 幻用無礙일새 云成通化니라 云何平等고 一은 理事平等이니 如巾馬無二故라 色卽空等이오 二는 理理平等이니 如頭足俱巾이라 巾無別故일새 如賢聖同如오 三은 事事平等이니 如前一多中說이라

(2) 忍行의 성취 부분 가운데, 법이 요술과 같음을 앎에 따라 2가지의 행을 성취하는 것이다.

① 忍의 지혜가 앞에 나타나기에 평등을 안다고 말하며,

② 요술과 같은 작용이 걸림이 없기에 신통변화가 성취됨을 말한다.

무엇을 평등이라 하는가?

첫째, 理事平等이다. 요술을 부리는 수건과 요술로 나타난 말이 둘의 차이가 없기 때문이다. '색이 곧 공이다.' 등이다.

둘째, 理理平等이다. 요술로 나타난 말의 머리와 발이 모두 하나의 수건이다. 수건에 차별이 없기 때문이다. '현자와 성인이 똑같

은 진여'라는 말과 같다.

셋째, 事事平等이다. 앞서 말한 '하나와 많음'으로 말한 것과 같다.

第二는 廣中에 三이니 一喩 二合 三忍行成이라
今은 初라

2) 자세히 말하다

이 부분은 다시 3단락으로 나뉜다.

(1) 비유, (2) 종합, (3) 忍行의 성취이다.

이는 '(1) 비유'이다.

經

譬如幻이 非象非馬며 非車非步며 非男非女며 非童男非童女며 非樹非葉이며 非華非果며 非地非水며 非火非風이며 非晝非夜며 非日非月이며 非半月非一月이며 非一年非百年이며 非一劫非多劫이며 非定非亂이며 非純非雜이며 非一非異며 非廣非狹이며 非多非少며 非量非無量이며 非麤非細며 非是一切種種衆物이라 種種非幻이며 幻非種種이로대 然由幻故로 示現種種差別之事인달하야

마치 요술이 코끼리도 아니고 말도 아니며,

수레도 아니고 보행도 아니며,

남자도 아니고 여인도 아니며,
어린 사내도 아니고 어린 계집도 아니며,
나무도 아니고 잎도 아니며,
꽃도 아니고 열매도 아니며,
땅도 아니고 물도 아니며,
불도 아니고 바람도 아니며,
낮도 아니고 밤도 아니며,
해도 아니고 달도 아니며,
반달도 아니고 한 달도 아니며,
1년도 아니고 백 년도 아니며,
한 겁도 아니고 여러 겁도 아니며,
선정도 아니고 산란도 아니며,
순일함도 아니고 섞임도 아니며,
하나도 아니고 다른 것도 아니며,
넓은 것도 아니고 좁은 것도 아니며,
많은 것도 아니고 적은 것도 아니며,
한량 있는 것도 아니고 한량없는 것도 아니며,
굵은 것도 아니고 가는 것도 아니며,
일체 여러 가지 수많은 물건이 아니다.

가지가지 물건은 요술이 아니고, 요술은 가지가지 물건이 아니다. 그러나 요술로 인하여 생겨나 가지가지 물건의 차별을 보여주는 것이다.

● 疏 ●

文二니 先은 明性無니 卽體空義라 故結云'非是一切種種之物'이라하니 所非之事는 亦可次第로 對前情非情境이라【鈔_ '所非之事'者는 如非男非女는 卽對前了達衆生이오 非地水火風은 卽對前了達國土等이라】

이의 경문은 2부분으로 나뉜다.

① 자성이 없음을 밝혔다. 이는 본체가 공허하다는 뜻이다. 따라서 이를 끝맺어 이르기를 "일체 여러 가지 수많은 물건이 아니다."고 하였다. '…이 아니다는 대상[所非]'의 사물 역시 차례에 따라 유정물과 무정물의 경계를 상대로 말하였다.【초_ "…이 아니다는 대상의 사물"이라는 것은 예컨대 '남자도 아니고 여인도 아니다.'는 것이란 앞서 말한 '중생을 잘 아는 것'을 상대로 말하였고, '땅, 물, 불, 바람이 아니다.'는 것이란 앞서 말한 '국토를 잘 아는 것'을 상대로 말하였다.】

二'種種非幻'下는 明其相有니 卽相差別義라 故云'然由幻故 示現別事'라하다

於中에 初二句는 結前生後오 種種非幻'者는 象等非術故오 下句는 反此라 法合可知니라 '然由'下는 正顯相有니 雖互相非나 然由因起果니라 虛而假現이며 又喩智了나 平等而起化用이라

② '種種非幻' 이하는 그 모양이 있음을 밝혔다. 이는 모양이 각기 다르다는 뜻이다. 따라서 "그러나 요술로 인하여 생겨나 가지가지 물건의 차별을 보여준다."고 말하였다.

이 부분의 첫 2구[種種非幻, 幻非種種]는 앞의 문장을 끝맺으면서 뒤의 문장을 일으킨 것이다. "가지가지 물건은 요술이 아니다[種種非幻]."는 것은 코끼리 등의 실체는 요술에 의해 나타난 존재가 아니기 때문이며, 아래의 "요술은 가지가지 물건이 아니다[幻非種種]."는 구절은 위 구절과는 반대이다. 법으로 종합한 말임을 설명하지 않아도 알 수 있다.

'然由幻故' 이하는 모양이 있음을 바로 밝혔다. 비록 이것도 저것도 아니지만, 원인에 의해 일어난 결과이기에 공허하면서도 임시 나타남이며, 또한 지혜로 일체 법이 평등함을 잘 알지만 변화의 작용이 일어남을 비유하였다.

第二法合
(2) 법의 종합

經

菩薩摩訶薩도 亦復如是하야 **觀一切世間如幻**하나니 **所謂業世間**과 **煩惱世間**과 **國土世間**과 **法世間**과 **時世間**과 **趣世間**과 **成世間**과 **壞世間**과 **運動世間**과 **造作世間**이니라

보살마하살 또한 그와 같다. 일체 세간이 요술과 같음을 살펴보았다.

업의 세간, 번뇌의 세간, 국토의 세간, 법의 세간, 시간의 세간,

길의 세간, 이룩되는 세간, 무너지는 세간, 운동하는 세간, 조작하는 세간 들이다.

● 疏 ●

文有總別이라 皆言世間者는 有二義하니 一은 可破壞故니 卽喩有爲오 二는 隱覆名世니 亦通無爲니라 則法通五類오 趣謂五趣오 成壞는 約器니 一期說故오 運動은 通情非情하니 念念移故오 造作은 唯情이니 現營爲故니라

경문에는 총체와 개별이 있으나, 모두 세간이라 말한 데는 2가지 뜻이 있다.

① 파괴되기 때문이다. 이는 有爲를 비유한다.

② 덮여 보이지 않는 것을 世라 말한다. 이 또한 無爲에 통한다.

'법의 세계'라는 법은 5가지 부류[五類: 惡, 善, 二乘, 菩薩, 佛]에 모두 통하고,

趣는 5갈래 길[五趣: 천상, 인간, 지옥, 축생, 아귀]을 말하며,

成·壞는 우리가 살고 있는 대지, 즉 器世界로 말한다. 하나의 주기에 따라 생겨났다 사라지기 때문이다.

運動은 유정과 무정물에 모두 통한다. 한 생각 한 생각의 찰나에 변해가기 때문이다.

造作은 오직 유정에만 국한된다. 경영하는 일을 나타내기 때문이다.

第三 成忍行
(3) 인행의 성취

經

菩薩摩訶薩이 觀一切世間如幻時에
不見衆生生하며 不見衆生滅하며
不見國土生하며 不見國土滅하며
不見諸法生하며 不見諸法滅하며
不見過去可分別하며 不見未來有起作하며 不見現在一念住하며
不觀察菩提하며 不分別菩提하며
不見佛出現하며 不見佛涅槃하며
不見住大願하며 不見入正位하야
不出平等性이니라
是菩薩이
雖成就佛國土나 知國土無差別하며
雖成就衆生界나 知衆生無差別하며
雖普觀法界나 而安住法性하야 寂然不動하며
雖達三世平等이나 而不違分別三世法하며
雖成就蘊處나 而永斷所依하며
雖度脫衆生이나 而了知法界平等하야 無種種差別하며

雖知一切法이 **遠離文字**하야 **不可言說**이나 **而常說法**하
야 **辯才無盡**하며
雖不取著化衆生事나 **而不捨大悲**하고 **爲度一切**하야 **轉
於法輪**하며
雖爲開示過去因緣이나 **而知因緣性**이 **無有動轉**하나니
是名菩薩摩訶薩의 **第四如幻忍**이니라

 보살마하살은 일체 세간이 요술과 같음을 관찰할 때,
 중생의 태어남을 보지 않고 중생의 사라짐을 보지 않으며,
 국토의 생겨남을 보지 않고 국토의 사라짐을 보지 않으며,
 모든 법이 생겨남을 보지 않고 모든 법이 사라짐을 보지 않으며,
 과거가 분별할 수 있음을 보지 않고, 미래가 일어남을 보지 않고, 현재가 한 생각에 머물렀음을 보지 않으며,
 보리를 관찰하지 않고 보리를 분별하지 않으며,
 부처님이 나오심을 보지 않고 부처님이 열반하심을 보지 않으며,
 큰 서원에 머무름을 보지 않고 바른 지위에 들어감을 보지 않으며,
 평등한 성품에서 벗어나지 않는다.
 이 보살이
 비록 부처님 국토를 성취하나 국토가 차별 없음을 알고,
 비록 중생세계를 성취하나 중생이 차별 없음을 알며,
 비록 법계를 두루 살펴보나 법성에 안주하여 고요히 동하지

않고,

　비록 삼세가 평등함을 알지만 삼세의 법을 분별하는 데 어긋나지 않으며,

　비록 5온과 12처를 성취하나 영원히 의지할 데를 끊고,

　비록 중생을 제도하나 법계가 평등하여 갖가지 차별이 없음을 알며,

　비록 일체 법이 문자를 멀리 여의어 말로 표현할 수 없음을 알면서도 항상 설법하여 변재가 그지없고,

　비록 중생을 교화하는 일에 집착하지 않으나 대비의 마음을 버리지 않고 일체중생의 제도를 위하여 법륜을 굴리며,

　비록 과거의 인연을 보여주지만 인연의 성품이 흔들리지 않음을 알고 있다.

　이를 보살마하살의 제4. 요술과 같은 인이라 한다.

● 疏 ●

忍行中二니 先은 成眞智行이니 由了體空故라 故結云 '不出平等性'이라하다 又前法中에 明卽寂之照일새 云 '了平等'이라하고 此明卽智之止일새 故云 '不見'이니 是知無幻之幻이라야 方是幻法이며 絶見之見이라야 方爲見幻이라

二 '是菩薩' 下는 明動寂無二며 亦權實不二라 故經云 '智不得有無나 而興大悲心'이라하다 由了體空하야 不壞幻相差別故니라 如象生이 卽是象死니라【鈔_ '故經云'者는 二引證也니 卽楞伽第一大

慧讚佛偈라 然彼經歎佛了達三性의 初偈云 '世間離生滅이 猶如虛空華라 智不得有無로되 而興大悲心이라' 하니 此는 明了徧計오 次偈云 '一切法如幻이라 遠離於心識일새 智不得有無로되 而興大悲心이라' '遠離於斷常일새 世間恒如夢이라 智不得有無로되 而興大悲心이라' 하니 此上二偈는 明了依他오

次偈云 '知人法無我와 煩惱及爾焰이 常淸淨無相이로되 而興大悲心이라' 하니 此偈는 明了圓成이라

又此上偈를 準金光明意면 卽顯佛具三身이니 謂了徧計成化身하고 了依他成報身하고 了圓成成法身이라 然四偈下半은 皆同이오 今文은 正引依他中如幻下半이오 其如夢下半은 如夢忍中에 更引이라

若依叡公十喻之讚이면 多顯空理니 如幻喻云 '幻惑愚目에 流眄無已라 長勤世間하야 父父子子니 我實非我라 妄想而起니 若了如幻이면 此心自止라 然彼有十喻에 水月鏡像은 旣合影中이오 更有犍城之喻하니 應同幻攝이라 彼犍闥婆城喻讚云 '世法空廓이 如彼鬼城이라 凌晨敷影하야 現此都京이니 愚夫馳赴하야 隨風而征이라가 終朝乃悟하야 窮噉失聲이라】

忍行의 성취 부분은 2단락이다.

① 眞智行의 성취이다. 본체가 공임을 아는 데서 연유하기 때문이다. 따라서 이를 끝맺으면서 "평등한 자성에서 벗어나지 않는다."고 말하였다. 또한 앞서 말한 법은 禪定의 寂과 하나가 된 지혜의 照를 밝힌 것이기에 '평등함을 안다.' 말하였고, 여기에서는 지

혜와 하나가 된 선정의 止를 밝혔기에 '…을 보지 않는다[不見].'고 말한 것이다. 이는 요술 같음이 없는 요술이라야 비로소 요술 같은 법이며, 보는 것이 끊어진 자리에서 보아야 비로소 요술 같은 법을 볼 수 있음을 알아야 한다.

② '是菩薩雖成就' 이하는 동함과 고요함이 둘이 없고, 또한 방편과 실상이 둘이 아님을 밝혔다. 때문에 경문에서 이르기를 "지혜는 있는 것도 없는 것도 아니지만 크게 가엾이 여기는 마음을 일으킨다."고 말하였다. 본체가 공허한 것임을 앎에 의하여 요술 같은 모양의 차별을 파괴하지 않기 때문이다. 이는 마치 코끼리의 태어남이 곧 코끼리의 죽음이라는 것과 같다.【초_ "때문에 경문에서 이르기를, 지혜는 있는 것도 없는 것도 아니다."는 것은 둘째 인증이다. 이는 능가경 제1 大慧讚佛偈이다. 그러나 능가경에서 '변계소집성, 의타기성, 원성실성을 통달한 부처님을 찬탄한' 부분의 첫째 게송은 다음과 같다.

"세간의 생멸을 여의는 것은 마치 허공의 꽃과 같다. 지혜는 있는 것도 없는 것도 아니지만, 大悲의 마음 일으켰다."

위의 게송은 변계소집성의 통달을 밝힌 것이다.

둘째 게송은 다음과 같다.

"일체 모든 법은 요술과 같다. 心識을 멀리 여의었기에, 지혜는 있는 것도 없는 것도 아니지만, 대비의 마음 일으켰다."

"斷見과 常見을 멀리 여의었기에 세간은 언제나 꿈과 같다. 지혜는 있는 것도 없는 것도 아니지만, 대비의 마음 일으켰다."

이상의 2수 게송은 의타기성의 통달을 밝힌 것이다.

셋째 게송은 다음과 같다.

"人無我·法無我와 번뇌장·소지장이 항상 청정하여 모양이 없음을 알지만 대비의 마음 일으켰다."

위의 게송은 원성실성의 통달을 밝힌 것이다.

또한 위의 게송을 金光明經의 뜻에 준하면, 이는 부처님이 3가지 몸을 두루 갖추고 있음을 밝히고 있다.

변계소집성의 통달은 化身을, 의타기성의 통달은 報身을, 원성실성의 통달은 法身의 성취를 말한다.

그러나 4수 게송의 아래 제3, 4구는 모두 똑같이 "지혜는 있는 것도 없는 것도 아니지만, 대비의 마음 일으켰다."고 썼다. 여기의 문장에서는 바로 의타기성에 대해 읊은 "일체 모든 법은 요술과 같다."는 게송의 제3, 4구를 인용한 것이며, 그 "斷見과 常見을 멀리 여의었기에 세간은 언제나 꿈과 같다."는 게송의 제3, 4구는 如夢忍 부분에서 다시 인용하고 있다.

僧叡 스님 十喩의 찬에 의하면, 대부분 空의 이치를 밝히고 있는데, 如幻喩의 게송은 다음과 같다.

"어리석은 이의 눈을 현혹하니 흐르는 눈물 멈추지 않는다. 세간 중생이 긴긴 시간에 부지런히 아비는 아비답게, 아들은 아들답게 살지만, 나의 몸은 실제의 '내'가 아니다. 망상으로 일어난 존재이다. 만일 요술과 같은 존재인 줄 알면 이처럼 어리석은 마음 절로 멈추리라."

그러나 僧叡의 十喩에 水月 비유와 鏡像 비유는 이미 如影喩 속에 합하였고, 또 다른 犍闥婆城의 비유를 추가하였다. 이는 당연히 如幻喩에 넣어야 할 것 같다.

僧叡의 犍闥婆城喩 찬은 다음과 같다.

"공허한 세간의 법은 마치 유령마을[鬼城]과 같은데, 이른 새벽 햇살 그림자 드리워 도읍에 나타나자, 어리석은 이들은 정신없이 달리고 또 달리며 바람 따라 치달리다가 아침 녘이 다 되어서야 잘못을 깨닫고서 목 놓아 통곡하다 실성하였다."】

第五 如焰忍
제5. 여염인

經

佛子여 云何爲菩薩摩訶薩의 如焰忍고
佛子여 此菩薩摩訶薩이 知一切世間이 同於陽焰하나니
譬如陽焰이 無有方所하야 非內非外며 非有非無며 非斷非常이며 非一色非種種色이며 亦非無色이로대 但隨世間言說顯示인달하야 菩薩도 如是하야 如實觀察하야 了知諸法하고 現證一切하야 令得圓滿하나니
是名菩薩摩訶薩의 第五如焰忍이니라

불자여, 어떤 것을 보살마하살의 아지랑이 같은 인이라 하는

가?

　불자여, 이 보살마하살이 일체 세간이 아지랑이와 같음을 알고 있다.

　마치 아지랑이가 있는 데가 없어,

　안도 아니고 바깥도 아니며,

　있는 것도 아니고 없는 것도 아니며,

　단절된 것도 아니고 영원한 것도 아니며,

　하나의 빛도 아니고 가지가지 빛도 아니며,

　또한 빛이 없는 것도 아니지만, 오직 세간 중생의 말을 따라서 나타내는 것처럼, 보살 또한 그와 같다.

　실상과 같이 관찰하여 모든 법을 알고서 바로 일체 과위(果位)를 증득하고서, 일체중생으로 하여금 원만함을 얻도록 하는 것이다.

　이를 보살마하살의 제5. 아지랑이 같은 인이라 한다.

● 疏 ●

釋中有三이니 一은 指法同喩니 所喩如前이오 二는 別顯喩相이오 三은 總以法合이라

二中에 若別開義門인댄 亦具五義니 一 空地오 二 陽氣오 三 氣與空地 合而有焰이오 四 焰似水나 卽無水오 五 令渴鹿謂有니라 初 喩如來藏이오 二 喩無明習氣오 三 喩習氣熏動心海하야 起緣生似法이오 四 喩依他無生이오 五 喩凡小執實이라

若十喩論인댄 法喩 各有多義니 如彼廣說이라 其有無等義는 如幻

應知니라

經文有二하니 初喩體空이오【鈔_ 第五 如焰忍에 若十喩者는 智論에 釋如焰云焰以日光과 風動塵故로 曠野中에 動如野馬면 無智人 初見에 謂之爲水라하니 男女之相도 亦復如是니라 結使煩惱의 日光熱氣와 諸行之塵의 邪憶念風으로 生死曠野中轉이어늘 無智者는 謂爲一相으로 爲男爲女라하니 是名如焰이니라

復次若遠見焰이면 想之爲水로되 近則無水想이라 無智之人도 亦復如是니라 若遠聖法이면 不知無我오 不知諸法空이오 於衆界入 性空法中에 生於人想 男想 女想이라가 近聖法者는 則知諸法實相하나니 是時에 虛誑種種妄想이 盡除니라 以是故로 說諸菩薩摩訶薩 知諸法如焰이라하니라

釋曰 彼就妄說하야 生死爲曠野로되 今就眞妄合說이라 故以空地로 喩如來藏이라 叡公云 焰惑癡愛를 樂之無極일새 非身想身이오 非色見色이라 實無可樂이어늘 莫之能識이라가 若有智慧면 此心自息이니라】

後 '但隨'下는 喩其相有니라

　　해석 부분은 3단락으로 나뉜다.

　　(1) 법의 같은 비유를 말한다. 비유의 대상은 앞서 말한 바와 같다.

　　(2) 비유의 모양을 개별로 밝혔다.

　　(3) 총괄하여 법으로 종합하였다.

　　'(2) 비유의 모양을 개별로 밝힌' 부분을 다시 그 의의를 따라

구별하면, 또한 5가지 의의를 갖추고 있다.

① 허공의 터전,

② 따사로운 햇살,

③ 따사로운 햇살이 허공에서 하나로 합해지면서 아지랑이가 생겨나고,

④ 아지랑이는 물처럼 보이지만, 정작 물은 없으며,

⑤ 목마른 사슴으로 하여금 물이 있는 것처럼 착각하게 만드는 것이다.

①의 허공의 터전은 여래장의 비유이고,

②의 따사로운 햇살은 無明習氣의 비유이며,

③의 아지랑이가 생겨남은 무명의 습기가 마음 바다를 훈증하고 뒤흔들어 인연으로 생겨남을 일으켜 법과 같음을 비유하였고,

④의 아지랑이는 물처럼 보이지만, 정작 물은 없다는 것은 다른 것에 일어난 존재는 생겨남이 없음을 비유하였으며,

⑤의 목마른 사슴의 착각은 어리석은 범부들이 실제로 잘못 집착함을 비유하였다.

이를 十喩로 논하면, 법의 비유마다 각각 많은 뜻을 담고 있다. 해당 부분에서 자세히 말한 것과 같다. 그 有·無 등의 의의는 요술과 같음을 알아야 한다.

경문에는 2가지 비유가 있다.

첫째, 본체가 공허함을 비유하였다.

【초_ 제5. 아지랑이 같은 인에 10가지 비유란 지도론에서와

같음을 다음과 같이 해석하였다.

"아지랑이는 햇빛과 바람이 먼지를 일으켜 피어오르게 한 까닭에 아득한 벌판에 마치 들녘을 달리는 말처럼 아른거리면 지혜 없는 사람은 이를 처음 보고서 물이라고 생각한다. 남자와 여자의 모양도 이와 같다.

중생을 결박 짓고 부리는 번뇌의 햇빛 열기와 모든 행을 짓는 塵境의 삿된 생각의 바람으로 드넓은 생사의 광야에서 전전하는데, 지혜 없는 사람은 하나의 모양을 두고 남자라 하고 여자라고 말한다. 이를 '마치 아지랑이와 같다.'고 말한다.

또한 멀찌감치 아지랑이를 바라보면 물이라 생각되지만, 가까이 다가서면 물이라는 생각이 전혀 없다.

지혜 없는 사람 또한 이와 같다. 만약 성인의 참된 법을 멀리하면 '나'라고 하는 것이 없음을 알지 못하고 모든 법이 空임을 모르기에, 수많은 경계의 자성이 空한 법이라는 속에서 사람이라는 생각, 남자라는 생각, 여자라는 생각을 만들어 내는 것이다. 이처럼 잘못 알다가 성인의 참된 법을 가까이하면, 모든 법의 실상을 알게 된다. 이럴 때에 허망하고 거짓의 가지가지 망상들이 모두 사라지는 것이다.

이러한 까닭에 '모든 보살마하살은 모든 법이 아지랑이와 같음을 알아야 한다.'고 말한 것이다."

위에 대해 다음과 같이 해석하였다.

어리석은 그들은 망상으로 잘못 말하여 生死로 광야를 삼은 것이지만, 여기에서는 진여와 망상을 종합하여 말하였기에 空地로 여래장에 비유한 것이다.

僧叡는 다음과 같이 말하였다.

"아지랑이와 같은 미혹과 어리석은 애욕을 끝없이 즐기기에, 몸이 아닌 것을 몸이라 잘못 생각하고, 색이 아닌 것을 색이라 잘못 생각한다. 실로 즐길 만한 가치가 없음에도 이를 알지 못하다가 지혜를 얻게 되면 이런 마음이 절로 사라지게 된다."】

둘째, '但隨世間言說' 이하는 그 모양이 있음을 비유하였다.

三菩薩下는 法合中에 初는 明了法이오 後現證下는 明成忍行이라

(3) '菩薩如是' 이하는 총괄하여 법으로 종합한 부분으로, 다시 2단락으로 나뉜다.

① 법에 대해 앎을 밝혔고,

② '現證一切' 이하는 忍行의 성취를 밝혔다.

십인품 제29-1 十忍品 第二十九之一

화엄경소론찬요 제78권 華嚴經疏論纂要 卷第七十八

화엄경소론찬요 제79권
華嚴經疏論纂要 卷第七十九

●

십인품 제29-2
十忍品 第二十九之二

第六 如夢忍
제6. 여몽인

經

佛子여 **云何爲菩薩摩訶薩**의 **如夢忍**고
佛子여 **此菩薩摩訶薩**이 **知一切世間**이 **如夢**하나니
譬如夢이 **非世間**이며 **非離世間**이며
非欲界며 **非色界**며 **非無色界**며
非生非沒이며 **非染非淨**이로대 **而有示現**인달하야

불자여, 어떤 것을 보살마하살의 꿈과 같은 인이라 하는가?
불자여, 이 보살마하살이 일체 세간이 꿈과 같음을 알고 있다.
마치 꿈은 세간도 아니고 세간을 여윔도 아니며,
욕심 세계도 아니고 형상 세계도 아니고 무형 세계도 아니며,
생겨나는 것도 아니고 없어지는 것도 아니며,
물든 것도 아니고 청정한 것도 아니지만, 꿈속에 온갖 현상이 나타난 것처럼,

● **疏** ●

釋中亦三이니
一은 標法同喩오
二'譬如下는 正擧喩相이라 然開此夢義면 亦有五法이라 一은 所依

謂覺心이니 以喩本識이오 二는 所因이니 謂睡蓋니 以喩無明習氣오 三은 所現이니 謂夢相差別이니 以喩緣所起法이오 四는 此夢事非 有而有니 但心變故로 非見前法이오 五는 令夢者로 取以爲實이라

【鈔_ '一所依'者는 若無本識이면 無所熏故니 則無無明等이니 亦可 喩如來藏이라 '喩本識'者는 諸宗共許故니라 法相宗은 明如來藏 不受熏故니라

'二所因'者는 智論에 云 '復次如夢中에 無喜事而喜하고 無瞋事而 瞋하고 無怖事而怖하나니 三界衆生도 亦復如是하야 無明眠力故로 不應瞋而瞋等'이라하니라

'四此夢事'者는 智論에 云 '夢有五種하니 一은 若身中不調어나 若熱 氣多면 則夢見火·見黃·見赤하고 二는 若冷氣多면 見水·見白하고 三은 若風氣多면 則見飛·見黑하고 四는 又復所聞見事 多思惟念 故오 五는 或天與夢은 欲令知於未來事故니라 是五種夢은 皆無實 事而妄見이라 世人도 亦復如是하야 五道之中에 衆生身見力因緣 故로 見四種我하나니 衆色是我와 色是我所와 我中有色과 色中有 我니라 如色인달 受想行識도 亦復如是니 四五二十'이라 得實智覺이 면 已知無實이니라

釋曰 論中身見力은 合上身中不調이오 五道衆生은 亦可合前五 夢이니 初火는 如地獄이니 火塗道故오 白은 如人이니 善法故오 黑은 如畜生이니 愚癡故오 多思는 如鬼오 天與는 如天故니라

'但心變'者는 此通喩合이오 約喩者는 卽通妨難也니 謂有難言호되 若無實者인댄 何以夢中에 見色聞聲等耶아 故智論에 云 '不應言

論無實之事니라 何以故오 得緣이면 便生夢中之識하야 有種種緣이니 若無緣이면 云何生고 故今答云夢中에 五識不行이오 所見五塵은 但心變耳라 故智論云 '無也 不應見而見故'라 如夢中見人頭有角이오 見身飛等이로되 人實無角이오 身實不飛故니라 二約法者인댄 但心變故는 合而有義오 不見前境은 合非有義니라】

해석 부분은 또한 3단락으로 나뉜다.

(1) 비유와 같은 법을 밝혔고,

(2) '譬如夢' 이하는 비유의 양상을 바로 들어 말하였다.

그러나 꿈의 의의를 구분하면, 이 또한 5가지 법이 있다.

① 의지의 대상이다. 깨달은 마음을 말한다. 근본식을 비유하였다.

② 원인의 대상이다. 졸음의 번뇌[睡蓋]를 말한다. 이는 無明習氣를 비유하였다.

③ 나타난 대상이다. 꿈의 갖가지 다른 양상을 말한다. 이는 인연 따라 일어나는 법을 비유하였다.

④ 꿈속에 보이는 일은 실체가 있는 게 아니지만 나타난 현상은 있다. 다만 마음의 변화 때문에 앞의 법을 보는 것이 아니다.

⑤ 꿈꾸는 사람으로 하여금 꿈을 실제의 일로 생각하게 만드는 것이다. 【초_ '① 의지의 대상'이란 만일 근본식이 없으면 훈습할 대상이 없기 때문에 無明 등도 없다. 이 또한 여래장을 비유할 수도 있다. "근본식을 비유하였다."는 것은 여러 종파에서 모두 인정하였기 때문이다. 법상종에서 여래장이란 훈습을 받지 않음을

밝혔기 때문이다.

'② 원인의 대상'이란 지도론에 이르기를 "또한 꿈속에서 기쁜 일이 없는데도 기쁜 꿈을 꾸고, 성낼 일이 없는데도 성내는 꿈을 꾸고, 겁낼 일이 없는데도 겁나는 꿈을 꾸게 된다. 삼계중생 또한 이와 같다. 無明의 수면번뇌로 성내지 않을 일에 성을 낸다." 등이 라 말하였다.

'④ 꿈속에 보이는 일'이란 지도론에서 다음과 같이 말하였다.
"꿈에는 5가지가 있다.

① 만일 몸이 편치 못하거나 열기가 심하면 꿈속에 불을 보거나 황색 또는 적색의 꿈을 꾸고,

② 냉기가 많으면 물을 보거나 백색을 꿈꾸며,

③ 風氣가 많으면 나는 꿈을 꾸거나 흑색의 꿈을 꾸고,

④ 또한 듣고 보았던 일을 꿈꾸는 것은 思惟하는 생각이 많기 때문이며,

⑤ 간혹 천신의 현몽은 미래의 일을 알려주고자 한 까닭이다.

이와 같은 5가지의 꿈이 모두 실체 없이 부질없이 보이는 것처럼, 세간의 중생 또한 이와 같다. 5갈래의 길에서 중생의 몸으로 보는 힘에는 한계가 있기에, 이런 인연에 따라 4가지의 '나'라는 존재를 보게 된다. 그것은 많은 색을 '나'라고 생각하는 것, 색을 '나의 것'이라고 생각하는 것, '나'라는 가운데 색이 있다고 생각하는 것, 색이라는 가운데 '나'라는 것이 있다고 생각하는 것이다.

색에 4가지 '나'가 있는 것처럼 受想行識 또한 이와 같기에, 4

가지의 '나'×5(色受想行識) 20가지의 '나'라는 것이 있다. 如實智의 깨달음을 얻으면 벌써 실체가 없음을 알게 된다."

위에 대한 해석은 다음과 같다.

지도론에서 말한 '중생의 몸으로 보는 힘[身見力]'은 위에서 말한 '몸이 편치 못한[身中不調]' 데에 맞춰 말하였고,

'5갈래 길의 중생[五道衆生]'은 또한 앞서 말한 5가지의 꿈에 맞춰 말하였다.

① 열기 심한 불의 꿈은 지옥과 같다. 사나운 불길이 타오르는 火塗이기 때문이다.

② 백색의 꿈은 인간과 같다. 善法이기 때문이다.

③ 흑색의 꿈은 축생과 같다. 어리석기 때문이다.

④ 사유의 꿈은 아귀와 같다.

⑤ 천신의 현몽은 천신과 같기 때문이다.

'다만 마음의 변화 때문[但心變]'이란 비유와 종합을 통하여 말하였다.

첫째, 비유로 말한 것은 곧 논란을 통함이다. 논란하여 물었다.

"만일 실체가 없다면 어떻게 꿈속에서 색을 보고 소리를 듣는 따위가 있는가?"

이 때문에 지도론에서 말하였다.

"실체가 없는 일이라 말해서는 안 된다. 무엇 때문인가? 인연을 얻으면 곧 꿈속의 識을 만들어 내어 가지가지 인연이 있게 된다. 만일 인연이 없으면 어떻게 식이 생겨나겠는가."

이 때문에 여기에서 답하기를 "꿈속에서 五識은 작용하지 않고, 볼 수 있는 五塵은 마음의 변화일 뿐이다."고 하였다. 이 때문에 지도론에서 말하였다.

"실체가 없는 것을 보아서는 안 되는 것을 보기 때문이다. 그 꿈속에서 사람의 머리 위에 뿔이 솟아 있는 것을 본다거나 나의 몸이 날아다니는 등등을 보지만, 사람은 뿔이 없고 나의 몸은 실제로 날 수 없기 때문이다."

둘째, 이를 법으로 말한다면, '다만 마음의 변화 때문'이란 '있는 것이다[有].'는 의의이며, 앞의 경계를 보지 못한다는 것은 '있는 것이 아니다[非有].'는 의의에 맞춰 말하였다.】

文中에 初는 明俱非니 喩法非有오 後云 '而示現有'는 喩法而有오 雙辨은 爲俱句오 互奪은 爲雙非라 然此四句 皆由以是夢故니 謂一은 以是夢故로 有夢事現하야 於夢者爲有오
二는 旣言是夢인댄 其性必虛어늘 於無實處而見實故니라 然語有인댄 則全攝無而爲有오 言無인댄 則全攝有而爲無니 以非二相故니라 非但相有性無而已니 思之어다【鈔_ '然語有'下는 揀濫이니 於中에 又二라 先은 正擧니 謂有無交徹이니 卽夢事而性虛니 卽性虛是夢事오 約法인댄 卽性空 是幻有니 卽幻有 爲性空이라 若是定有인댄 不得爲空이오 若是斷空인댄 不得爲有라 旣無性故有는 卽全攝無而爲有也오 旣緣生故空은 則全攝有而爲無라 故結云非有二相이라

'非但相有'下는 二 揀非也라 謂諸宗計에 多有此說이로되 但空自性

이오 不空於法이어니와 如法相宗은 但無徧計이오 非無依他니라 設學三論不得意者도 亦云法無自性이라 故說爲空이니 則令相不空矣오 今旣無性이어늘 緣生故有니 有體卽空이오 緣生 無性이라 故空이로되 空而常有하야 要互交徹이라야 方是眞空妙有故로 其言大同이나 而旨有異니라 故令思之니 若得此意면 則下二句 義旨可知니라】

이의 경문에 앞부분은 모두가 아님[俱非]을 밝혔다. 법이 있다는 것이 아님을 비유하였고, 뒤에서 "꿈속에 온갖 현상이 나타난다[而有示現]."고 말한 것은 법이 있다는 것을 비유하였다.

모두 논변함[雙辨]은 모두 옳다는 구절[俱句]이고, 서로 빼앗아 모두 사라짐[互奪]은 모두 그르다[雙非]는 뜻이다. 그러나 이 4구가 모두 꿈이라는 데서 연유한 것이다.

① 꿈을 꾸었기에 꿈속의 일이 나타나, 꿈꾸는 사람이 이런 일이 있다고 생각하며,

② 이미 꿈이라고 말하면 그 자체가 반드시 공허한 것이다. 실체가 없는 곳에서 실제의 일처럼 보기 때문이다.

그러나 이런 일이 있다고 말하면 이는 없는 것을 전체로 받아들여 있다고 생각한 것이며, 이런 일이 없다고 말하면 이는 있는 것을 전체로 받아들여 없다고 생각한 것이다. 이는 2가지 모양이 아니기 때문이다. 모양은 있고 성품은 없는데 그치지 않으니, 이런 점을 잘 생각해야 한다.【초_"그러나 이런 일이 있다고 말하면"이하는 잘못된 말을 분별하려는 것이다. 여기에는 2부분이 있다.

첫째는 바로 들어 말하였다. 있다는 것과 없다는 것이 서로 통

한다. 꿈은 실제 일이고 그 자체는 공허한 것이니, 그 자체의 공허함이 꿈의 실제 일이다. 이를 법으로 말하면 자성이 공한 것은 요술로 있기 때문이다. 요술로 생겨난 것은 자성이 공하다. 만약 반드시 있는 것이라고 하면 공이라 할 수 없고, 반드시 공한 것이라고 하면 있는 것이라고 할 수 없다. 이미 자성이 없기 때문에 요술로 있는 것은 "없는 것을 전체로 받아들여 있다고 생각한 것"이며, 이미 인연 따라 생겨난 까닭에 공이라 한 것은 "있는 것을 전체로 받아들여 없다고 생각한 것"이다. 이 때문에 끝맺어 말하기를 "2가지 모양이 있는 것이 아니다."고 하였다.

"모양은 있고 성품은 없는데 그치지 않는다." 이하는 둘째, 잘못을 구별하는 것이다. 여러 종파의 생각에 이러한 말이 많이 있지만, 단 자성이 공일 뿐, 법은 공이 아니다. 그러나 法相宗의 경우, 변계소집성은 없지만, 의타기성은 없는 것이 아니다.

설령 三論의 뜻을 제대로 알지 못한 자라 할지라도 또한 '법은 자성이 없다.'고 말한다. 이 때문에 공이라 말하지만 모양은 공이라 하지 않는다. 여기에서는 이미 자성이 없는데, 인연 따라 생겨난 까닭에 있는 것이다. 있는 것의 본체는 곧 공이고, 인연 따라 생겨난 것은 자성이 없기에 공이지만, 공이면서도 항상 있어 서로 통해야 비로소 眞空妙有이다. 따라서 그 말이 크게는 같지만 그 뜻은 다르다. 이 때문에 이런 점을 잘 생각하도록 한 것이다. 만약 이런 뜻을 잘 알면 아래 2구의 의의를 알 수 있을 것이다.】

三은 以是夢故로 必具二義니 全有之無 與全無之有로 二門峙立

하야 不相是故로 非是半有半無니라

四는 旣言是夢인댄 必是雙非니 形奪俱融하야 二相盡故니라 然此俱非 不違雙是니 以若不奪無 令盡이면 無以爲無오 若不奪有 令盡이면 無以爲有라 是故로 存亡不礙하고 俱泯自在라야 方爲夢自在法門이라 是故로 經云 '世間恒如夢이라 智不得有無라'하니 此之謂也니라【鈔_ '世間'等者는 三引證也라 卽楞伽第一에 此卽中間兩句니 若具인댄 應云 '遠離於斷常이니 世間恒如夢이라 智不得有無로되 而興大悲心이라'하니 前如幻忍抄에 已具引하다】

③ 이러한 꿈 때문에 반드시 2가지 의의를 갖춰 말해야 한다. 전체로 있는 無가 전체로 없는 有와 더불어 2개의 문으로 우뚝 세워 서로 옳다 여기지 않은 까닭에 절반은 有이고 절반은 無의 존재가 아니다.

④ 이미 꿈이라 말한다면 반드시 이는 '모두 아니다.'는 것이다. 나타나고 사라짐이 모두 원융하여 2가지의 모양이 다하였기 때문이다. 그러나 이는 모두 아니다[俱非]는 것이 모두 옳다[雙是]는 것을 어기지 않는다. 만일 無를 빼앗아 하여금 다하지 않으면 無가 될 수 없고, 有를 빼앗아 하여금 다하지 않으면 有가 될 수 없다. 따라서 存과 亡이 걸림이 없으며, 함께하는 것과 사라짐이 自在해야 바야흐로 '꿈이 자재한 법문[夢自在法門]'이 된다. 이 때문에 경문에 이르기를 "세간은 언제나 꿈과 같아 지혜는 있는 것도 없는 것도 아니다." 함은 이를 말한다.【초_ '世間恒如夢' 등이란 셋째, 인증이다. 이는 능가경 제1에 의하면 이는 중간 2구절이다. 만약 구

체적으로 말한다면, 당연히 이처럼 말해야 한다.

"斷見과 常見을 멀리 여의니, 세간은 언제나 꿈과 같다. 지혜는 있는 것도 없는 것도 아니지만, 大悲의 마음을 일으킨다."

앞의 如幻忍 抄에서 이미 구체적으로 인용하였다.】

經

菩薩摩訶薩도 亦復如是하야 知一切世間이 悉同於夢하나니
無有變異故며 如夢自性故며
如夢執著故며 如夢性離故며
如夢本性故며 如夢所現故며
如夢無差別故며 如夢想分別故며
如夢覺時故니
是名菩薩摩訶薩의 第六如夢忍이니라

보살마하살도 이와 같아 일체 세간이 모두 꿈과 같음을 알고 있다.

달라짐이 없기 때문이며,

꿈의 자성이 같기 때문이며,

꿈의 집착과 같기 때문이며,

꿈이 성품을 여읜 것과 같기 때문이며,

꿈의 본 성품과 같기 때문이며,

꿈에 나타나는 대상과 같기 때문이며,

꿈이 차별이 없음과 같기 때문이며,

꿈이 생각으로 분별함과 같기 때문이며,

꿈을 깨었을 때와 같기 때문이다.

이를 보살마하살의 제6. 꿈과 같은 인이라 한다.

● 疏 ●

第三合喩中에 十句니 初句 爲總이오 次'無有'下는 別이니 別中初句는 近上總句일세 畧無'如夢'二字라 於九句中에 前八은 辨夢이오 後一은 明覺이라

就前八中에 攝爲四對니

初二는 明常無常門이니 體虛無變은 卽是常義오 自性無恒은 是無常義라

次二는 辨眞妄門이니 妄由著生이오 眞由性離라

次二는 性相門이니 性本一如나 相現多種이라

後二는 明一異門이니 但是一心일세 一而無別이오 隨相分別일세 異異不同이며 又唯是一夢이나 相現多種이라

上之四門은 各雙存互奪하야 以爲四句니 思之可見이라【鈔_ '上之四門'者는 如第一常無常門에 云一者는 常이오 二는 無常이며 三은 合前이니 卽成亦常亦無常이라 故云雙存이오 四는 約互奪이니 卽成非常非無常이니 無常奪常故非常이오 常奪無常故非無常矣라 謂正以體虛無實은 卽自性無恒故니라 下三門도 例知也라】

(3) 비유를 종합한 부분은 10구이다.

첫 구절[知一切世間 悉同於夢]은 총체이고, 다음 '無有' 이하는 개별이다.

615

개별 부분의 첫 구절[無有變異故]은 위의 총체 구절에 가깝기에 '如夢' 2자가 생략되었다. 9구 가운데 앞의 8구는 꿈을 말하였고, 맨 끝 구절[如夢覺時故]은 꿈에서 깨어남을 밝혔다.

앞의 8구를 포괄하여 4對句를 이루고 있다.

첫 2구[無有變異故, 如夢自性故]는 常·無常의 법문을 밝혔다. 본체가 공허하여 변함이 없다는 것은 떳떳함을 뜻하며, 자성이 영원함이 없다는 것은 無常을 뜻한다.

다음 2구[如夢執著故, 如夢性離故]는 眞·妄의 법문을 말하였다. 허망은 집착에 의해 생겨나고, 眞은 자성을 여읜 데서 연유한 것이다.

다음 2구[如夢本性故, 如夢所現故]는 본성은 본래 하나이지만, 형상은 여러 가지를 나타내는 것이다.

뒤의 2구[如夢無差別故, 如夢想分別故]는 一·異의 법문을 밝혔다. 단 하나의 마음이기에, 하나라 차별이 없고, 형상의 여러 가지 분별을 따라서 다르고 다르기에 똑같지 않으며, 또한 오직 하나의 꿈이지만 형상은 여러 가지로 나타나는 것이다.

위의 4가지 법문에는 각각 이것과 저것 2가지가 모두 존재하고 서로가 서로 빼앗아 4구로 이뤄진다. 이는 곰곰 생각하면 이러한 점을 볼 수 있다.【초_"위의 4가지 법문"이란, 예컨대 첫 2구의 常·無常 법문에서 첫 구절[無有變異故]은 떳떳함을, 제2구[如夢自性故]는 無常을 말하였는데, 제3구[如夢執著故]는 앞의 2구를 종합하였다. 이는 또한 떳떳하기도 하고 또한 무상하기도 함을 이룬 것이기에, "이것과 저것 2가지가 모두 존재"한다고 말하였다. 제4구[如

夢性離故]는 "서로가 서로 빼앗음"으로 말하니, 이는 떳떳함도 아니고 무상도 아님을 이룬 것이다. 無常은 常을 빼앗은 까닭에 떳떳함도 아니고, 常은 無常을 빼앗은 까닭에 무상함도 아니다. 바로 본체가 공허하여 실상이 없음은 자성이 영원함이 없기 때문이다. 아래의 3가지 법문도 이런 예로 미뤄보면 알 수 있다.】

後一句는 明覺이니 卽止觀門이니 謂要在覺時에 方知是夢이오 正夢之時에 不知是夢이니 純昏心故며 設知是夢이라도 亦未覺故니라 覺時了夢하야 知實無夢이나 然由夢方有覺일세 故辨夢覺時니 若離於夢이면 夢覺斯絕이니라 觀은 了上之多門이오 止는 不取於夢妄이니 如此라야 方爲了夢法門이니라 【鈔_ 謂'要在覺'下 二說은 立覺所以오 亦是解妨이라 謂有問言호되 此明夢忍이어늘 那說覺時오 故今釋云覺夢相成일세 故須說覺이니라 於中에 初는 以覺成夢이니 以未覺時에 不知是夢故니라

'要在覺時 方知是夢'者는 正辨須覺所以니 謂大夢之夜는 則必有彼大覺之明이니 謂我世尊이 方知三界皆如夢故로 上引楞伽하야 歎佛能了於夢이니 正夢時者는 謂爲實故로 爲諸凡夫長眠大夜에 不生厭求일세 故叡公云'夢中矇夢은 純昏心也'라하니라

'設知是夢'者는 此通妨難이니 謂亦有人이 '夢知是夢'은 如人重眠이라가 忽有夢生에 了知我夢이나 以睡重故로 取覺不能이니 喩諸菩薩이 從初發心으로 卽知三界皆夢하니 豈非是覺이오 何用更說覺時오' 故今釋云亦未是覺이라하니 未大覺故니라 故起信云'若人覺知前念起惡하야 能止後念하야 令其不起면 雖復名覺이나 卽是不

617

覺은 有生滅故오 無明覆心하야 不自在故라하니라
'覺時了夢'者는 非唯覺時知夢이라 亦知無夢이니 如八地菩薩夢渡河喩로 證無生忍하야 不見生死此岸과 涅槃彼岸이니 能渡所渡 皆叵得故니 況於大覺가 故經云 '久念衆生苦하야 欲脫無由脫이러니 今日證菩提하니 豁然無所有로다'
'然由於夢'者는 上辨以覺成夢이오 此辨以夢成覺이니 對夢說覺이니 無夢이면 無覺이라 既了夢無夢이어니 對何說覺이리오 故覺夢斯絕이니 如無不覺이면 則無始覺이어니와 覺夢雙絕이라야 方爲妙覺이니라
'觀了'下는 釋止觀義니 照上四門일새 故名爲觀이라
'覺夢斯絕'은 卽不取於夢妄故니 無量義經에 歎佛云 '智恬情怕(泊)慮凝靜이오 意滅識亡心亦寂이라 永斷夢妄思想念하니 無復諸大陰界入이라'하니 卽知究竟了夢은 唯我世尊이라 叡公 頌云 '長夜之內에 大夢所成이 皆由心畫하야 徧造衆形이라 神傳五道하야 備盡跉踤하니 若能悟之면 卽破無明이로다'】

맨 끝 구절[如夢覺時故]은 꿈에서 깨어남을 밝혔다. 이는 곧 止觀門이다. 요컨대 꿈에서 깨어나야 비로소 꿈인 줄 알 수 있다. 정작 꿈속에 있을 때에는 꿈인 줄 모른다. 순전히 혼미한 마음 때문이며, 설령 꿈속에서 꿈인 줄 알지라도 또한 꿈에서 깨어나지 못하였기 때문이다.

꿈에서 깨어났을 때에 꿈인 줄 알고서, 진실로 꿈이 허망하여 아무런 존재가 없음을 깨닫게 된다. 그러나 꿈을 통하여 바야흐로 꿈에서 깨어나기에 '꿈속에서 깨어난 시점[如夢覺時]'을 말한 것이

다. 만일 꿈에서 벗어나면 꿈을 꾸는 것과 꿈에서 깨어나는 일들이 이에 모두 사라지게 된다.

觀은 위의 여러 법문을 아는 것이며, 止는 꿈의 망상을 취하지 않는 것이다. 이처럼 止觀을 얻었을 때에 비로소 꿈을 깨달은 법문이라 할 수 있다.【초_ '要在覺時' 이하 2가지 말[方知是夢, 不知是夢]은 꿈에서 깨어나야 하는 이유를 성립한 것이며, 또한 논란을 풀어주고 있다.

어느 사람이 물었다.

"이는 '꿈과 같은 인'을 밝힌 부분인데 어찌하여 꿈 깰 때를 말한 것일까?"

이에 대한 해석은 다음과 같다.

"꿈에서 깨어나는 것과 꿈을 꾸는 것은 동시에 이뤄지는 일이기에 반드시 깨어남을 말하게 된 것이다. 이 부분의 첫 구절은 꿈을 깨는 것으로 꿈을 이뤘다. 꿈속에서 깨어나지 않았을 적에는 꿈인 줄 모르기 때문이다."

"요컨대 꿈에서 깨어나야 비로소 꿈인 줄 알 수 있다."는 것은 바로 반드시 꿈에서 깨어나야 하는 이유를 말하고 있다. 깊은 밤, 단꿈의 전제가 있어야 반드시 아주 깊은 꿈속에서 깨어나는 밝음이 있게 된다. 우리 세존께서 바야흐로 삼계가 모두 꿈과 같음을 아셨기에 위에서 능가경을 인용하여, 부처님이 꿈을 잘 아신 데 대해 찬탄하였다. 바로 꿈을 꿀 적에는 꿈을 실체처럼 생각하기에 모든 범부들은 어둠의 밤, 깊은 잠에서 꿈꾸는 것을 싫어하는 마음을 내지 않는다. 이 때문에 僧叡 스님이 말하였다.

"꿈속의 흐리멍덩한 꿈은 순전히 혼매한 마음이다."

이는 "설령 꿈속에서 꿈인 줄 알지라도"라는 논란을 풀어준 말이다.

또 어느 사람이 말하였다.

"꿈속에서 이것이 꿈인 줄 아는 것은 마치 깊은 잠을 자다가 갑자기 꿈을 꾸면서 내가 지금 꿈을 꾸고 있음을 알면서도 무겁게 짓눌린 졸음 때문에 잠에서 깨어나지 못한 것과 같다. 비유하면, 여러 보살이 초발심으로부터 삼계가 모두 꿈인 줄 아는 것과 같다. 이처럼 안다는 것은 어찌 꿈에서 깨어남이 아니겠는가. 그럼에도 어찌하여 다시 '꿈에서 깨어난 때'를 말한 것일까?"

이에 대해 다음과 같이 해석하였다.

또한 꿈에서 깨어나지 못하였다는 것은 아직 꿈에서 아주 깨어나지 못한 것이다. 이 때문에 기신론에서 말하였다.

"만약 어느 사람이 앞의 생각에서 악한 마음이 일어남을 알고서 뒤이어 일어나는 생각에서 이런 마음을 저지하여 다시는 일어나지 못하도록 하면, 비록 깨달음이라 말할 수 있으나, 그것은 깨달음이 아니라고 말하는 것은 생겨나고 사라짐이 있기 때문이며, 무명이 마음을 뒤덮어 자재하지 못하기 때문이다."

"꿈에서 깨어났을 때에 꿈인 줄 안다."는 것은 꿈에서 깨어났을 때에 꿈인 줄 알 뿐 아니라, 또한 꿈 자체가 없음을 알고 있다. 이는 마치 八地菩薩의 '꿈속에 하수를 건너는 비유[夢渡河喩]'로 無生忍

을 증득하여 생사의 세계[此岸]와 열반의 피안을 구분 지어 보지 않는 것과 같다. 이는 건너는 주체와 건너야 할 대상이 모두 없기 때문이다. 하물며 큰 깨달음을 얻은 이야 오죽하겠는가. 이 때문에 경문에서 말하였다.

"오랫동안 중생의 고통 생각하여 벗어나려 했지만 벗어날 수 없었는데, 오늘 보리를 증득하니 툭 트이어 그 어느 것도 없다."

"그러나 꿈을 통하여 바야흐로 꿈에서 깨어난다[然由夢方有覺]."는 것은 위에서는 꿈에서 깨어난 것으로 꿈을 이룬 데 대해 말했지만, 여기에서는 꿈으로써 꿈에서 깨어남을 이룬 데 대해 말하였다. 모두가 꿈을 상대로 깨어남을 말하고 있으니, 꿈꾸는 것이 없으면 꿈에서 깨어날 그 자체가 없다. 이처럼 꿈을 꾸면서도 꿈이 없음을 알고 있는데, 그 무엇을 상대로 꿈에서 깨어남을 말하는가? 이 때문에 "꿈을 꾸는 것과 꿈에서 깨어나는 일들이 이에 모두 사라지게 된다."고 하였다. 만약 꿈에서 깨어나지 않음이 없는 것은 無始 이래로 얻은 깨달음이지만, 꿈을 꾸는 것과 꿈에서 깨어나는 일들이 모두 사라져야 비로소 妙覺이라 한다.

"觀은 위의 여러 법문을 아는 것" 이하는 止·觀의 의의를 해석한 것이다. 위의 4가지 법문을 관조하기에 이를 觀이라 한다.

"꿈을 꾸는 것과 꿈에서 깨어나는 일들이 이에 모두 사라지게 된다."는 것은 幻妄의 꿈에 집착하지 않기 때문이다. 無量義經에서 부처님을 찬탄하여 말하였다.

"지혜는 밝고 정은 담박하니 생각은 고요하고, 뜻이 사라지고

識이 없으니 마음 또한 고요하다. 꿈과 같은 망상의 생각 아주 끊어버리니, 다시는 수많은 大陰界入[蘊·處·界]이 없다."

이는 곧 최상으로 꿈을 아는 것은 오직 우리 세존이심을 알 수 있다.

僧叡의 게송은 다음과 같다.

"기나긴 밤, 깊은 꿈을 꾸는 것은 모두 마음의 계획에 의하여 두루 수많은 형상을 만들어 낸 것이다. 聖神이 5갈래의 세계를 알려주느라 모든 힘을 다하였다. 만약 이를 깨달으면 곧 무명을 타파할 것이다."】

第七 如響忍

제7. 여향인

[經]

佛子여 云何爲菩薩摩訶薩의 如響忍고
佛子여 此菩薩摩訶薩이 聞佛說法하고 觀諸法性하야 修學成就하야 到於彼岸하며

불자여, 어떤 것을 보살마하살의 메아리 같은 인이라 하는가?

불자여, 이 보살마하살이 부처님의 설법을 듣고 법의 성품을 관찰하여, 닦아 배우고 성취하여 피안에 이르며,

● 疏 ●

釋中分三이니 一은 忍行所因이오 二 '知一切'下는 成忍之相이오 三 '此菩薩'下는 忍成之益이라
今初는 由聞起觀하야 能成忍故니라

　해석 부분은 3단락으로 나뉜다.
　1) 忍行의 원인이 되는 바이고,
　2) '知一切' 이하는 인행 성취의 양상이며,
　3) '此菩薩' 이하는 인행 성취의 이익이다.
　이는 '1) 忍行의 원인'으로, 설법을 들음으로 인하여 觀을 일으켜 인행을 성취하기 때문이다.

經

知一切音聲이 悉同於響하야 無來無去나 如是示現이니라 佛子여 此菩薩摩訶薩이 觀如來聲이 不從內出하며 不從外出하며 亦不從於內外而出하야 雖了此聲이 非內非外며 非內外出이나 而能示現善巧名句하야 成就演說하나니라

　일체 음성이 모두 메아리와 같아 오는 것도 없고 가는 것도 없으나 이처럼 나타남을 아는 것이다.

　불자여, 이 보살마하살이 여래의 음성이 안에서 나오는 것도 아니고, 밖에서 나오는 것도 아니며, 안팎에서 나오는 것도 아님을 살펴보고서, 이 음성이 안도 아니고 밖도 아니고 안팎에서 나오는 것도 아님을 알지만, 훌륭한 명사와 언구를 잘 나타내어 연설하는 것이다.

● 疏 ●

二中에 先法 後喩라
法中에 有二하니 一은 指法同喩하야 畧顯其相이니 通知一切音聲
如響이라 '無去無來'는 明其體空이오 '如是示現'은 彰其相有라 二
'佛子'下는 了知佛聲如響이니 非獨但喩世間聲故니라 於中에 先
은 明卽有之無니 離機無聲故非內오 離佛無聲故非外오 二法相
依故非內外니라 若言內外合者인댄 便有二聲이어니와 內外相依일새
卽顯無性이라 後'雖了此聲'下는 明卽無之有니 故牒非三而能巧
現이라

2) 인행 성취의 양상 부분은 (1) 앞에서는 법으로, (2) 뒤에서는 비유로 말하였다.

(1) 법은 다시 2부분으로 나뉜다.

① 법이 같다는 비유를 말하면서 그 양상을 간추려 밝혔다. 전반적으로 모든 음성이 메아리와 같음을 앎이다. "오는 것도 없고 가는 것도 없다."는 것은 그 자체가 공임을 밝힌 것이고, "이처럼 나타남"이란 그 양상이 있음을 밝힌 것이다.

② '佛子' 이하는 부처님의 음성이 메아리와 같음을 앎이다. 이는 세간의 음성만을 비유한 것이 아니기 때문이다. 그 가운데 앞에서는 있는 것과 하나가 된 無를 밝혔다. 機緣을 여의면 소리가 없기에 '안에서 나오는 것도 아니고', 부처님을 떠나서는 소리가 없기에 '밖에서 나오는 것도 아니며', 안팎의 2가지 법이 서로 의지한 까닭에 '안팎에서 나오는 것도 아니다'. 만일 안팎을 합한 것이라

말한다면 2가지의 음성이 있어야 하지만, 안팎이 서로 의지하기에 곧 자성이 없음을 나타낸 것이다.

뒤의 '雖了此聲' 이하는 無와 하나가 된 有를 밝힌 것이기에 '非內·非外·非內外'를 이어서 훌륭한 명사와 언구를 잘 나타낸 것이다.

經
譬如谷響이 **從緣所起**하야
而與法性으로 **無有相違**하고 **令諸衆生**으로 **隨類各解**하야 **而得修學**하며
如帝釋夫人인 **阿修羅女**를 **名曰舍支**라 **於一音中**에 **出千種音**호되 **亦不心念**하고 **令如是出**인달하야 **菩薩摩訶薩**도 **亦復如是**하야 **入無分別界**하야 **成就善巧隨類之音**하야 **於無邊世界中**에 **恒轉法輪**이니라

마치 골짜기에서 울려 나오는 메아리가 인연 따라 생겼지만 법성과 서로 어긋나지 않고, 모든 중생으로 하여금 부류를 따라 각각 이해하고 닦아 배우게 하며,

또한 제석천왕의 부인 아수라의 딸의 이름을 '사지'라 하는데, 하나의 음성으로 1천 가지의 소리를 내지만, 또한 마음으로 생각하지도 않고 이처럼 소리를 내는 것처럼, 보살마하살 또한 그와 같다. 분별이 없는 경지에 들어가 부류를 따르는 음성을 잘 성취하여, 그지없는 세계에서 항상 법륜을 굴려왔다.

● 疏 ●

第二喩顯이라 於中四니 一喩 二合 三轉喩 四重合이라

今初는 直擧從緣所起하야 明響無性이니 無性之相은 已見法中하다 然有五法하니 一은 空谷이오 二는 有聲이니 此二는 是緣이오 三은 聲擊空谷에 便有響應이니 此明所起오 四는 有而非眞이니 此彰無性이오 五는 愚小謂有하나니 亦有有無等義니 如上準之니라

然此一喩는 通喩三法이니 一은 喩上一切聲니 則谷喩喉이오 聲喩風氣며 二는 喩上如來聲이니 則谷喩如來오 聲喩緣感이며 三은 喩一切法이니 今經畧無오 晉本具有니라 大品十喩도 亦響喩一切니 則谷喩如來藏이오 聲喩無明習氣니라

二'而與'下는 合이니 但合佛聲이니 以從近故니라 然初至令諸衆生隨類各解는 言含法喩니 謂約法이면 則如來之聲이 不違法性하고 而能隨類니 合上能巧示現이오 約喩인댄 則不違本聲事法之性하고 隨其呼人하야 類別各解니라

三'如帝釋'下는 轉以喩顯이니 此有二意니 一은 則喩上佛聲 一音隨類오 二는 則喩下菩薩 無心普演이라

四'菩薩'下는 重合이라

　(2) 비유로 밝혔다. 이는 4부분으로 나뉜다.

　① 비유, ② 종합, ③ 차츰차츰 비유, ④ 거듭 종합함이다.

　① 비유는 인연 따라 일어나는 바를 직접 들어 메아리의 자성이 없음을 밝혔다. 자성이 없는 양상은 이미 법으로 말한 부분에서 말하였다. 그러나 여기에는 5가지 법이 있다.

㉠ 아무것도 없는 골짜기,

㉡ 소리가 있어야 한다. 이 2가지는 인연이다.

㉢ 소리가 아무것도 없는 골짜기에 부딪치면 바로 메아리가 울려 나오게 된다. 이는 인연 따라 일어남을 밝혔다.

㉣ 메아리는 있지만 참다운 실체가 아니다. 이는 자성이 없음을 밝혔다.

㉤ 어리석은 이들은 이에 대해 실체가 있다고 말한다. 있다느니 없다느니 등의 의식을 가지고 있다. 이는 위에서 말한 바에 준하여 살펴보아야 한다.

그러나 이 하나의 비유에는 모두 3가지의 법을 비유하고 있다.

첫째, 일체 음성을 비유하였다. 골짜기는 목구멍을, 음성은 바람을 비유하였다.

둘째, 여래의 음성을 비유하였다. 골짜기는 여래를, 음성은 인연의 감응을 비유하였다.

셋째, 일체 모든 법을 비유하였다. 이 화엄경에는 생략되어 언급한 바 없으나, 晋本에는 구체적으로 쓰여 있다. 대품경에서 말한 10가지 비유, 또한 메아리는 일체를 비유하였는데, 골짜기는 여래장을, 음성은 無明習氣를 비유하였다.

② '而與法性' 이하는 종합이다. 단 부처님의 음성에 맞춰 말하였을 뿐이다. 이는 가까운 것을 따라 말하였기 때문이다. 그러나 첫 부분 '令諸衆生 隨類各解'까지의 말에는 법과 비유를 포괄하였다. 법으로 말하면 여래의 음성이 법성과 어긋나지 않고 부류를 따르

니, 이는 위에서 말한 '훌륭한 명사와 연구를 잘 나타낸' 데에 부합하고, 비유로 말하면 본래 음성의 事法의 자성에 어긋나지 않고 그 부르는 사람을 따라서 부류별로 모두 각각 이해하도록 하는 것이다.

③ '如帝釋夫人' 이하는 차츰차츰 비유로 밝힌 부분이다. 여기에는 2가지의 뜻이 있다.

㉠ 이는 위에서 말한 부처님의 음성이 하나이지만 각기 다른 부류를 따름을 비유하였고,

㉡ 이는 아래에서 말한 '보살이 무심으로 널리 연설함'을 비유하였다.

④ '보살마하살' 이하는 거듭 종합함이다.

經

此菩薩이 善能觀察一切衆生하야 以廣長舌相으로 而爲演說호되 其聲이 無礙하야 徧十方土하야 令隨所宜하야 聞法各異라
雖知聲無起나 而普現音聲하며 雖知無所說이나 而廣說諸法하며 妙音平等이나 隨類各解하야 悉以智慧로 而能了達하나니 是名菩薩摩訶薩의 第七如響忍이니라

이 보살이 일체중생을 잘 살펴보고 넓고 긴 혀로 연설하되, 그 음성이 걸림이 없어 시방세계에 두루 울려 퍼져, 듣는 이의 편의에 따라 법문을 들을 적에 각각 그들에게 알맞은 다른 음성으로 이해시켜 주는 것이다.

비록 음성이 일어나거나 사라짐이 아닌 것임을 알고 있지만, 중생을 위해 널리 음성을 나타내어 설법하고, 법이란 말할 수 없는 대상인 줄 알고 있지만, 중생을 위해 모든 법을 말하며, 미묘한 음성으로 평등한 법을 말하지만 중생은 제각기 부류에 따라 이해하여, 모두 그들의 지혜로서 일체 법의 실상을 분명히 알도록 마련해 주는 것이다.

이를 보살마하살의 제7. 메아리 같은 인이라 한다.

◉ 疏 ◉

第三 忍成之益이라 於中二니 一은 隨機徧說이오 二'雖知聲'下는 明權實雙行이니 以同於響하야 性相無礙故니라 是則由聞如響之敎하야 了如響之聲하고 發如響之音하야 演如響之法也니라【鈔_ 疏文 可見이라 叡公 讚云'聲以響酬에 相和如一이라 無扣而應하니 誰辨虛實가 業雖虛妄이나 罪福不失이라 若映斯照면 朗如皎日이라' 又爲讚曰'響無所在오 緣會發聲이라 不知自我하고 喜怒交爭이라 妄和眞心하야 事像萬形이어늘 莫知其本하고 終日營營이라'】

3) 인행 성취의 이익이다.

이는 다시 2부분으로 나뉜다.

(1) 중생의 근기에 따라 두루 설법하였다.

(2) '雖知聲無起' 이하는 방편과 실상을 모두 행함을 밝혔다. 이는 메아리와 같아 자성과 모양이 걸림이 없기 때문이다. 이는 메아리와 같은 가르침을 듣고서 메아리와 같은 음성을 알며, 메아리와

같은 음성을 토하여 메아리와 같은 법을 연설함이다.【초_ 청량소의 문장은 설명하지 않아도 알 수 있다. 僧叡의 찬은 다음과 같다.

"음성이 메아리로 울려옴에 서로 화합하여 하나와 같다. 두들기지 않아도 소리가 응하니 누가 虛實을 논변하겠는가. 업은 허망한 것이지만 죄와 복의 과보는 오차가 없다. 만약 이처럼 관조하여 비추면 빛나는 태양처럼 밝으리라."

또 다른 찬은 다음과 같다.

"메아리는 있는 곳이 없다. 인연을 만나 소리가 울려난다. 자아를 알지 못하고 기쁨과 성내는 마음이 서로 다툰다. 허망한 생각이 진심과 한 덩이가 되어 사물의 형상이 수없이 많다. 그 근본을 알지 못한 채, 진종일 허둥댄다."】

第八 如影忍
　　제8. 여영인

經
佛子여 云何爲菩薩摩訶薩의 如影忍고
佛子여 此菩薩摩訶薩이
非於世間生이며 非於世間沒이며
非在世間內며 非在世間外며
非行於世間이며 非不行世間이며

非同於世間이며 非異於世間이며
非往於世間이며 非不往世間이며
非住於世間이며 非不住於世間이며
非是世間이며 非出世間이며
非修菩薩行이며 非捨於大願이며
非實이며 非不實이라
雖常行一切佛法이나 而能辦一切世間事하며
不隨世間流하고 亦不住法流하나니

    불자여, 어떤 것을 보살마하살의 그림자 같은 인이라 하는가?

    불자여, 이 보살마하살은

    세간에 나는 것도 아니고 세간에서 사라지는 것도 아니며,

    세간 안에 있는 것도 아니고 세간 밖에 있는 것도 아니며,

    세간에 다니는 것도 아니고 세간에 다니지 않는 것도 아니며,

    세간과 같이 하지도 않고 세간과 다르게 하지도 않으며,

    세간에 가지도 않고 세간에 가지 않음도 아니며,

    세간에 머물지도 않고 세간에 머물지 않음도 아니며,

    세간도 아니고 출세간도 아니며,

    보살의 행을 닦음도 아니고 큰 서원을 버림도 아니며,

    진실함도 아니고 진실하지 않음도 아니며,

    비록 일체 불법을 항상 행하면서도 일체 세간 일을 행하며,

    세간 무리를 따르지도 않고 법의 흐름에 머물지도 않는다.

● 疏 ●

文分四別이니 一標 二釋 三結 四果라
釋中有三하니 謂法 喩 合이라 今初法中에 有十一對하니 分三이라
初七對는 雙遮顯性하야 以成止行이니 如影無實故오
二非修下 二對는 雙照性相하야 以成觀行이니 如影雖虛而現故라
性則非修나 相乃不捨며 眞卽俗故非實이오 俗卽眞故非不實이라
三'雖常'下 二對는 遮照無礙하야 成雙運自在行이니 初對는 雙照
眞俗이니 卽權實雙行이오 後對는 雙遮眞俗이니 卽權實雙寂이라 遮
照一時 爲雙運이오 互奪無礙爲自在니 以此結上二段이니 同斯
無礙 爲忍相之深玄이라

이의 경문은 4단락으로 나뉜다.

(1) 명제의 표장, (2) 해석, (3) 결론, (4) 결과이다.

'(2) 해석' 부분은 다시 3단락으로 나뉜다.

① 법, ② 비유, ③ 종합을 말한다.

① 법으로 말한 부분은 11가지 대구가 있는데, 이는 다시 3부분으로 나뉜다.

㉠ 7가지 대구는 이것과 저것을 모두 아니라고 부정[雙遮]하는 것으로 근본 성품을 밝혀 '止行'을 성취함이다. 실체가 없는 그림자와 같기 때문이다.

㉡ '非修菩薩行' 이하 2가지 대구는 근본 성품과 현실의 양상을 모두 비춰[雙照] 이로써 '觀行'을 성취함이다. 그림자는 비록 공허하지만 나타나는 것과 같기 때문이다.

근본 성품은 곧 닦을 대상이 아니지만, 현실의 양상을 이에 버리지 않으며, 眞諦가 곧 俗諦이기에 진실함도 아니고, 속제가 곧 진제이기에 진실하지 않음도 아니다.

ⓒ '雖常行一切佛法' 이하 2가지 대구는 모두 부정하고 모두 비춰보는 데에 걸림이 없어 이것저것 모두 자재한 행의 운용을 성취함이다.

첫 대구[雖常行一切佛法 而能辨一切世間事]는 진제와 속제를 모두 비춰보는 것이니, 곧 방편과 실상을 모두 행함이며,

뒤의 대구[不隨世間流 亦不住法流]는 진제와 속제를 모두 부정하는 것이니, 곧 방편과 실상이 모두 고요함이다. 모두 부정하거나 비춰보는 것이 일시에 모두 운용되고, 서로 빼앗아 걸림 없이 자재하다.

이로써 위의 2단락을 끝맺었다. 이처럼 걸림이 없는 바가 심오하고도 현묘한 忍行의 양상이다.

經

譬如日月男子女人舍宅山林河泉等物이 於油於水와 於身於寶와 於明鏡等淸淨物中에 而現其影이나 影與油等이 非一非異며 非離非合이라 於川流中에 亦不漂度하며 於池井內에 亦不沈沒하야 雖現其中이나 無所染著이어늘 然諸衆生이 知於此處에 有是影現하고 亦知彼處에 無如是影하나니 遠物近物이 雖皆影現이나 影不隨物하야 而有近遠인달하야

비유하면 해와 달, 남자와 여인, 집과 숲, 강하와 시내 등등의 물건들이 기름이나 물이나 몸이나 보배나 거울 등의 청정한 물건이면 그 가운데 그 그림자를 나타내지만, 그림자가 기름 등과 하나도 아니고 다르지도 않으며, 서로 여읜 것도 아니고 서로 합한 것도 아니다.

흐르는 강물 속에 있어도 또한 떠내려가지도 않고, 연못 속에 있어도 또한 아래로 빠지지도 않는다. 비록 그 가운데 그림자를 나타내지만, 물들 바가 없다.

그러나 많은 중생은 여기에 이런 그림자가 있는 줄 알고, 또한 저기에는 이런 그림자가 없는 줄 알고 있다. 멀리 있는 물건과 가까이 있는 물건들이 비록 모두 그 그림자를 나타내지만, 그림자는 물건을 따라 멀리 있거나 가까이 있지 않는다.

● 疏 ●

二喩中에 文具五法이니 一 '日等'은 爲所依本質이오 二 '於油' 下는 明能現之處니 上二는 是緣이오 三 '而現其影'은 明緣之所起오 四 '影與油' 下는 明有之非有오 五 '然諸' 下는 愚小謂有니라

② 비유 부분의 경문에는 5가지 법을 갖추고 있다.

㉠ 태양 등은 의지 대상의 본질이고,

㉡ '於油於水' 이하는 나타내주는 주체의 장소를 밝혔다. 위의 2가지는 인연을 말한다.

㉢ '而現其影'은 인연의 일어난 대상을 밝혔고,

㉣ '影與油等' 이하는 있으나 있는 게 아님을 밝혔으며,

㉢ '然諸衆生' 이하는 어리석은 이들이 있지 않은 것을 있다고 생각함이다.

今初에 若約影喩하야 別喩菩薩現身이면 則日等은 喩悲智願等이오 若約影喩하야 通喩一切法이면 則日等喩因이라 其河泉二種은 雖通能現이나 且爲所現이니 長河飛泉이 入鏡中故니라 【鈔_ 長河飛泉 入鏡中故'者는 出是所現之相이니 登樓持鏡이면 則黃河一帶가 盡入鏡中이오 瀑布千丈이 現於徑尺이라 王右丞云 '隔窓雲霧生衣上이오 卷幔山泉入鏡中이라'하니 明是所現矣라】

㉠의 '의지 대상의 본질'을 밝힌 부분에서, 만약 그림자의 비유로 보살의 현신을 개별로 비유할 경우, 태양 등은 大悲·大智·誓願 등을 비유한 것이며, 그림자의 비유로 모든 법을 전반적으로 비유할 경우, 태양 등은 因을 비유한 것이다.

강하와 시내 2가지는 비록 '나타내주는 주체의 장소'에 통하지만, 또한 나타난 대상이기도 하다. 기나긴 강하와 거센 시냇물이 거울 속에 비치기 때문이다. 【초_ "기나긴 강하와 거센 시냇물이 거울 속에 비친다."는 것은 나타난 대상의 모양이 생겨난 것이다. 누각에 올라 거울을 들면 황하 일대가 모두 거울 속으로 들어오고 천 길의 폭포가 지척에 나타나게 된다. 盛唐 시인 王維의 시에 "창 건너 구름 안개, 옷자락에 피어나고, 산중의 폭포는 거울 속으로 들어온다."고 하였다. 이는 시냇물이 나타난 대상임을 밝혀주는 시이다.】

二能現中에 亦有通別하니 別은 喩機感과 及應現處오 通은 喩於緣

635

이니 謂無明等이라【鈔_ '別喩機感'者는 日月로 旣喩菩薩이니 則水等은 喩機며 亦喩菩薩應處니 如影落百川은 喩菩薩身이 充徧法界이오 百川江河는 喩所現國土之處也라】

然此文이 具攝論三喩니 一은 以油水로 對上日月이면 爲水月喩니 喩於定地 所引境界니 以水有潤滑澄淸性故이며 鏡等影像은 闕此潤等일세 喩非定地니라【鈔_ '一以油水'者는 則月影은 喩菩薩悲智오 水는 喩機心이오 水中月은 喩定境界니 謂定中見佛等이오 亦喩徧處定境이니 靑黃赤白等故니라 出現偈에 云'譬如淨月在虛空이면 能蔽衆星示盈缺이라 一切水中皆現影하니 諸有觀瞻悉對前이라 如來淨月亦復然이라 能蔽餘乘示脩短이로다 普現人天淨心水하니 一切皆謂對其前이로다' 叡公偈頌에 云'水月不眞이오 唯有虛影이라 人亦如是어늘 終莫之領하고 爲之驅驅하야 背此眞靜이라 若能悟之면 超然獨醒하리라'】

二는 以於身으로 對上日月이면 爲光影喩니 身映日等하야 而有影故며 弄影多端故로 喩於諸識이라【鈔_ '二以於身'等者는 日月은 喩菩薩悲智오 身은 喩物機오 日照發影은 以喩現身等이어늘 而言 '映日等'者는 等取經上月字와 及燈燭故니라 '弄影多端'者는 上은 約別로 喩菩薩現身이오 此는 約通으로 喩一切諸識이라 動身俯仰은 卽是弄影이니 形端影正이오 形曲影斜라 故云多端이오 以況八識이 依身有異니라】

三은 以寶鏡等으로 對上男子等이면 爲影像喩니 喩非定地果報니 以鏡中影像이 離於本質코 別現鏡等之中이라 故喩於果 與因處

別이라 前映質之影은 雖因日等이나 影乃隨身하고 不於日內而現일세 故喩諸識이 雖託境生이나 異自在我오 非在於境이니라【鈔_ '三以寶鏡'者는 釋第三喩니 疏從通說하야 云'喩非定地果報'는 此攝論意니 對前水月等定境이라 故云非定地니 則鏡은 喩於因이라 故云謂無明等이라 本質은 喩緣이오 影은 喩果報라 故淨名에 云'是身如影이라 從業緣現이라'하고 又鏡은 喩本識이니 如來藏性이오 本質은 喩無明業等이오 像은 喩果報라 如問明品에 若將鏡像하야 別喩菩薩現身이면 則鏡等은 喩菩薩이오 本質은 喩機오 像은 喩菩薩所現之身이라 叡公頌에 曰 '形不入鏡이오 光照而有라 世亦如是하야 業影而受어늘 不知此者는 長嬰其咎라 若能悟之면 還神氣母리라'】

ⓒ의 '나타내주는 주체' 또한 총체와 개별로 나뉜다.

개별로 말하면, 근기 따라 감응함과 응하여 현신한 곳을 비유하였고,

총체로 말하면, 인연을 비유하였다. 無明 등을 말한다.【초_ "개별로 말하면, 근기 따라 감응함을 비유하였다."는 것은 해와 달로 앞서 보살을 비유했는데, 물과 기름 등은 機緣을 비유하였고 또한 보살이 감응한 곳을 비유하였다. 그림자가 수많은 시냇물에 비치는 것은 보살의 몸이 법계에 두루 충만함을 비유하였고, 수많은 시냇물과 기나긴 강하는 나타난 국토의 장소를 비유하였다.】

그러나 여기에서 언급한 경문에는 섭대승론에서 말한 3가지 비유를 모두 갖추고 있다.

첫째, 기름과 물을 위의 해와 달을 상대로 말하면 水月의 비유

이니, '선정의 상태[定地]'에서 인용한 경계를 비유한 것이다. 이는 물에 매끄럽고 맑은 성질이 있기 때문이다. 거울 등의 영상에는 이처럼 매끄러운 등의 성질이 없기 때문에 '선정 아닌 상태[非定地]'에서 비유하였다.【초_ "첫째, 기름과 물"이란 달그림자는 보살의 대비대지를, 물은 機心을, 물 위에 비치는 달은 선정 경계를 비유하였다. 이는 선정 속에서 부처님 등을 친견함이며, 또한 모든 곳이 선정의 경계임을 비유한 것이다. 靑黃赤白 등이기 때문이다.

부처님의 출현을 찬탄한 게송은 다음과 같다.

"해맑은 달이 허공에 뜨면 수많은 별빛 가린 채, 보름달 초승달 모습 보여준다. 모든 강물에 달그림자 나타나니 모든 이들이 모두 앞에 있는 듯 우러러 바라본다. 여래의 청정한 달 또한 그와 같다. 여타의 종파 가린 채, 잘한 점 못한 점 보여주셨다. 人天의 청정한 마음의 강에 널리 비춰주니 일체중생이 모두 나의 앞에 계신다고 말들 한다."

僧叡의 게송은 다음과 같다.

"물 위의 달은 진실이 아니다. 오직 헛된 그림자일 뿐이다. 사람 또한 이와 같은데 끝내 이런 사실을 모른 채, 하염없이 치달리며 이런 진실한 고요를 저버리고 있다. 만약 이를 깨달으면 초탈하여 홀로 깨어 있으리라."】

둘째, 몸으로 위의 해와 달을 상대로 말하면 光影의 비유이다. 몸에 태양 등이 비치면 그림자가 생겨나기 때문이며, 희롱하는 그림자는 여러 가지의 모습이기에 모든 識을 비유하였다.【초_ "둘째, 몸으로 위의 해와 달을 상대" 등이란 해와 달은 보살의 대비대지를, 몸은 중생의 근기를, 햇살이 비쳐 그림자가 생겨나는 것은 현신 등을 비유한 것이다. 그러나 '映日' 등이라 말한 것은 똑같이 경문에서 말한 '月' 자와 '燈燭'을 취하여 말한 까닭이다.

"희롱하는 그림자는 여러 가지의 모습"이라는 것은 위에서 개별로 말할 적에 보살의 현신을 비유했는데, 여기에서는 총체로 일체 모든 識을 비유하였다. 몸을 움직이면서 허리를 굽히고 폄에 따라 생기는 그림자가 곧 희롱하는 그림자이다. 몸이 단정하면 그림자가 반듯하고, 몸을 굽히면 그림자가 기울어진다. 이 때문에 여러 가지의 모습이라 한다. 이로써 八識이 몸에 따라 차이가 있음을 비유한 것이다.】

셋째, 寶鏡 등을 위의 남자 등에 상대로 말하면 影像의 비유이다. '선정 아닌 상태'의 과보를 비유하였다. 이는 거울에 비치는 영상이 본질을 떠나 거울 등의 물체 가운데 각기 달리 나타나기에 과보가 원인의 자리와 달라짐을 비유한 것이다. 앞에서 비치는 바탕의 그림자는 비록 태양 등을 因하나 그림자는 이에 사람의 몸을 따르는 것이지, 태양의 속에 나타나지 않는다. 따라서 모든 識이 비록 경계에 가탁하여 생겨나지만, 차이가 생겨남은 나에게 있는 것이지, 경계에 있지 않음을 비유하였다.【초_"셋째, 寶鏡 등"이란 제3의 비유를 해석하고 있다. 청량소에서는 총체로 설명한 부분을 따라서 "'선정 아닌 상태'의 과보를 비유하였다."는 것은 섭대승론에서 말한 뜻으로, 앞서 말한 水月 등의 선정 경계를 상대로 말한 것이다. 이 때문에 '선정 아닌 상태'라 말하였다. 거울이란 因을 비유한 것이다. 따라서 無明 등이라 말하였다. 본질은 인연을, 그림자는 과보를 비유하였다. 이 때문에 유마경에서 "몸은 그림자와 같다. 업의 인연 따라 나타난다."고 하였다.

또한 거울은 근본식을 비유하니 如來藏性이며, 본질은 無明業 등을, 영상은 과보를 비유하였다. 제10 보살문명품에서 말한 바와 같이 거울의 영상을 개별로 보살의 현신을 비유하면, 거울 등은 보살을, 본질은 機緣을, 영상은 보살의 현신을 비유한 것이다. 僧叡의 게송은 다음과 같다.

"형체가 거울 속으로 들어간 게 아니다. 빛이 비쳐 생겨난 것이다. 세간 또한 이처럼 업의 그림자로 받아온 것인데, 이런 사실을 모르는 이는 길이 그 잘못에 걸려 있다. 만약 이를 깨달으면 정신이 우주의 원기[氣母]에 돌아가리라."】

三明所起中에 亦有通別二果니 可知니라

㉢의 '인연의 일어난 대상'을 밝힌 부분 또한 총체와 개별로 밝힌 2가지 과보이다. 이는 설명하지 않아도 알 수 있다.

四는 明有非有中에 攝多義門이라 於中一異合離는 通顯影義로되 各有四句오 次'於川流'下는 別顯影義니 不通二影이니 如月映淮流에 流水不將月去오 光臨潭上에 萬仞不見光沉이니 喩菩薩同世遷流나 不漂生死하고 證眞寂滅이나 不沉涅槃이라 後'雖現'下는 雙結有無니 喩性相交徹이오 兼於鏡像이라

㉣의 '있으나 있는 게 아님'을 밝힌 부분에는 많은 뜻의 법문을

포괄하고 있다. 그 가운데 "하나도 아니고 다르지도 않으며, 서로 여읜 것도 아니고 서로 합한 것도 아니다."는 것은 그림자 의의를 전반적으로 밝혔지만, 각각 4구가 있다.

다음 '於川流中' 이하는 그림자 의의를 개별적으로 밝혔다. 따라서 2가지의 그림자는 서로 통하지 않는다. 달이 흐르는 淮水에 비치면 흐르는 물이 달을 가져가지 못하며, 빛이 연못 위에 비치면 만 길 깊은 곳에 빛이 잠기는 것을 볼 수 없다. 보살이 세간 중생과 같이 이리저리 흘러 다니지만 생사에 표류하지 않으며, 진여를 증득하여 적멸하지만 열반에 빠지지 않음을 비유하였다.

뒤의 '雖現其中' 이하는 有·無를 모두 끝맺었다. 근본 성품과 현실의 형상이 서로 통함을 비유하였고, 거울의 영상을 겸하였다.

五取爲有中에 由以有無爲有無오 不知卽影하야 了不可取일새 故成執著이라 於中에 先은 取有無爲著이오 後 '遠物' 下는 擧影正義하야 顯上爲執이니 不知此影 無遠近故니라【鈔_ '不知此影'者는 卽釋經中에 影不隨物而有遠近이니 如執鏡臨池에 池中月出이나 而此影不近이오 天上之月은 去地四萬二千由旬이어늘 影落潭中이나 而亦不遠니 以喩菩薩 遠在他方이나 恒住此故오 雖在此處나 常在彼故니 安有遠近之異相耶아 一切遠近은 皆類此知니라】

㉤의 '어리석은 이들이 있지 않은 것을 있다고 생각한' 부분에서는 있고 없는 것으로 있다느니 없다느니 말들 하지만, 그림자에서 마침내 취할 수 없음을 알지 못함에 따라 이와 같은 집착을 만들어 낸 것이다. 그 가운데, 앞부분에서는 '있다느니 없다느니' 이

런 생각으로 집착하고, 뒤의 '遠物' 이하는 그림자의 正義를 들어 위에서 집착하게 된 이유를 밝힌 것이다. 이 그림자는 遠近이 없음을 알지 못하였기 때문이다.【초_ "이 그림자는 원근이 없음을 알지 못하였기 때문이다."는 것은 경문의 "그림자는 물건을 따라 멀리 있거나 가까이 있지 않음"을 해석한 것이다. 거울을 들고서 연못에 다가서면 연못 가운데 달의 그림자가 있으나 이 그림자는 가까이 있지 않고, 하늘 위의 달은 지구와 4만 2천 由旬의 거리이다. 하지만 그림자가 연못에 떨어져 있으나 또한 멀리 있지도 않다. 이로써 보살이 멀리 다른 지방에 있을지라도 항상 여기에 머물고, 이곳에 있을지라도 항상 저기에 있음을 비유하였다. 어찌 멀고 가까운 다른 모양이 있을 수 있겠는가. 모든 멀리 있고 가까이 있는 것은 모두 이와 같음을 알 수 있다.】

經
菩薩摩訶薩도 亦復如是하야 能知自身과 及以他身이 一切皆是智之境界하야 不作二解하야 謂自他別이나 而於自國土와 於他國土에 各各差別하야 一時普現하며 如種子中에 無有根芽莖節枝葉호되 而能生起如是等事인달하야 菩薩摩訶薩도 亦復如是하야 於無二法中에 分別二相하야 善巧方便으로 通達無礙하나니 是名菩薩摩訶薩의 第八如影忍이니라

보살마하살 또한 그와 같다. 나의 몸이나 다른 이의 몸, 그 모

든 것이 다 지혜의 경계임을 알고서, 두 가지로 해석하여 나와 남을 분별하지 않지만, 자기의 국토와 다른 이의 국토에 각각 다른 모습으로 일시에 널리 몸을 나타내는 것이다.

마치 씨앗 속에 뿌리, 움, 줄기, 마디, 가지, 잎이 없지만 그런 모든 것을 돋아내는 것처럼, 보살마하살 또한 그와 같다. 둘이 없는 법에서 두 가지 모양을 분별하여, 뛰어난 방편으로 걸림 없이 통달하는 것이다.

이를 보살마하살의 제8. 그림자 같은 인이라 말한다.

● 疏 ●

第三合中二니
先은 正合前文이라 於中에 初는 擧智境하야 合前本質이오 次'而於'下는 合前油等이오 後'各各'下는 合前現影이라
二'如種子'下는 轉以喩合非有之有이라 於中에 先喩後合이라 有無無礙를 名爲方便等이라
第三 結은 可知니라

③ 종합 부분은 2단락으로 나뉜다.
㉠ 앞의 경문과 바로 종합하였다.
그 가운데 첫째는 지혜 경계를 들어 앞의 본질에 맞춰 말하였고, 둘째, '而於自國土' 이하는 앞의 기름 등에 맞춰 말하였으며, 셋째, '各各差別' 이하는 앞의 나타난 그림자에 맞춰 말하였다.
㉡ '如種子中' 이하는 이리저리 비유로써 '있는 것이 아닌 있

음'에 맞춰 말하였다. 그 가운데, 앞은 비유이고 뒤는 종합이다. 있고 없는 데에 걸림이 없음을 方便 등이라 말한다.

　(3) 명제의 결론은 설명하지 않아도 알 수 있다.

經
菩薩摩訶薩이 **成就此忍**에 **雖不往詣十方國土**나 **而能普現一切佛刹**하야 **亦不離此**하며 **亦不到彼**하고 **如影普現**하야 **所行無礙**하야 **令諸衆生**으로 **見差別身**이 **同於世間堅實之相**이나 **然此差別**이 **卽非差別**이라 **別與不別**이 **無所障礙**하나니 **此菩薩**이 **從於如來種性而生**하야 **身語及意 淸淨無礙**일세 **故能獲得無邊色相淸淨之身**이니라

　보살마하살이 이런 인을 성취하면, 비록 시방세계를 찾아가지 않을지라도 일체 세계에 널리 몸을 나타내되, 또한 이곳을 떠난 적도 없고, 또한 저곳에 찾아간 적도 없다.

　마치 그림자가 두루 나타나듯이 가는 곳마다 걸림이 없어, 중생으로 하여금 각기 다른 보살의 몸이 세간의 굳고 진실한 모양처럼 똑같이 보도록 하지만, 이처럼 각기 다른 몸은 차별이 없는 하나의 똑같은 몸이다. 각기 다른 몸이나 차별 없는 똑같은 몸이 걸리는 바가 없다.

　이런 보살은 여래의 종성을 받아 태어나 몸과 말과 뜻이 청정하여 걸림이 없기에 그지없는 몸매와 청정한 몸을 얻은 것이다.

● 疏 ●

第四果中三이니

初는 得稱性之身이니 如影不往而至하고 不分而徧故니라

次'然此'下는 結成無礙니 以無差是差之無差故로 雖不往而徧하야 令物見殊요 差是無差之差故로 雖徧而不在彼此니라

後'此菩薩'下는 顯此身因이니 其無邊身은 近局果中이오 亦通前法이라

(4) 결과 부분은 3단락으로 나뉜다.

① 성품과 하나가 된 몸을 얻은 것이다. 그림자처럼 찾아가지 않고서도 그 자리에 이르고, 몸을 나누지 않고서도 하나의 몸으로 두루 찾아가기 때문이다.

② '然此差別' 이하는 걸림이 없음을 끝맺은 것이다.

'차별이 없음'은 차별 속에 차별이 없기 때문에 비록 찾아가지 않고서도 두루 이르러, 중생으로 하여금 각기 다른 모습을 보게 하며,

'차별'은 차별이 없는 차별이기에 비록 두루 찾아가지만 여기에도 저기에도 있지 않다.

③ '此菩薩' 이하는 몸의 원인을 밝혔다. 그 그지없는 몸[無邊身]은 가까이 결과에 국한하고, 또한 앞의 법에도 통한다.

第九 如化忍

제9. 여화인

佛子여 **云何爲菩薩摩訶薩**의 **如化忍**고
佛子여 **此菩薩摩訶薩**이 **知一切世間**이 **皆悉如化**하나니
所謂一切衆生意業化니 **覺想所起故**며
一切世間諸行化니 **分別所起故**며
一切苦樂顚倒化니 **妄取所起故**며
一切世間不實法化니 **言說所現故**며
一切煩惱分別化니 **想念所起故**며
復有淸淨調伏化하니 **無分別所現故**며
於三世不轉化니 **無生平等故**며
菩薩願力化니 **廣大修行故**며
如來大悲化니 **方便示現故**며
轉法輪方便化니 **智慧無畏辯才所說故**니라

불자여, 어떤 것을 보살마하살의 변화와 같은 인이라 하는가?

불자여, 이 보살마하살은 일체 세간이 모두 변화와 같음을 알고 있다.

이른바 일체중생의 뜻으로 짓는 업의 변화이다. 감각의 생각으로 생긴 바이기 때문이다.

일체 세간의 모든 행위의 변화이다. 분별의 마음에서 생긴 바이기 때문이다.

일체 고통과 즐거움의 전도된 변화이다. 허망한 집착으로 생긴 바이기 때문이다.

일체 세간의 진실하지 않은 법의 변화이다. 말로 나타낸 바이기 때문이다.

일체 번뇌로 분별하는 변화이다. 생각으로 일으킨 바이기 때문이다.

또한 청정하게 조복하는 변화이다. 분별심 없이 나타난 바이기 때문이다.

삼세에 전변하지 않는 변화이다. 생사 없이 평등한 바이기 때문이다.

보살의 원력의 변화이다. 엄청난 수행 때문이다.

여래의 큰 자비의 변화이다. 방편으로 보여준 바이기 때문이다.

법륜을 굴리는 방편의 변화이다. 지혜와 두려움이 없는 변재로 말한 바이기 때문이다.

● 疏 ●

文分四別이니 一標 二釋 三結 四果라 標云化者는 無而忽有故오 釋中有三하니 謂法 喩 合이라

이의 경문은 4부분으로 나뉜다.

(1) 명제의 표장, (2) 해석, (3) 결론, (4) 결과이다.

(1) 명제의 표장에 '변화[化]'라 말한 것은 없다가 갑자기 생겨나기 때문이다.

(2) 해석 부분은 다시 3단락으로 나뉜다.

① 법, ② 비유, ③ 종합을 말한다.

法中二니 先은 總標니 標法同喩니 具能所知라 旣知一切世間인댄 不局所化情類오 畧標世間이나 應具出世니라 後'所謂'下는 別顯이니 先顯所知하고 後顯能知니라

前中十句는 前五는 染化오 後五는 淨化니라

今初는 不出業惑苦三이니 前四는 是苦니 卽五蘊相이라

一은 識由想起오

二는 行因識生이니 分別是識故오

三은 受因想起니 想取愛憎相故오

四는 色亦行生이니 無記報色이 如沫不實이니 名言熏習이 卽是行故오

五는 卽是惑이니 惑由想行이니 念卽行故니라 業通二處니 初句意業과 此句分別이 皆是業故니라 此中意等이 從緣無性은 如化不實이오 本無今有는 如化相現이라 故仁王에 云'法本自無로되 因緣生諸'라하니 淨化二義를 倣此可悉이라【鈔_ '故仁王'者는 證上'不實·相現'二義라 然有二義하니 一은 因緣生之니 卽是相現이니 由緣生故로 有來卽無니 云'法本自無'는 卽無實義라 二者는 兩句 共成一義니 謂自者는 從也라 從無之有曰生이니 非本先有일새 故云'法本自無'라하고 遇緣則起일새 故云'因緣生諸'라하야늘 斯則但用'因緣生諸'하야 卽成二義니 謂因緣生故相有오 緣生無性故無實이오 正順無而忽有名化라 故引此文이니라】

①법으로 말한 부분은 다시 2단락으로 나뉜다.

㉠ 총괄하여 밝혔다. 일체 세간의 법이 똑같은 비유임을 밝혔

다. 앎의 주체와 앎의 대상을 모두 갖추고 있다. 이미 일체 세간의 법을 안다면 교화 대상은 情識의 유에 국한하지 않으며, 간단하게 '세간'이라 말했지만, 당연히 출세간까지 갖추고 있다.

㉡ '所謂一切衆生' 이하는 개별로 밝혔다. 앎의 대상을 먼저 밝혔고, 앎의 주체를 뒤에 밝혔다.

'앎의 대상을 먼저 밝힌 부분'은 10구이다.

앞의 5구는 오염의 변화[染化]이고,

뒤의 5구는 청정의 변화[淨化]이다.

앞의 5구는 業·惑·苦 3가지에서 벗어나지 않는다. 앞의 4구는 苦이다. 곧 五蘊의 양상이다.

제1구[一切衆生意業化]는 識이 想에 의해 일어나고,

제2구[一切世間諸行化]는 行이 識에 의해 생겨나니, 분별심이 識이기 때문이며,

제3구[一切苦樂顚倒化]는 受가 想에 의해 일어나니, 애증의 모습을 想으로 취하기 때문이며,

제4구[一切世間不實法化]는 色 또한 行이 생겨나니, 無記報色이 물거품처럼 실체가 없다. 名言熏習이 곧 이런 行이기 때문이다.

제5구[一切煩惱分別化]는 惑이다. 惑은 想에 의해 행하니, 念이 곧 行이기 때문이다. 業이란 2곳에 모두 통한다. 제1구의 意業과 이 구절에서 말한 '分別'이 모두 업이기 때문이다. 이 부분에서 말한 '意' 등이 인연 따라 생겨나 자성이 없음은 실체가 없는 변화와 같고, 본래 없다가 지금에 있는 것은 변화의 양상이 나타난 것과

같다. 따라서 인왕경에 이르기를 "법은 본래 없다가 인연으로 모든 것을 일으켰다."고 하니, '청정 변화'의 2가지 뜻을 이에 준하여 살펴보면 알 수 있다.【초_ "따라서 인왕경에 이르기를"이란 위의 '不實'·'相現' 2가지 뜻을 증명한 것이다. 그러나 2가지 의의가 있다.

첫째, 인연이 모든 것을 일으켰다는 것은 곧 '변화의 양상이 나타난 것[相現]'이며, 인연에 의해 생겨난 까닭에 있는 존재는 곧 없는 데서 유래한 것이다. "법은 본래 없다[法本自無]."는 것은 곧 '실체가 없다[無實].'는 뜻이다.

둘째, 2구로 함께 하나의 의의를 형성한 것이다. '自'라는 것은 '…을 따라[從]'라는 뜻이다. 없던 데에서 있는 데로 가는 것을 생겨났다[生]고 말한다. 본래 이전에 있었던 것이 아니기에 "법은 본래 없다."고 말하며, 인연을 만나면 일어나기에 "인연으로 모든 것을 일으켰다."고 말한다. 여기에서는 단 "인연으로 모든 것을 일으켰다."는 구절만을 인용하여 2가지 의의를 이루고 있다. 인연 따라 생겨난 까닭에 모양이 있고, 인연 따라 생겨남이 자성이 없기 때문에 실체가 없고, 바로 없는 데서 갑자기 있기에 그 이름을 '변화[化]'라 한다. 이 때문에 이 문장을 인용한 것이다.】

後明'後五淨'中에 一은 方便調生이 依眞智故오 二는 湛然眞智 由理成故니라 故上文云'智入三世하야 了法平等'이라하다 三은 願由行滿이오 四는 慈悲 復依方便立故오 五는 具無畏辯하야 能轉法故일세니라【鈔_ '四慈悲'者는 卽出現品文이라 故彼偈云'譬如樹林依地有하며 地依於水得不壞하며 水輪依風風依空호되 而其虛空無所

依인달하야 一切佛法依慈悲하며 慈悲復依方便立하며 方便依智智依慧호되 無礙慧身無所依로다'하니 彼說五重相依로되 今此는 但要慈悲依方便이니 方便은 卽後得智니 慈悲는 以後得智爲體라 後得智中에 與樂拔苦故일세니라】

뒤는 '뒤 5구의 청정의 변화'를 밝힌 부분으로 다음과 같다.

제1구[淸淨調伏化]는 방편으로 중생을 조복함이 참 지혜에 의하기 때문이다.

제2구[於三世不轉化]는 담담한 참 지혜가 이치에 의해 이뤄지기 때문이다. 따라서 위의 경문에서 "지혜로 삼세에 들어가 법의 평등함을 잘 안다."고 말하였다.

제3구[菩薩願力化]는 서원이 행에 의해 원만하기 때문이다.

제4구[如來大悲化]는 자비는 다시 방편에 의해 세워지기 때문이다.

제5구[轉法輪方便化]는 두려움이 없는 변재를 갖춰 법륜을 굴리기 때문이다.【초_ 제4구에서 말한 慈悲는 제37 여래출현품에서 뽑은 경문이다. 여래출현품에서 말한 게송은 다음과 같다.

"나무숲은 대지를 의지해 있고, 대지는 물을 의지하여 무너지지 않으며, 물은 바람을 의지하고 바람은 허공을 의지하지만, 허공은 의지한 바 없다. 일체 불법이 자비를 의지하고, 자비는 또한 방편을 의지하고, 방편은 智를 의지하고, 智는 慧를 의지하되 걸림 없는 慧身은 의지한 바 없다."

여래출현품에서는 서로 의지함을 5중으로 말했지만, 여기에서는 단 "자비는 방편에 의한다."는 구절만을 필요로 한다. 방편은 後得智이다. 자비는 후득지로 본체를 삼는다. 후득지에서 즐거움을 주고 고통을 없애주기 때문이다.】

經
菩薩이 如是了知世間出世間化하야 現證知하며 廣大知하며 無邊知하며 如事知하며 自在知하며 眞實知하야 非虛妄見의 所能傾動이라 隨世所行호되 亦不失壞하나니라

　　보살이 이와 같이 세간과 출세간이 변화인 줄 알고서, 눈앞에 증명하여 알고, 광대하게 알고, 그지없이 알고, 사실대로 알고, 자재하게 알고, 진실하게 알기에, 허망한 소견으로 흔들리는 바가 아니다. 세간을 따라 행하여도 또한 잘못되지 않는다.

● 疏 ●
二는 別顯能知라 於中에 初二句는 結前生後니 世間은 結前染이오 出世는 結前淨이며 亦結餘所不盡이니 謂乃至一法過於涅槃이라도 亦如化故니라 或說涅槃不如化者는 大品云 '爲新發意菩薩이 恐其驚怖하야 分別生滅 方如化故'라하니 餘는 如幻說이라 了知之言은 卽是生後니라
次 '現證'下는 正顯能知라 上言了知는 知有六義하니 一은 若事若理 非比度故오 二는 旁無遺故오 三은 契中道故오 四는 稱俗境故오 五는 眞俗無礙故오 六은 歸一實諦故니라

後‹非虛妄›下는 結上六知니 處眞道而不傾이오 行非道而不壞니라

뒤는 앎의 주체를 개별로 밝혔다. 이 가운데 첫 2구는 앞의 문장을 끝맺으면서 뒤의 문장을 일으키고 있다. '세간'은 앞서 말한 '오염의 변화'를 끝맺었고, '출세간'은 앞서 말한 '청정의 변화'를 끝맺었으며, 또한 나머지 그지없는 바를 끝맺었다. 심지어 어떤 법이 열반보다 더 뛰어나다 할지라도 그 또한 변화와 같기 때문이다.

어떤 사람이 "열반이란 변화와 같지 않다."고 말한 것은 대품경에 이르기를 "신발의보살을 위하여, 그가 놀라고 겁낼까 두려워한 나머지, 생멸이 바야흐로 변화와 같다고 분별한 까닭이다."고 하였다. 나머지는 如幻忍에서 말한 바와 같다. '了知世間出世間化'의 了知라는 말은 뒤의 문장을 일으키고 있다.

다음 '現證' 이하는 앎의 주체를 바로 밝혔다. 위에서 말한 '잘 안다[了知].'는 것은 6가지의 의의를 잘 아는 것이다.

첫째, 사법계와 이법계에 비교나 헤아림이 아니기 때문이며,

둘째, 사방으로 빠뜨림이 없기 때문이며,

셋째, 중도에 부합하기 때문이며,

넷째, 俗諦의 경계에 어긋남이 없기 때문이며,

다섯째, 眞諦와 俗諦에 걸림이 없기 때문이며,

여섯째, 하나의 실상 진리에 귀의하기 때문이다.

뒤의 '非虛妄' 이하는 위의 6가지 앎을 귀결 지은 것이다. 진실한 도에 머물면서 흔들리지 않음이며, 도가 아닌 세속을 따라 행하되 파괴되지 않음이다.

譬如化

不從心起며 不從心法起며

不從業起며 不受果報며

非世間生이며 非世間滅이며

不可隨逐이며 不可攬觸이며

非久住며 非須臾住며

非行世間이며 非離世間이며

不專繫一方이며 不普屬諸方이며

非有量이며 非無量이며

不厭不息이며 非不厭息이며

非凡非聖이며 非染非淨이며

非生非死며 非智非愚며

非見 非不見이며

非依世間이며 非入法界며

非黠慧며 非遲鈍이며

非取 非不取며

非生死 非涅槃이며 非有 非無有인달하니라

    비유하면 변화와 같은 것은

    마음에서 일어난 것도 아니고 마음의 법에서 일어난 것도 아니며,

    업에서 일어난 것도 아니고 과보를 받은 것도 아니며,

세간에서 생겨난 것도 아니고 세간에서 사라지는 것도 아니며,

따라갈 수도 없고 끌어올 수도 없으며,

오래 머문 것도 아니고 잠깐 머문 것도 아니며,

세간에 행하는 것도 아니고 세간을 떠난 것도 아니며,

한 곳에 얽매이지도 않고 여러 곳에 널리 붙지도 않으며,

한량이 있는 것도 아니고 한량이 없는 것도 아니며,

싫지도 않고 쉬지도 않고 싫거나 쉬지 않는 것도 아니며,

범부도 아니고 성인도 아니며,

물들지도 않고 청정하지도 않으며,

나지도 않고 죽지도 않으며,

지혜롭지도 않고 어리석지도 않으며,

보는 것도 아니고 보지 않는 것도 아니며,

세간에 의지함도 아니고 법계에 들어감도 아니며,

영악하지도 않고 우둔하지도 않으며,

가진 것도 아니고 가지지 않은 것도 아니며,

생사도 아니고 열반도 아니며,

있는 것도 아니고 있지 않은 것도 아니다.

● 疏 ●

第二喩中에 應開四義니 一 能化者는 以喩因緣이오 二 化現事는 喩所起果오 三은 現用而無實이오 四는 愚小謂眞이라 故十喩傳에 云 '猶如化事 雖空無實이나 能令衆生으로 憂苦瞋恚하고 喜樂癡惑

인달하야 諸法亦爾니라 云何無實고 如彼化人이 無生老死苦樂하야 異餘人故라하니라

文中에 有四十句하니 初句는 標오 次 三十七句는 一向雙非로 以顯無實이오 後'非有非無有'는 義通二種이니 一은 亦是雙非니 謂無有亦無故오 二는 雙融性相이니 化不實故非有오 現化事故非無有라 對成四句와 及一異等은 準前思之니라【鈔_ 叡公云'衆生如化하야 非有非眞이어늘 不達此者는 轉如車輪이라 解法淸淨이면 無我無人이오 衆垢消除하야 如日無雲이로다'】

② 비유 부분은 4가지 의의로 나뉜다.
㉠ 변화의 주체는 인연을 비유하고,
㉡ 변화로 나타난 일은 일으킨 바의 결과를 비유하며,
㉢ 작용을 나타내지만 실상이 없고,
㉣ 어리석은 이들은 이를 진실하다고 생각하기 때문이다.
十喩傳에서 다음과 같이 말하였다.
"마치 변화의 일이란 공하여 실체가 없으나, 중생으로 하여금 걱정·고통·성냄·기쁨·즐거움·어리석음·미혹하도록 만드는 것처럼, 모든 법 또한 그와 같다. 어찌하여 실체가 없는 것일까? 저 변화와 같은 사람은 태어나고 늙어가고 죽어가는 고통과 즐거움이 없어, 그 여타의 사람들과 다르기 때문이다."

이의 경문은 40구이다.
첫 구절[譬如化]은 명제의 표장이고,
다음 37구는 하나같이 이것도 저것도 아니라는 것으로 실체가

없음을 밝혔고,

마지막의 "있는 것도 아니고 있지 않은 것도 아니다." 구절의 뜻은 2가지에 모두 통한다.

첫째, 또한 이것도 저것도 아니다. 있다는 것, 없다는 것 또한 그 자체가 없기 때문이다.

둘째, 근본 성품과 현실의 양상을 모두 융합하는 것이다. 변화는 실체가 아니기에 있는 것이 아니고, 변화의 일을 나타낸 까닭에 있지 않은 것도 아니다.

4구를 이루고 있는 것과 하나니 다르다느니 등의 상대는 앞의 경문에 준하여 생각하면 알 수 있다.【초_ 僧叡의 게송은 다음과 같다.

"중생은 변화와 같아 있는 것도 아니고 진실도 아니련만 이를 알지 못한 이들은 수레바퀴처럼 굴리고 굴린다. 법을 이해한 바 청정하면 '나'라는 것도 없고 '남'이라는 것도 없다. 모든 더러운 때가 사라져 구름 한 점 없는 하늘의 태양과 같으리라."】

經

菩薩도 如是하야 善巧方便으로 行於世間하야 修菩薩道하야 了知世法하야 分身化往호되 不着世間하고 不取自身하야 於世於身에 無所分別하며 不住世間하고 不離世間하며 不住於法하고 不離於法하야 以本願故로 不棄捨一衆生界하며 不調伏少衆生界하며 不分別法호되 非不

分別이며 知諸法性이 無來無去하야 雖無所有나 而滿足佛法하며 了法如化하야 非有非無니라

　　보살이 이처럼 뛰어난 방편으로 세간에 다니면서 보살의 도를 닦아 세간의 법을 분명히 알고, 분신으로 변화하여 시방 국토를 찾아가지만,

　　세간에 집착하지도 않고 자기의 몸에 집착하지도 않으며,

　　세간과 자기의 몸에 대하여 분별심이 없으며,

　　세간에 머물지도 않고 세간을 떠나지도 않으며,

　　법에 머물지도 않고 법을 여의지도 않는다.

　　본래의 서원이 있기에,

　　하나의 중생세계를 버리지도 않고 조그만 중생세계를 조복하지도 않으며,

　　법을 분별하지도 않고 분별하지 않음도 아니며,

　　모든 법성이 오는 것도 없고 가는 것도 없음을 알고서,

　　비록 소유한 바 없으나 불법에 만족하며, 법이 변화와 같아 있는 것도 아니고 없는 것도 아님을 아는 것이다.

● 疏 ●

第三合中二니 先은 化行이오 後 '佛子' 下는 化益이라
前中四니
一은 起化用이니 以同化相有故니라 然但云 '菩薩如是' 者는 以上諸非 一一通法이라 故指上如是하야 爲善巧方便이오

二'不著'下는 明化智니 以了化不實故요

三'以本願'下는 雙非顯中이요

四'了法'下는 結示化旨니라

③ 종합 부분은 2단락으로 나뉜다.

앞은 변화의 시행이요,

뒤의 '佛子' 이하는 변화의 이익이다.

'앞의 변화 시행'은 다시 4부분으로 나뉜다.

㉠ 변화의 작용을 일으킴이다. 변화의 양상이 있는 것과 같기 때문이다. 그러나 단 '보살이 이처럼[菩薩如是]'이라 말한 것은 위에서 말한 '이것도 저것도 모두 아니다.'는 뜻이 하나하나 법에 통하기에, 위의 이와 같은 부분을 가리켜 '뛰어난 방편[善巧方便]'이라 말하였다.

㉡ '不著' 이하는 변화의 지혜를 밝혔다. 변화의 실체가 없음을 알기 때문이다.

㉢ '以本願' 이하는 '이것도 저것도 모두 아니다.'는 것으로 중도를 밝혔다.

㉣ '了法' 이하는 변화의 종지를 끝맺었다.

經

佛子여 菩薩摩訶薩이 如是安住如化忍時에 悉能滿足一切諸佛菩提之道하야 利益衆生하나니 是名菩薩摩訶薩의 第九如化忍이니라

불자여, 보살마하살이 이와 같이 변화와 같은 인에 안주할 적에 일체 모든 부처님의 보리의 도가 원만하여 중생에게 이익을 주는 것이다.

이를 보살마하살의 제9. 변화와 같은 인이라 한다.

◉ 疏 ◉

化益及結은 文顯可知니라

경문의 뜻이 분명하여 설명하지 않아도 알 수 있다.

經

菩薩摩訶薩이 成就此忍하면 凡有所作이 悉同於化하나니
譬如化士하야 於一切佛刹에 無所依住하며
於一切世間에 無所取着하며
於一切佛法에 不生分別호되 而趣佛菩提하야 無有懈倦하며
修菩薩行하야 離諸顚倒하며
雖無有身이나 而現一切身하며
雖無所住나 而住衆國土하며
雖無有色이나 而普現衆色하며
雖不著實際나 而明照法性平等圓滿이니라
佛子여 此菩薩摩訶薩이 於一切法에 無所依止일세 名解脫者며

一切過失을 悉皆捨離일세 名調伏者며

不動不轉하고 普入一切如來衆會일세 名神通者며

於無生法에 已得善巧일세 名無退者며

具一切力하야 須彌鐵圍 不能爲障일세 名無礙者니라

    보살마하살이 이런 변화와 같은 인을 성취하면 모든 하는 일이 모두 변화와 같다.

    마치 변화와 같은 보살은 일체 세계에 의지하여 머무는 바가 없고,

    일체 세간에 집착한 바 없으며,

    일체 불법에 분별심을 내지 않으면서도 부처님의 보리에 나아가기를 게을리 아니하고,

    보살의 행을 닦아 모든 전도몽상을 여의며,

    비록 몸이 없으나 일체의 몸을 나타내고,

    비록 머무는 데가 없으나 여러 국토에 머물며,

    비록 색상이 없으나 여러 색상을 나타내고,

    비록 실상의 경계에 집착하지 않으면서도 법성을 밝게 비추어 평등하고 또한 원만하였다.

    불자여, 이 보살마하살이 일체 법에 의지한 바 없기에 해탈한 이라 하고,

    모든 과실을 모두 버렸기에 조복한 이라 하며,

    동하지도 않고 옮기지도 않으면서 일체 여래의 대중법회에 두루 들어가기에 신통한 이라 하고,

생사가 없는 법에 이미 뛰어난 방편을 얻었기에 물러섬이 없는 이라 하며,

일체 모든 힘을 갖추어 수미산과 철위산도 장애가 되지 못하기에 걸림 없는 이라 말한다.

● 疏 ●

第四果中에 先得利他業用之果요 後'佛子'下는 得依自利하야 立勝名果니라

(4) 결과 부분 가운데, 앞은 利他의 작용에 의한 결과를 얻은 것이며,

뒤의 '佛子' 이하는 自利에 의해 훌륭한 명칭을 세우게 된 결과를 얻은 것이다.

第十如空忍

中 亦四니 謂標 釋 結 果라

今은 初라

제10. 여공인

이 또한 4부분이다.

(1) 명제의 표장, (2) 해석, (3) 결론, (4) 결과이다.

이는 '(1) 명제의 표장'이다.

經

佛子여 云何爲菩薩摩訶薩의 如空忍고

불자여, 어떤 것을 보살마하살의 허공 같은 인이라 하는가?

● 疏 ●

標云如空은 如空所喻 通一切法이니 佛地는 喻淸淨法界이니 以離差別相故오 及中邊等論은 喻圓成實이니 但是此中一義라 然其喻相이 小異諸喻하니 諸喻開義는 多分有五하니 雖正取所成幻等하야 以喻於法이로되 而亦取緣等하야 以顯無性이어니와 此中喻相은 不開別法이오 直指於空에 具含多義하야 以喻於法이라

又此諸喻 若約能喻인댄 前五는 多取似有하야 以破實有하고 化喻는 以不有有로 破似有어니와 此喻는 以性相俱絶로 破於一切니라

又前六은 遣有會空 多하고 依空立有 少어니와 此一은 遣有入空 少하고 依空立有 多니라

又上所喻는 則通一切어니와 此中能喻는 則具多義하고 所喻는 各隨別義하야 喻一類法이라【鈔_ '又前六'下는 三重將空喻對六이니 明空有不同義하야 成諸喻는 共喻於空하고 空喻는 却成於有로되 此中能喻者는 謂如一空에 有無相義하고 有無起義와 一味義等이라 言'所喻各別'者는 謂無相은 但喻事法界오 無起는 但喻世界오 一味는 但喻敎法等故니라】

　명제의 표장에 '허공 같은 인'이라 말한 것은 허공과 같다는 비유 대상이 일체 모든 법에 통한다. 佛地論에서는 이를 청정법계에

663

비유하였다. 이는 차별의 양상을 여의었기 때문이다. 그리고 中邊論 등에서는 圓成實性에 비유하였다. 그러나 이는 단 허공과 같다는 비유 가운데, 일부분의 의의일 뿐이다.

그러나 그 비유의 양상이 여러 비유와는 조금 다르다. 여러 비유에서 구분하는 의의는 대체로 5가지가 있다. 바로 '요술과 같은 [如幻]' 것을 성취하는 등을 취하여 법을 비유하고 있으나, 또한 인연 등을 취하여 자성이 없음을 밝혀왔다. 하지만 여기에서 비유한 양상은 개별의 뜻을 가진 법을 나누지 않고 많은 의의를 포괄한 空을 직접 가리켜 법을 비유하였다.

또한 여러 비유에 있어, 비유의 주체로 말하면 앞의 5가지 인은 '있는 것처럼 보이는 것'들을 대부분 취하여 實有를 타파하였고, '변화와 같은 인[如化忍]'의 비유는 '있지 않음의 있음[不有有]'으로 있는 것처럼 보이는 有를 타파했지만, 여기에서 말한 '허공 같은 인'의 비유는 근본 성품과 현실의 양상이 모두 끊어진 자리에서 일체를 타파한 것이다.

또한 앞의 6가지 인은 有를 떨쳐버리고 空으로 회통한 부분이 많고, 空에 의해 有를 세운 부분이 적지만, 여기에서 말한 '허공 같은 인'에서는 有를 떨쳐버리고 空으로 들어간 부분이 적고, 空에 의해 有를 세운 부분이 많다.

또한 위에서 말한 비유의 대상은 일체에 통하지만, 여기에서 말한 비유의 주체는 여러 가지 의의를 갖추고, 비유의 대상은 각각 개별의 의의를 따라 하나의 유에 대한 법을 비유하였다.【초_"또한 앞의 6가지 인" 이하는 3중으로 空과 같다는 비유로 6가지의 忍을 상대로 말하였다. 이는 空과 有는 같지 않다는 의의를 밝혀, 모든 비유는 모두 空에 비유하였고, 空의 비유는 도리어 有를 형성한 것으로 이뤄졌지만, 여기에서는 비유의 주체는 하나의 空에 '모양이 없다[無相].'는 의의가 있고, '일어남이 없다[無起].'는 의의, 그리고 '하나이다[一味].'는 의의 등을 말한다.

"비유의 대상은 각각 개별의 의의를 따라"라고 말한 것은 無相은 事法界를 비유할 뿐이고, 無起는 세계를 비유할 뿐이고, 一味는 敎法 등을 비유할 뿐이기 때문이다.】

然龍樹十喩는 以四復次로 釋如空義니
一은 近無遠有니 謂如虛空이 非可見法이나 以遠視故로 眼光回轉하야 則見縹色인달하야 一切諸法도 亦復如是하야 空無所有로되 以凡夫人 遠無漏慧하야 棄捨實相일새 則見彼我男女等物이나 而實此物은 竟無所有니라
二는 約性淨不染이오
三은 約無初中後오
四는 約體實無物이라

及佛地有十復次하고 上八地中에 空有十義하니 皆是畧明이라

【鈔_ 及佛地十義와 菩薩八地十義는 此之二經에 文皆十義로되 意各不同이라 佛地十義는 喩如來淸淨法界니 一은 體唯一味오 二는 性淨無染이오 三은 無起作이오 四는 無生滅이오 五는 無增減이오 六은 無去來動轉이오 七은 無成壞오 八은 無變異勞倦이오 九는 非諸

相이오 十은 無所起作이라 觀其經文컨대 十與三同이로되 而三은 是含容無起作이오 十은 是生起無起作이니 三合云無能所라하다 若觀論이면 結十은 應言無分別이오 三은 應云無作意니라 八地者는 十相不同이라 謂一은 無量相이오 二는 周徧相이오 三은 無形相이오 四는 無異相이오 五는 無邊相이오 六은 顯現色身相이라 文唯有六이나 例合有十耳라 但語於空이오 又不別喩相法이라】

그러나 용수보살의 10가지 비유는 4중의 '또한[復次]'으로 허공과 같다는 의의를 해석하였다.

① 가까이서 보면 없지만 멀찌감치 보면 있는 것처럼 보인다. 허공은 볼 수 있는 존재가 아니지만, 멀리 바라본 까닭에 눈빛이 회전하면서 곧 나풀거리는 색이 있는 것처럼 보이듯이, 일체 모든 법 또한 그와 같다. 공하여 있는 바가 없지만, 범부들이 무루지혜를 멀리하여 실상을 버리기에 곧 나와 남, 사내와 여인 등의 존재가 있는 것처럼 보이나, 진실로 이런 존재는 결국 있는 바가 없다.

② 본성이 청정하여 물들지 않음으로 말하고,

③ 시초, 중간, 뒤가 없음으로 말하며,

④ 본체는 실로 물체가 없음으로 말한다.

불지론에서는 10중의 '또한[復次]'이 있고, 위의 八地 가운데 空에는 10가지 의의가 있다. 이는 모두 간단하게 밝히고 있다.

【초_ 불지론에서 말한 10가지 의의와 보살의 八地에서 말한 10가지 의의는 두 경문에서 모두 10가지 의의를 말했지만, 그 뜻은 각기 다르다. 불지론에서 말한 10가지 의의는 여래의 청정법계를 비

유하였다.

① 본체는 오직 하나이다. ② 본성은 청정하여 물듦이 없다. ③ 일어나 지음이 없다. ④ 생겨남과 사라짐이 없다. ⑤ 더하거나 줄어듦이 없다. ⑥ 오가는 동함이 없다. ⑦ 이뤄지고 무너짐이 없다. ⑧ 변이와 피곤함이 없다. ⑨ 여러 가지 형상이 없다. ⑩ 일어나 지은 바 없다.

불지론을 살펴보면, '⑩ 일어나 지은 바 없다.'는 것은 '③ 일어나 지음이 없다.'는 것과 같다. 하지만 '③ 일어나 지음이 없다.'는 것은 모든 것을 포용하여 일어나 지음이 없다는 것이며, '⑩ 일어나 지은 바 없다.'는 것은 생겨남을 일으킴이 없다는 것을 말한다. 그렇다면 ③은 마땅히 '주체와 대상이 없다[無能所].'고 말했어야 한다. 불지론을 살펴보면, ⑩의 결론은 마땅히 '분별심이 없다[無分別].'고 말해야 하고, ③은 마땅히 '일으키는 뜻이 없다[無作意].'고 말해야 한다.

보살의 八地는 10가지 모양이 똑같지 않다. ① 한량없는 모양, ② 두루 가득한 모양, ③ 형체가 없는 모양, ④ 차이가 없는 모양, ⑤ 끝이 없는 모양, ⑥ 色身을 나타낸 모양이다. 이의 경문에 6가지 모양만 있으나 예로 종합하여 10가지 모양을 말하였다. 오직 空으로 말하였을 뿐, 또한 개별로 모양의 법을 비유하지 않았다.】

然別義는 有此不同이어니와 同義는 諸喩無別이라 故叡公云 '十喩以喩空에 空必待此喩어니와 借言以會意면 意盡無會處니 若得出長羅면 住此無所住오 若能映斯照면 萬象無來去라 하다 餘無礙義

는 如前後說이라【鈔_ 此但總結十喩之讚이오 若別明空讚云 '空唯有名이나 無用無色이라 人亦如是어늘 莫之能識하야 妄造妄苦로 百艱孔棘이라 馳空求空하야 空竭其力이로다'하니 亦顯空義耳라】

그러나 개별로 밝힌 의의는 똑같지 않지만, 같은 의의는 여러 비유와 차별이 없다. 이 때문에 僧叡의 게송에서 다음과 같이 말하였다.

"열 가지 비유로 허공을 비유하면, 허공은 반드시 이런 비유가 필요하지만, 언어를 빌려 그 뜻을 이해하고자 하면 뜻은 한계가 있어 이해할 수 있는 곳이 없다. 만일 커다란 그물에서 벗어나면 머문 바가 없는 데에 머물며, 이런 관조로 비춰보면 삼라만상이 오가는 데가 없다."

나머지 걸림이 없다는 의의는 전후 문장에서 말한 바와 같다.【초_ 이는 10가지 비유의 찬탄을 총체로 끝맺었을 뿐이다. 만약 개별로 밝힌 空에 대한 찬탄은 다음과 같다.

"空이라는 이름은 있지만 작용도 없고 색상도 없다. 사람 또한 이와 같은데 이런 도리를 알지 못하고서 부질없이 조작하고 부질없이 고통으로 온갖 어려움이 극심하다. 허공에 달리면서 허공을 찾으며 공연히 그 힘을 다 쏟는다."

이 또한 空의 의의를 밝힌 것이다.】

第二 釋中二니 先은 忍解之相이오 後는 忍行成益이라

今은 初라

(2) 해석 부분은 2단락으로 나뉜다.
① 忍에 대한 이해[忍解]의 양상이며,
② 忍行 성취의 이익이다.
이는 '① 忍에 대한 이해' 부분이다.

經

佛子여 此菩薩摩訶薩이
了一切法界 猶如虛空이니 以無相故며
一切世界 猶如虛空이니 以無起故며
一切法이 猶如虛空이니 以無二故며
一切衆生行이 猶如虛空이니 無所行故며
一切佛이 猶如虛空이니 無分別故며
一切佛力이 猶如虛空이니 無差別故며
一切禪定이 猶如虛空이니 三際平等故며
所說一切法이 猶如虛空이니 不可言說故며
一切佛身이 猶如虛空이니 無着無礙故며
菩薩이 如是以如虛空方便으로 了一切法이 皆無所有니라

불자여, 이 보살마하살이

일체 법계가 허공과 같음을 알고 있다. 모양이 없기 때문이다.

일체 세계가 허공과 같음을 알고 있다. 일어남이 없기 때문이다.

일체 법이 허공과 같음을 알고 있다. 둘이 없기 때문이다.

일체중생의 행이 허공과 같음을 알고 있다. 행할 바가 없기 때문이다.

　　일체 부처님이 허공과 같음을 알고 있다. 분별이 없기 때문이다.

　　일체 부처님의 힘이 허공과 같음을 알고 있다. 차별이 없기 때문이다.

　　일체 선정이 허공과 같음을 알고 있다. 삼세가 평등하기 때문이다.

　　일체 법을 말함이 허공과 같음을 알고 있다. 말할 수 없기 때문이다.

　　일체 부처님의 몸이 허공과 같음을 알고 있다. 집착도 없고 걸림도 없기 때문이다.

　　보살이 이와 같이 허공과 같은 방편으로 일체 법이 모두 없는 줄을 알고 있다.

● 疏 ●

先은 別明이니 以空九義로 喩九種法이니 隨義雖別이나 然其總意는 亦以緣成無性故空이라 九句 各初는 標法同喩요 後는 出所以라
一은 標事法界如空이오 下出所以者는 以無相故라 謂從緣無性하야 其相自虛라 即事是理法界故로 此句爲總이라
二 世界는 共業所起故오
三은 軌儀教法이 一味法界所流故오
及餘六句는 竝準初句오
後 '菩薩如是'下는 總結이라

앞은 개별로 밝혔다. 空의 9가지 의의로 9가지 법을 비유하였다. 의의에 따라 구별하고 있으나 그 총체의 뜻은 또한 인연 따라 형성되어 자성이 없기 때문에 空이라 한다.

9구절마다 각기 앞부분은 같은 법의 비유로 들어 밝혔고, 뒤이어서는 그 이유를 말하고 있다.

제1구[一切法界 猶如虛空], 事法界가 허공 같음을 밝혔고, 뒤에서 그 이유를 말한 것은 모양이 없기 때문이다. 이는 인연 따라 생겨나 자성이 없어, 그 모양이 스스로 공허하기에 사법계와 하나가 된 理法界이다. 때문에 이 구절이 총체이다.

제2구[一切世界 猶如虛空], 세계는 같은 업에 의해 생겨난 바이기 때문이며,

제3구[一切法 猶如虛空], 軌儀와 敎法이 하나의 법계에서 유출되었기 때문이다.

6구절은 모두 제1구에 준한다.

뒤의 '菩薩如是' 이하는 위의 9구절을 총체로 끝맺었다.

第二 忍行成益
② 인행 성취의 이익

經
佛子여 菩薩摩訶薩이 以如虛空忍智로 了一切法時에

得如虛空身身業하며 得如虛空語語業하며 得如虛空意意業하나니라

譬如虛空이 一切法依라 不生不歿인달하야 菩薩摩訶薩도 亦復如是하야 一切法身이 不生不歿하며

譬如虛空이 不可破壞인달하야 菩薩摩訶薩도 亦復如是하야 智慧諸力을 不可破壞하며

譬如虛空이 一切世間之所依止로대 而無所依인달하야 菩薩摩訶薩도 亦復如是하야 一切諸法之所依止로대 而無所依하며

譬如虛空이 無生無滅호되 能持一切世間生滅인달하야 菩薩摩訶薩도 亦復如是하야 無向無得호되 能示向得하야 普使世間으로 修行淸淨하며

譬如虛空이 無方無隅호되 而能顯現無邊方隅인달하야 菩薩摩訶薩도 亦復如是하야 無業無報호되 而能顯示種種業報하며

譬如虛空이 非行非住로대 而能示現種種威儀인달하야 菩薩摩訶薩도 亦復如是하야 非行非住로대 而能分別一切諸行하며

譬如虛空이 非色非非色이로대 而能示現種種諸色인달하야 菩薩摩訶薩도 亦復如是하야 非世間色非出世間色이로대 而能示現一切諸色하며

譬如虛空이 非久非近이로대 而能久住하야 現一切物인

달하야 菩薩摩訶薩도 亦復如是하야 非久非近이로대 而能
久住하야 顯示菩薩의 所行諸行하며
譬如虛空이 非淨非穢로대 不離淨穢인달하야 菩薩摩訶
薩도 亦復如是하야 非障非無障이로대 不離障無障하며
譬如虛空이 一切世間은 皆現其前호대 非現一切世間之
前인달하야 菩薩摩訶薩도 亦復如是하야 一切諸法이 皆
現其前호대 非現一切諸法之前이며
譬如虛空이 普入一切호대 而無邊際인달하야 菩薩摩訶薩
도 亦復如是하야 普入諸法호대 而菩薩心은 無有邊際니라
何以故오 菩薩所作이 如虛空故니
謂所有修習과 所有嚴淨과 所有成就 皆悉平等하야 一
體一味며 一種分量이라 如虛空淸淨하야 徧一切處하니
如是證知一切諸法하야
於一切法에 無有分別하며
嚴淨一切諸佛國土하며
圓滿一切無所依身하며
了一切方하야 無有迷惑하며
具一切力하야 不可摧壞하며
滿足一切無邊功德하야 已到一切甚深法處하며
通達一切波羅蜜道하야 普坐一切金剛之座하며
普發一切隨類之音하야 爲一切世間하야 轉於法輪하야
未曾失時하나니

불자여, 보살마하살이 허공과 같은 인의 지혜로 일체 법을 알 때에,

허공과 같은 몸과 몸으로 짓는 업을 얻으며,

허공과 같은 말과 말로 짓는 업을 얻으며,

허공과 같은 뜻과 뜻으로 짓는 업을 얻는다.

마치 허공에 일체 법이 의지하지만 생겨나지도 않고 사라지지도 않는 것처럼, 보살마하살 또한 그와 같다. 일체 법신이 나지도 않고 사라지지도 않는다.

마치 허공을 깨뜨릴 수 없는 것처럼, 보살마하살 또한 그와 같다. 지혜와 힘으로 깨뜨릴 수 없다.

마치 허공이 일체 세간의 의지처가 되면서도 의지할 바 없는 것처럼, 보살마하살 또한 그와 같다. 일체 모든 법의 의지처가 되면서도 의지할 바가 없다.

마치 허공이 생겨나지도 않고 사라지지도 않으나 일체 세간의 생겨나고 사라짐을 유지하는 것처럼, 보살마하살 또한 그와 같다. 향함도 없고 얻음도 없으나 향하고 얻음을 보이어 널리 세간 중생으로 하여금 수행을 청정케 한다.

마치 허공이 방위도 없고 모퉁이도 없으나 그지없는 방위와 모퉁이를 나타내는 것처럼, 보살마하살 또한 그와 같다. 업도 없고 과보도 없으나 가지가지 업과 과보를 나타낸다.

마치 허공이 다니는 것도 아니고 머무는 것도 아니나 가지가지 위의를 나타내는 것처럼, 보살마하살 또한 그와 같다. 다니는

것도 아니고 머무는 것도 아니나 일체 모든 행을 분별한다.

마치 허공이 빛도 아니고 빛 아님도 아니나 가지가지 빛을 나타내는 것처럼, 보살마하살 또한 그와 같다. 세간의 빛도 아니고 출세간의 빛도 아니나 일체 모든 빛을 나타낸다.

마치 허공이 장구하지도 않고 가깝지도 않으나 오래 머물면서 모든 물건을 나타내는 것처럼, 보살마하살 또한 그와 같다. 장구하지도 않고 가깝지도 않으나 오래 머물면서 보살이 행할 바의 행을 나타낸다.

마치 허공이 깨끗하지도 않고 더럽지도 않으나 깨끗하고 더러움을 여의지도 않는 것처럼, 보살마하살 또한 그와 같다. 막힌 것도 아니고 막힘이 없는 것도 아니나 막힘과 막힘이 없음을 여의지도 않는다.

마치 허공에 일체 세간이 모두 그 앞에 나타나되 일체 세간의 앞에 나타나는 것이 아닌 것처럼, 보살마하살 또한 그와 같다. 일체 모든 법이 그 앞에 나타나지만 일체 모든 법의 앞에 나타나지 않는다.

마치 허공이 일체 모든 것에 두루 들어가되 끝이 없는 것처럼, 보살마하살 또한 그와 같다. 일체 법에 두루 들어가지만 보살의 마음은 끝이 없다.

무슨 까닭일까? 보살의 하는 일이 허공과 같기 때문이다.

닦아 익힌 바와 장엄 청정한 바와 성취한 바가 모두 평등하여 하나의 체성이고 하나의 맛이며 하나의 분량이라, 허공이 청정하여 모든 곳에 두루 한 것처럼, 이와 같이 일체 모든 법을 증득하여 알고서 모든 법에 분별하는 바 없다.

　　일체 부처님의 국토를 장엄 청정하고,

　　일체 의지한 데 없는 몸이 원만하며,

　　일체 방위를 알아 미혹하지 아니하고,

　　일체 힘을 갖추어 깨뜨릴 수 없으며,

　　일체 그지없는 공덕을 만족하여 이미 일체 깊고 깊은 법의 처소에 이르렀고,

　　일체 바라밀다의 도를 통달하여, 일체 금강법좌에 두루 앉으며,

　　일체 부류를 따르는 음성을 내어, 일체 세간을 위해 법륜을 굴려 일찍이 시기를 잃지 않았다.

● 疏 ●

成益中三이니 初는 總明이니 得如空三業業具오

　　인행 성취의 이익 부분은 3단락으로 나뉜다.

　　㉠ 총체로 밝혔다. 허공과 같은 삼업을 얻어 삼업이 구족하다.

二 '譬如'下는 別顯德齊虛空이라 於中에 初二句는 一向喩實이오 '無依爲依' 已下는 皆顯性相無礙니 從緣有故오 無性空故니라 又此二相卽故로 便成四句니 一은 緣生故空이오 緣生故有며 二는 無性故空이오 無性故有며 三은 緣生故有오 無性故空이며 四는 卽反此라 餘一異等은 竝例此知니라【鈔_ '四卽反此'者는 謂無性故有오 緣生故空이니 竝如問明品이라 若對經文이면 應言從緣有故로 爲世界

676

依오 無性空故로 而無所依라 四句는 但出空義니 所以差別耳라】 無法出空이라 故皆現其前이오 空不可見이라 故不現法前이라 餘竝文顯하다

㉡ '譬如' 이하는 공덕이 허공과 같음을 개별로 밝혔다.

그 가운데 첫 2구[譬如虛空~不生不沒, 譬如虛空~不可破壞]는 하나같이 실상을 비유하였다.

다음 제3구의 '의지함이 없는 것으로 의지를 삼은[譬如虛空~而無所依]' 이하는 모두 성품과 모양에 걸림이 없음을 밝힌 것이다. 인연 따라 있기 때문이며, 자성이 없어 공하기 때문이다. 또한 이 2가지가 서로 하나가 된 까닭에 곧 4구를 이루고 있다.

제1구, 인연 따라 생겨난 까닭에 空이며, 인연 따라 생겨난 까닭에 有이다.

제2구, 자성이 없기 때문에 空이며, 자성이 없기 때문에 有이다.

제3구, 인연 따라 생겨난 까닭에 有이며, 자성이 없기 때문에 空이다.

제4구, 곧 위와 반대이다.

나머지 하나로 같은 것과 다른 것 등은 모두 이 예를 따라 살펴보면 알 수 있다.【초_ "제4구, 곧 위와 반대이다[四卽反此]."는 것은 "자성이 없기 때문에 有이며, 인연 따라 생겨난 까닭에 空"임을 말한다. 이는 모두 제10 보살문명품에서 말한 바와 같다. 만약 경문을 상대로 말하면, 당연히 "인연 따라 있기에 세계의 의지처가 되고, 자성이 없어 空한 까닭에 의지한 바 없다."고 말해야 한다. 4구

는 단 空한 뜻을 말한 것이다. 이 때문에 차별이 있다.】

　　법마다 공에서 벗어남이 없기에 모두 그 앞에 나타나고, 空은 볼 수 없기에 법의 앞에 나타나지 않는다. 나머지는 모두 경문의 뜻이 분명하기에 설명을 필요로 하지 않는다.

三'何以'下는 徵釋得益之由니 所以得者는 釋意云空觀成故니라 於中二니 先은 智證齊空故라 一體者는 眞如平等故오 一味者는 解脫不殊故오 一種分量者는 大小皆稱性故니라 後'嚴淨'下는 德用滿空故니라

　　ⓒ '何以' 이하는 성취 이익을 얻게 된 연유를 묻고 해석하였다. 이익을 얻을 수 있었던 바는 해석한 뜻에서 "空觀을 성취한 까닭이다."고 하였다.

　　이 부분은 다시 2단락으로 나뉜다.

　　앞은 지혜의 증득이 허공과 같기 때문이다. 一體란 진여가 평등하기 때문이며, 一味란 해탈이 다르지 않기 때문이며, 一種分量이란 크고 작은 것들이 모두 성품에 부합하기 때문이다.

　　뒤의 '嚴淨一切' 이하는 공덕의 작용이 허공에 가득하기 때문이다.

三結名 四得果

　　(3) 명제를 끝맺고,

　　(4) 결과를 얻다

是名菩薩摩訶薩의 第十如空忍이니라
菩薩摩訶薩이 成就此忍에
得無來身이니 以無去故며
得無生身이니 以無滅故며
得不動身이니 以無壞故며
得不實身이니 離虛妄故며
得一相身이니 以無相故며
得無量身이니 佛力無量故며
得平等身이니 同如相故며
得無差別身이니 等觀三世故며
得至一切處身이니 淨眼等照하야 無障礙故며
得離欲際身이니 知一切法이 無合散故며
得虛空無邊際身이니 福德藏無盡이 如虛空故며
得無斷無盡法性平等辯才身이니 知一切法相이 唯是一相이라 無性爲性이 如虛空故며
得無量無礙音聲身이니 無所障礙이 如虛空故며
得具足一切善巧淸淨菩薩行身이니 於一切處에 皆無障礙이 如虛空故며
得一切佛法海次第相續身이니 不可斷絕이 如虛空故며
得一切佛刹中現無量佛刹身이니 離諸貪着이 如虛空無邊故며

得示現一切自在法無休息身이니 **如虛空大海無邊際故**며

得一切不可壞堅固勢力身이니 **如虛空**이 **任持一切世間故**며

得諸根明利 如金剛堅固不可壞身이니 **如虛空**이 **一切劫火 不能燒故**며

得持一切世間力身이니 **智慧力**이 **如虛空故**라

이를 보살마하살의 제10. 허공과 같은 인이라 한다.

보살마하살이 이와 같은 인을 성취하면,

옴이 없는 몸을 얻는다. 가는 일이 없기 때문이다.

태어남이 없는 몸을 얻는다. 사라짐이 없기 때문이다.

동하지 않는 몸을 얻는다. 깨뜨릴 수 없기 때문이다.

실제 아닌 몸을 얻는다. 허망을 여읜 때문이다.

한 모양인 몸을 얻는다. 모양이 없기 때문이다.

한량없는 몸을 얻는다. 부처님의 힘이 한량없기 때문이다.

평등한 몸을 얻는다. 진여의 모양과 같기 때문이다.

차별 없는 몸을 얻는다. 삼세를 평등하게 보기 때문이다.

일체 곳에 이르는 몸을 얻는다. 청정한 눈으로 평등하게 비추어 장애가 없기 때문이다.

탐욕의 경계를 벗어난 몸을 얻는다. 일체 법이 모이고 흩어짐이 없음을 알기 때문이다.

허공처럼 끝이 없는 몸을 얻는다. 복덕장의 그지없음이 허공과

같기 때문이다.

　끊임없고 다함없는 법성이 평등한 변재의 몸을 얻는다. 모든 법의 모양이 오직 한 모양이라, 자성이 없는 것으로 자성을 삼음이 허공과 같음을 알기 때문이다.

　한량없고 걸림 없는 음성의 몸을 얻는다. 장애 없기가 허공과 같기 때문이다.

　모든 뛰어남이 구족하여 청정한 보살행의 몸을 얻는다. 모든 곳에서 장애가 없음이 허공과 같기 때문이다.

　일체 부처님의 법 바다에 차례로 이어지는 몸을 얻는다. 끊을 수 없음이 허공과 같기 때문이다.

　일체 세계에 한량없는 부처님 세계를 나타내는 몸을 얻는다. 탐욕과 집착을 여읨이 허공처럼 그지없기 때문이다.

　일체 자재한 법을 나타내어 쉬지 않는 몸을 얻는다. 허공 바다와 같이 끝이 없기 때문이다.

　그 어떤 것으로도 깨뜨릴 수 없는 견고한 힘을 지닌 몸을 얻는다. 허공처럼 일체 세간을 맡아 지녔기 때문이다.

　모든 근의 날카로움이 금강처럼 견고하여 깨뜨릴 수 없는 몸을 얻는다. 허공과 같이 모든 겁의 불이 태우지 못하기 때문이다.

　일체 세간을 유지하는 힘의 몸을 얻는다. 지혜의 힘이 허공과 같기 때문이다.

● 疏 ●

結名 可知라 果中에 得二十種身이니 前十은 與十行과 及離世間으로 大分相似라 然通相은 多從德用立名이니 可以意得이라

명제를 끝맺은 부분은 설명하지 않아도 알 수 있다.

결과의 부분에서는 20가지의 몸을 얻은 것으로 말하였다.

앞의 10가지 몸은 제21 십행품 및 제38 이세간품에서 말한 바와 크게는 같다. 그러나 공통된 형상은 대체로 공덕의 작용으로 명칭을 세운 것이다. 이는 생각하면 알 수 있다.

大文 第四는 總結十忍이라

대문 제4. 십인을 총체로 끝맺다

經

佛子여 是名菩薩摩訶薩의 十種忍이니라

불자여, 이를 보살마하살의 열 가지 인이라 한다."

● 疏 ●

可知니라

이는 설명하지 않아도 알 수 있다.

一

第二 祇夜 一百七頌

◎ 게송 107수

經

爾時에 普賢菩薩摩訶薩이 欲重宣其義하사 而說頌言하사대

그때, 보현보살마하살이 그 뜻을 다시 말하고자 게송으로 말하였다.

譬如世有人이	聞有寶藏處하고
以其可得故로	心生大歡喜하야

　세간의 어떤 사람이
　보배 창고가 있는 곳을 알고
　찾을 수 있다고 생각하여
　즐거운 마음 내듯이

如是大智慧인	菩薩眞佛子
聽聞諸佛法의	甚深寂滅相이로다

　이처럼 큰 지혜 지닌
　보살은 참으로 부처님 아들
　부처님의 깊고도 깊은

적멸의 이치 들었어라

● 疏 ●

大分爲二니 百偈는 頌前이오 七偈는 結歎이라 前中은 但頌廣釋이니 卽爲十段이오 段各十偈니 初有十頌은 頌音聲忍이라 於中에 先二偈는 頌所聞佛說이라

크게 구분하면 2단락이다.

1백 수의 게송은 앞서 말한 10가지 인을 읊었고,

7수 게송은 찬탄으로 끝맺었다.

앞의 1백 수는 자세히 해석한 부분을 읊고 있다. 이는 10가지 인을 따라 10단락이다. 각각 10수 게송이다.

(1) 10수 게송은 音聲忍을 읊었다.

그 가운데 앞의 2수 게송은 부처님에게 들었던 설법을 읊었다.

經

聞此深法時에　　　　其心得安穩하야
不驚亦不怖하며　　　亦不生恐畏로다

이처럼 깊은 법을 들었을 때

그 마음 평안하여

놀라지도 겁내지도 않았고

또한 두려운 마음도 없어라

大士求菩提에　　　　　聞斯廣大音하고
心淨能堪忍하야　　　　於此無疑惑이로다
　　보살이 보리를 구할 적에
　　이처럼 광대한 음성 듣고
　　마음이 청정하여 견딜 수 있어
　　이에 의혹이 없노라

自念以聞此　　　　　　甚深微妙法으로
當成一切智　　　　　　人天大導師로다
　　스스로 생각하나 이처럼
　　깊고도 미묘한 법문 듣고서
　　당연히 일체 지혜 성취하여
　　인천의 큰 스승 되리라

菩薩聞此音하고　　　　其心大歡喜하야
發生堅固意하야　　　　願求諸佛法이로다
　　보살이 이런 법음 듣고
　　그 마음 큰 기쁨으로
　　견고한 마음 내어
　　모든 불법 구하려 하였다

以樂菩提故로　　　　　其心漸調伏하야

令信益增長하야 　　　於法無違謗이로다
　　보리를 좋아한 까닭에
　　그 마음 점점 조복하여
　　믿음을 더욱 키워가고
　　법을 비방하지 않았다

是故聞此音에 　　　其心得堪忍하야
安住而不動하야 　　修行菩薩行이로다
　　이러한 법음 듣고
　　그 마음 견디고서
　　안주하여 흔들리지 않고
　　보살의 행을 닦아왔다

爲求菩提故로 　　　專行向彼道하야
精進無退轉하야 　　不捨衆善軛이로다
　　보리를 구하기 위해
　　오로지 그 길을 향하여
　　정진하여 물러서지 않고
　　선의 멍에 벗지 않았다

以求菩提道로 　　　其心無恐畏하야
聞法增勇猛하야 　　供佛令歡喜로다

보리의 길, 구하고자
그 마음 두려움 없이
법문 듣고 더욱 용맹정진으로
부처님께 공양 올려 기쁨 드렸다

◉ 疏 ◉

餘는 頌能聞入法이라 於中에 一偈는 頌不驚怖畏오 一偈는 深信이오
一偈는 悟解오 二偈는 愛樂이오 一偈는 修習安住오 後二偈는 頌趣
向專心憶念이라

   나머지 8수는 법문을 듣고서 법에 들어감을 읊은 것이다.
   그 가운데 제3게송은 놀라거나 겁내지 않음을 읊었고,
   제4게송은 깊은 신심이며,
   제5게송은 깨달아 이해함이며,
   제6, 제7 게송은 사랑하고 좋아함이며,
   제8게송은 닦으면서 안주함이며,
   제9, 제10 게송은 나아감과 오롯한 마음과 기억을 읊은 것이다.

經

如有大福人이   獲得眞金藏에
隨身所應服하야   造作莊嚴具인달하야
   큰 복을 받은 사람이
   황금 창고 얻고서

몸에 따라 입어야 할 옷으로
장엄거리 만들듯이

菩薩亦如是하야　　　　**聞此甚深義**에
思惟增智海하야　　　　**以修隨順法**이로다

　　보살 또한 그처럼
　　깊고 깊은 진리 듣고서
　　생각하고 지혜 더하여
　　따르는 법을 닦았어라

法有亦順知하며　　　　**法無亦順知**하야
隨彼法如是하야　　　　**如是知諸法**이로다

　　법이 있어도 따라서 알고
　　법이 없어도 따라서 알고서
　　그 법이 이와 같음을 따라
　　이처럼 모든 법을 알았노라

成就淸淨心하야　　　　**明徹大歡喜**하며
知法從緣起하야　　　　**勇猛勤修習**이로다

　　청정한 마음 이루어
　　분명히 깨닫고 기뻐하며
　　인연 따라 생겨난 법 알고서

용맹정진으로 부지런히 닦았다

平等觀諸法하야   **了知其自性**하고
不違佛法藏하야   **普覺一切法**이로다

    모든 법 평등하게 보고서
    그 자성 분명히 알고
    불법을 어기지 않고서
    일체 법을 두루 깨달았다

志樂常堅固하야   **嚴淨佛菩提**하며
不動如須彌하야   **一心求正覺**이로다

    좋아하는 뜻 항상 견고하여
    부처의 보리 청정 장엄하며
    수미산처럼 흔들리지 않고
    일심으로 바른 깨달음 구하였다

以發精進意하고   **復修三昧道**호되
無量劫勤行하야   **未曾有退失**이로다

    정진의 마음 분발하고
    다시 삼매의 도를 닦되
    한량없는 세월, 부지런히 행하면서
    한 번도 물러서지 않았다

菩薩所入法이　　　　是佛所行處라
於此能了知하야　　　其心無厭怠로다
　　보살의 들어간 법은
　　부처님이 행하셨던 곳
　　이를 분명히 알고서
　　게으른 마음이 없어라

如無等所說하야　　　平等觀諸法하야
非不平等忍으로　　　能成平等智로다
　　견줄 데 없는 이의 말씀처럼
　　평등하게 모든 법을 살펴보면
　　평등한 인 아닌 게 없어
　　평등한 지혜 성취하였다

隨順佛所說하야　　　成就此忍門에
如法而了知호되　　　亦不分別法이로다
　　부처님의 설법하신 바 따라
　　이 인행의 문 성취할 적에
　　법과 같이 분명히 알면서도
　　또한 법을 분별하지 않았노라

● 疏 ●

第二有十偈는 頌順忍이라 於中에 初一偈 三句는 頌思惟요 次二偈一句는 頌隨順了知하야 令心淸淨이오 次一은 却頌觀察平等無違요 餘는 頌正住修習이라

(2) 10수 게송은 順忍을 읊었다.

그 가운데, 첫 게송의 3구는 思惟를 읊었고,

다음 2수 게송 1구는 따라서 잘 알아 마음을 청정하게 함을 읊었고,

다음 1수 게송은 거꾸로 '생각하고 관찰하며, 평등하고 어긋남이 없음'을 읊었고,

나머지 게송은 바른 안주와 닦음을 읊었다.

經

三十三天中에　　　　　所有諸天子
共同一器食호되　　　　所食各不同하니

　삼십삼 도리천에
　있는 모든 천왕들이
　한 그릇에 함께 밥을 먹지만
　좋아하는 음식이 각기 다르다

所食種種食이　　　　　不從十方來라
如其所修業으로　　　　自然咸在器니

제각기 좋아하는 여러 가지 음식이
멀리 시방에서 마련된 게 아니다
그들이 닦아온 업에 따라
절로 모두 제 그릇에 담긴 것

菩薩亦如是하야　　　　**觀察一切法**이
悉從因緣起하야　　　　**無生故無滅**이로다

　보살 또한 그와 같다
　일체 법을 살펴보면
　모두 인연 따라 생겨나는 것
　나지 않기에 사라짐도 없다

無滅故無盡이오　　　　**無盡故無染**이니
於世變異法에　　　　　**了知無變異**하며

　사라짐도 없기에 다함이 없고
　다함이 없기에 물들지 않는다
　세상의 변하는 법에
　변함이 없음을 잘 아노라

無異則無處오　　　　　**無處則寂滅**이니
其心無染着하야　　　　**願度諸群生**이로다

　변함이 없으면 처소가 없고

처소가 없기에 고요하다
그 마음 물들지 않아
일체중생 제도 원하여라

專念於佛法하야 **未嘗有散動**하고
而以悲願心으로 **方便行於世**로다
    부처님 법 오롯이 생각하여
    산란한 적 없고
    자비와 서원의 마음으로
    방편 따라 세상에 다니노라

勤求於十力하야 **處世而不住**하며
無去亦無來하야 **方便善說法**이로다
    열 가지 힘 애써 구하여
    세상에 있으나 머물지 않고
    가는 것도 오는 것도 없이
    방편으로 잘도 설법하여라

此忍最爲上이라 **了法無有盡**하야
入於眞法界호되 **實亦無所入**이로다
    이 인행이 최상이라
    모든 법 그지없음 알고서

참 법계에 들어가지만
실제로 들어간 데 없다

菩薩住此忍에　　　　　**普見諸如來**
同時與授記니　　　　　**斯名受佛職**이로다

　보살이 이런 인에 머물 적에
　여러 부처님 두루 뵈옵고
　동시에 수기 받나니
　이를 부처님 직책 받는다 말한다

了達三世法의　　　　　**寂滅淸淨相**이나
而能化衆生하야　　　　**置於善道中**이로다

　삼세 모든 법
　고요하고 청정함 알지만
　중생을 교화하여
　좋은 세계의 길에 두노라

● 疏 ●

第三에 有十偈는 頌無生忍이라 初三은 頌標니 以前三忍이 皆是法說일새 故偈初에 各加其喩오 次四는 頌釋이오 後三은 結歎이라

(3) 10수 게송은 無生忍을 읊었다.

첫 3수 게송은 명제의 표장을 읊었다. 앞의 3가지 忍이 모두 법

으로 말한 까닭에 게송의 첫 부분에 각각 비유를 더하였다.

　　다음 4수 게송은 해석을 읊었고,

　　뒤의 3수 게송은 찬탄으로 끝맺었다.

經

世間種種法이　　　　　　**一切皆如幻**하니
若能如是知면　　　　　　**其心無所動**이로다

　　세간의 가지가지 법
　　일체 모두 요술과 같아
　　만약 이처럼 알면
　　그 마음 흔들린 바 없으리라

諸業從心生일세　　　　　**故說心如幻**이니
若離此分別하면　　　　　**普滅諸有趣**로다

　　모든 업은 마음에서 생기기에
　　마음이 요술 같다 말하지만
　　이런 분별 여읠 수 있다면
　　수많은 악도의 길 사라지리라

譬如工幻師　　　　　　　**普現諸色像**하야
徒令衆貪樂이나　　　　　**畢竟無所得**인달하야

　　마치 요술하는 사람이

갖가지 색상 널리 나타내어
한낱 중생이 탐락하지만
결국 아무것도 없는 것처럼

世間亦如是하야 **一切皆如幻**이라
無性亦無生이나 **示現有種種**이로다

세간 또한 그처럼
그 모든 게 요술과 같다
자성도 없고 나는 것도 없지만
가지가지 요술을 빚어내어라

度脫諸衆生하야 **令知法如幻**이나
衆生不異幻이니 **了幻無衆生**이로다

모든 중생 제도하여
요술 같은 법 알게 하지만
중생도 요술과 다를 바 없다
요술인 줄 알면 중생도 없다

衆生及國土와 **三世所有法**이
如是悉無餘하야 **一切皆如幻**이로다

중생과 국토
삼세의 모든 법이

이처럼 하나도 남김없이
일체 모두 요술 같아라

幻作男女形과 **及象馬牛羊**과
屋宅池泉類와 **園林華果等**이나

요술을 부려 남자와 여자의 모습
코끼리, 말, 소와 양들의 모습
집과 못과 샘물
숲과 동산과 꽃을 만들지만

幻物無知覺이며 **亦無有住處**하야
畢竟寂滅相이라 **但隨分別現**이니

요술로 된 것 지각이 없고
있는 곳도 없다
결국 고요한 모습이
분별 따라 나타날 뿐이다

菩薩能如是하야 **普見諸世間**에
有無一切法하고 **了達悉如幻**이로다

보살도 그와 같다
모든 세간에
있고 없는 모든 법 두루 보고서

모두 요술 같은 줄 아노라

衆生及國土　　　　　種種業所造라
入於如幻際하야　　　於彼無依著이로다

　중생과 국토는
　가지가지 업으로 생겨난 것
　요술 같은 자리에 들어가
　거기에 집착이 없어라

 疏 ●

第四 十偈는 頌如幻忍이라 初六은 頌畧說이니 於中에 前四는 頌指法同喩와 及顯緣相이오 後二는 頌成就忍行이오 後四는 頌廣이니 於中에 初二는 頌喩오 次一은 頌合이오 後一은 頌忍行成이라

(4) 10수 게송은 여환인을 읊었다.

첫 6수는 간단히 설명한 부분을 읊었는데, 그 가운데 앞의 4수는 같은 법의 비유로 들어 밝힌 것과 인연의 양상을 밝힌 데 대해 읊었으며, 뒤의 2수는 忍行 성취를 읊었다.

뒤의 4수는 자세히 설명한 부분을 읊었는데, 그 가운데 앞의 2수는 비유를, 다음 1수는 종합을, 맨 끝의 1수는 인행 성취를 읊었다.

經
如是得善巧하야　　　寂滅無戱論이라

住於無礙地하야　　　普現大威力이로다
    이처럼 뛰어난 방편 얻어
    본래 적멸의 자리, 군소리 없다
    걸림 없는 자리에 머물면서
    큰 위엄 널리 나타내노라

勇猛諸佛子　　　　隨順入妙法하야
善觀一切想이　　　纏網於世間이로다
    용맹한 불자여
    미묘한 법 따라 들어가
    일체 생각이
    세간에 얽매였음을 살펴보노라

衆想如陽焰하야　　令衆生倒解어든
菩薩善知想하야　　捨離一切倒로다
    모든 망상 아지랑이처럼
    중생의 전도된 견해 일으킨다
    보살은 망상인 줄 잘 알고서
    일체 전도망상 떨쳐버렸다

衆生各別異하야　　形類非一種이나
了達皆是想이라　　一切無眞實이로다

중생들 제각기 다른 몸으로
그 형상 한 가지 아니다
모두 망상인 줄 알면
일체 그 모든 게 진실이 없다

十方諸衆生이 **皆爲想所覆**니
若捨顚倒見이면 **則滅世間想**이로다

　　시방의 모든 중생
　　모두 망상에 뒤덮였다
　　전도된 견해 버리면
　　세간 망상 사라지리라

世間如陽焰하야 **以想有差別**이니
知世住於想이면 **遠離三顚倒**로다

　　세간은 아지랑이 같은 것
　　망상 때문에 차별 있나니
　　세간이 온통 망상에 머문 줄 알면
　　생각, 견해, 마음의 전도 멀리 여의리라

譬如熱時焰을 **世見謂爲水**나
水實無所有라 **智者不應求**인달하야

　　따뜻한 날씨에 피어오른 아지랑이

700

세간 사람은 물이라 말하지만
실제 물이 아닌 허망한 그림자
지혜 있는 이, 구하지 않는 것처럼

衆生亦復然하야　　　　世趣皆無有니
如焰住於想하면　　　　無礙心境界로다

　중생 또한 그와 같다
　세상 길 모두 없는 허망한 것들
　아지랑이처럼 생각하면
　그것이 걸림 없는 마음의 경계

若離於諸想하고　　　　亦離諸戱論하면
愚癡着想者로　　　　　悉令得解脫이로다

　모든 망상 여의고
　실없는 말 여의면
　망상에 집착한 어리석은 이
　모두 해탈 얻으리라

遠離憍慢心하며　　　　除滅世間想하고
住盡無盡處　　　　　　是菩薩方便이로다

　교만한 마음 멀리 여의고
　세간이라는 생각도 없애어

701

그지없는 경계 다한 데 머묾이

보살의 방편이어라

● 疏 ●

第五十偈는 頌如燄忍이라 初一은 躡前生後하야 以明觀意오 次五는 頌指法同喩오 次一은 頌喩오 後三은 頌合이라

(5) 10수 게송은 여염인을 읊었다.

첫 수는 앞의 문장을 이어서 뒤의 문장을 일으켜 관찰의 뜻을 밝혔고,

다음 5수는 법이 같다는 비유를, 다음 1수는 비유를, 뒤의 3수는 종합에 대해 읊었다.

經

菩薩了世法의　　　　一切皆如夢하야
非處非無處라　　　　體性恒寂滅이로다

　　보살은 세간의 법
　　일체 그 모두가 꿈같은 줄 알고서
　　찾지도 않고 찾지 않음도 없어
　　체성이 항상 고요한 근본 자리

諸法無分別이라　　　如夢不異心하니
三世諸世間이　　　　一切悉如是로다

모든 법 분별없이
　　꿈인 듯 마음과 다르지 않다
　　삼세의 모든 세간도
　　모두 이와 같아라

夢體無生滅이며　　　　　**亦無有方所**라
三界悉如是니　　　　　　**見者心解脫**이로다
　　꿈이란 생겨남도 사라짐도 없는 존재
　　또한 있는 곳도 없다
　　삼계도 모두 꿈과 같나니
　　이처럼 보는 이, 마음의 해탈 얻으리라

夢不在世間이며　　　　　**不在非世間**이니
此二不分別하면　　　　　**得入於忍地**로다
　　꿈은 세간에도 있지 않고
　　세간 아닌 데도 있지 않다
　　이 두 가지 분별하지 않으면
　　꿈과 같은 인에 들어가리라

譬如夢中見　　　　　　　**種種諸異相**인달하야
世間亦如是하야　　　　　**與夢無差別**이로다
　　마치 꿈속에서

갖가지 다른 모양 보듯이
세간 또한 그와 같다
꿈이나 다를 바 없다

住於夢定者는 了世皆如夢하야
非同非是異며 非一非種種이로다

    꿈의 삼매에 머무른 이는
    세간이 모두 꿈인 줄 알아
    같지도 않고 다르지도 않으며
    하나도 아니고 가지가지도 아니다

衆生諸刹業과 雜染及淸淨을
如是悉了知 與夢皆平等이로다

    중생이 받는 모든 세계와 업
    더럽기도 청정하기도 하다
    이처럼 그 모든 것이
    꿈과 같아 차이가 없음을 아노라

菩薩所行行과 及以諸大願이
明了皆如夢하야 與世亦無別이로다

    보살이 닦아야 할 행과
    여러 가지 큰 서원이

분명 모두 꿈처럼
세간의 일과 또한 다를 바 없다

了世皆空寂이나 　　不壞於世法이
譬如夢所見 　　長短等諸色이니

　세간이 모두 고요한 줄 알지만
　세간의 법 버리지도 않는다
　마치 꿈속에 보았던
　길고 짧은 갖가지 형색 같아라

是名如夢忍이라 　　因此了世法하면
疾成無礙智하야 　　廣度諸群生이로다

　이를 꿈과 같은 인이라 하나니
　이로 인해 세간의 법 알면
　걸림 없는 지혜 속히 이루어
　널리 중생을 제도하리라

◉ 疏 ◉

第六 十偈는 頌如夢忍中에 正頌前合하고 兼頌標喩라 十頌은 頌前九句니 一은 頌無變이오 二 一頌은 頌自性이니 上二는 兼頌標法이라 三은 頌執著이니 翻則解脫이오 兼頌前喩머 四는 頌性離오 五는 超頌所現이오 六은 却頌本性이오 七八二頌은 頌無差別이오 九는 頌

想分別이오 十은 頌覺時니 思之可了니라

(6) 10수 게송은 여몽인을 읊은 부분이다.

이 가운데 앞서 경문에서 말한 '꿈과 같은 인'의 종합 부분을 바로 읊었고, 명제의 표장과 그 비유를 겸하여 읊고 있다.

10수 게송은 앞서 경문에서 말한 '꿈과 같은 인'의 9구를 읊고 있다.

제1게송은 無變의 구절에 대해 읊었고,

제2게송은 自性의 구절에 대해 읊었다. 위의 2수 게송은 명제의 표장과 법을 겸하여 읊고 있다.

제3게송은 집착의 구절에 대해 읊었다. 집착을 뒤집으면 해탈이며, 앞의 경문에서 말한 비유를 겸하여 읊고 있다.

제4게송은 性離의 구절에 대해 읊었고,

제5게송은 한 구절 건너뛰어 所現의 구절에 대해 읊었으며,

제6게송은 한 구절 뒤로 본성의 구절에 대해 읊었고,

제7, 제8의 2수 게송은 무차별의 구절에 대해 읊었으며,

제9게송은 想分別의 구절에 대해 읊었고,

제10게송은 覺時의 구절에 대해 읊었다.

위는 생각하면 설명하지 않아도 알 수 있다.

修行如是行하면　　　出生廣大解하야
巧知諸法性이나　　　於法心無著이로다

이러한 행을 닦으면
광대한 지혜가 일어나
모든 법성 잘 알지만
법에 집착하는 마음 없어라

**一切諸世間에　　　　種種諸音聲이
非內亦非外라　　　　了知悉如響이니**

일체 모든 세간에
가지가지 수많은 음성
안에 또한 밖에 있는 것도 아니다
모두가 메아리 같음을 아노라

**如聞種種響하고　　　心不生分別하야
菩薩聞音聲에　　　　其心亦如是로다**

가지가지 메아리 듣고서
분별심 내지 않듯이
보살이 음성을 들을 적에
그 마음 또한 그와 같다

**瞻仰諸如來하며　　　及聽說法音과
演契經無量에　　　　雖聞無所着이로다**

여러 부처님 우러러 뵙고

설법하신 법음 듣고
한량없는 경전 말씀을
귀담아듣지만 집착한 바 없어라

如響無來處하야 　　　　**所聞聲亦然**호되
而能分別法하야 　　　　**與法無乖謬**로다

    메아리 울려온 데 없듯
    듣는 음성도 그러하지만
    법을 잘 분별하여
    법과 어긋남이 없어라

善了諸音聲하야 　　　　**於聲不分別**하야
知聲悉空寂이나 　　　　**普出淸淨音**이로다

    여러 음성 잘 알고
    음성에 분별심 없어
    음성이 공한 줄 알지만
    청정한 법음 널리 연설하여라

了法不在言하야 　　　　**善入無言際**로다
而能示言說하야 　　　　**如響徧世間**이로다

    법은 언어에 있지 않음을 알고서
    말이 없는 자리에 잘 들어가지만

그래도 장광설의 설법으로
메아리 세간에 가득하듯 울려온다

了知言語道하고　　　　　　**具足音聲分**하야
知聲性空寂이나　　　　　　**以世言音說**이로다

　　말하는 것 분명히 알고
　　음성의 경계 두루 갖춰
　　음성의 자성 공한 줄 알지만
　　세간의 언어로 설법하노라

如世所有音하야　　　　　　**示同分別法**하니
其音悉周徧하야　　　　　　**開悟諸群生**이로다

　　세간에 각기 다른 음성으로
　　가지가지 법을 그들 언어로 보여주니
　　그 음성 법계에 가득하여
　　일체중생 깨달음 얻었어라

菩薩獲此忍에　　　　　　　**淨音化世間**하야
善巧說三世호되　　　　　　**於世無所着**이로다

　　보살이 이러한 인을 얻고서
　　청정한 법음, 세간 중생 교화하여
　　삼세의 도리 잘 말하지만

세간에 집착한 바 없어라

● 疏 ●

第七 十偈는 頌如響忍이라 初一偈는 頌忍行所因이니 文云 修行如是行이라하니 似結前喩나 旣言知諸法性인맨 義同忍行이라 次二偈는 頌聞一切聲如響이오 次二는 頌知如來聲如響이오 餘는 頌忍成之益이니 其喩 徧諸偈中하다

(7) 10수 게송은 여향인을 읊었다.

첫 게송은 忍行의 원인이 되는 바를 읊었다. 게송에서 "이러한 행을 닦으면[修行如是行]"이라 하니, 앞의 산문에서 말한 비유를 끝맺은 듯하지만, 이미 '모든 법성을 안다[知諸法性].'는 말로 보면 그 의의는 忍行과 같다.

다음 2수 게송은 일체 모든 음성이 메아리와 같음을 읊었고,

다음 2수 게송은 여래의 음성이 메아리와 같음을 앎에 대해 읊었다.

나머지 게송은 忍行 성취의 이익을 읊었다. 그 비유는 모든 게송에 두루 있다.

經

爲欲利世間하야　　　　專意求菩提호되
而常入法性하야　　　　於彼無分別이로다

　세간에 이익되게 하고자

오롯한 마음으로 보리 구하지만
항상 법성에 들어가
그에 대해 분별심이 없다

普觀諸世間이 　　　　**寂滅無體性**호되
而恒爲饒益하야 　　　**修行意不動**이로다

모든 세간 널리 살펴보니
체성이 없는 적멸의 자리지만
언제나 중생 이익 위해
수행의 뜻 흔들리지 않는다

不住於世間하며 　　　**不離於世間**하야
於世無所依하니 　　　**依處不可得**이로다

세간에 머물지도 않고
세간을 떠나지도 않고서
세간에 의지한 바 없으니
의지처 찾을 수 없다

了知世間性하야 　　　**於性無染着**하니
雖不依世間이나 　　　**化世令超度**로다

세간 성품 분명히 알고
성품에 물들지 않으니

세간에 의지하지 않으면서도
세간 중생 교화하여 제도하노라

世間所有法에　　　　　**悉知其自性**하야
了法無有二호되　　　　**無二亦無着**이로다

　　세간에 있는 모든 법
　　그 성품 모두 알고서
　　법은 둘이 없음 알지만
　　둘도 없고 집착도 없다

心不離世間하며　　　　**亦不住世間**호되
非於世間外에　　　　　**修行一切智**로다

　　마음은 세간을 떠나지 않고
　　세간에 머물지도 않지만
　　세간 밖에서
　　일체 지혜를 닦지도 않는다

譬如水中影이　　　　　**非內亦非外**인달하야
菩薩求菩提에　　　　　**了世非世間**하야

　　마치 물속에 그림자
　　안도 아니고 밖도 아닌 것처럼
　　보살이 보리 구함에

712

　　　　세간이 세간 아님을 아노라

不於世住出하니　　　　　　**以世不可說**이며
亦不在內外나　　　　　　　**如影現世間**이로다
　　세간이나 출세간에 집착하지 않나니
　　세간은 공이라 말할 수 없기 때문
　　안에도 밖에도 있지 않지만
　　세간에 그림자 나타나듯 하여라

入此甚深義에　　　　　　　**離垢悉明徹**이나
不捨本誓心하고　　　　　　**普照智慧燈**이로다
　　이런 깊은 이치에 들어가면
　　때를 여의고 모두 밝게 통하지만
　　본래 서원 버리지 않고
　　널리 지혜 등불 비추노라

世間無邊際에　　　　　　　**智入悉齊等**하야
普化諸群生하야　　　　　　**令其捨衆着**이로다
　　세간의 끝없는 자리에
　　지혜로 들어가 모두 평등하여
　　모든 중생 널리 교화하여
　　수많은 애착 버리게 하네

● 疏 ●

第八十偈는 頌如影忍이니 頌法說十對오 喩合은 含在其中이라
初二偈는 頌非世生沒이니 謂了寂故不生이오 饒益故不沒이며
次偈는 頌非在內外니 不住故不內오 不離故不外며
次偈는 頌非行不行이니 了無染故非行이오 化世故非不行이며
次偈는 頌非同非異니 知自性故非同이오 了無二故非異며
次偈는 頌非往不往이니 第一句는 不往오 餘三句는 非不往며
次六句는 頌非住非不住니 於中 初二句는 兼別頌喩라 故云非內外니라
次'亦不在內外'二句는 頌非是世間과 非出世間이오
次'入此'一偈는 頌非修菩薩行이오 非捨於大願이며
次一偈는 頌雖常行一切佛法이나 而能辦一切世間事라 其實不實는 及不住世流法流는 義通結上이라 故畧不頌이라

(8) 10수 게송은 여영인을 읊었다. 법으로 말한 10가지 상대를 읊었다. 비유와 종합 부분은 그 가운데 포함되어 있다.

첫 2수 게송은 '세간은 생겨남도 사라짐도 아니다.'는 구절에 대해 읊었다. 적멸을 알기에 생겨남도 아니고, 중생에게 이익을 주기에 사라짐도 아니다.

제3게송은 '안에 있는 것도 아니고, 밖에 있는 것도 아니다.'는 구절에 대해 읊었다. 세간에 머물지 않기에 안에 있는 것도 아니고, 세간을 여의지도 않기에 밖에 있는 것도 아니다.

제4게송은 '행하는 것도 아니고, 행하지 않는 것도 아니다.'는

구절에 대해 읊었다. 물듦이 없음을 알기에 행하는 것도 아니고, 세간을 교화하기에 행하지 않는 것도 아니다.

제5게송은 '같은 것도 아니고, 다른 것도 아니다.'는 구절에 대해 읊었다. 자성을 알기에 같은 것도 아니고, 둘이 없음을 알기에 다른 것도 아니다.

제6게송은 '가는 것도 아니고, 가지 않는 것도 아니다.'는 구절에 대해 읊었다. 제1구는 가는 것도 아니고, 나머지 3구는 가지 않는 것도 아니다.

제7게송의 4구와 제8게송의 2구는 '머무는 것도 아니고, 머물지 않는 것도 아니다.'는 구절에 대해 읊었다. 그 가운데 첫 2구는 전체와 개별로 비유를 읊은 까닭에 '안에 있는 것도 아니고, 밖에 있는 것도 아니다.'고 말하였다.

제8게송의 '안에도 밖에도 있지 않지만, 세간에 그림자 나타나듯 한다.'는 2구는 '세간도 아니며, 출세간도 아니다.'는 구절에 대해 읊었다.

제9게송의 '入此甚深義'는 '보살행을 닦음도 아니고, 큰 서원을 버린 것도 아니다.'는 구절에 대해 읊었다.

제10게송은 언제나 일체 불법을 행하지만, 일체 세간의 일을 잘 갖춘다는 데 대해 읊었다. 그 실상과 실상이 아닌 것 및 世流와 法流에 머물지 않는다는 의의는 위의 문장을 끝맺은 데에 통하기에 생략하여 읊지 않았다.

觀察甚深法하야 利益群生衆하고
從此入於智하야 修行一切道로다

    깊고 깊은 법 살펴보고서
    여러 중생에게 이익 베풀고
    이로부터 지혜에 들어가
    모든 도를 수행하여라

菩薩觀諸法하야 諦了悉如化나
而行如化行하야 畢竟永不捨로다

    보살이 모든 법 살펴보고서
    변화 같음을 분명히 알지만
    변화 같은 행을 행하여
    끝까지 아주 버리지 않는다

隨順化自性하야 修習菩提道에
一切法如化라 菩薩行亦然이로다

    변화의 성품 따라
    보리의 길 닦아 익힐 적에
    모든 법 변화 같은 터라
    보살행 또한 그러하다

一切諸世間과 　　　　　及以無量業이
平等悉如化하야 　　　畢竟住寂滅이로다

　　일체 모든 세간과
　　한량없는 업이
　　평등하여 모두 변화와 같아
　　결국 적멸의 자리에 머무노라

三世所有佛이 　　　　一切亦如化나
本願修諸行하야 　　　變化成如來로다

　　삼세의 부처님
　　모두 변화 같으나
　　본래 서원으로 모든 행을 닦아
　　변화하여 여래 성취하였네

佛以大慈悲로 　　　　度脫化衆生이나
度脫亦如化라 　　　　化力爲說法이로다

　　부처님 대자대비로
　　변화와 같은 중생 제도하지만
　　제도 또한 변화 같은 터라
　　변화의 힘으로 설법하노라

知世皆如化하야 　　　不分別世間하니

化事種種殊　　　　　　**皆由業差別**이로다

　　세상이 모두 변화 같음 알고서
　　세간을 분별하지 않는다
　　변화의 일 갖가지 다름은
　　모두 지은 업이 다르기 때문이다

修習菩提行하야　　　　**莊嚴於化藏**하니
無量善莊嚴이　　　　　**如業作世間**이로다

　　보리행을 닦고 익혀
　　변화장을 장엄하니
　　한량없는 선으로 장엄함이
　　업으로 세간을 짓는 듯하다

化法離分別하고　　　　**亦不分別法**이라
此二俱寂滅하니　　　　**菩薩行如是**로다

　　변화하는 법 분별 여의고
　　또한 법을 분별하지도 않는다
　　두 가지 모두 적멸하니
　　보살행도 이와 같다

化海了於智하고　　　　**化性印世間**하니
化非生滅法이라　　　　**智慧亦如是**로다

변화의 바다로 지혜를 알고

변화의 성품으로 세간을 인정하니

변화는 법의 생멸 아니다

지혜 또한 그와 같아라

◉ 疏 ◉

第九 十偈는 頌如化忍이라 初三偈는 頌總知一切世間如化오 次一은 頌染法化오 次二는 頌淨法化니 言'度脫亦如化'者는 爲釋疑故니라 謂觀察衆生如化어니 何用化之리오 故此答云'化若有實이면 可招來難이어니와 度旣如化어니 化之何妨이리오' 餘는 頌法合하다

(9) 10수 게송은 여화인을 읊었다.

첫 3수 게송은 일체 세간이 변화 같음을 아는 부분을 총체로 읊었다.

다음 1수 게송은 染法의 변화에 대해 읊었다.

다음 2수 게송은 淨法의 변화에 대해 읊었다. '제도 또한 변화와 같다[度脫亦如化].'고 말한 것은 의심을 풀어주기 위함이다.

"중생의 변화와 같음을 살펴 알고 있는데, 어찌 변화를 사용하는 것일까?"

이런 물음에 대해 답하였다.

"변화가 실체가 있다면 고난을 초래하겠지만, 제도가 이미 변화와 같은데, 변화한들 그 무엇이 나쁘겠는가."

나머지 게송은 법과 종합을 읊었다.

第十忍明觀　　　　衆生及諸法이
體性皆寂滅하야　　如空無處所로다

    열 번째 여공인을 분명히 살펴보면
    중생과 여러 가지 법의
    체성은 모두 적멸이라
    허공과 같아 일정한 곳이 없다

獲此如空智하야　　永離諸取着하니
如空無種種하야　　於世無所礙로다

    허공과 같은 지혜 얻으면
    여러 가지 집착 아주 여의리
    허공처럼 갖가지 차별 없어
    세간에 걸릴 바 없어라

成就空忍力에　　　如空無有盡하야
境界如虛空호되　　不作空分別이로다

    허공 같은 인의 힘 성취하면
    허공처럼 그지없어
    모든 경계 허공과 같되
    허공이란 분별심도 일으키지 않는다

虛空無體性호되 亦復非斷滅이며
亦無種種別하니 智力亦如是로다

　　허공은 체성이 없지만
　　또한 사라진 것도 아니며
　　또한 가지가지 차별도 없다
　　지혜의 힘도 그와 같다

虛空無初際며 亦復無中後라
其量不可得이니 菩薩智亦然이로다

　　허공은 처음도 없고
　　또한 중간도 뒤도 없다
　　그 한량 알 수 없듯이
　　보살의 지혜도 그와 같아라

如是觀法性이 一切如虛空하야
無生亦無滅이 菩薩之所得이로다

　　이처럼 법성을 살펴보면
　　일체 모두 허공 같아
　　나지도 않고 사라지지도 않음을
　　보살이 얻은 바이다

自住如空法하고 復爲衆生說하야

降伏一切魔　　　　　皆斯忍方便이로다
　　허공 같은 법 스스로 머물고
　　또한 중생에게 일러주어
　　모든 마군 항복 받나니
　　이는 모두 인행의 방편이어라

世間相差別이　　　　皆空無有相하니
入於無相處하면　　　諸相悉平等이로다
　　세간의 모양은 각기 다르지만
　　모두 공하여 형상이 없다
　　형상 없는 자리 들어가면
　　여러 모양이 평등하여라

唯以一方便으로　　　普入衆世間하니
謂知三世法이　　　　悉等虛空性이로다
　　오직 하나의 방편으로
　　모든 세간 널리 들어가니
　　삼세 모든 법이
　　모두 허공과 같음을 알겠노라

智慧與音聲과　　　　及以菩薩身이
其性如虛空하야　　　一切皆寂滅이로다

지혜와 음성

보살의 몸까지도

그 자성 허공과 같아

일체가 모두 고요하여라

● 疏 ●

第十十偈는 頌如空忍이라 初一偈는 頌忍解之相이오 餘는 頌忍行成益이라 於中에 初五偈는 頌別顯德齊虛空이오 次三偈는 頌徵釋得忍之由오 後一偈는 却頌上總明得如空三業이라

⑽ 10수 게송은 여공인을 읊었다.

첫 1수 게송은 忍에 대한 이해의 양상을 읊었고, 나머지 게송은 忍行 성취의 이익을 읊었다.

그 가운데 첫 5수 게송은 공덕이 허공과 같음을 개별로 밝혀 읊었다.

다음 3수 게송은 인을 얻게 된 연유를 묻고 해석한 데에 대해 읊었다.

뒤의 1수 게송은 반대로 위에서 말한 '허공과 같은 삼업을 총체로 밝힘'에 대해 읊었다.

經

如是十種忍이　　佛子所修行이라
其心善安住하야　　廣爲衆生說이로다

이와 같은 열 가지 인은
　　불자들이 수행해야 할 일들이기에
　　그 마음 잘 안주하여
　　중생 위해 자세히 말했노라

於此善修學하면　　　　**成就廣大力**과
法力及智力하야　　　　**爲菩提方便**이로다
　　이를 잘 닦아 배우면
　　광대한 힘, 그리고
　　법의 힘과 지혜의 힘 성취하여
　　깨달음의 방편이 되리라

通達此忍門하면　　　　**成就無礙智**하야
超過一切衆하야　　　　**轉於無上輪**이로다
　　이러한 십인 법문 통달하면
　　걸림 없는 지혜 성취하여
　　일체중생 뛰어넘어
　　위없는 법륜 굴리리라

所修廣大行이　　　　　**其量不可得**이니
調御師智海로　　　　　**乃能分別知**로다
　　닦아야 할 광대한 행이여

그 한량 가늠할 수 없어라
부처님의 지혜 바다라야
분별하여 알 수 있으리

捨我而修行하야   **入於深法性**하고
心常住淨法하야   **以是施群生**이로다

    나를 내려놓고 수행하여
    깊은 법성에 들어가고
    그 마음 언제나 청정한 법에 안주하여
    이로써 중생에게 보시하노라

衆生及刹塵은   **尙可知其數**어니와
菩薩諸功德은   **無能度其限**이로다

    중생과 세계의 미진수는
    그래도 그 수효 알 수 있지만
    보살의 모든 공덕은
    그 한계 헤아릴 수 없어라

菩薩能成就   **如是十種忍**하면
智慧及所行을   **衆生莫能測**이로다

    보살이 이처럼
    열 가지 인을 성취하면

그 지혜와 행하는 바를
중생으로서 헤아리지 못하리라

◉ 疏 ◉

末後七偈는 結歎中二니 前三은 二利行圓이라 言'超過一切'는 正顯十頂之義오 後四는 顯深難測이니 上智所知니라

뒤의 7수 게송은 찬탄을 끝맺은 가운데 2부분으로 나뉜다.

앞의 3수 게송은 자리행과 이타행의 원만이다. '그 모든 것을 뛰어넘었다[超過一切].'고 말한 것은 바로 十頂의 의의를 밝힌 것이다.

뒤의 4수 게송은 매우 불가사의함을 밝혔다. 가장 뛰어난 지혜를 지닌 자만이 알 수 있는 바이다.

◉ 論 ◉

一段頌은 是重頌前十忍法故니 如第一音聲忍은 總配五位中初位인 十住初와 十行初와 十廻向初와 十地初와 十一地初오 如第二順忍者는 十住第二住와 十行第二行과 十廻向第二廻向과 十地第二地와 十一地第二位라 如是一一次第를 五位同配니 但以升進功用의 慣習生熟이 不同故니라 如是無生法忍과 如幻忍과 如燄忍과 如夢忍과 如響忍과 如影忍과 如化忍과 如空忍을 皆如上一一隨五位同配同修니 又一位 具十忍故니라 餘義는 如文自具니 已上은 十一地行滿이니라 十忍品竟하다

이 단락의 게송은 앞의 十忍法을 거듭 읊은 까닭이다.

제1. 음성인은 총체로 五位 가운데 첫 지위인 십주의 初, 십행의 초, 십회향의 초, 십지의 초, 十一地의 초에 짝하고,

제2. 순인은 십주 가운데 제2주, 십행 가운데 제2행, 십회향 가운데 제2 회향, 십지 가운데 제2지, 십일지 가운데 제2위에 짝한다.

이와 같이 하나하나의 차례를 五位에 짝하는 것이다. 다만 위로 나아가는 공부에 있어서 학습의 生熟이 다르기 때문이다.

이처럼 무생법인, 여환인, 여염인, 여몽인, 여향인, 여영인, 여화인, 여공인을 모두 위와 같이 하나하나 5위에 따라 짝하고 함께 닦아나가야 한다.

또한 하나의 지위가 10가지 인을 갖추고 있기 때문이다. 나머지 의의는 경문에서 보는 바와 같이 잘 갖추고 있다.

이상은 십일지의 행이 원만함이다.

십인품을 끝마치다.

십인품 제29-2 十忍品 第二十九之二
화엄경소론찬요 제79권 華嚴經疏論纂要 卷第七十九

화엄경소론찬요 ⑰
華嚴經疏論纂要

2024년 8월 15일 초판 1쇄 발행

편저자 혜거
발행인 박상근(至弘) • 편집인 류지호 • 편집이사 양동민
편집 김재호, 양민호, 김소영, 최호승, 하다해, 정유리 • 디자인 쿠담디자인
제작 김명환 • 마케팅 김대현, 이선호 • 관리 윤정안
콘텐츠국 유권준, 정승채, 김희준
펴낸 곳 불광출판사 (03169) 서울시 종로구 사직로10길 17 인왕빌딩 301호
대표전화 02) 420-3200 편집부 02) 420-3300 팩시밀리 02) 420-3400
출판등록 제300-2009-130호(1979. 10. 10.)

ISBN 979-11-7261-021-0 04220
ISBN 978-89-7479-318-0 04220(세트)

값 30,000원

잘못된 책은 구입하신 서점에서 바꾸어 드립니다.
독자의 의견을 기다립니다. www.bulkwang.co.kr
불광출판사는 (주)불광미디어의 단행본 브랜드입니다.